作者简介

朱振亚 男，1976年生，安徽枞阳人。2010年毕业于南京农业大学农业经济管理专业，获管理学博士学位。现为三明学院管理学院副教授。已在《中国农村经济》《农业经济问题》《西北农林科技大学学报（社科版）》等刊物发表学术论文近50篇，出版学术专著3部；主持完成国家社科基金及教育部人文社科基金项目各1项，主持在研省教育规划项目1项。

国家社科基金青年项目《新市民在城乡一体化进程中的粘合催化作用及其触动机制研究》（批准号：12CSH032）

三明学院学术著作出版基金资助出版

光明社科文库
GUANGMING SOCIAL
SCIENCE LIBRARY

新市民城乡黏合催化作用及其触动机制研究

朱振亚◎著

光明日报出版社

图书在版编目（CIP）数据

新市民城乡黏合催化作用及其触动机制研究 / 朱振亚
著 . -- 北京：光明日报出版社，2018.9
ISBN 978 - 7 - 5194 - 4637 - 6

Ⅰ . ①新… Ⅱ . ①朱… Ⅲ . ①农民—城市化—研究—
中国②城乡一体化—研究—中国 Ⅳ . ①D422.64②F299.2

中国版本图书馆 CIP 数据核字（2018）第 218460 号

新市民城乡黏合催化作用及其触动机制研究
**XINSHIMIN CHENGXIANG NIANHE CUIHUA ZUOYONG JIQI CHUDONG
JIZHI YANJIU**

著　者：朱振亚			
责任编辑：刘兴华		责任校对：赵鸣鸣	
封面设计：一站出版网设计部		责任印制：曹　净	

出版发行：光明日报出版社

地　　址：北京市西城区永安路 106 号，100050

电　　话：010 - 63131930（邮购）

传　　真：010 - 67078227，67078255

网　　址：http：//book. gmw. cn

E - mail：liuxinghua@126. com

法律顾问：北京德恒律师事务所龚柳方律师

印　　刷：三河市华东印刷有限公司

装　　订：三河市华东印刷有限公司

本书如有破损、缺页、装订错误，请与本社联系调换

开　　本：170mm × 240mm

字　　数：339 千字　　　　　　印　张：19.5

版　　次：2019 年 1 月第 1 版　　印　次：2019 年 1 月第 1 次印刷

书　　号：ISBN 978 - 7 - 5194 - 4637 - 6

定　　价：85.00 元

内容提要

　　本书界定"新市民"为那些进城落户①工作且拥有大中专文凭的农家子弟(县城为最低级别城市,文凭为普通大中专院校颁发的文凭)。因为新市民已完全或深度融入城市,较好地实现了市民化必需的身份"变态"和素质"变性"过程,所以他们是真正的新市民。

　　在城乡一体化进程中,新市民具有八大社会特性,这八大社会特性分别是:(1)作为"农二代"的新市民情感上具有农村记忆性。(2)作为"农二代"的新市民心理上具有农村接纳性。(3)作为"农二代"的新市民生活上具有农村习惯性。(4)作为"农二代"的新市民交流上具有农村往来性。(5)作为"城一代"的新市民城市安家落户上具有高成本性。(6)作为"城一代"的新市民社会资源占有上具有比较优势性。(7)作为"城一代"的新市民工作范围上具有农村辐射性。(8)作为"农二代"和"城一代"的新市民在"哺农"上具有引领带动性。这八大社会特性,是新市民在城乡一体化进程中具有粘合催化作用的重要情感和现实基础,其中,城市安家落户上的高成本性对新市民的城乡粘合催化作用可能会产生某种制约,但其它七大特性均将产生正向影响。

　　"第二故乡在城市,第一故乡在农村"的新市民在城乡一体化进程中具有粘合与催化作用,粘合主要表现为情感粘合、生活粘合与工作粘合,催化作用主要表现为"三个反哺"和"四个带动",即通过"反哺农业、反哺农村和反哺农民",通过带动"人流、物流、资金流和信息

---

① 新市民的户口已经落在工作所在城市。

流"在城乡间的有序流动,催化促进我国城乡一体化进程。作为城乡"粘合剂"和"催化剂"的新市民在城乡一体化进程中的粘合催化作用可概括为:"两头粘合、三个反哺、四个带动、一体催化"。

研究表明,社会触动具有九个特征,这九个特征分别是:感官要接受到外界的刺激;刺激的方式要正确;刺激的当量要足够;刺激的时机要选择;刺激的内容具有社会性;刺激的结果要引发情感共鸣;社会触动的对象主要是针对个体行为中的非自觉部分;社会触动的结果是引致个体在合适的时机做出相应的社会性行为;社会触动具有杠杆效应或乘数效应。研究发现:社会触动机制的正面生成逻辑是"趋同",即外在的活动(刺激)要与触动对象内心的情感(经历或欲求)具有某些相同特征;社会触动机制的反面生成逻辑是"避同",即触动对象内心要尽力避免出现与外在的活动(刺激)相同或相似的结果。因此,社会触动机制有两个维度——正面触动和反面触动。正面触动就是去"求同";某项活动(刺激)与触动对象的情感(经历或欲求)"趋同"程度越大,社会触动效果越好;有趋同特征的活动(刺激)数量越多,社会触动效果越好。反面触动就是去"避同";触动对象在情感上与某项活动(刺激)的"避同"程度越高,社会触动效果越好;有避同特征的活动(刺激)数量越多,社会触动效果越好。总之,正面好事多"求同",反面坏事力"避同","同"的地方越多,社会触动效果越好。社会触动机制还可用西方社会的说服理论加以观照和解释。

调查研究表明,新市民在城乡一体化进程中确实具有粘合与催化作用。

实证分析发现:(1)新市民的"情感粘性""生活粘性"和"工作粘性"间存在因果关系。"情感粘性"是"生活粘性"的"因","生活粘性"是"情感粘性"的"果"。"情感粘性"和"生活粘性"又共同构成"工作粘性"这个"果"的"因",且"生活粘性"对"工作粘性"的影响力要大于"情感粘性"对"工作粘性"的影响力。(2)"情感粘性""生活粘性""工作粘性"与"三个反哺催化促进"间存在因果关系。三大粘性是"因","三个反哺催化促进"是"果"。"生活粘性"与"工作粘性"对"三个反哺催化促进"的影响最大,"情感粘性"对"三个反哺催化促进"的影响次之。(3)"情感粘性""生活粘性""工作粘性"与"四个带动催化促进"间亦存在因果关系。三大粘性是"因","四个带动催化促进"是"果"。"工作粘性""生活粘性"对"四个带动催化促进"的影响力最大,"情感粘性"对"四个带动催化促进"作用的影响相对较小。(4)"情感粘性"和"生活粘性"尤其是"情感粘性",对新市民的"三个反哺催化促进"和"四个带动催化促进"力度具有决定性的作用;可以说,"情感粘性"和"生活粘性"是"三个反哺催化促进"和"四个带动催化促进"的"本因"。(5)logit 分析表明,显著影响"情感粘性"的指标因素有 9 个,按发生比率增幅(或影响力)由大到小进行排列,其顺序是(括号内数字为相应的发生比率增加值,下同):"婚姻状况(672.3%)""同样光荣①(331.1%)""工作城市级别(133.0%)""到老家距离(119.7%)""为农家服务②(100.7%)""国家重视是起因③(82.1%)""工作地点(61.0%)""技术职称(55.4%)""政治面貌(-50.0%)"。除"政治面貌"负面影响"情感粘性"外,其它 8 个指标因素均正向影响新市民的城乡"情感粘性"。(6)logit 分析表明,显著影响"生活粘性"指标因素有 4 个,按发生比率增幅(或影响力)由大到小进行排列,其顺序是:"同样光荣(217.7%)""土特产偏好(98.2%)""为农家服务(59.9%)""年龄(51.7%)"。上述 4 个指标因素均显著正向影响新市民的城乡"生活粘性"。(7)logit 分析表明,显著影响"工作粘性"指标因素有 6 个,按发生比率增幅(或影响力)由大到小进行排列,其顺序是:"乡镇干部联系度④(131.7%)""帮扶已开始行动⑤(116.2%)""国家重视是起因(89.4%)""为农家服务(66.9%)""年龄(61.8%)""政治面貌

---

① "同样光荣"指新市民认为"涉农工作,同样光荣"。
② "为农家服务"指"新市民所在单位为农家提供服务"。
③ "国家重视是起因"指"国家重视三农,是新市民愿意支持农村建设的重要原因"。
④ "乡镇干部联系度"指"乡镇干部主动联系本土新市民的程度"。
⑤ "帮扶行动已开始"指"新市民所在单位对农村的帮扶行动已经开始"。

（－49.9%）"。除"政治面貌"负面影响"工作粘性"外，其它5个指标因素均正向影响新市民的城乡"工作粘性"。（8）logit分析表明，显著影响"三个反哺催化促进"指标因素有5个，按发生比率增幅（或影响力）由大到小进行排列，其顺序是："同样光荣（748.0%）""乡镇干部联系度（371.1%）""国家重视是起因（228.2%）""帮扶已开始行动（215.0%）""技术职称（140.7%）"。上述5个指标因素均显著正向影响新市民"三个反哺催化促进"的意愿和力度。（9）logit分析表明，显著影响"四个带动催化促进"指标因素有6个，按发生比率增幅（或影响力）由大到小进行排列，其顺序是："乡镇干部联系度（363.6%）""性别（201.0%）""若非国家号召①（166.8%）""工作城市级别（137.3%）""为农家服务（116.4%）""国家重视是起因（96.5%）"。上述6个指标因素均显著正向影响新市民"四个带动催化促进"的意愿和力度。

　　案例分析表明：（1）新市民在城乡一体化进程中表现出了相似的城乡粘合性及相似的城乡一体反哺催化促进作用。（2）新市民的反哺催化作用在城乡对接的过程中还表现出了相容性，即新市民的反哺催化行为在地域指向上具有某些相似特征，即要么是曾经生活过的地方，要么是曾经学习过的地方，要么是曾经工作过的地方，或几者兼而有之。（3）新市民在反哺催化促进城乡一体进程时，存在一个城乡对接次序的选择机制。这个机制就是新市民会优先对接与自己人生经历趋同较多的农村区域，如曾经生活过的地方、曾经学习过的地方或曾经工作过的地方，因为这些地方与新市民存在直接的血缘、学缘或地缘关系，对接相容性较大；其次才会选择与自己人生经历趋同较少的地方，如类生活过的地方、类学习过的地方或类工作过的地方，因为这些地方与新市民没有直接的血缘、学缘或地缘等关系，但可能存在间接的血缘、学缘或地缘关系，对接相容性偏小。如果没有外力干预，前者应是最优选择，后者应是次优选择。（4）新市民价值

---

① "若非国家号召"指新市民认为"没有国家号召，以城带乡很难推行"。

的发挥亟需呼唤城乡相通性。清除城乡链接障碍、搭建城乡联通桥梁，对于发挥新市民在城乡一体化进程中的催化促进作用尤其必要。新市民城乡对接的渠道构建可以有多种方式，如"上级组织命令型""自己主动型""社会呼吁型"及"家乡请求型"。(5)"家乡请求型"搭建起来的城乡对接渠道应该最温情、最可靠，也最容易被广大新市民所接受，实施以后产生的社会效益应该也是最好的，因为它符合新市民反哺催化行为城乡对接的优先序。目前这方面做得比较好的有光山县南向店乡。"南向店模式"是"家乡请求型"城乡渠道构建的典范，值得借鉴推广。

触动新市民城乡粘合催化作用的总策略是设法提升新市民城乡情感粘性和城乡生活粘性，即在情感方面设法增强新市民对乡土(特别是故乡乡土)的认同感和亲近感，在生活方面设法增强新市民与农村(特别是故乡农村)的互动水平。触动新市民城乡粘合催化作用的九条分路径分别是：政策导向触动、文艺传播触动、农村旅游触动、节日探亲触动、宗族修谱触动、桑梓味道触动、食品安全触动、家乡请求触动与结对挂职触动。

本书最后提出了若干充分发挥新市民城乡粘合催化促进作用的政策建议。

目　录
CONTENTS

第一章

导　论

一、问题提出

城乡二元结构背景下,农民与市民、农村与城市、农业与工业对比强烈,反差明显。随着城乡二元向城乡一体的全面推进,农民与市民的弥合、农村与城市的弥合、农业与工业的弥合问题越来越受到各界的关注。城乡统筹过程中,城乡二元关系如何软化弥合? 城乡一体如何催化促进? 需从理论与实践上进行探索和回答。城乡一体化路径也许很多,但本书认为,一条切实可行的路径是发挥好"新市民"的社会价值,因为"新市民"在城乡二元关系的软化弥合及城乡一体的催化促进方面具有独特作用。

谁是"新市民"? 本书中的"新市民"是指那些进城落户工作且拥有大中专文凭的农家子弟(县城为最低级别城市,文凭为普通大中专院校颁发的文凭)。相对父辈而言,他们是从农村走出且进城的第一代人,故名新市民,他们已很好地融入城市,在身份素质上与其他市民并无二致,是真正的新市民,只是其"第一故乡在农村,第二故乡在城市"而具有很多新特征,这些新特征正是本书研究的逻辑起点。

二、研究目的与意义

本书通过对新市民概念的重构,分析其在城乡一体化进程中的独特粘性和催化促进作用,并探究相应的社会触动机制与路径等问题。本研究有助于从新的视角寻找助推城乡一体化进程的动力主体及其实施策略,为城乡一体化开辟新的道路。

具体研究意义有:

(1)理论意义:有助于人们从新的视角认识城乡一体化的路径和机制。本书将从社会学、经济学和管理学角度回答新市民在城乡一体化进程中的粘合催化作用及其触动机制问题:新市民具有怎样的社会特性? 新市民在城乡一体化进程中具有哪些粘性? 这些粘性对城乡一体化的催化促进作用如何? 社会触动机制的生成逻辑是什么? 又该构建一个什么样的社会机制去触动它们? 这些理论阐释有利于人们深入理解城乡一体化的新路径与新机理。

(2)实践意义:有助于政府在城乡一体化推动方面拓宽问题视阈、拓展政策工具。因为新市民在城乡一体化进程中具有现实或潜在的粘合催化作用,在推动城乡一体化进程方面蕴含巨大能量。本书成果有利于政府去触动、引导和发挥新市民群体在城乡一体化进程中的独特价值。

三、文献综述

分别从新市民研究相关论述、"二代"问题研究相关论述、城乡一体化实现机制的相关论述三个大方面进行文献梳理和述评。

(一)新市民研究相关论述

在当前城乡一体化发展进程中,"新市民"多代指进城农民工,这是很多人都知晓的事,但事实上"新市民"称谓有多种意涵,远非进城农民工一种。如果将"新市民"当作一个偏正结构的词语,从字面来理解,则新市民的"新"新在何处? 如果将"新市民"当作一个完整的名词,则"新市民"中的"市民"又指向何人? 对此,学界又有哪些解读呢? 为回答上述问题,本节将在文献研读的基础上,对"新市民"称谓及其内涵研究展开梳理与述评,为全面理解和把握"新市民"的学术内涵,也为未来"新市民"内涵的进一步拓展,铺平道路。

1."新市民"内涵研究综述

文献调查发现,有关"新市民"称谓的研究成果较多,如果按"新市民"的内涵来分,可将其内涵划分为"新兴市民阶层说""新市民文学说""新型市民说""新型权利说"和"进城农民说"五种,分述如下。

（1）新兴市民阶层说

中国知网（CNKI）检索发现，较早有关"新市民"的论述出现在文学研究领域。如北京大学翦伯赞教授在论文《论18世纪上半期中国社会经济的性质——兼论红楼梦中所反映的社会经济情况》中详尽分析了《红楼梦》写作的时代背景。翦教授认为，18世纪上半期中国社会的主要矛盾仍然是农民阶级和封建地主阶级间的矛盾，虽然当时的生产关系中已经出现了一个新的矛盾——代表萌芽状态的资本主义因素的新市民和封建地主阶级及其政府间的矛盾。张贤蓉在论文《论＜牡丹亭＞的创作思想——兼谈作品的思想艺术成就》中谈到了《牡丹亭》创作思想及其作品艺术形象的形成过程。他以汤显祖时代整个社会、哲学思想体系为考察背景，在阐明其时代和阶级特征基础上，否定了"作者是根据当时市民的理想和愿望塑造人物"及《牡丹亭》反映的是新兴市民阶层狂热追求爱情的愿望"这个"新市民说"。显然，上述"新市民"均指封建社会后期城市出现的"新兴市民阶层"。

（2）新市民文学说

20世纪90年代以来，文学界产生了独特的新市民文学，随后，新市民文学的相关研究成果也层出不穷。新市民文学中的"新市民"是指哪些人呢？20世纪90年代，中国经济发展进入转型期，市场经济大潮使社会结构呈现出不稳固性和流动性，造成了一个由大规模的自由市场经济之上发展而来的"新市民"阶层：各类个体工商户和私营企业主构成的业主阶层，各种股份制公司和金融机构的中上层管理人员，中下层的政府官员，以大学教授为中心的知识分子，专门的金融投机者，城市第三产业的各种从业人员，演艺界人士及一部分自由职业者等。抽象地说，这是一个以"活动在中心城市且拥有相当的经济资源和其它社会资源的少数私人、半私人即国家的特殊化的商业代理人（被置入自由市场竞争中的官商）为核心而逐次向外扩张的圈层式结构"。他们是现代都市的新人类——来自异乡，彻底脱离土地，从事各种职业，但都有着相似或相同的价值观念、行为准则、生活方式和欲念，他们既是城市文化的产物，也是城市文化的创造者，作为城市人格化的表现，他们的人格特征、文化心态、生活方式形成一种独立文化——市民文化。而新市民文学恰好再现了当代都市新市民这一文化特色。可见，新市民文学是指现阶段以新市民小说为代表的那种个人化的文学，"新市民"是指现代都市社会中的新兴阶层。

（3）新型市民说

学界较早提出"新型市民说"的学者是林发茂，他在论文《三明市精神文明建设的实践》中云"近几年，三明市在抓好物质文明建设的同时，狠抓精神文明建设，立足于培养和造就一代有理想、有道德、有文化、守纪律的新市民,努力把三明市建成一个经济繁荣,文化发达,生活方便,环境优美的文明城市。"赵力平也有类似论述,指出政府要充分发挥思想政治教育作用,教育每个市民摒弃小农意识和市井习气,使其成为乐于接受新思想、新观念、新知识以及新的行为方式的新市民。李耀楠在《试论都市意识及襄樊都市意识确立》一文中认为,襄樊市要实现大城市建设目标,襄樊人必须确立都市意识,打破襄樊地域文化(尤其是市区文化)中的"农民文化本位",培养现代都市人的"新市民精神"。王燕文认为新时期需要塑造南京"新市民精神",市民精神也应与时俱进并成为代表先进文化的核心内容。李志明从打造优秀旅游城市的角度出发,提出城市政府要在人力、物力、资金方面加大投入,把广大青少年培养成具有高素质的新市民,因为广大青少年是优秀旅游城市的未来和希望。蓝红认为市民伦理素质提高的路径之一是设计市民的理想人格,这个理想人格的标志性要素应当是:自尊自信、自爱自强、自由自主和自觉自立。深入到道德领域,应当是懂得全球伦理规则并遵循本国底线伦理、制度伦理和美德伦理要求,有着良好的个体伦理养成的"新市民"。可见,上述论断中"新市民"的内涵主要指向新时期的市民应该具有的新素质和新觉悟,侧重于普通市民素质的改造和提升。

(4)市民新型权利说

市民新型权利说的代表性学者有俞德鹏、郑传贵等。如宁波大学俞德鹏教授在论文《论我国户籍制度改革可供选择的途径》及《户籍制度改革的必要性、困境与出路》中剖析了户籍制度改革的必要性、困境及其根本原因,指出了户籍制度改革的出路是建立"新市民"制度。他所构想的新市民是指在社会主义市场经济条件下存在的城市居民,是相对于当时体制下的旧市民即具有城市"非农业户口"的市民而言的。新市民与旧市民的主要区别点是市民权利的不同,新市民享有市场经济条件下一切正当的、正常的市民权益与自由。这些权益与自由主要包括平等就业、居住与迁徙、义务教育、社会保障、政府救济等。俞德鹏教授还提出了缔造"新市民"的"两个方面"的思路:第一方面,使现有旧市民转为新市民;第二方面,使入城农村人口转为新市民。郑传贵等认为从城市外来人口的公共管理来看,社会整合的关键是政策制度和制度设计本身要体现外来人口是"新的市民"的价值理念,而不是旧体制下的一般意义的"暂住人口",从体制改革的意义讲,原来计划经济时代的市民也在经历一个重新市民化的过程。不论是来自乡村的非市民,还是城里的老市民,都将在社会转型过程中成长为市场体制下的权利地位相同的"新市民"。可见,俞德鹏、郑传贵等学者关于新市民"市民新型权利说"的研究可谓独树一帜,他们赋予"新市民"为享有市场经济条件下一切正当的、正常的市民权益与自由的内涵。

(5)进城农民说

①新市民研究现状。近年来,越来越多的"新市民"研究开始指向"进城农民工""失地农民"或"进城农民"等城市外来农村移民。以关键词"新市民"在中国知网对所有文献(含期刊论文、学位论文、会议论文及报纸载文)进行全文检索,检索出相关文献约6 100篇;同样,以关键词"新市民+进城农民"进行检索,检索出相关文献约160篇;以关键词"新市民+农民工"进行检索,检索出相关文献约1 700篇;以关键词"新市民+失地农民"进行检索,检索出相关文献约170篇。如果单纯以关键词"农民工"进行检索,检索出相关文献17.8万篇(其中,若以关键词"农民工+进城"进行检索,可以检出相关文献约2.4万篇);单纯以关键词"失地农民"进行检索,可检出相关文献约4.9万篇;单纯以关键词"进城农民"进行检索,可检出相关文献约4.4万篇①。可见,学界在农民"新市民"问题的研究方面取得了非常丰硕的学术成果。

②研究时序变迁。从研究时序上看,农民工问题和失地农民问题研究在前(我国农民工研究最早见于1983年,从1990后逐步进入研究高发期,并延续至今;失地农民研究最早见于1986年,从2000后逐步进入研究高发期,并延续至今),"新市民"问题研究在后(国内最早见于1987年,从2000年后逐步进入研究高发期,并延续至今),且近年称谓进城农民为"新市民"的研究有逐年增多的趋势,期间还出现过"准市民"称谓的研究。当然,这种研究趋向与我国社会经济发展的大势是密不可分的。20世纪80年代,党中央提出必须改变八亿农民搞饭吃的局面,对农村劳动力流动制定了"离土不离乡"的方针,农民工开始出现;90年代继续贯彻"离土不离乡"的方针,同时提出要加强对农民跨地区流动就业的疏导和管理,民工潮显现;进入新世纪,随着城乡统筹发展的推进及"四化同步"发展战略(工业化、信息化、城镇化、农业现代化同步发展)的实施,越来越多的农民已经"农转非"或向往"农转非",换言之,有数以万计的农民(工)已经成为"市民"或梦想着尽快成为"市民",于是,"新市民"称谓走进大雅之堂。

③农民工早期研究概况。早期对农民工问题开展研究的学者有 Dorothy Nelkin(1972)、Tito Craige(1985)、Gordon E. Whyte(1972)、李延明(1983)、马长志(1985)、马戎(1988)、穆光宗(1990)、劳动部劳动科学研究所课题组(1993)、蒋乃

①　文献检索时间截至2014年5月。

平(1994)、国务院发展研究中心农村经济研究课题组(1999)等。国外学者如Dorothy Nelkin(1972)以"看不见的农民工"为题,描述了美国东北部黑人农民工糟糕的生存状态,农民工生活在贫民窟里,与城市社会相隔离,自杀率较高。Tito Craige(1985)也有类似发现,他注意到北卡罗莱纳州有许多海地来的农民工,但在当地居民眼里,这些农民工好像根本就不存在,他们完全被排斥在城市社会圈子以外。Gordon E. Whyte(1972)对当时欧洲农民工形势作了一个简要的经济学分析,得到的结论主要是:欧洲正在经历国内农民工进城务工流而非跨国移民潮,农民工进城是因为城市用工短缺,农民工进城对国民经济增长有益。国内学者如李延明和马长志认为,应该从政策上支持进入城镇农民工商户的发展。马戎认为我国农村劳动力的历史性转移已经以"摆动人口"(白天进镇做工、晚上回村居住钟摆式生活方式)的形式揭开了序幕。穆光宗的研究表明,"民工潮"的涌现具有历史必然性、合理性和现实性,"民工潮"的出现标志着迟迟没有完成的二元结构一元化的巨大历史变迁在十年改革之后获得了进一步的人口推力。劳动部劳动科学研究所课题组对农村劳动力跨地区流动中的劳动管理问题进行了研究,并提出了相应的管理思路和对策。蒋乃平认为"城里人"离不开进城的"乡下人"。国务院发展研究中心农村经济研究课题组对进城农村人口的行为失范问题(问题民工)进行了实证研究,认为不规范的管理行为甚至不合理的政策设计本身,是诱发外来人口行为失范的重要因素。可见,早期研究承认农民工进城的历史进步性,坦言对他们需要有合理的政策设计及规范化的管理。

④失地农民早期研究概况。早期对失地农民问题开展研究的学者有包永江(1986)、林文怡(1994)、周伟(1996)、张小铁(1996)、陈锡根(1996)、韩红根(1996)、范德官(1996)、金木(1997)、张洪(1997)、郭玉田(2000)、Gelsa Knijnik(1999)、Erin C. Heil(2010)、Guo Xiaoli(2012)等。如包永江认为北方城市郊县产业结构调整要坚持城乡结合(城乡一体)和协调发展的战略思想,否则在土地和劳动力的非农化上会造成大批失地农民留待国家包下来招工,也会给国家造成很大的资金负担(巨额征地费、固定资产投资、失地农民安置费等)。林文怡认为凡征用集体土地用于出让,直接产生经济效益的,在城镇规划区以外的,应将出让纯收入的80%以上让于农民集体,以扶植失地农民发展生产和安排生活。周伟等认为与土地征用制度相配套的征地安置办法是计划经济的手段,它与劳动力市场化的改革大趋势背道而驰,必须抛弃;应该实施失地农民再就业工程(大力发展农村二、三产业,对失地农民进行再就业培训,建立劳动就业服务机构,发挥中老年农民的特长等),建立和完善失地农民的医疗、养老等社会保障体系。张小铁建议将

农村土地征用制改为征购制,在土地收益分配上建议从土地收益中拿出部分费用,建立农民就业训练基金,帮助失地农民顺利完成角色转变,使他们经过训练能通过正常的劳动力市场竞争进入非农产业;余下土地收益分配以保证失地农民能够达到当地城市居民生活的一般水平为基准。陈锡根、韩红根、范德官、金木、张洪、郭玉田等学者与周伟及张小铁也有类似观点,他们均强调土地非农化必须要保障好失地农民的权益和利益(如就业、合理享受土地收益、保证生活水平、得到社会保障等)。Gelsa Knijnik(1999)和 Erin C. Heil(2010)研究了巴西农民失地运动及失地农民的教育等问题。Guo Xiaoli(2012)对河南省失地农民社会保障问题进行了研究,认为失地农民社会保障严重缺失。可见,早期失地农民研究基本上是围绕征地制度及失地农民权益展开的,政策主张是建立市场经济条件下的征地补偿制度,切实保障好失地农民在就业、医疗、养老等方面的权益。

⑤"新市民"早期研究概况。早期对农民(工)"新市民"展开研究的学者有凌岩(1987)、梁夏(1995)、李佐军(1999)、张荣齐等(1999)、周敏等(1995)、黎民(1997)等,他们在论文中对农民(工)明确提出了"新市民"的概念或称谓。如凌岩以德国各城市争相出台优惠政策甚至在报纸登广告吸引"新市民"以增加城市人口为例,说明农业人口减少、城镇人口增加是经济发展、社会进步的表现,并进一步说明在经济更加发达的阶段,还会出现城市人口向农村迁移的高潮,甚至导致城市人口锐减。梁夏和李佐军提出了在城郊创立"新市民城"的设想,让新市民城成为民工进城后的"家"。新市民城是指有选择地在现有中小城镇旁或大城市郊区,以金融为龙头,以房地产为突破口,以实业为基础,运用现代市场机制,主要吸收先富起来的农民为新市民而建立起来的新兴城市。在他们看来,"新市民城"有别于小城镇,也有别于开发区。同时,李佐军还剖析了建立"新市民城"的原因、可行性及具体路径。与梁夏、李佐军的观点类似,张荣齐等也主张建立新市民城,他们对城市化的整体战略进行了大胆构想:逐步取消城乡分割体制,实行城乡一体的社会福利保障制度,改革政府单一投资城市建设体制,新建城市一律实行市场经济新体制,建设大批直接面向农民的新兴城市(或新市民城或农民城)和大中城市"农民特区",避免城镇的过分分散发展,依据城市发展的一般规律,形成完整的城市梯队的网络。周敏等认为小城镇建设要加强对新市民的管理、引导、监督和服务,使他们能够安居乐业。黎民对进城农民转变为新市民问题进行了探讨,他从分析进城农民转变为新市民的原因入手,剖析了农村剩余劳动力向城市转移的影响因素和趋势,比较了进城农民与城市市民在政治、经济、受教育等方面社会地位差异,解读了进城农民转变为新市民的种种障碍,进而指出进城农民转变为

新市民是大势所趋,政府必须寻找出进城农民转化为新市民的对策措施。显然,早期农民(工)"新市民"研究主要是关注农民(工)"新市民"将来安家何处及他们在"变态"过程中(从农民到市民)的种种障碍,主张通过"新市民城"或小城镇建设来解决农民(工)"新市民"的居所,期待政府制定新政为他们进城铺平道路。

⑥"准市民"早期研究概况。早期明确提出"准市民"概念的学者有吕世辰和朱力等,其中,以山西师范大学吕世辰教授的研究最早,成果最丰硕,也最有代表性。他们论述的"准市民"均指进城农民或农民工,之所以有"准市民"称谓,是因为进城农民(工)的职业和身份介于"农民"与"市民"之间,他们与城市尚未完全融合。如吕世辰(1989)在论文《论我国准市民的城市化进程》中首提"准市民"概念,认为社会化生产是人口城市化的前提,人口素质的提高是人口城市化的关键,生活方式的改进是加速准市民城市化的重要因素。吕世辰(1992)认为城市化的实质是准市民的城市化,并指出我国准市民的市民化道路是:以生产和经济发展为依托,使准市民沿着生产和生活社会化方向发展,在坚持自愿的基础上把准市民城市化纳入计划指导下的市场调节机制,使准市民的产业转移、自身素质提高和社会地位的提高同社会主义建设稳定发展相协调,坚持广域推进为主和广域推进与近域推进相结合的途径,最终实现整个国土的城市化。吕世辰(1991)在论文《准市民与社会稳定》中认为准市民对社会稳定既有积极方面,也有消极影响,因此要改革我国现行的社会管理体制,建立科学的准市民管理机制,并提出了管理设想。吕世辰(1997)论述了准市民经济发展与土地资源有效配置间存在的若干矛盾,并提出了相应的处理对策。南京大学朱力(2000)的研究表明,大批的农民工进城,在城市形成了一个新的准市民阶层,他们中的多数人将自己的身份定位在农村;而制度障碍、土地牵制、交往局限、社会歧视等因素,使准市民难以与城市和市民融合;长期的不融合会引发诸多的社会问题,影响城市化、现代化的进展。可见,"准市民"研究不过是进城农民或农民工的另类称呼而已,只是在特定的历史条件下,这种称呼更形象、更传神罢了。从称呼来看,"准市民"的市民化仍然面临诸多困难,需要政府逐步化解。

2. 农民新市民研究文献回顾

(1)失地农民新市民研究概况

2000年前后以来,随着第三轮市场经济条件下"圈地浪潮"的兴起(即城镇、工业园、开发区等以前所未有的速度急速膨胀),有关失地农民的种种问题随之而来(注:在20世纪80年代中期,90年代初我国曾发生过两次"圈地热",失地农民问题那时就已经存在,但在政府计划安置下,征地单位按指标录用失地农民,失地农民就业同货币、住房、划地一样,成为失地补偿的形式。因此,失地农民的许多问题被掩盖,矛盾未激化,故学界对失地农民问题的研究也较少),引起了学界的极大关注和思考。若以"失地农民"为主题词进行检索,可在中国知网检出文献12 179 篇,可见,失地农民问题的研究成果相当丰硕。综述起来看,相关研究主要集中在失地农民征地补偿、失地农民就业、失地农民创业、失地农民社会保障、失地农民权益、失地农民幸福感、失地农民市民化等方面。

①失地农民征地补偿研究。理论上讲失地农民的安置方式有多种,但目前货币安置是各地普遍采用的做法。顾名思义,货币安置是将安置补助费(有时包括土地补偿费)一次性发放给征地农民,让其自谋出路。但是,这种安置方式被认为是政府出钱进行"强制买断",把农民"一脚踢开",造成农民极大的不满(章友德,2010)。关于当前这种补偿的不公平性是理论界研究的热点,讨论主要在四个层面展开:一是认为征地补偿标准不合理(高勇,2004;张瑛等,2008)。二是认为征地补偿标的不合理(史娟,2004;张中强,2008)。三是认为征地补偿费分配不合理(卢海元,2003)。四是认为补偿方式和补偿模式应该多元化,并不断创新和完善补偿机制(赵继新等,2009;金晶等,2010;李增刚,2013)。

②失地农民就业研究。理论界围绕失地农民就业现状特征和失地农民就业难成因两方面研究得比较多(如张媛媛等,2004;邢月梅,2006;吴军,2009;孙频捷,2010;胡冰阳,2013)。学界认为失地农民就业现状的特征主要有:被征地农民数量巨大,但就业率较低;失地农民就业难,就业渠道少,就业质量不高;实现就业的失地农民,就业和收入缺乏稳定性;失地农民劳动技能普遍偏低,结构性失业严重。学界认为失地农民就业难的原因主要是:社会原因(失地农民处于下岗职工、大学毕业生、农村剩余劳动力争抢就业职位的社会大环境中);政策原因("公共利益"和农村土地所有权界定模糊,补偿标准过低,社会保障缺乏制度安排等);自身原因(个人综合素质不高,就业观念陈旧及主动就业能力较弱,不愿从事苦、脏、累的工种等)。

③失地农民创业研究。失地农民创业研究议题主要集中在创业现状(陈世伟,2007;王静,2008)、创业影响因素(李祥兴,2007;周易等,2012;张晖等,2012;马林靖等,2012)、创业支持体系等方面(陈世伟等,2007;赵春燕等,2012;鲍海君,2012;张媛,2013)。如王静(2008)对北京市部分农村失地妇女的现状、创业意向与动机、培训情况、创业存在困难、社会期望等方面进行调研,发现失地妇女自主创业进程中存在的主要问题是:综合素质不能适应当前市场需要;自主创业意识淡薄;创业资金短缺,风险较大,不敢投入;缺乏创业政策指导;市场信息不顺畅;

审批制度繁琐,对政府的保障制度信任度不高。李祥兴(2007)、周易等(2012)认为影响失地农民创业的因素有主体性因素、体制性因素、环境因素、生计资本因素,主体性因素主要是能力与心理,体制性因素主要是就业歧视及社会保障缺失,环境因素主要是资金缺乏、当地经济发展水平制约及相关政策缺失,生计资本因素主要包括人力资本、社会资本、金融资本和原房屋被拆迁。赵春燕等(2012)、鲍海君(2012)及张媛(2013)等人认为政府应尽量给予失地农民创业资金、政策、税收、培训等方面的支持,同时也要打造失地农民创业孵化基地,引导失地农民开展创业。

④失地农民社会保障研究。文献梳理发现,很多学者肯定了建立失地农民社会保障制度的必要性和紧迫性,认为农民失地是经济社会发展、城市化进程中的一种必然现象,应当由政府为失地农民建立最低生活保障、养老保险、医疗保险、失业保险等制度;现实中也有很多社会保障模式值得借鉴,如北京模式、青岛模式、上海模式、西安模式、浙江模式、重庆模式等;在保障资金来源上,也都坚持个人、集体、政府共同分担的原则;同时,也认识到我国目前失地农民社会保障制度还存在不少问题,认为需要不断创新完善保障机制及保障体系,并对社会保障问题提出了一些具体对策建议(鲍海君等,2002;宋斌文等,2004;陈信勇等,2004;劳动保障部课题组,2007;杨一帆,2008;钟俊生等,2014;纪楠楠,2014)。如鲍海君等(2002)认为土地对农民具有6大保障功能(生活保障、提供就业、后代继承、资产增值、直接受益、避免赎买),由于征地补偿安置标准过低,失地农民再就业能力脆弱等原因,建立失地农民社会保障体系便十分必要和紧迫;国家需要设立失地农民社会保障金并对其运营严加监管,从而为失地农民提供良好的最低生活保障、养老保障、医疗保障、教育培训及法律援助等;他们还提醒政府不能忽视家庭保障的作用。钟俊生(2014)认为存在失地农民社会保障覆盖面窄、利益受损的现象,说明政府作为社会保障主体责任的缺失,而管理缺位、保障缺责的政府短期保障行为机制是造成这一弊端的根源。纪楠楠(2014)、钟俊生(2014)对完善失地农民社会保障的建议是:提高征地补偿标准,拓宽安置补偿方式;完善失地农民社会保障制度,构建社区福利联合体;对公共利益进行界定,规范政府的征地范围;引入民主协商机制,完善征地补偿制度,建立土地规划管理系统;改革土地征用制度,形成土地收益分享机制;积极推进社会保障立法;加大财政投入,拓宽社会保障资金来源与监管等。

⑤失地农民权益研究。不少失地农民权益维护议题的研究实质上是指向经济权益,如关注失地农民的征地补偿、就业及社会保障等,这部分研究由于已分门

别类归纳过,这里不再赘述。本段主要从法律和哲学角度来综述失地农民权益维护的研究概况。从法律和哲学角度来看,失地农民权益维护主要涉及失地农民权益受损现状、权益组成、权益缺失的原因、权益维护的路径等方面(徐莉等,2006;何爱平,2007;戚小村,2009;臧俊梅等,2008;张利国,2012;武玉敬,2013;郑广永,2013;张昊等,2014)。如戚小村(2009)、张利国(2012)、武玉敬(2013)等学者认为失地农民权益受损主要表现在自主选择权受损、土地权益缺失、就业权益缺失、社会保障权益缺失、议事决策权缺失、相关政治文化权缺失等几个方面。郑广永(2013)认为失地农民的权益包括经济、政治、文化、社会、生态等权益,它们是一个整体;经济权益的核心是生存和发展;政治权益的核心是村民自治权;文化权益的核心是社会主义公民意识的培育;社会权益的核心是各种社会保障;生态权益的核心是生态安全;只有对失地农民的权益给以整体性保障,才能推动城镇化的健康发展,实现社会和谐。臧俊梅等(2008)、张利国(2012)、武玉敬(2013)等学者认为立法不完善(如农地发展权缺失等土地产权界定不清,土地征收及补偿无法可依等)、中国独特的城市化道路选择、城乡二元结构、农民权益的非市民化、地方政府急功近利、农民力量的弱小等是失地农民权益缺失的主要原因。张利国(2012)认为失地农民权益维护的实施路径是构建有限政府(避免经济专制、防止政府权力滥用)、保障主体权利实质平等(政治权利平等、社会经济权利平等、文化教育权利平等)和完善法律制度供给等。

⑥失地农民幸福感研究。失地农民幸福感研究主要从幸福感指标体系和幸福感影响因素展开的居多。如张东红(2012)认为影响失地农民幸福感的因素主要包括主体和客体两个方面:主体方面主要是指自身的健康状况,包括身体健康和心理健康两方面;客体方面则主要由经济状况、家庭状况、工作状况和社会状况四部分组成;失地农民幸福指数的指标内容包括社会环境指标、生活环境指标、收入保障指标、幸福信心指标和生活满意指标等。学界关于失地农民幸福感的影响因素归纳起来主要是:个人主体条件方面有性别、年龄、婚姻状况、健康状况、收入水平、受教育程度;物质生活条件方面有经济收入、居住条件;社会制度方面有征地政策满意度、就业满意度、社会保障政策满意度;精神文化生活方面有文化认同、角色适应、生活目标、宗教信仰;社会生活环境方面有家庭环境、自然环境等(贺豪振等,2004;张海波等,2006;叶继红,2007;林乐芬等,2010;尹奇等,2010;吴丽,2009;张欣,2011;卢永彪等,2012;张晨燕等,2012;王慧博,2013;胡苗等,2013)。

⑦失地农民市民化研究。相关研究主要集中在失地农民市民化现状(林乐芬

等,2009;王慧博,2010;江静等,2011;刘越等,2013;等)、失地农民市民化的障碍与影响因素(杨盛海等,2005;王慧博,2006;刘源超等,2007;路小昆,2007;严蓓蓓等,2013;吕同舟,2014;等)、失地农民身份认同、转变或适应(李斌等,2008;周军等,2010;刘先莉等,2008;吴爽,2009;王虹,2011;刘斌,2012;毛柳元,2013;等)、失地农民城市融入等方面("城市融入"问题将在后文作专门综述,这里仅点名,不作过多介绍)。如林乐芬等(2009)及王慧博(2010)的实证分析发现,经济发展水平相对较低、对土地存在严重依赖的地区,失地农民市民化后适应城市生活的能力比较差,生活水平较之前的农村生活水平不但没有提高反而有所下降。相反,经济发展水平比较高的地区,非农产业发展水平高,就业技能比较高,当地政府给予的补偿比较多,失地农民市民化后适应城市生活的能力比较强。杨盛海等(2005)、刘源超等(2007)、路小昆(2007)等认为进城成本过高、农民市民角色转变困难、社会资本不足、资源剥夺和能力贫困等阻碍了失地农民的市民化进程;吕同舟(2014)认为失地农民市民化包含职业市民化和身价市民化两个维度,在此基础上,尝试架构"三层次说"分析框架来对失地农民市民化困境进行逻辑归因:资源置换导致的能力贫困是直接原因,新旧社会结构交替带来的混乱是主要原因,失地农民市民化滞后于农地空间城市化是根本原因;三层次因素的综合作用导致失地农民市民化陷入困境。刘斌(2012)认为生活环境的改变、自身的弱势地位、社会配套设施的不足等原因使失地农民出现了生存的危机感、工作的挫折感、被歧视感等心理不适问题。

(2)进城农民工新市民研究概况

我国农民工开始出现在 20 世纪 80 年代初,大量涌现是在 20 世纪 90 年代初,后呈蓬勃发展之势。据国家统计局统计,2011 年我国农民工总量达到 25 278 万人(是 2009 年的 1.75 倍,是 1983 年的 126 倍),比上年增加 1 055 万人,增长4.4%;其中,外出农民工 15 863 万人,增加 528 万人,增长 3.4%,举家外出农民工3 279 万人,增加 208 万人,增长 6.8%。分年龄段看,16 – 20 岁农民工占 6.3%,21 – 30 岁占 32.7%,31 – 40 岁占 22.7%,41 – 50 岁占 24.0%,50 岁以上的农民工占 14.3%。分性别看,男性农民工占 65.9%,女性占 34.1%。从外出农民工就业地点看,在直辖市务工的占 10.3%,在省会城市务工的占 20.5%,在地级市务工的占 33.9%。①。可见,我国农民工数量庞大,年龄上以青壮年为主,性别上以男性为主,就业地点以地级及以上大中城市为主。所以学界称呼农民工为"新市民"的

---

① 数据来源:国家统计局网站(http://www.stats.gov.cn)。

确有些道理,因为他们常年在大中城市打工,城市生活时间远超农村生活时间。

以"农民工"为主题词在中国知网检索,检出文献约 84 859 篇,其中期刊文献约有 31 191 篇,研究生学位论文 3 000 余篇;若以"新生代农民工"为主题词在中国知网检索,检出文献 6 628 篇,其中期刊文献 3 626 篇,研究生学位论文 600 篇。可见,当前学界对农民工问题的研究成果远远超过对失地农民的研究,这是因为农民工问题的普遍性和社会影响远超失地农民。纵观浩如烟海的"农民工"新市民研究文献发现,学界对农民工问题的研究议题主要集中在农民工的生存、农民工的发展、农民工心理与组织化、农民工子女问题等方面。

①农民工生存问题研究。农民工生存方面的研究主要涉及农民工就业(田学辉,2009;石玉顶,2009;孙书青,2010;顾梦蛟等,2013;马继迁,2013;杨桂宏等,2014;等)、农民工社会保障(张晖等,2007;张勇,2009;李伟,2013;郝保英,2014;李高芬,2014;等)、农民工权益保护(孙友然,2008;周亮亮,2010;李慧,2012;王志金,2014;刘林平等,2014)、农民工生育(庄渝霞,2008;李杰,2012;梁如彦等,2013;张敏等,2013)、农民工留城选择等方面(李强等,2009;付方胜等,2012;景晓芬等,2012;钱文荣等,2013;周建华等,2014)。如孙书青(2010)研究发现,农民工就业存在岗位技术含量低,劳动强度大,劳动关系很不稳定,流动频繁,劳动时间长,合法权益受损,工资水平较低,实际收入增长有限等问题。顾梦蛟等(2013)的调查发现,农民工对收入水平最不满意,其次是居住环境和工作环境,最满意的是社会治安;性别、年龄、教育水平等异质性使得农民工城镇就业满意度存在显著差异。杨桂宏等(2014)研究发现,在"准进入"门槛低的次级劳动力市场中,户籍制度的歧视作用在慢慢消解。张晖等(2007)和张勇(2009)通过文献综述发现,理论界从农民工社会保障的基础理论、制度安排、问题与对策、实践模式等方面进行了丰富的探讨,但农民工作为城市边缘人,目前其社会保障政策实施的效果并不理想。李慧(2012)认为,我国的二元户籍制度是妨碍城镇化的主要制度缺陷,是进城农民面临各种歧视的基础性制度,尽管在新劳动合同制度下,农民工权益的保护和完善都有了长足进步,但对于这样一个庞大的弱势群体,没有专门的立法保护,或在现有法律制度框架下没有有效的配套措施加以保证实施,很难从根本上摆脱农民工所面临的困境;刘林平等(2014)实证分析发现,劳动权益与人身权益遭受侵害的农民工更可能产生被剥削感,因此和谐、稳定的劳资关系建立之关键,在于保障农民工基本的劳动权益和人身权益。李杰(2012)对农民工生育地选择进行研究后发现:我国大城市农民工在生育地选择过程中,大部分选择了返乡进行生育,既有农民工群体主动的考虑,也有迫于社会环境做出的无奈选择,是在社

会环境制约下综合考虑的结果（受个人观念、经济实力、家庭支持等方面影响）。梁如彦等（2013）通过文献综述发现，我国农民工的生育意愿基本上实现了从传统向现代，从落后向文明的转变，农民工的生活方式和精神风貌也在向现代文明看齐。付方胜等（2012）通过文献梳理发现，影响农民工留城定居的影响因素主要有五个方面：户籍制度和土地承包制度阻碍着农民工进入"体制内"；年龄、性别等人口学特征的差异会带来留城与否的不同结果；人力资本不同也会在留城定居决策上产生分化；对城市收入和开支的衡量决定了是否留城定居；城乡之间情感性博弈左右着农民工的去留。

②农民工发展问题研究。农民工发展方面的研究主要包括农民工政治参与（邓秀华，2007；陈旭峰等，2010；左珂等，2011；史成虎，2012；高洪贵，2013；刘建娥，2014）、农民工教育培训（谢建社等，2007；杨兆山等，2007；黄晓梅，2009；罗忠勇，2010；刘万霞，2011；肖前玲，2013；魏佳，2014；张浩，2014）、农民工返乡创业（韩俊等，2008；李录堂等，2009；石智雷等，2010；刘美玉，2013；朱红根等，2013；陈浩义等，2014）、农民工市民化等方面（陶明达，2006；徐建玲，2008；刘小年，2009；国务院发展研究中心课题组，2011；郭庆松，2011；杨莉芸，2013；单菁菁，2014）。如高洪贵（2013）、刘建娥（2014）实证研究发现：农民工选举型政治参与呈现流出地与流入地的双重边缘性；农民工的政治参与开始从农村向城市转移，但城市参与度低于农村参与度，政治融入水平偏低；在有限的政治参与行为中，政治参与的功利性、不均衡性，政治参与的强度不高等特点也比较明显；新生代、建筑业农民工的城市参与不足，精英农民工的政治融入需求凸显，亟待开辟制度化的参与途径提升其政治地位；对农民工的政治融入具有显著影响的是政治资本、社会资本与文化资本，而经济资本几乎没有影响；农民工政治融入的困境在于城市正式组织发展的滞后所带来的资本匮乏及参与不足。谢建社等（2007）、黄晓梅（2009）认为，我国的农民工教育目前尚处于初始的培训阶段；政府对农民工教育培训非常重视，但是效果并不理想，其主要原因在于政府投入仍显不足，管理也不到位，企业缺乏教育培训积极性，农民工自身认识和投入也存在诸多问题等。陈浩义等（2014）文献综述发现，国内学者对农民工创业问题的研究主题集中在农民工创业意义、农民工创业动机、农民工创业能力、农民工创业环境、农民工创业困境、农民工创业影响因素等方面。如韩俊等（2009）认为，农民工回乡创业面临对创业重要意义认识不够、缺乏相关的优惠政策、创业难与"三乱"现象时有发生、融资和用地困难；李录堂等（2009）认为政策、金融支持、风险防范等激励机制是引导回流农民工创业的主要途径；石智雷等（2010）实证分析表明：家庭经济状况、返乡农民工的

文化程度、个人信仰和生产积极性对返乡农民工家庭的创业行为有显著的影响；而那些有着共产主义信仰、外出务工时从事加工制造业和个体经营、参加过技能培训、交际能力强的返乡农民工，其创业意愿更强。朱红根等（2013）的研究表明，创业动机是影响农民工返乡创业绩效的重要因素。单菁菁（2014）总结发现，学界关于农民工市民化问题研究主要集中在农民工市民化概念与内涵、农民工市民化现状与问题、农民工市民的制约因素、农民工市民化的发展道路等方面；丁凯（2013）总结发现，关于农民工市民化的障碍与难点主要有七个观点，分别是制度壁垒论、城市代价论、素质欠缺论、生活方式论、土地限制论、成本高企论和洼地效应论。

③农民工心理与组织化问题研究。农民工心理问题研究主要涉及农民工心理现状、造成农民工心理困境的原因、应对农民工心理问题的对策等方面（康来云，2004；蒋善等，2007；郭星华等，2009；刘亚敏，2009；李怀玉，2010；胡其图，2010；刘连龙等，2012；李志凯，2014；等）。如蒋善等（2007）研究表明，重庆市农民工中等程度以上的心理问题检出率为21.87%，重庆市农民工心理健康水平非常显著低于全国正常人平均水平，不同婚姻状况的重庆市农民工，心理健康水平差异显著，而不同收入水平重庆市农民工心理健康水平没有显著差异。胡娟霞（2012）研究表明，农民工的心理弹性在整体上属于中等水平，农民工所从事的职业、年龄、月收入是影响农民工心理弹性的主要因素。郭星华等（2009）认为农民工的心理灰度与农民工的日常生活体验和社会评价密切相关。李志凯（2009）认为，农民工市民化过程中心理问题的调适策略是：营造城市接纳农民工的社会大环境，发展和完善城市组织，发展农民工自组织，城市居民应以海纳百川的胸怀主动接纳农民工，农民工应以发展的姿态主动融入城市社会。陈菊红（2013）文献综述发现，当前我国农民工组织化问题的研究主要涉及农民工组织化的理论依据、原因、意义、现状、影响因素和对策等方面。如陈旭峰等（2011）研究表明，大多数农民工在打工地处于一种"无组织化"的状态，很多组织对农民工采取拒之门外的态度，从总体上说，农民工参加组织的状况不容乐观；社会融入状况对农民工参加组织有一定的影响，其中，经济层面的适应变量最能解释农民工参加组织的差异，其次是社会层面的适应变量，心理层面的适应变量对农民工参加组织差异的解释能力最弱。

④农民工子女问题研究。农民工子女问题研究的文献很多，主要议题集中在农民工子女教育（项继权，2005；吴霓等，2010；蓝威等，2011；王守恒等，2011；于佳宾，2012；等）、农民工子女心理健康（屈卫国等，2008；王飞，2009；丛菁，2012；叶一

舵等,2013;等)、农民工随迁子女城市融入和归属感等方面(申振东等,2008;吴新慧,2009;徐丽敏,2010;赵川芳,2010;熊易寒,2012;罗竖元等,2013;等)。如蓝威等(2011)认为我国农村留守儿童受教育的现状不容乐观,主要表现为留守儿童监护不够、教育机会有限、受教育结果不理想等,成因主要是:经济贫困并缺乏相关资助和支持,教育管理体制不顺,缺乏有效监管,缺乏针对性的法律保护。吴霓等(2010)研究发现,农民工随迁子女教育呈现五大趋势:主要表现在向经济较发达的中小城市集中,在城市出生的农民工随迁子女新生代入学规模日趋庞大,农民工随迁子女主体开始进入高中阶段,规范民办农民工子女学校将成为一段时期内城市学校发展的突出任务,农民工随迁子女流出地农村乡镇校舍闲置大幅增加;并建议提前规划中小城市教育布局,引导农民工随迁子女流入中小城市,缓减大城市人口压力,条件成熟的地区在城市管理中实施学籍管理代替户籍管理试点,也可探索实施异地中考和高考,因地制宜规范民办农民工子女学校,同时,强调流出地政府要科学预测适龄人口、合理调整学校布局,最大限度发挥学校规模效益,利用闲置校舍发展学前教育,避免教育浪费。王飞(2009)研究表明,农民工子女的心理健康总体水平不高,主要表现为:农民工子女心理问题的发生率为18.73%,排在前四位的影响因子是人际敏感、抑郁、焦虑和偏执;农民工子女的人际敏感、抑郁、焦虑、偏执、强迫和精神病性5因子均分显著高于常模;女生的人际敏感、偏执、敌对、强迫和精神病性4因子均分显著高于男生;非独生子女的强迫、人际敏感、忧郁和精神病性4因子均分显著高于独生子女;“留守子女”的抑郁、焦虑、偏执、强迫和精神病性5因子均分显著高于随父母进城的农民工子女。吴新慧(2009)调查结果表明,农民工随迁子女并未能真正融入城市,不论是在身份认同还是在群体融入,无论是社区融入还是乡土认同,他们都未能摆脱“流动”和“农村”的影子。徐丽敏(2010)认为农民工子女在城市教育中也存在较大的融入障碍。赵川芳(2010)认为户籍制度的限制,教育制度排斥,政府公共服务制度缺失,城市管理制度及手段方法落后等是影响农民工子女融入城市社会的主要障碍。熊易寒(2012)还提出了解决农民工子女城市融入的整体性治理思路,即建立跨部门合作机制与平台,帮助民工子女克服升学和就业瓶颈,鼓励社会组织参与合作治理,少先队、共青团组织应当加强对农民工子女的关怀和吸纳,以社区和学校为主要平台促进农民工子女社会融合。

3. 农民新市民城市融入问题研究文献回顾

进城农民工和失地农民作为一个社会现象已受到广泛关注,如何帮助他们实现与城市的相融与发展是构建和谐城市、推进城乡一体化发展的重要环节。学界对农民新市民(失地农民、进城农民工等)城市融入问题的研究比较活跃,成果很多。在中国知网以"农民＋融入"为关键词对所有文献的"全文"进行检索(含期刊、学位论文和报纸),可检出相关文献 12 475 篇,其中研究生学位论文 4 843 篇;若以"农民＋融入"为"主题词"对全部文献进行检索,可检出相关文献 1 216 条,其中研究生学位论文 492 条;可见,在农民新市民的城市融入研究方面,学位论文约占总量的 1/3～1/2,说明该话题是学界关注的热点。文献梳理发现,学界对农民新市民城市融入问题的研究主要集中在农民新市民城市融入现状、城市融入代际与性别差异、城市融入障碍及原因、城市融入路径机制与对策等方面。

(1)农民新市民城市融入现状研究

目前,学界对农民新市民城市融入现状的研究主要有两大切入点,一是整体探讨,二是单边切入(即从某个方面如社区融入、政治融入等方面展开)。

①农民新市民城市融入现状的整体探讨。在整体探讨上,学者多以问卷调查数据,从多维视角,通过实证分析,研究了进城农民工、新生代农民工、失地农民等农民"新市民"的城市融入问题。如清华大学李强教授(2011)在广州的调查研究表明:"外来农民工"在城市"不融入","农转非"人员在城市"半融入";"外来农民工"在城市"不融入"。主要表现在三个方面,一是子女教育的不融入,二是社会保障的不融入,三是住房体系的不融入;"农转非"人员在城市"半融入"主要表现出五个特征:一是户籍制度已经接纳,但与城市生活的多方面要素还不能接轨;二是农转非仍是城市里的弱势群体;三是农转非与当地长久市民的交往有限;四是农转非主观心理的半融入;五是农转非还不认同于自己的城市市民地位。金萍(2010)武汉调查发现,新生代农民工城市融入存在认知障碍,主要表现为身份认同的矛盾心态、交往意愿与实际交往存在落差、相对剥夺感仍然存在。何晓红(2011)在论文《一个女性农民工的 30 年进城打工生活史——基于生命历程理论研究的视角》中指出,第一代农民工由于年龄大面临着返回家乡还是艰难融入城市的痛苦抉择,即使有幸融入城市(这里的融入是指在城市有私房),但过程异常艰难,对未来感到迷惘。黄建新(2012)认为社会管理的滞后使新生代农民工在城市"入而未融",其市民化进程缓慢。何绍辉(2013)认为新生代农民工社会融入面临"双重边缘化",即无论是城市社会融入还是返乡适应,都表现出"难融入"的特征。鲁可荣等(2013)浙江调查发现,外来农民工存在社会融入难题,但可借鉴"桐琴经验",通过提升农民工社会融入服务水平,创新社会管理等举措来化解。梅建明等(2013)通过对全国 3 318 名农民工的实地调查,从生活质量、基本公共服务、社会融入和心理归属四个维度考察了农民工的市民化状况,结果表明,我国农

民工市民化总体上进展不小,但"四个维度"发展不均衡,尤其是基本公共服务和社会融入发展滞后,并直接导致38.6%的农民工心理归属是逃离城市。Min Chen(2014)认为农村老龄化劳动力由于体力和技能的限制,已逐渐成为边缘弱势群体,在城市融入方面存在体制隔离、城乡文化冲突及时空分隔等诸多障碍。可见,从诸多研究结果来看,我国农民新市民城市融入问题仍然多多,融入过程尚未完成,融入的路还比较漫长。

②农民新市民城市融入现状的单边切入。在单边切入上,学界主要探讨了农民新市民的社区融入、文化融入、政治融入和心理融入等问题。如关信平等(2009)研究发现,社区农民工在社区融入中面临的问题,集中体现在社会交往封闭,社区活动、社区选举、社区管理的参与不足,缺乏可及的社区服务等方面,总体上社会融入处于自发的低水平状态。孙璐(2009)认为在失地农民向市民的转变过程中,社区融入是一个关键性的环节;失地农民的社区融入包括经济生活的融入、社会日常生活的融入和社会心理层面的融入等;社区融入的过程是通过社区支持来实现的。沈蓓绯等(2012)研究发现,制度的壁垒和文化的差距使新生代农民工产生城市"边缘人"的心理困惑,文化融入是新生代农民工真正融入城市的根本标志和重要切入口;拥有主流、丰富、多元的城市文化生活已成为当前新生代农民工突破城市融入屏障的主观诉求。刘建娥(2014)昆明调查研究表明,农民工的政治参与开始从农村向城市转移,但城市参与度低于农村参与度,政治融入水平偏低;新生代、建筑业农民工的城市参与不足,精英农民工的政治融入需求凸显,亟待开辟制度化的参与途径提升其政治地位。林晓珊(2004)认为城市农民工心理特征是:逆反心理与相对剥夺感;生存意识与求富心理强烈;恋土情结与过客心理;自卑与封闭心理;缺乏安全感;这些心理特征使民工无法真正融入城市生活的主流,阻碍着农民工"再社会化",客观上延长了我国城市化的进程,不利于我国现代化的早日实现。可见,从单边融入的角度看,农民新市民在城市社区融入、文化融入、政治融入和心理融入等方面水平均不高。

(2)农民新市民城市融入代际与性别差异研究

①农民新市民城市融入代际差异。学界认为农民新市民城市融入存在代际差异,如周莹(2009)基于W市调查,从经济融入、社会融入和心理融入三个层面来探讨青年与老一代农民工融入城市的差别,得到结论:两代农民工有着不同的社会认同感和生活期望值,导致他们不同的个人行为选择,他们的差异是多方面甚至是全方位的;相较于老一代,青年农民工的城市融入的"嵌入"式和"失范"性程度更加突出。何军(2011,2012)依据江苏省农民工的调查数据实证分析表明,

目前江苏省农民工的城市融入程度总体上已经达到"半"市民化以上的水平,但新生代农民工与第一代农民工的城市融入存在显著的代际差异,新生代农民工的城市融入程度高于第一代农民工;收入水平、社会资本、受教育水平和外出务工目的是影响两代农民工城市融入的关键。李开宇等(2013)以陕西省宝鸡市为案例区进行实证分析,结果表明:农民(工)城镇化与城市融入存在空间分异特征:近半数的农民工认为中等城市是其理想的就业与生活城市,城郊区的农民(工)城市融入能力高于中心城区;不同年龄段的农民(工)城镇化与城市融入意愿存在空间分异,新生代农民(工)偏好于中心城区。与众不同的是,李培林等(2012)通过实证研究发现,尽管新生代农民工在收入、受教育年限和工作技能等方面要好于老一代农民工,但新生代农民工的社会融入状况与老一代农民工并没有出现根本差别;在影响农民工城市融入的变量中,受教育年限、社会资本等变量对城市融入的影响还不如农民工工作技能来得显著,即人力资本是影响流动农民工融入城市社会的重要变量。综上可见,农民工城市融入存在比较明显的代际差异,新生代农民工城市融入一般好于老一代。

②农民新市民城市融入性别差异。学界认为农民新市民城市融入存在性别差异,如吴伟东(2012)运用国内五大城市的问卷调查数据和普适性的社会融入指标体系,从经济整合、行为适应、文化接纳和身份认同等四个维度,对农民工社会融入的性别差异进行了全面的实证分析和探讨,研究结果表明,农民工的社会融入存在显著的性别差异;女性农民工在社会融入的隐性主观因素方面,明显高于男性农民工;性别差异的具体表现为:女性农民工在文化接纳和身份认同等两个维度上的总体得分更高,而在社会融入的显性客观因素方面,女性农民工在行为适应维度上同样高于男性农民工,但在经济整合维度上则较为显著地滞后于男性农民工,尤其是在职业声望指标上只有中等偏下的得分,融入度较低。向华丽(2013)对湖北省1 122名女性农民工调查与回归分析结果表明:相比男性农民工而言,女性农民工的社会融入渠道更加单一,行业分布更加狭窄,就业区域更加集中;影响女性农民工社会融入的影响因素不仅包含代际差异、文化程度、流动距离与培训程度等农民工社会融入的一般共性因素,同时表明女性农民工的个性心理特征对其社会融入影响较大。综上可见,农民新市民在城市融入上确实存在性别差异。

(3)农民新市民城市融入障碍及原因研究

①农民新市民城市融入障碍。学界普遍认为农民新市民城市融入存在障碍或困境。如郭星华等(2004)引入社会距离的概念,运用问卷调查的结果,对农民

工与城市居民的社会距离问题进行比较深入的分析；调查结果表明，新生代农民工与城市居民的社会距离正在逐渐增大，他们缺乏主动介入城市生活的积极性，并且感觉与城市生活和城市居民之间的关系日趋隔离，社会距离的增大使得农民工群体自愿选择结成自己的社群网络，并以此与城市生活产生隔离。江西省社会科学院课题组（2006）认为，我国农民工融入城市的进程十分缓慢，他们绝大多数被排斥在城市主流社会之外，成为城市的"边缘人"。钟德友（2010）认为农民工收入水平低、融入城市门槛高和参加社会保障难是农民工难融入城市的三大困境。胡杰成（2007）认为农民工在城市社会遭受着经济、政治、文化、社会保障、教育和空间等多个方面的社会排斥。谢建社（2007）通过对珠三角 S 监狱 207 个犯罪农民工问卷调查的统计分析以及重点个案访谈，认为农民工犯罪率居高不下局面的产生正是农民工在融入城市过程中的冲突问题的反映；他认为农民工在城市融入过程中面临着经济冲突、权利冲突、思想冲突、文化冲突、家庭婚姻冲突及代际冲突；城市恶劣的生存环境及巨大的心理落差使农民工最终选择违法犯罪行为来显示自己的存在，并借以获取生存的资源。侯力等（2010）研究表明，城市农民工二代（新生代农民工）移民城市融入面临着体制性、经济性和自身方面的障碍与困境，他们生存困难不断、发展阻力重重、权益保障匮乏、徘徊路在何方。杨凤（2011）利用济南市农民工城市性融入的调研资料，从经济适应、身份认同、文化适应、行为适应四个层面分析了农民工城市性融入状况，认为农民工城市融入存在四大障碍，即户籍制度障碍、观念障碍、社会资本障碍以及人力资本障碍。黄薇铮（2013）对徐州失地农民调查后发现，失地农民城市融入存在"四难"问题，分别是经济融入难、社会交往难、社区参与难及心理融入难。综上可见，无论是失地农民还是进城农民工（新生代农民工），城市融入均是"融而不入"甚至是"不融不入"。

②农民新市民城市融入障碍的原因分析。是什么原因导致农民新市民"融而不入"甚或"不融不入"呢？学界对此见仁见智。如郭星华等（2004）认为新一代农民工的身份认同变化、城市居民的刻板印象以及传统网络的存在是社会距离增大的重要原因。江西省社会科学院课题组（2006）、张岳红（2012）认为，农民工市民化的障碍既有制度性障碍，也有政策、观念、文化、习俗等非制度性原因。胡杰成（2007）认为农民工在城市面临多重社会排斥，这些排斥是通过制度机制、群体机制、市场机制、农民工适应能力等得以运作的，它主要是一种制度性排斥。陈凤兰（2012）认为农村与城市之间的文化隔阂是新生代农民工无法融入城市的根本障碍。张传慧（2013）将新生代农民工城市融入障碍归因于社会制度、人力资本和社会资本三个维度。刘志强（2010）认为，新生代农民工难以融入城市，其实并不

是其内在自身问题,主要是国家还没有从外在制度上尽到尊重和保障他们的义务。张华(2013)认为从业技能、工作稳定性、经济收入、住房、社会交往圈子等因素严重制约了农民工家庭的城市融入程度。潘泽泉(2011)从人类学角度研究发现,农民工进入城市、在城市中日常生活世界的建立和书写,是一种"自下而上"的现代性谋划,但这种谋划注定很难成功,农民工城市融入障碍即源于此。综上可见,农民新市民城市融入障碍的原因是多方面的,既有制度性因素,也有非制度性因素,但制度性因素似乎是主要方面。

(4)农民新市民城市融入的路径机制与对策研究

①农民新市民城市融入路径机制。对于农民新市民融入城市的路径机制问题,学界探讨比较活跃。如胡献忠(2011)认为共青团在促进新生代农民工融入城市方面具有重要作用:共青团可通过组织覆盖,为新生代农民工带去人文关怀;共青团可通过提高培训质量,推动新生代农民工素质的提升;共青团可通过开展"面对面"活动,形成维护新生代农民工权益的制度安排;共青团可通过关爱农民工子女活动,帮助新生代农民工解决后顾之忧;共青团可通过在不同场合的呼吁,营造落实农民工政策的舆论氛围。袁靖华(2011)、宋万林(2011)认为大众传媒的符号生产机制与新生代农民工融入城市必需的符号资本之间存在紧密联系:新生代农民工符号资本的赤贫是其城市融入过程中遇到的重大"符号障碍";大众传媒作为当代社会最重要的符号生产者,有必要通过提供信息平台、正名和扩大话语权等具体的符号救济途径,帮助新生代农民工提升符号资本,消除"符号障碍",进而促进其融入城市社会。方英等(2012)认为服务于农民工的非营利组织(主要包括草根组织、非公募基金会)可在农民工的权益维护、义务教育、社会化教育和职业培训、多样化的文化娱乐提供方面发挥积极作用。程孝良(2014)认为可发挥公共图书馆在城市精神培育、市民意识养成、价值理念塑造、文明素质提升、城市融入能力锻造、城市生活质量与幸福指数提升等方面的作用,创立一条图书馆助推新生代农民工城市融入的有效路径。刘建娥(2010)认为发展专业化社区服务中心可促进移民城市社区的融入。姚进忠(2014)认为实现农民工赋权是解决农民工城市融入困境、服务社会建设大局的关键之举;社区为本的社会工作为农民工赋权构建了一个动态的、立体化的实现路径。谢永飞等(2013)认为社会工作在促进新生代农民工的城市融入中具有重要作用;个案、小组和社区工作可以有效帮助新生代农民工进行危机调适、提升人力资本、扩大社会支持网络、引导其利用社会网络资源、改善和调适其与城市社会环境的关系、倡导政府消除新生代农民工融入城市的政策和制度障碍,使他们能够更好地融入城市生活和城市社会,进而减少

社会冲突、促进社会整合、增进社会和谐。综上可见,学界认为共青团、大众传媒、非营利组织、图书馆、社区服务中心等在促进农民新市民城市融入方面具有积极作用。

②农民新市民城市融入的对策思考。很多学者就促进农民新市民更好地融入城市提出了自己的对策建议或思考。如何得桂等(2007)提出促进农民工和谐融入城市的战略思考:(大战略)从城乡分割走向城乡一体,促进农民自由而全面的发展;(分步骤)立足当前,着眼未来,按照近、中、长期三个阶段,扎实有序推进;(多举措)制度构建、社会参与、个人努力,全面协同促进目标的实现。王佃利等(2012)认为在注重权利、以人为本、在尊重农民工个人意愿的前提下,以包容性发展理念为基础,通过还权赋能、增强社会团结、完善社会保障三个方面完善农民工城市融入的政策选择。曲海峰等(2010)认为只有生活方式城市化才是新生代农民工城市融入的内在理路。刘应君(2012)认为需要在法律、制度、心理维护等方面完善农民工市民化的体制机制。陈晨(2012)认为对当地语言的认同和学习有助于化解城市融入中的文化隔阂。张丽艳等(2012)认为政府应树立以市场思维解决农民工融入城市问题的理念,立足于双边制度激励,设计对农民工的利益激励、成本激励以及对政府的规模激励、土地激励、治理激励的城市化政策,通过户籍制度、土地制度和公共物品供给制度三者联动改革,实现二者在促进农民工融入城市过程中的双赢。朱杰堂(2010)、冯奎(2011)、杨凤(2011)、王春蕊(2012)、席群等(2012)、郝保英(2013)提出了推动农民工城市融入的政策建议是:着力解决重点人群的城市融入问题;重点推进户籍制度改革;建立城乡统一的劳动力制度;推进农民住房制度改革;全面加强中西部县城和小城镇建设;建立全国统一的社会保障制度和公共服务体系;对农民工进行市民生活和职业技能培训;注重保障农民工的权益;建设城乡社区互动网络平台;构建和谐的社区环境;给予农民工足够的人文关怀;发挥新兴媒体的促进作用。李开宇等(2013)认为要重视并发挥城郊区对农民(工)城镇化与城市融入的作用,在制定区域整体层面的综合政策时,需针对不同区域制定差异性的引导政策,促进农民(工)公平、公正、有序、有尊严地城镇化和融入城市。综上可见,学界就农民新市民城市融入的对策建议既具有宏观理论指导意义,也具有中微观实践借鉴价值。

(二)"二代"问题研究相关论述

本书《新市民在城乡一体化进程中的黏合催化作用及其触动机制研究》中的"新市民"是指"进城落户工作且具有大中专文凭的农家子弟(县城为最低级别城

市,文凭为普通大中专院校颁发的文凭)",属于"农二代",而"农二代"只是中国所有"二代"中的一种。中国知网中的"二代"研究或报道还包括"官二代""富二代""穷二代(贫二代)""独二代""星二代""红二代""民企二代""创二代""农二代""新生代农民工"等,基本涵盖了我国当代社会生活中主流"二代"的所有称谓。中国知网相关"二代"研究的文献检索结果显示,当前,官二代、富二代、穷二代、创二代、农二代(含新生代农民工)有关研究成果相对较多(其中,"创二代"新闻报道或纪实文章较多,学术研究文章很少),而其它"二代"如"独二代""星二代""红二代""民企二代"等还基本处于新闻报道阶段,学术探索并不多见。由于"农二代"几乎都是"穷二代",所以"穷二代"研究综述基本会涵盖"农二代"的研究现状;此外,由于"新生代农民工"与"农民工"的境遇基本相似,而"农民工"文献已在前文综述过,故本部分不再对"农二代(含新生代农民工)"文献进行另外综述,需要交代的是,学界所称"农二代"主要指向第二代农民工,少数指向农家在读大学生。下面将重点对官二代、富二代、穷二代(贫二代)的研究进行文献综述。

1. "官二代"问题研究文献回顾

近年来,"官二代"现象频见报端、网络和其它媒体,使"官二代"语词逐渐走红,层出不穷的"官二代"现象也不断挑战着国人敏感和脆弱的神经,引起了世人的关注和学界的思考。当前,学界对"官二代"问题的研究主要集中在"官二代"现象的内涵和表现、"官二代"现象的理性审视、"官二代"现象的成因、"官二代"现象的危害、"官二代"现象的治理对策等方面。

(1)"官二代"现象的内涵及表现

"二代"现象并非今天才独有的特殊社会现象,它本是中性词,无褒贬意涵,因为人类只要繁衍生息,就会有二代、三代、四代,任何行业也会有二代三代四代,如人们常说的"教育世家""医药世家"等。但在今天特定的社会背景下,"官二代"具有特定的含义,寓意丰富,不仅指高官后代容易获得或接近权力的现象,也形容高官后代的种种不良社会行为,如近年出现的"李刚门""升官门""警服男""抓捕门""杀妻门""李双江之子打人门""合肥少女毁容门"等"官二代"现象就是明证。郝宇青等(2011)认为"官二代"主要指官员的后代,"二"并非确指,既可以是儿辈,也可能是孙辈;同时,"官二代"的外延又是极具弹性,它不仅包括直系亲属,而且还可能包括旁系亲属;所谓"官二代"现象,则是指在官员的亲属(主要是直系亲属)中存在的,通过官员的权力和人际关系,不经由公开公正的渠道攫取资源和特权的现象;"官二代"可分为公共领域的"子承父业"型、经济领域的"以权谋私"型、社会领域的"花花公子"型等三种类型。张潮等(2013)认为"官二代"群体的媒介形象主要有特权者、负罪者、蛮横者三种类型。高莹(2011)认为一些"官二代"以不正当的方式和路径"世袭"了公共权力,主要表现为:假程序公正之名行选拔"官二代"之实;假公开招聘之名行内部招聘"官二代"之实;公开特招"官二代";招录或选任中优待"官二代"。贾亚青等(2011)认为"官二代"行为失范表现为功利主义观念强、信用度低、公德性淡薄等。可见,"官二代"就是官员的后代或直系亲戚,有多种类型;"官二代"多为"特权阶层的天生享有者"。

(2)"官二代"现象的公众印象

不少学者从标签化、权利符号、为官原罪等方面对"官二代"现象的公众印象进行了审视和解读。如薛深(2011)认为"官二代"标签化现象的缘起是:官本位思想与阶层利益固化,制度缺陷与民意表达割裂,庸政劣行与认知偏见强化,民主话语与新兴媒体联姻;需建构积极的政府回应机制化解"官二代"标签化现象。薛深(2012)认为"官二代"负性标签的形成,反映出网民在社会群体认知上存有一定的偏见,也揭示了部分"官二代"已经步入权力共享、权力世袭的身份利益歧途。薛深(2013)认为在"官二代"群体形象塑造的过程中,网民存在着模式定型和片面理解,将"官二代"视为祖荫庇护的寄生者、社会不公的制造者、违法乱纪的漏网者;网络媒体对"官二代"的负性形象建构是由传统文化的观念传承、"官二代"群体表征的客观存在、阶层分化的利益博弈、以及"官二代"的网络失语等共同因素作用的结果。张洁(2013)研究了"官二代""富二代"媒介话语建构的共振与差异问题,发现两者的共性是:造词方式和报道模式相互呼应,报道内容都有符号化和标签化特征,报道主角与社会真实群体相比趋于边缘化和年轻化;两者的差异是:"富二代"的报道主题较为多样,媒介对"官二代"的负面评价更加突出,"富二代"污名在某种程度上得到了消解,而"官二代"的污名却很难去除。叶慧娟(2011)认为"我爸是李刚"宣语的背后隐含着特定时代背景下"官二代"的行为逻辑,其实质是官员子女对权力符号的继承与运用;传统社会权构化的惯性是"官二代"有意识地使用权力符号的内在驱力,现代中国社会阶层分化的封闭趋向强化了权力符号的辐射力与影响力,权力符号与社会观念之间支配与被支配的互动情势构成"官二代"演绎权力符号的人文语境。胡赣江(2012)对"官二代"为官"原罪"现象进行了分析并提出了消除对策;认为"官二代"为官"原罪",主要表现在"官二代"为官的选任程序不当、选拔方式不透明、选用标准降低或个人条件不具备等方面,由此引起整个社会的习惯性质疑。可见,学界认为"官二代"现象存在标签化嫌疑,污名较难去除;"官二代"易搭"权力便车"。

(3)"官二代"现象的成因

学界认为"官二代"现象的成因主要是官本位文化影响、社会流动受阻及官僚系统的自我封闭、家庭教育缺失、道德迷失、制度缺陷、身份利益歧途等。如孙壮珍(2011)认为我国官本位政治文化与"官二代"现象间具有内在逻辑:官本位政治文化具有极端的权力异化、泛化的权力崇拜及固化的阶层利益内在的本质特征;这些内在特征对"官二代"现象的产生具有巨大的推动作用;而"官二代"现象的出现又促使官本位文化内在特征的进一步凸显,助长了官本位风气的盛行,二者之间呈现一种相互促进的异化的内在逻辑。郝宇青等(2011)认为"官二代"现象是中国社会转型发展到一定阶段的特殊产物,它在当下的中国之所以会演化为一个严重的社会政治问题,最为主要的原因是社会流动的空间受到挤压和官僚系统自我封闭性的趋势日益严重造成的。李洁(2011)、闫焕文(2013)认为不良的家庭教育环境、学校教育环境以及社会环境是"官二代"现象的成因。张国献(2011)认为"官二代"现象根源在于社会道德迷失、学校德育错位、家庭道德异化和自身品位低下。陈培浩(2011)认为"官二代"现象根源在于行政权力的僭越、制度安排的缺陷、行政伦理的扭曲及行政监督的缺位。薛深(2012)认为"官二代"现象根源在于家国同构的文化渊源、监管乏力的制度安排、市场机制的利益驱动、阶层冲突的利益强化等多种因素。可见,学界认为是家庭、社会、制度、文化等综合因素造成了今天的"官二代"现象。

(4)"官二代"现象的危害

学界普遍认为"官二代"现象的社会危害很大,主要是破坏党的形象、损害社会公平正义、污染政治生态、滋生腐败、误导大学生思想行为等。如高莹(2011)认为"官二代"凭借父辈的政治资源和人脉关系,"名正言顺"地进入官场或迅速得到提升,这一扭曲的官场现象和社会现象对价值取向、党的建设及社会建设等方面具有极大的影响和危害。李本松(2013)认为近年发生在全国各地的"官二代"的不正之风有越演越烈之势,已经破坏了党的形象,并给党的事业造成了很严重危害,具体表现为:"官二代"现象的存在直接影响到社会平等、公平和正义的实现,更容易导致钱权交易,滋生腐败,直接助长了官场上的裙带关系,导致官员近亲繁殖,污染了"官"场环境,不利于我国的政治体制改革,容易导致"仇官"现象。陈培浩(2011)认为"官二代"现象的危害有:诱发权力崇拜,助长官本位风气;损害政府形象,削弱政府合法性;阻塞社会流动,加剧社会矛盾。吴丽丽(2014)认为"官二代"现象会对大学生思想行为产生较大的负面影响,导致部分大学生的思想行为扭曲,金钱万能论和特权观念滋生。可见,学界认为"官二代"现象的社会危害不小。

(5)"官二代"现象的治理对策

如何治理"官二代"现象,学界有多种看法。如薛深(2011,2012)认为党和政府应当高度关注"官二代"网络舆情背后的社会图景,遵循法治理念,均衡社会利益,疏通表达渠道,推动公民身份有序流动,同时从规范干部选任机制、健全社会疏导机制、完善思想教育机制等方面予以积极的回应,以化解人民内部矛盾、疏导民众不良情绪、维护社会和谐稳定,体现快速反应、规范治理的施政理念,彰显人民政府的公共性价值。刘永生(2011)认为可从工作作风、制度设计、监督机制等维度采取相应的对策。李本松(2011,2013)认为治理"官二代"现象要消除"官"身利益、阳光选拔干部并全程监督、严格规范亲属回避制度、加强领导干部思想政治教育、建立和完善问责制度、引导社会价值多元化取向以破除官本位意识等。高莹(2011)认为应当树立正确的人才选拔导向,健全和完善科学的人才选拔机制、选人用人工作中相关利益人的回避机制及公务员退出机制,从根本上治理和破除"官二代"现象,打造风清气正的选人用人环境和公平正义的社会环境。范世举(2014)认为治理"官二代"现象既要完善相关制度、进一步提升官员的素质和提高全民素质,同时还要与时俱进地推行网络参政议政,以保证官民交流顺畅无阻。陈培浩(2011)认为"官二代"现象的治理途径是实现三个公平,即以制度安排实现程序公平,以他律、自律实现行动公平,以公共问责实现结果公平。郝宇青等(2011)认为要治理"官二代"现象,除了需要疏通社会流动的渠道,以有效的官员选拔制度来保障对平民精英的有效吸纳外,还要整顿吏治,防止公共权力的私有化。张婷婷(2011)、闫焕文(2013)认为应从改善家庭教育环境、强化学校及社会责任、提升"官二代"的思想道德素质等方面治理"官二代"现象。综上可见,学界为治理"官二代"现象开出的良方主要是:完善用人制度,阳光选拔干部;响应民众关切,维护社会公平正义;疏通社会流动管道,促进各阶层有序流动;整顿吏治,加强官员行为自律和他律;提升官员及国民的素质,搭建官民交流平台;引导多元化社会价值取向,去除官本位思想毒瘤;完善"官二代"教育环境,提升"官二代"思想道德素质等。

2."富二代"问题研究文献回顾

与"官二代"相似,"富二代"同样吸引大众眼球,同样给人以负面的印象。当前,学界对"富二代"问题的研究议题主要集中在"富二代"的内涵及表现、"富二代"的群体特征、"富二代"的媒体形象、"富二代"不端行为的成因及治理路径、"富二代"的教育等方面。

（1）"富二代"的内涵及表现

"富二代"作为对有钱人子弟的称谓,本身也无褒贬之意。只是近年来媒体对"杭州胡斌飙车案""药家鑫杀人案""南京富二代杀妻案""卢美美炫富案"等诸多"富二代"事件的负面报道,使得"富二代"成为过街老鼠人人喊打。一粒老鼠屎带坏一锅粥,于是乎,"富二代"成为"坑爹"的代名词,在刻板印象作用下,人们往往认为"富二代"为富不仁、道德败坏、为非作歹、不思进取……,总之,不好的词语都可以加在"富二代"身上。什么是"富二代"? "富二代"的行为表现如何? 学界对此有着比较客观中肯的看法。如祝建华(2009)、高庆(2010)认为"富二代"是指中国改革开放以来最早一代民营企业家的子女,这些子女一般继承过亿家产,拥有丰厚的财富。黄宇(2013)认为"富二代"是在我国的政治体制和特有的经济发展模式下,尤其是改革开放中不断成长发展的私营经济中,那一部分成功的第一代创业者在以"富一代"的形象走向社会的前台的同时伴随产生的这样一个独一无二的群体。杜雄柏(2012)认为"富二代"是指在我国实施改革开放政策之后先富裕起来的人的子女,他们依靠继承父辈的家产而拥有丰厚的物质财富;"富二代"主要有事业有成型(占20%)、顺其自然型(占18%)、"父衰子落"型(占12%)、纨绔子弟败家型(占50%);"富二代"的不端行为主要是悖德、违法和犯罪。任小琴(2010)认为"富二代"往往不思进取、生活奢侈、骄纵妄为,对社会特别是对青年有着巨大负面影响。樊荣庆(2009)从上海检察机关办案情况看,认为"富二代"犯罪主要是个案,并没有形成一个突出的犯罪群体。王良(2009)认为"富二代"犯罪总体上主观恶性不大,普遍性也不强。综上可见,"富二代"的富有是毋庸置疑的,因为他们继承了父辈的大量财富;不少"富二代"的确是纨绔子弟,但也有部分"富二代"是成功人士或是社会良民;虽然不少"富二代"屡造不端行为,但"富二代"犯罪还多以个案出现居多,群体性犯罪还比较少见。

（2）"富二代"的群体特征

学界认为"富二代"的群体特征是鱼龙混杂、喜忧参半,具有可塑性。如祝建华(2009)认为"富二代"群体的形成带有鲜明的时代特征,"富二代"群体本身所具备的特征折射出强烈的时代信号;"富二代"群体是:具有先赋与自致双重社会角色模式,处于父辈期望与冲突的角色漩涡中,存在物质财富与个体素质发展双重马太效应,具有社会认同的自我类型化特征,是社会公众的认知偏见与仇富泛化的牺牲品。高庆(2010)认为"富二代"群体成长具有分化特征,"富二代"作为一个特殊群体,其中"龙蛇混杂",汇集各色"江湖人物",有儒雅大方的有志青年,有浑浑噩噩的"啃老族",更有挥金如土的"败家子儿",以及虚度光阴无所事事的游手好闲之辈;家庭养育、社会转型、地域同化、自身追求诸因素合力作用导致了"富二代"的群体分化。朱美燕(2010)认为"富二代"群体具有三大优势,即享有优质的教育资源、具有更强的竞争能力、拥有更好的创业平台,但"富二代"群体也具有三个弱点,即缺乏人生历练、迷失财富之中、承受财富之重。孙丹薇(2010)认为"富二代"是我国青年中的特殊群体,存在不少问题,但也蕴藏着特殊的社会价值潜能,具有很大的可塑性。可见,学界对待"富二代"群体是客观中肯的,认为"富二代"中虽有败家子,但亦不乏精英分子。

(3)"富二代"的媒体形象

不少学者对"富二代"的媒体形象及形象建构等问题进行了有益的探讨。如张雯谦等(2011)通过对《人民日报》和《南方都市报》一年内对"富二代"报道的分析,认为媒介对于"富二代"这一群体形象的定位和塑造存在着偏差和误读。钟一彪(2012)认为大众传媒所形塑的"富二代"形象主要表现为炫耀、绯闻和事故等方面;现代大众传媒对"富二代"话题具有报道内容的议程设置效应,现代大众传媒的运用产生了社会民众对"富二代"话题讨论的深度参与效应以及社会整体对"富二代"公共形象的交叉放大效应。冯莉(2012)通过对媒介新闻报道进行系统的内容分析,证实了我国大部分大众传媒对于"富二代"的报道已经形成了负面的刻板印象。谢季康(2012)通过实证分析也表明各大报刊新闻报道对"富二代"的报道存在标签效应,给"富二代"在放大镜和显微镜下贴上了一张负面的标签。方建移等(2013)认为主流大众媒体对于"富二代"的报道呈现以下特征:报道体裁方面,注重新闻报道;报道基调上,负面新闻超过半数,且存在"标题党"现象;报道内容方面,炫富、绯闻、违法事件居多;报道主体特征方面,多为高学历低年龄的男性;作为大众媒体,其所构建的拟态环境对公众对于"富二代"群体形象负面认知的形成具有重要影响。可见,学界普遍认为媒体对"富二代"群体的报道具有负面"标签化"倾向,有炒作嫌疑。

(4)"富二代"的不端行为成因及治理路径

学界认为"富二代"不端行为的主因在于制度性壁垒、全能性资本的影响、教育失误、精神滑落等方面;主要治理路径是:改革弊制,维护公平,发展和强化公民基本权利,完善立法,加强教育,重塑精神等。如晏荣(2011)认为制度性壁垒与社会排斥导致"X二代"现象的产生。张莉(2011)认为"富二代"与"贫二代"的出现甚至贫富阶层固化的根本原因在于历史因素、体制不健全、市场经济中资源不对称带来的不公平、个人自身主客观因素等;走向社会公平的路径是:体制上的大力改革;优化市场经济基础上健全政府宏观调控;大力发展城镇化和中小企业;加强自身软硬件基础和市场经济中的竞争实力；大力发展教育尤其是教育资源公平化。王小章(2009)认为"富二代"和"穷二代"现象的根本症结则在于经济资本(财富)、政治资本(权力)、文化资本(教育文凭等)等在很大程度上可以相互转化、交换乃至联姻，从而在中国社会中形成了一种总体性资本，或者说全能性资本；他认为单凭教育不能从根本上改变"富二代"和"穷二代"现象，只有依靠发展和强化公民的基本权利，才能遏制、约束和消解全能性资本，并铲除"富二代"和"穷二代"滋生的土壤环境。杜雄柏(2012)认为导致富二代不端行为产生的原因不外乎是政治、经济和文化等领域所存在的问题(权钱交易、执法不严；强资本、弱劳动；价值偏离、信仰缺失)以及作为父辈的"富一代"未能很好地承担起教育其子女的义务(如教育内容偏废，教育方式失当)；解决"富二代"问题，从法治角度而言，一是要完善立法：既要在现有相关法律法规中增设"法律责任"条款，以强化富人履行教育子女的义务；同时也要修改继承法，开征"遗产税"，以削减"富二代"继承父辈财产的权利；二是要严格执法：不仅要扩充现有"执法主体"的范围，而且要严厉追究执法者"失职渎职"之责任。苏锦霞(2010)认为"富二代"群体亟待精神重塑；重塑的途径是：要用生活关爱，增进其家庭归属感；用成长关怀，强化其事业趋赴力；要用慈善关切，培养其社会责任心；用视听关防，升华其健康审美观；用司法关注，点亮其戒勉警示灯。可见，"富二代"不端行为的成因是多方面的，对其治理亦要有针对性的展开，治标更要治本。

(5)"富二代"的教育问题

学界普遍认为"富二代"身上问题多多，需要多方配合、利用多种方式，不断加强其思想道德等方面的教育，以提高"富二代"教育的实效性及"富二代"自身的社会价值。如郑志强(2011,2012)通过调研发现，"富二代"大学生思想道德素养良莠不齐，需要加强"富二代"大学生的思想道德教育；他认为当前"富二代"各种教育培训班的实效性不高，急需加以引导；他认为须从多方面入手，构建一个由政府主导、高校主宰、社会参与、"富一代"重视和"富二代"大学生自省的体系，方能取得教育的实效性。陈兆华(2012)认为加强高校"富二代"学生群体的教育和引导，需要帮助其树立正确的世界观、人生观和价值观，这是高校学生教育管理工作的一项重要任务。邵秀荣等(2011)从社会学的角度出发，结合著名美国女诗人艾米莉·狄金森的家庭及其诗歌，分析其作为"富二代"和"官二代"的家庭教育缺失对其人生造成的影响，并联系当今"富二代"和"官二代"的实际情况，进而强调在当今社会加强"富二代"和"官二代"家庭教育的必要性。王金玲(2011)认为应当发挥网络文化的助力功能，加强网络文化对"富二代"大学生的正确引导，促进他们精神成人,学会自强自立、自爱自律,走下网络融入社会。李占立(2010)认为"富二代"存在较多素质问题,如公民意识淡漠、人文素养欠缺、管理素质堪忧、法律意识不足等;而加快相关制度的构建完善、探索合理有效的继续培训教育机制和"富一代""富二代"自身的完善强化将是解决"富二代"素质缺陷的治本之策。朱小琴等(2011)认为"富二代"的成人之道是教育与实践结合、深化改革开放、培养青年人的责任感。古必训(2013)主张立人为本、倡导社会包容、坚持分类指导和引导观念更新,解放思想、推动科学发展、营造创业氛围,从而实现"富二代"青少年自身价值的增殖和提升。显然,学界普遍认为"富二代"具有可塑性,承认教育对于引导"富二代"健康成长的重要作用。

3. "穷二代"问题研究文献回顾

"穷二代"(贫二代)是"富二代"的反义词,也是网络热词,曾经网络上一篇《我奋斗了18年才和你坐在一起喝咖啡》的文章,生动地描述了一个农民子弟(穷二代)通过怎样的努力才和城市白领坐在星巴克一起喝咖啡的经历,引起了广泛的社会关注和讨论。学界关于"穷二代"的研究主要集中在"穷二代"现象的解读、"穷二代"现象的成因、"穷二代"现象的治理等方面。

(1)"穷二代"现象解读

学界普遍认为"穷二代"这个社会现象真实存在,若长期顽固不去,必将影响社会和谐稳定。如刘林平等(2014)通过对"中国综合社会调查"数据的分析发现,中国社会阶层的代际绝对流动率不高,两代人的社会阶层流动总体是积极、合理的;代际流动的阶层固化主要表现在中、下层,尤其是子代下层中超过83%来自于父代下层,表明"贫二代"的真实存在。杨绪盟(2014)认为"穷二代"包括城市"穷二代"、农村"穷二代"、农民工"穷二代"和学生"穷二代"四个群体,人数约有9 000万;对广大"贫二代"而言,所面临的最大问题是生存和发展问题,而限制其生存和发展的主要障碍是目前体制上的不公平。王康(2012)认为"贫二代"PK"富二代",其实就是玩"拼爹游戏","他们有的是背景,而我有的只是背影";"出身贫寒、社会关系缺乏,求职过程中全靠个人奋斗"成为校园"贫二代"的简单特征。朱小龙(2009)、张莉(2011)认为"贫二代"消失得越快,说明社会流动的渠道就越畅通,整个社会就越富有生机和活力;反之,如果"贫二代"成为一种顽固不去的社会现象,就会造成社会结构的失衡和社会竞争的不公平,影响社会稳定。豆小红等(2010)认为"穷二代"大学生虽然大多生活在繁华的城市,很少再接触农村,但他们心理不平衡,有"受害者心态",不满情绪强烈,隐藏着很大的道德风险和社会风险,其潜在的反社会秩序的能量很大;如果我们继续忽略该群体的利益诉求,不能促其顺利就业和提升其职业社会地位,将导致更严重的社会问题。王晓东(2011)认为透视"穷二代"现象的背后,贫富差距代际传承下"连锁反应性"的社会问题应引起警觉和反思:贫富差距代际传承的固化倾向明显;物质和精神双重压力下低收入群体的心理承受能力弱化;"穷、富二代"现象不只是物质层面上的分化,更是心理情绪的对抗,是滋生社会不稳定的心理温床。吴雅萍(2011)认为"贫二代"存在联盟效应,胶囊联盟,团结一致,摆脱困境,"贫二代"的联盟效应是弱势个体间的相互融合,是新生发展的瞩望。

(2)"穷二代"现象成因

学界认为"穷二代"现象的成因主要是全能性资本的影响、历史原因、体制不健全、资本缺乏、财富的代际传承、家庭教育不济等。如王小章(2009)认为"穷二代"和"富二代"现象的根本症结在于受总体性资本或者说全能性资本的影响,总体性资本是经济资本(财富)、政治资本(权力)、文化资本(教育文凭等)等之间相互转化、交换乃至联姻而形成的。张莉(2011)认为历史因素、体制不健全、市场经济中资源不对称带来的不公平、个人自身主客观因素等是"贫二代"与"富二代"的出现甚至贫富阶层固化的原因。常家树等(2012)认为城乡二元结构体制影响、被政策体制边缘化、在社会网络融合中被排斥、社会资本缺失等因素是"贫二代"产生的社会根源。刘淼静(2013)也认为"贫二代"和"富二代"现象产生的原因是社会流动不畅。杨怀德(2012)、王振亚等(2011)认为财富差距的代际传承形成了较有典型性的"贫二代"和"富二代"社会分层。刘林平等(2014)认为外出打工的农民工缺乏人力资本和社会资本,主要在劳动密集型企业工作,由于户籍区隔的基本制度安排,形成了拆分型的劳动力再生产模式,他们本身及其后代向上流动的机会不大,因而形成了"贫二代"的社会现象;没有外出打工的农民和城市居民中的下层亦如此(农民和农民工被户籍所区隔,那么城市居民就被体制所区隔)。独树一帜的是,宝家义(2011)认为"穷二代"穷在家庭教育上,首先人穷有可能是源于志短,其次人穷有可能是源于心穷;而志穷、德穷、心穷则是家庭教育不济造成的①。

(3)"穷二代"现象治理

综合来看,学界认为治理"穷二代"现象的路径主要是遏制全能性资本、增强国家责任、推动经济社会发展转型、体制改革与政策调整、加强(家庭)教育、个人

---

① 资料来源:《穷二代穷在家庭教育上》(新浪博客: http://blog.sina.com.cn/s/blog_84f7e8110100wbvn.html)

努力等。如王小章(2009)认为必须对全能性资本做有效的遏制,从而改变产生"贫二代"和"富二代"的土壤和环境,而光凭教育是靠不住的。杨绪盟(2012,2014)认为满足"贫二代"的社会诉求,即是"贫二代"自己的责任,更是国家的责任;国家至少要从以下三个方面重点着手,一是改革分配制度,二是改进扶贫政策,三是提高社会保障水平等。刘林平等(2014)认为"穷二代"的治理路径是推动经济发展方式从粗放型向集约型转变,打破体制区隔,将教育资源公平地分配给全体国民,使社会中的阶层迅速壮大,社会向上流动渠道更公平通畅。王晓东(2011)认为完善社会保障制度、增强民众的生活预期和信心、适时调整我国的生育政策和人口发展战略以避免"少子老龄化"的负面效应,可消解贫富差距代际传承下社会问题的"连锁反应"。常家树等(2012)认为在社会建设中通过体制改革与政策调整撬开贫富之间的壁垒、缩小贫富差距、消除层际心理断裂,才能消除贫富不均引起的社会动荡。张莉(2011)认为健全体制、健全市场经济中公平发展机制和提高政府公共管理水平、大力发展贫困地区以及对弱势群体的教育、努力提高自身立足社会的竞争实力是扭转贫、富二代新阶层格局的主要措施。吴雅萍(2011)认为正常的社会承继财富、继承身份,不可否认地将继续延续马太效应;可是,"贫二代"的崛起、思想上的转变、行动上的成熟,扭转了时下社会的阶层模式,即马太效应的逆转可以实现"贫二代"社会阶层的跨越。杨怀德(2012)认为除了加强教育外,缩小贫富差距、实现共同富裕是消除"穷二代"与"富二代"鸿沟的重要举措。宝家义(2012)认为"穷二代"改变命运的机制就是改变家庭教育的机制,家庭教育可保"穷二代"志不短、德不穷、心不衰。

(三)城乡一体化实现机制的相关论述

从文献检索情况来看,城乡一体化机制方面的研究成果非常多,如以"城乡一体化＋机制"为主题词,可在中国知网检出 4 175 条文献,其中期刊文献 1 527 条,硕博学位论文 134 篇;若以"城乡统筹＋机制"为主题词,可在中国知网检出 914 条文献,其中期刊文献 447 条,硕博学位论文 196 篇。从检出文献的主题来看,城乡一体化实现机制论文主要从两个角度切入,一个是单边视角,如探讨教育、医疗保险、法律保障等,第二个是整体切入,即从整体上来探讨城乡一体化的实现机制。

1. 城乡一体化内涵解读

对于城乡一体化的内涵,学界从不同角度切入,提出了诸多不同的观点。主要有生产力角度的理解、系统角度的理解、协同角度的理解、体制变革角度的理解、区域发展角度的理解及城乡差别角度的理解等。

（1）生产力角度的理解

有些学者从生产力发展角度来理解城乡一体化的内涵。如应雄（2002）认为，城乡一体化是在社会生产力的演化发展过程中，通过促进农村人口的城市化，逐步缩小城乡差别，实现城乡经济、社会、环境的和谐发展，使城乡共享现代文明。陈雯（2003）认为城乡一体化，是在生产力水平相当高的时期，一个充分发挥城乡各自优势，理顺交流途径的双向演进过程；是城带乡，乡促城，互为资源，互为市场，互相服务，互为环境，共同享受现代文明的城乡空间的对立统一。鲁长亮等（2010）认为城乡一体化是在生产力高度发达的基础上，通过城乡布局规划、政策调整、国民收入分配等手段，促进城乡之间各种资源和生产要素的自由流动和优化配置、相互协作、优势互补，以城带乡、以乡促城、互为市场、互相服务，实现城乡经济、社会、文化和生态日益融合、持续趋优的动态发展过程。

（2）系统角度的理解

有些学者从系统角度来理解城乡一体化的内涵。如甄峰（1998）认为，所谓城乡一体化是指城市和乡村是一个整体，人流、物流、资金流、信息流在其间自由合理地流动；城乡经济、社会、文化相互渗透、相互融合、高度依赖；各种时空资源得到高效利用的状态。朱志萍（2008）认为，城乡一体化是一个复杂的系统工程，因为它涉及经济社会、生态环境、建设规划等众多方面。李刚（2013）认为城乡一体化至少应包括经济、社会、生态、文化、制度等五个层次的一体化，具体而言，又可细分为城乡规划一体化、城乡基本公共服务均等化、城乡基础设施一体化、城乡体制制度一体化、城乡环境保护一体化、城乡产业布局一体化、城乡市场体系一体化等。

（3）协同角度的理解

有些学者从协同角度来理解城乡一体化的内涵。如吴伟年（2002）认为城乡一体化并非简单的农村工业化或城市乡村化，而是城乡在明确分工、加强联系基础上的协同发展。陈雯（2003）认为城乡一体化强调城乡间人口、技术、资本、资源等要素的交流、融合、贯通，但并不排斥差别，相反这种差别，是城乡之间合作、互通和城市化的基本动力。李冰（2010）认为城乡一体化是城乡双向进行、共同努力的结果。倪楠（2013）认为后改革时代（2008年以后）的城乡经济社会一体化，是指打破城乡分离的格局而形成的城乡经济、社会、环境共同发展、协同发展，共享经济社会发展成果的过程。具体而言，就是在城乡一体化长期的发展过程中，后改革时代要达到城乡的地位与机会平等、城乡双向互动发展、城乡功能互补、城乡空间融合、城乡共同进步,最终在城乡经济社会一体化的制度下形成城乡融为一体、和谐发展。

(4)体制变革角度的理解

有些学者从体制变革角度来理解城乡一体化的内涵。如顾益康等(2003)认为,城乡一体化就是要改变计划经济体制下形成的城乡差距,建立起地位平等、开放互通、互补互促、共同进步的城乡社会经济发展的新格局。尹成杰(2010)认为,在新的历史条件下,着力破除城乡二元结构体制,形成城乡一体化发展新格局,是我们党进一步解决"三农"问题和保持经济社会可持续发展的一项战略任务。陆学艺(2011)认为要实现城乡一体化,必须对城乡体制进行改革,着力破除城乡二元结构。陈伯庚等(2013)认为,在新型城镇化和城乡一体化过程中,首先遇到的难点是如何破除二元户籍制度,实践表明,只有改革现行的户籍制度,才能为新型城镇化和城乡一体化奠定制度基础和提供现实可能。

(5)区域发展角度的理解

有些学者从区域发展角度来理解城乡一体化的内涵。如李同升等(2000)认为城乡一体化是从区域角度出发,寻求区域持续、协调、全面的发展途径;它是在明确城乡分工、相互促进基础上的双向发展过程,它不是空间的均衡化,而是一个有效聚集、有机疏散、高度协作的最优空间网络系统。其最终目的是为城乡居民创造一个物心俱丰的生存环境。完世伟(2006)将城乡一体化内涵概括为:在一定区域内,充分发挥城市和乡村各自的优势和作用,使城乡的劳动力、技术、资金资源等生产诸要素在一定范围内进行合理流动和配置,一二三产业联动发展,使城乡在社会经济、生活方式、思想意识、生活水平及生态环境等方面广泛融合,形成"相互依托,优势互补,以城带乡,以乡促城,共同发展"的城乡关系,把城市和乡村建设成一个相互依存、相互促进的统一体,最终实现城乡的全面融合、协调发展。江敦涛(2011)认为城乡一体化是指在特定区域内,分别发挥城乡各自的优势和作用,使城乡的自然资源及生产要素能够快捷流动、合理配置,各次产业联动发展,形成城市和乡村在各个层面的建设统一体,实现在经济发展水平、社会生活方式、自然生态环境、文化思想意识等方面广泛融合。

(6)城乡差别角度的理解

有些学者认为城乡一体化是消除城乡差距,但要保留城乡差别。如李冰(2010)认为城乡一体化得以实现后,城市和乡村作为人类社会两个不同的组成部分,仍然都会存在,城市和乡村的差别依然存在,只是这种差别不再是差距,而是各自保持的特色。王渊等(2013)认为城乡经济社会一体化的基本思路不是消除城乡差别,实现彻底城市化,而应该城市,城市化,乡村,乡村化;城乡差距客观存在,保持在一定范围内不会影响城乡和谐、统筹发展。保留城乡差别的观点是相似的,但是否完全消除城乡差距有争议,李冰认为城乡差距消失,而王渊认为城乡差距缩小到一定的范围内就可以。

综上可见,城乡一体化的内涵应该包括如下几个方面:(1)城乡一体化是在生产力比较发达的阶段才能实现。(2)城乡一体化是经济、社会、文化、生态、制度等多方面的一体化,其中,体制变革尤为重要。(3)城乡一体化不是单靠城市支持农村,也不是单靠农村自身努力,而是城乡在互动中协同发展。(4)城乡一体化需要充分发挥城市和农村在区域中的比较优势。(5)城乡一体化要努力消除城乡差距,但要尽力保留城乡差别。(6)城乡一体化既是发展目标,也是一个历史过程,是目标与过程的统一。

2. 城乡一体化实现机制的单边视角

从单边视角来看,学界主要对城乡一体化进程中流动党员管理、义务教育、医疗保险、法律保障、环境保护、产业融合、土地利用一体化等方面展开了研究。如杨群红(2011)认为农民工流动党员管理工作中出现的"流出地党组织管不到,流入地党组织管不了、不愿管"的难题,必须创新农民工流动党员管理工作思路,建立六个方面城乡一体动态管理的机制,即动态管理的领导协调机制,动态管理的责任机制,动态管理的组织保障机制,动态管理的物质保障机制,动态管理的信息沟通机制,动态管理的监督考核机制。陈静漪等(2012)认为农村义务教育供给机制改革必须从城乡分立机制设计向城乡统筹的制度设计过渡,从经费供给单向度改革向全方位综合改革过渡,建立城乡学校之间联动发展机制,改变城乡义务教育空间组织形态,实现城乡义务教育均衡与协调发展。余应鸿等(2013)认为城乡教师流动一体化发展机制的构建可从建立城乡教师流动一体化管理机制、建立城乡学校经费投入一体化机制、建立和完善城乡教师交流合作一体化机制、建立健全城乡教师流动管理问责机制四个方面进行。赵晓军(2011)研究了上海城乡基本医疗保险制度衔接机制问题,他认为,推进上海城乡基本医疗保险制度衔接,应当遵循分层衔接,逐步过渡的原则;改革上海城乡基本医疗保险制度,需要在保持城乡三种基本医疗制度现有保障水平前提下,通过政策调整,解决筹资模式、筹资水平、补偿项目、补偿水平和管理体制之间的衔接问题。刘玉平(2012)建议我国制定城乡一体化协调发展法律,以破解我国城乡一体化建设中各种制度障碍。孙涛等(2013)在文献综述及环境污染现状分析的基础上,重点研究了城乡一体化建设中环境保护机制的构建及其优化策略,对环境保护机制的管理机构及权限划分、运行准则及管理制度、运行方式及其选择、运行监督及信息反馈进行了深入研究,基本形成了我国城乡一体化建设中环境保护机制的系统框架。李程骅(2011)、佟光霁等(2012)认为推动城乡产业互融发展的合力是加快形成城乡经济社会发展一体化新格局的关键所在;城乡产业合作的实现机制可以从三方面来构建:合理的城乡产业空间布局是城乡产业合作的基础;生产要素在城乡间双向自由流动是城乡产业合作的纽带;壮大小城镇的经济实力是城乡产业合作的载体。李培祥(2009)从土地价格、土地征用、土地产权、土地市场、土地规划和土地制度等方面论述了其对城乡土地一体化利用的影响与作用,认为要做到城乡土地利用的一体化,在现实中要综合运用各种机制,发挥机制系统的整体功能。综上可见,上述研究均是从单一视角研究城乡某方面一体化的问题,解决具体问题比较有效,但缺乏系统性和宽广的宏观视角。

3. 城乡一体化实现机制的整体透视

(1)城乡一体化发展的动力机制

学界对城乡一体化发展动力机制的研究比较活跃,大多认为动力机制不单一,实现城乡一体化发展必须运用合力,多管齐下,构建复合动力系统来推进城乡一体化的健康发展。研究主要有实证和思辨两种,以理论思辨的为主。

①实证分析方面

从实证角度分析城乡一体化动力机制,是用数据说话,结论比较可靠,但是实证研究往往以局部地区为例,得到的结论能否普及推广,需要慎重。如张果等(2006)以成都市作为城乡一体化研究的实证对象,通过因子分析法和灰色关联度分析法得出,城市化和城乡一体化进程的主要动力是经济发展水平、工业化水平、社会人口动力因素;其中,第二产业、第三产业、人均GDP、农业机械总动力、工业总产值、城市居民人均可支配收入、农村居民人均纯收入是促进城市化和城乡一体化的重要因子。王平等(2014)以海口市为实证对象,采用因子分析法,对海口市城乡一体化动力机制进行了研究,结果表明,经济级差、社会级差和生态级差是其主要驱动力,并且三种动力机制是有先后的演变顺序的,即城乡一体化的演进机制是先有经济级差,再介入社会级差,最后融入生态级差,三种动力融合其它子要素和系统产生一个巨大的合力,即城乡一体化动力系统合力,共同推动着海口市城乡一体化的顺利演进及和谐发展。张竟竟(2011)以河南省为例,实证研究表明,城市化、社会经济、科技教育、基础设施、产业结构、政策制度等因素在河南省城乡关联发展过程中发挥着各自不同的作用;影响河南省城乡关联发展的动力因素的重要性各不相同,最关键的是社会经济水平和城市化进程的深入推进;科技教育及基础设施建设是河南省城乡关联发展的保障因子,工农业的发展及产业结构的不断升级则是城乡关联发展的直接动力,政策制度是城乡关联发展得以推进的根本驱动因素,而缩小城乡差距是城乡关联发展的原始动力。宋葛龙(2008)在总结山东、江苏、浙江三省部分地区的经验后认为,要以体制创新为根本动力和关键措施推进城乡经济社会发展一体化。

从上述实证分析结果中可以概括出三个关键词——"级差""体制创新""合力",即城乡一体化发展的动力机制作用的发挥主要取决于经济级差、社会级差、生态级差、体制创新等系统合力的综合影响,换言之,城乡一体化发展的动力机制作用的发挥主要取决于社会经济发展水平、城市化发展水平、工业化发展水平、生态文明发展水平、体制创新水平等多方面。显然,学界实证的结果强调系统"合力"对于城乡一体化发展的重要推动作用。

②理论思辨方面

早年,马克思、恩格斯认为城乡统筹发展的动力机制包括两个方面,一是巩固和加强农业的基础地位,二是拓展和发挥城市的中心作用;这是理论思辨的先河。今天,在我国城乡一体化(城乡统筹发展)的历史进程中,不少学者通过理论思辨和逻辑推理,普遍认为城乡一体化发展的动力机制是综合性的、系统性的,是多种动力的复合,也强调"合力"。为综述方便,将动力机制按照动力类型进行分解,对动力主体及动力机制进行梳理。

A. 动力类型

不少学者将城乡一体化的动力分为源生动力、内在动力、现实动力、外在动力、经济动力等,命名上各自理解不尽相同。笔者通过文献梳理发现,城乡一体化的动力主要以源生动力、现实动力、内在动力和推拉力为主。

a. 源生动力。郑自强(2010)认为党中央、国务院的高瞻远瞩和英明决策是成都市统筹城乡综合配套改革的源生动力。王振亮(1998)认为我国城乡社会发展和城市化发展,决不是乌托邦式的城乡一体化所能解决;其发展的动力结构是复杂变化的,要因地制宜,随发展而变化;重点解决的首要问题是制约城乡协调发展的体制结构性因素和生产关系中的主要因素;邓小平同志说,改革是发展的动力;亦即制度创新才是我国现阶段城乡协调发展的基本思路。孙中和(2001)认为改革开放后我国城市化发展的动力机制之一是制度变迁促进;制度安排与创新在城镇化过程中具有十分重要的核心地位,有效率的制度安排能够促进经济增长和发展,无效率的制度安排则会抑制甚至阻碍经济的增长和发展。张道政等(2010)

认为城乡一体化的模式有三种，不同模式的动力有所不同；其中，城乡并重的复合体发展模式城乡一体化的主要动力是制度创新。王波(2011)认为改善民生是中国城乡统筹改革实践的原动力。裴泽庆等(2008)认为，增量式基层民主是成都推进城乡一体化的恒久动力。可见，不少学者认为"改革创新""改善民生""发扬现代民主"是城乡一体化发展的源生动力，其中，"改善民生说"及"增量民主说"立论新颖，符合科学发展观。

b. 现实动力。郑芸(2007)、于善波(2010)认为城市及其内部产业的发展水平是城乡统筹发展的现实动力。郑自强(2010)认为工业化和城市化发展是成都市统筹城乡综合配套改革的现实推动力。段进军(2009)认为健康城镇化是统筹城乡发展的重要动力；城镇化推进新兴产业形态的形成；城镇化发展推动了农村社会的再造；走健康城镇化与新农村建设相结合的道路。可见，不少学者认为城乡一体化的现实动力是"工业化"和"城市化"。

c. 内在动力。郑芸(2007)、于善波(2010)认为市场经济的发展是城乡统筹发展的内在动力，即成熟的市场经济能够促进要素在城乡之间自由流动。张登国(2009)认为城乡利益差别是城乡一体化的内在动力。蒋贵凰(2009)认为乡村内部的动力机制才能真正推动城乡共同发展；这种机制的建立，要以调动农民和乡村干部的积极性为重点，通过减轻负担和增加收入的办法，把城乡居民的积极性引导到发展农村经济上，从上而下的推动和从下而上的构建。郑自强(2010)认为破除城乡二元结构、解决"三农"问题是成都市统筹城乡综合配套改革的现实推动力。可见，学界认为发展市场经济、培育乡村内部动力、消除城乡二元结构是城乡一体化的内在动力。

d. 推拉力。石忆邵等(1997)认为城乡一体化的动力是大城市的向心力与离心力，中心城市所固有的向心力和离心力的非均衡运动，产生了两种主要的作用效应，即极化效应和扩散效应；在城市发展的初中期以向心力为主，而在城市发展的中后期离心力则可能占优势。李同升等(2000)认为中心城市的扩散效应、乡村工业化、农业产业化和小城镇发展是目前内陆地区城乡一体化发展的主要动力源泉，农业产业化和农村城镇化互动是宝鸡市未来城乡一体化的主要动力。吴伟年(2002)认为城市"集聚经济"的拉力、农村工业化的推力以及城乡间统一的要素市场和基础设施的融合作用力，是金华市当前实现城乡一体化必不可少的动力。袁方成等(2012)认为城乡一体化发展需要建立一个"居民需求——政府推动"的互动发展长效机制，及时满足城乡居民对经济、社会、文化、环境等各个方面的需求，将"城乡冲突矛盾"转换为"城乡统筹发展"的动力机制。李刚(2013)认为，城乡一体化的动力来源主要分为两种,一是市场经济发展的自发要求,二是政府规划、政策、制度等因素的推动。可见,学界认为城乡一体化发展的推拉力主要是"中心城市的极化效应和扩散效应""农村城镇化""农村工业化""城乡市场一体化""政府响应"等。

B.动力主体

有哪些力量可以推动或促进城乡一体化的发展呢?换言之,城乡一体化的动力主体有哪些?对此,学者众说纷纭。综合起来看,主要有七类,分别是信息化促进城乡一体化、科学技术促进城乡一体化、对口支援促进城乡一体化、新型业态促进城乡一体化、农民工流动促进城乡一体化、社会组织促进城乡一体化、小城镇促进城乡一体化等。

a. 信息化促进城乡一体化

有些学者认为信息化可以促进我国的城乡一体化。如曹晖(2010)认为信息化可以促进我国的城乡一体化。探讨了信息化促进城乡一体化的多种可能性,以及电视、广播、报纸、互联网、手机报等传统媒体与新媒体在信息化促进城乡一体化中的传播路径;指出在信息化促进城乡一体化进程中,政府的角色力量和职能作用尤为重要。刘丽等(2011)认为传媒产业对城乡一体化发展进程具有推动作用。因为城乡原来固有的经济水平、认知水平、开放水平的不一致,城市居民和农村老百姓在各类信息的享有上是不一致的,这种不均衡就会在这两种群体之间形成一道无形的"坎"。大众传媒在填平这道"坎"上起到了不可磨灭的作用。

李功越等(2014)认为ICT(信息通信技术)可以推动城乡一体化发展。ICT本身的特性使ICT在城乡一体化发展过程中发挥着催化剂作用,成为加速推动城乡一体化发展的科技工具,是快速实现城乡一体化本质的重要手段,ICT的公共物品特性、应用广泛性,推动城乡实现政府服务的均等、城乡功能的协调,ICT的信息性、溢出性,推动城乡实现要素市场的融合,发展成果的共享。唐金秀(2011)认为建设图书馆联盟等可以促进城乡统筹发展。

b. 科学技术促进城乡一体化

有些学者认为发展社会科学及技术创新可以促进我国的城乡一体化。如颜克亮(2007)认为需要发挥社会科学作用,促进城乡统筹发展。在促进城乡统筹发展、推进社会主义新农村建设的过程中,社会科学担负着认识城乡统筹发展规律,传承城乡社会文明,创新城乡统筹发展理论,提高城乡干部群众人文素质,促进城乡政治、经济、文化和社会全面协调可持续发展的历史重任。徐欣等(2007)认为城市技术创新可以促进城乡统筹发展。张鸿等(2010)认为科技创新可以促进城乡统筹发展。

c. 对口支援促进城乡一体化

有些学者认为对口支援可以促进我国的城乡一体化。如陈燕(2011)认为重庆市实施的"三支计划",即"万名专业技术人才支农支教支医计划",为重庆统筹城乡发展提供了智力支持,引导了重庆统筹城乡经济社会发展,助推了重庆统筹城乡发展农村人口转移工作,加快了重庆统筹城乡医疗步伐,促进了重庆统筹城乡公共服务,优化了重庆统筹城乡产业发展。李雪松等(2011)认为城乡医院对口支援对于城乡统筹发展特别是促进城乡卫生事业协调发展具有重要意义。秦莹等(2013)认为农民教育是推进城乡一体化进程的关键因素之一,在城乡一体化发展中起着"助推器"作用。

d. 新型业态促进城乡一体化

有些学者认为发展新型业态如都市农业、品质农业、旅游业、现代物流业、乡镇企业等可以促进我国的城乡一体化。如王慧敏等(2002)认为发展都市农业,可以有力地推动城乡互动和共同发展。都市农业的发展,开创了一条生态效益型的可持续发展的城市化道路;都市农业的发展,开创了一条城乡经济互动有机融合的模式;都市农业的发展,也是当前乃至今后一段时间都市圈或外围农业结构战略结构调整的客观要求。李平(2010)认为发展品质农业是促进城乡一体化进程的重要手段。因为品质农业不仅仅是以提高传统种养业生产能力和技术水平为手段增加农产品数量供给的过程,还是不断注入科技、信息、管理、服务、设施等现代化要素,逐步提升农产品品质的过程。因此,品质农业的发展必将促进城乡之间基本差别逐步消灭,城乡居民将共享高度发达的物质文明和精神文明。张丽等(2006)认为发展特色农家乐可以推进城乡一体化进程。张金山(2011)、李景初(2012)认为旅游业是推动城乡统筹发展的基本力量,旅游发展是"城市反哺农村"的重要内容。刘建凤(2008)认为发展现代物流,有利于改善我国城乡二元经济结构,推动整个国民经济协调发展,促进城乡一体化建设。杜万阳(2011)认为发展商业经济对城乡一体化具有推动作用。刘佳勇(2011)认为乡镇企业对于城乡一体化具有重要作用,指出企业文化的构建对乡镇企业的发展有重要的意义,必将推动城乡一体化的进程。朱谷生(2012)认为充分发挥骨干企业在珠江上游城乡一体化进程中的主体作用,可以有效推进珠江上游城乡一体化进程。

e. 农民工流动促进城乡一体化

有些学者认为农民工流动可以促进城乡一体化。如桂家友(2009)认为农民工流动推动了户籍制度改革,动摇了城乡二元分割体制的根基;推动了生产要素和管理方式在城乡之间流动,有利于城乡统筹顺利进行;缩小了城乡差距,有利于缓和新时期城乡矛盾;提升了社会现代化水平,有利于推进城乡一体化发展。

f. 社会组织促进城乡一体化

有些学者认为加强社会组织可以促进城乡一体化。如陶志峰等(2012)实证分析表明,社会组织有助于促进城乡一体化进程。在其他变量不变的条件下,张家港社会组织的个数平均增加 1 个,可以导致张家港城乡一体化水平平均提高 0.0113 个分值,济源的社会组织平均增加 1 个,会导致济源城乡一体化水平提高 0.0106 个分值,两地的社会组织规模均与城乡一体化水平呈正向变化关系。首先,社会组织在政策倡导方面可以发挥积极作用;其次,社会组织可以在激发生产"三要素"方面发挥积极作用;此外,社会组织在城乡一体化进程中的社会管理中同样发挥巨大作用。

g. 小城镇促进城乡一体化

有些学者认为小城镇可以促进城乡一体化。如张叶(1999)认为发展小城镇可以促进城乡一体化。作为联系城市与乡村的纽带和桥梁,小城镇的发展促进了城乡生产要素的合理流动和组合优化,推动了城乡经济一体化;作为一定范围内的农村经济和文化中心,小城镇的发展改变了农民的生产和生活方式,促进了城乡生产和生活方式的一体化;作为精神文明建设的阵地和载体,小城镇的发展使农民价值观念发生了根本性转变,促进了城乡居民价值观念的一体化。陈德芳(2013)认为城市周边健康绿道建设在城乡互动发展中起到非常重要的作用,有助于化解城乡二元结构,促进城乡一体化发展。

从上可见,推动城乡一体化的动力主体主要有七个,分别是信息化、科学技术、对口支援、新型业态、农民工流动、社会组织与小城镇,它们都可以促进我国的城乡一体化进程。

C. 复合动力作用机制

学界普遍认为城乡一体化的动力机制是系统性动力、复合性动力,动力机制的发挥是合力作用的结果。如兰奎等(2013)基于城乡互动视角认为城乡一体化需培育多元复合动力系统;只有将多元动力复合形成一个整体,才能实现城乡的立体全面互动、多元动力的复合过程,依赖于合作治理实现动力的协同,只有发挥合作治理主体的主动性和创造性,才能在各种动力的推动下选择不同的组织方式,形成适合本地需要的各种实践形式。复合动力作用机制主要有五类,分别是"城市发展 + 市场经济"说、"内拉 + 外推 + 环境"说、"农村非农化 + 制度变迁"说、"八抬大轿"说、"动力机制 + 协调机制"说。

a."城市发展＋市场经济"说

如于善波(2010)认为城乡统筹发展不是一个偶然事件,而是由多种因素共同推动形成的结果;市场经济的发展是城乡统筹发展的内在动力,即成熟的市场经济能够促进要素在城乡之间自由流动;城市及其内部产业的发展水平是城乡统筹发展的现实动力——城乡统筹发展作为城市化的手段之一,仍然得以城市的充分发展为立足点。城市作为城市化的主要载体,其功能的获得又主要依赖于工业和服务业的发展,发达的工业和服务业一方面通过财政杠杆向乡村输血,保证农村社会的政治稳定,缓解城市化进程中的急迫性,促使城市能够在从容状态中走出一条理性发展道路;另一方面城市工业和服务业的发展,特别是服务业的发展,它在吸纳劳动力和提高生活水平方面的突出功能,直接关系到城市能在多大程度上满足农村人口的转移需求,以及能够在多大程度保证并提高他们的生活质量。

b."内拉＋外推＋环境"说

如胡金林(2009)将城乡一体化发展的动力因素分为三个方面:外部动力因素、内部动力因素以及与上述动力因素密切相关的环境因素。内部动力因素是指城乡一体化发展的区域内部能够组织、支持和推动城乡一体化发展的影响因素,主要包括乡村城市化的发展愿景和政府组织决策者的责任意识、政绩声誉意识与工作精神以及区域成员的致富求变欲望、企业组织对超额利润或市场机会的追求、农业产业化与乡村工业化、农村剩余劳动力的转移、区域文化、政府组织与管理能力配置、内部激励等,它们能够相互或共同作用而产生推进城乡一体化发展的需求拉力;外部动力因素是指来自区域外部能够刺激、推动、促进城乡一体化发展的影响因素,主要包括农村城镇化与城市现代化的快速发展、工业实力增强、国家财政收入水平大幅提高、外资的引进与资本的流动、产业转移与产业结构转换、第三产业的发展、交通通讯基础设施建设等,它们能够相互或共同作用而产生推进城乡一体化发展的外部推力和支持力。环境动力因素是指能够支持和推进城乡一体化发展的外部环境因素,主要包括改革开放政策、宏观经济发展水平、国家关注和支持"三农"问题的宏观政策与制度创新、城乡关系的结构性变化、发达国家与地区的影响、科学技术水平的发展、社会文化环境、市场经济体制的建立和发展、区域竞争与区域经济社会的非均衡发展、人口迁移的规模与速度等,它们能够相互或共同作用而产生推进城乡一体化发展的正向干预力和竞争压力。改革开放是我国城乡一体化发展的大环境,改革开放政策作为我国城乡一体化发展的环境动力因素将影响我国城乡一体化进程的始终。各种环境动力因素主要通过影响和转化与城乡一体化发展相关的动力因素,达到推进城乡一体化发展的结果。

c. "农村非农化 + 制度变迁"说

如孙中和(2001)认为改革开放后我国城市化发展的动力机制,主要体现为以下四个方面:动力机制之一——农村工业化推进,乡镇企业的迅猛崛起加速了人口、资本、技术、信息等经济要素向乡镇工业小区区域内的转移,人口和经济要素的快速集中过程,实质就是城市化的发展过程;动力机制之二——比较利益驱动,从比较利益驱动的作用机制看,农业人口的非农化过程是在农业的内部推力和非农产业的外部拉力的双重作用下完成的,同时资本、技术等经济要素的转移也存在着同样的趋势;从农业内部推力看,一是大量农村剩余劳动力的存在及其快速增长,超过了有限耕地的有效承载能力,二是城乡收入差距的拉大严重限制了农民生产积极性的提高;从非农产业的外部拉力看,一是日益扩大的城乡居民收入差距,拉动农村特别是一些贫困地区劳动力流向非农产业和城镇,二是在受教育机会和文化生活方面,城镇与农村也存在较大差别,丰富多彩的物质文化生活条件的吸引力通过信息传播和示范效应同样也对农村产生着强大的拉力作用;动力机制之三——农业剩余贡献,农业对城镇化的贡献,一是城镇化的推进需要农业为其提供充足的食物和工业生产原料(产品贡献),二是城镇化的推进需要农业为其提供市场(市场贡献),三是城镇化的推进需要农业为其提供生产要素(要素贡献),四是城镇化的推进也需要农业为其提供外汇方面的支持(外汇贡献)。动力机制之四——制度变迁促进,实践证明,制度安排与创新在城镇化过程中具有十分重要的核心地位,有效率的制度安排能够促进经济增长和发展,无效率的制度安排则会抑制甚至阻碍经济的增长和发展。

d. "八抬大轿"说

如张登国(2009)认为产业发展是城乡一体化的经济动力;城乡利益差别是城乡一体化的内在动力;政府利益驱动是城乡一体化的主导动力;政府制度是城乡一体化的核心动力;外来投资是城乡一体化的外在动力;基层党建是城乡一体化的组织动力;中心城市是城乡一体化的区域动力;信息化是城乡一体化的软动力;产业发展、城乡利益差别、政府利益驱动、政府制度、外来投资、基层党建、中心城市及信息化等八大动力共同推动城乡一体化发展。

e. "动力机制 + 协调机制"说

除复合动力机制外,有些学者还强调协调机制的重要作用。如罗雅丽(2006)以大西安为例,在分析城乡一体化发展机理的基础上,提出产业结构转换是城乡一体化发展的核心动力机制,基础设施联动是城乡一体化发展的实现机制,而政策制度的调控是城乡一体化发展的协调机制,它们共同构成了城乡一体化运行机制。汤卫东(2011)认为,要促进西部地区城乡一体化发展,必须从机制设计着手,强化动力机制,构建协调机制。构建长效的动力机制,就是要发挥改革的主动力,破除城乡二元结构制度,推进农业产业化和农村城镇化,增强农村发展的后劲,加强对农村的财政转移支付。构建分工明确的协调机制,就是要构建市场机制和政府调控相结合的协调机制,完善经济、法律、行政手段相结合的调控方式,强化政府规划的导向性。

综上可见,无论是实证分析还是理论思辨,学界普遍认为城乡一体化的动力机制是多维力量的结合,强调合力作用。如果将动力进行分解,可以将其分为源生动力、现实动力、内在动力和推拉力;源生动力主要有"改革创新""改善民生""发扬现代民主"等,现实动力主要有"工业化"和"城市化"等,内在动力主要有发展市场经济、培育乡村内部动力、消除城乡二元结构等,推拉力主要有"中心城市的极化效应和扩散效应""农村城镇化""农村工业化""城乡市场一体化""政府响应"等。学界认为城乡一体化的动力主体主要有七个,分别是信息化、科学技术、对口支援、新型业态、农民工流动、社会组织与小城镇,它们都或多或少能够促进我国城乡一体化进程。学界认为城乡一体化推进的复合动力机制主要有五类,分别是"城市发展+市场经济"说、"内拉+外推+环境"说、"农村非农化+制度变迁"说、"八抬大轿"说、"动力机制+协调机制"说,虽然它们各有侧重,但它们均强调"合力"突围,均要求"两只手"共同发力,即既要充分利用"市场"这只"看不见的手",又要充分发挥"政府"这只"看得见的手",运用组合拳机制实现城乡一体化又好又快地发展。

(2)城乡一体化发展的粘合机制

我国是典型的城乡二元结构,长期以来,城市和乡村是两个相对封闭而又隔离的世界,城和乡界限十分明显,突出表现为城乡间社会经济的巨大鸿沟。为改变这种二元状况,十七大首提"城乡一体化"发展战略目标,为我国经济社会科学发展指明了方向,是新时期软化和消解城乡二元结构、推进城乡一体化建设、构建城乡和谐社会的强大思想武器。在城乡统筹和城乡一体化发展进程中,哪些东西像"胶水"一样,将城市和乡村粘合起来,并能促进城乡的互动和融通呢?为廓清上述问题,笔者通过文献检索与研读,对上述问题按学术观点和媒体观点分别进行梳理述评,以期更好地把握城乡粘合机制的研究动态。

①粘合机制之学术观点

概括起来看,城乡粘合机制之学术论点主要有六种,分别是社区粘合说、中间地带粘合说、产业粘合说、生态粘合说、交通交流粘合说及文化教育粘合说。

a. 社区粘合说

有些学者认为新型中介社区和农村社区具有城乡连接粘合作用。如王颖(1992)认为新型中介社区有助于城乡一体化发展。她认为新型中介社区介于城乡之间,兼有城乡社区的特征,是以乡镇企业为主要生产组织形式,以农村居民为主要工业生产者的小城镇和农村社区。新型中介社区的主要特点是具有亦城亦乡、非城非乡性,与城、乡两社区间存在紧密的联系性。王颖认为,新型中介社区的兴起,使城乡要素脱离隔绝状态而呈现出城乡一体化趋向;改变了过去城市单方面"夺农"的社会格局,搭建起了"以工促农""以工补农"和"以工建农"的新模式;使农村体力劳动者与城市脑力劳动者在利益互惠的基础上结合起来。张卫静(2013)对农村社区建设问题进行了深入的论述,认为在农村社区建设中通过完善的多元参与、公共服务、资本整合机制的建立与健全,实现农村社区的建设目标,实现城乡之间的融合。可见,"社区粘合说"强调新型中介社区和农村社区建设在城乡一体互动发展中所具有的重要促进作用,认为城乡一体化发展应重视"社区"的粘合价值。

b. 中间地带粘合说

有些学者认为城乡结合部及小城镇具有城乡连接粘合作用。如聂仲秋(2008)认为城乡结合部和谐发展既能提高城市人口集聚能力,又能促进城市经济发展,还能加快城市化发展的进程,因此,城乡结合部的作用非常特殊、非常重要;他认为,大城市城乡结合部可借助大城市的先天优势,如市场、技术、经济、区位等方面的优势,推动城乡结合部的农村功能向城市功能转化;聂仲秋还认为,城乡结合部还担负着诸多重要职能,如促进农业市场化、标准化、信息化、现代化、法制化、城乡文明化、社会信息化及城镇集聚化等职能,它是农村向城市转化的承载地和示范区,是农村经济发展的前沿地带,是大城市发展必须经历的重要环节。龚迎春(2009)认为要充分重视小城镇的连接功能,以集约提升连接的效率,促进城乡一体化发展;工农互促、城乡互动的根本路径是壮大城乡"中间带",重视小城镇的城乡连接功能,重视用集约化带动其城乡连接功能的效率和水平;在城乡一体化进程中,加强"中间带"在扩大就业和吸纳劳动力方面的能力。可见,"中间地带粘合说"强调城乡结合部及小城镇这些城乡中间带在城乡一体互动发展中所具有的重要促进作用,认为城乡一体化发展应重视"区位地理"的粘合价值。

c. 产业粘合说

有些学者认为双向服务工业、多功能农业、金融服务业具有城乡连接粘合作用。如李鸿儒等(1989)认为双向服务工业是以城带乡的纽带;如遂宁市发展以农副产品为原料的双向服务工业,既带来了城市经济的繁荣,又促进了农村商品经济的发展。韩洁(2009)认为多功能农业是连接城乡的纽带和桥梁(农业多功能性是指农业具有经济、生态、社会和文化等多方面的功能);在城乡统筹发展的当下,多功能农业是城市支持农村发展的平台,同时农业也变成城市功能的组成部分;在社会发展上,农业因提供生活资料而起到安定天下的作用;此外,大农业体系的构建和发展,在促进农民就业的同时,还满足了城市居民休闲、观光、度假、游乐、体验、采摘和教育等方面的需求;在生态效应方面,农业生态系统为城市居民发挥了巨大的生态服务作用,如涵养水源、培养土壤肥力、净化大气、维护生物多样性等。吴明明等(2010)认为农业发展银行是城乡统筹发展的桥梁"纽带",它既能化解农村中长期发展资金短缺难题,还能连接城乡,沟通政策与市场,传递党的关怀和温暖。可见,"产业粘合说"强调双向服务工业、多功能农业、金融服务业等产业发展在城乡一体互动发展中所具有的重要促进作用,认为城乡一体化发展应重视"产业业态"的粘合价值。

d. 生态粘合说

有些学者认为城乡生态绿地系统规划、城乡游憩型绿道体系、健康绿道建设具有城乡连接粘合作用。如刘静鹤(2009)以许昌城乡统筹发展推进区生态绿地系统规划为例,认为许昌通过城乡生态绿地系统规划建设,促进了城乡绿化融合发展。侯琳(2013)认为构建城乡游憩型绿道体系能够有效地链接城市和乡村、建成区和城乡结合部、乡村和乡村,犹如衣服拉链一样,可有效地使城市两侧发展能量向绿道一线聚集,并紧密联结为一体;从而提升城市凝聚力,同时为绿道两侧区域带来诸多发展机遇。陈德芳(2013)认为健康绿道作为城乡互动的工具和纽带,满足了城乡互动的需求,实现了城乡与农村、人与自然的共生关系,绿道的建设对统筹城乡发展具有重要意义。可见,"生态粘合说"强调城乡生态绿地系统规划、城乡游憩型绿道体系及健康绿道建设在城乡一体互动发展中所具有的重要促进作用,认为城乡一体化发展应重视"生态长廊"的粘合价值。

e. 交通交流粘合说

有些学者认为一体化的交通网络、一体化的信息传播及农民工流动具有城乡连接粘合作用。如刘伟(2012)认为城乡一体化的交通网络配置有利于提高生产要素在城乡之间的流动效率,促进城乡一体化的发展。王源(2013)从传播学的角度解读"城乡一体化",认为"城乡一体化"是"城乡传播的一体化",就是城乡间的传播资源进行互动交流,通过传播渠道不断拓展和畅通,促使城乡信息的自由流动,促使城乡之间有形无形资源的互动与传播,实现信息资源的优化配置。他以西安市长安区为例,结合当地的发展情况,提出了互动传播视域下的城乡传播模态建构的内容,包括城乡交通路网体系建设、城乡人际交流体系互动传播、城乡电子传媒体系互动传播、城乡组织管理互动体系等。刘本荣(2008)认为农民工进城促进了城乡互动,有利于增进城乡和谐。农民工进城适应城市生活后,能在交往中逐步融入城市;在此过程中,市民与农民实现了情感交流和信息互通,拉近了城乡居民间的心理距离;进城农民工自身综合素养提高后,又可以把城市先进的管理、技术及思想观念带回老家,扩大城市文明在农村的传播和影响,达到沟通城乡的目的,有利于缩小工农差别和城乡差距,从而推动农村进步及其城镇化进程。可见,"交通交流粘合说"强调交通网络、信息传播及农民工流动在城乡一体互动发展中所具有的重要促进作用,认为城乡一体化发展应重视有形和无形"交通交流"的粘合价值。

f. 文化教育粘合说

有些学者认为县级图书馆与教育事业具有城乡连接粘合作用。如吴祥锦(2010)认为县级图书馆可以发挥城乡之间的纽带作用,他认为,县级图书馆应当面向城乡,为提升老百姓的文化知识水平服务,为当地经济文化建设服务,从而在城乡统筹发展中做出自己独特的贡献。仇静静等(2010)认为教育是实现城乡发展一体化的重要方面,因为教育可以推动城乡文化间的融合,促进城乡居民间在情感观念、社会行为及生活理念等方面达成相互理解,通过城乡文化差距的缩小,促进人才在城乡间的合理流动。可见,"文化教育粘合说"强调县级图书馆与教育事业在城乡一体互动发展中所具有的重要促进作用,认为城乡一体化发展应重视"文化教育"的粘合价值。

②粘合机制之新闻观点

除学术研究外,新闻界对城乡一体化发展的粘合机制亦有诸多报道与解读,这些新闻观点对城乡一体化发展粘合机制的发展是种有益的补充。综合起来看,城乡粘合机制之媒体观点主要有六种,分别是人才交流粘合论、商业交流粘合论、公共服务交流粘合论、文化交流粘合论、涉农产业粘合论及公益组织粘合论。

a. 人才交流粘合论

有记者报道认为城乡间人才交流活动具有城乡连接粘合作用。如孙钥(2012)报道,杭州"双百工程"[农村上挂100名县(市)专业技术人才到城区锻炼,城区下派100名市区专业技术人员到县(市)挂职]是城乡统筹人才交流的纽带。张君(2011)报道,武安市推出"团组式支教"新模式,架起城乡优质师资均衡的桥梁。城区学校将支教教师组团打包,变"单兵作战"为"集团作战",集中对口帮扶一所农村学校;此外,支教的学校还会积极主动选派优秀教师下乡,为受援学校送去优质课和优质教学资源,形式主要有"优课共享""送课下乡"、"结对帮扶""联合教研"等;同时,农村受援学校也会选派部分教师到城市支援学校顶岗学习,共同开展教研活动。优质教育资源共享促进了城乡教育的均衡发展。唐增波(2010)报道,城乡教研联合体是连接城乡学校的桥梁。如滨州市滨城区教育局通过在全区范围内实施"打造城乡教研联合体,促进教育教学均衡发展"行动计划,有效促进了教育资源的城乡共享与城乡教育的均衡发展。可见,"人才交流粘合论"强调人才交流在城乡一体互动发展中所具有的重要促进作用,认为城乡一体化发展应重视"人才交流"的粘合价值。

b. 商业交流粘合论

有记者报道认为商业交流活动具有城乡连接粘合作用。如蔡伟(2010)报道"万村千乡市场工程"架起了城乡之间商品流通的桥梁。毕凤鸣(2009)报道认为,供销社是城乡连接的纽带和桥梁,它对新农村建设及城乡统筹发展起着非常重要的促进作用。赵军(2011)认为"供销在线"架起了城乡流通的桥梁。在全球电子商务蓬勃发展的今天,建设农村电子商务平台和网站,运用"供销在线"促进农产品的流通和销售,对繁荣农村经济有着难以估量的价值。王志林(1998)认为连锁经营这种商业模式是城乡一体化的桥梁。吴华清(2006)报道认为,农村流通体系的重构,使乡村超市变成了城乡互动的桥梁。可见,"商业交流粘合论"强调商业交流在城乡一体互动发展中所具有的重要促进作用,认为城乡一体化发展应重视"商业交流"的粘合价值。

c. 公共服务交流粘合论

有记者报道认为某些公共服务交流活动具有城乡连接粘合作用。如刘刚等(2010)报道认为村邮站已成为重庆和谐城乡建设的新纽带。杜满鑫(2012)在报道平泉县推进城乡公交客运一体化建设时认为,公交连接城乡,使百姓出行更加顺畅。王若懿(2008)报道认为城际铁路是城乡一体化的桥梁;城际铁路连接诸多城市,途经无数村庄和乡镇,将城市和农村紧密地连接起来,有助于铁路沿线城乡一体化的加速发展。吴进宇(2010)报道认为,金融服务架起了城乡建设的桥梁,如北京银行倾力支持着首都城乡一体化的发展。蔺钦明(2014)报道认为,河南省农信社畅通支付结算渠道,新型综合性支付清算服务平台架起了连接城乡的"结算金桥",铺就了汇通天下的"高速公路"。高新军(2004)报道认为,高平市中医院通过在乡村建设中医药卫生服务网络,架起了城乡卫生的桥梁,解决了当地农民看病难的问题,给老百姓带来了实实在在的好处。杨蕾(2014)报道认为,《城乡养老保险制度衔接暂行办法》的出台,在城乡养老保险制度间架起了一座桥梁,有利于促进人口在城乡间有序流动,有助于加速城乡社会保障一体化的步伐。可见,"公共服务交流粘合论"强调公共服务交流在城乡一体互动发展中所具有的重要促进作用,认为城乡一体化发展应重视"公共服务交流"的粘合价值。

　　d. 文化交流粘合论

　　有记者报道认为文化交流活动具有城乡连接粘合作用。如陈坤(2010)报道认为,来宾农民"文体进城"架起了"城乡桥梁"。农民将农村文艺送进城,将农民球赛表演送进城,以文会友,以球会友,促进了城乡交流和互动;农民文艺队和篮球队成为该市城乡沟通的桥梁。黎宏河(2005)报道认为,繁荣民工文化是建设城乡协调发展的桥梁。繁荣和活跃民工文化不是一次简单的送温暖活动,而是必须一项长期坚持的文化工程,有利于提升民工素质,有利于促进城乡和谐发展。刘圆圆(2014)报道认为,文化是进城务工人员融入城市的桥梁;当前进城民工文化生活呈现出"孤岛化""边缘化""沙漠化"现象;城市农民工文化生活的空白,既是一个农村社会问题,也是一个城市社会问题;政府应当制定相关政策条例,针对农民工的文化需求特点,用制度去推动和丰富进城农民工的文化生活,增强文化输送的针对性和有效性,"量身订制",增加文化服务的数量,提升文化服务的质量。可见,"文化交流粘合论"强调文化交流在城乡一体互动发展中所具有的重要促进作用,认为城乡一体化发展应重视"文化交流"的粘合价值。

　　e. 涉农产业粘合论

　　有记者报道认为涉农产业的发展具有城乡连接粘合作用。如王笛等(2012)报道认为,有机农庄是连接城乡的纽带(该报道是以中国人民大学女博士石嫣创立的"小毛驴"有机农场为例)。"小毛驴"农场副总经理黄志友说:"小毛驴是我们探索乡村建设,连接城市和农村的试验田;农场不仅提供健康蔬菜,而且应该是城乡之间的纽带,让城市人有机会了解农村,重新唤起人们对农耕文明的重视。"王秀忠(2014)报道认为,休闲农业是城乡一体化的美丽桥梁;休闲农业,是搭建城乡统筹规划、产业融合、公共服务均等化、城乡要素均衡交换的桥梁。据刘国挺(2006)报道,漯河以食品工业为纽带,加快城乡一体化步伐。漯河用食品工业在工业和农业间搭起了桥梁和纽带,实现了工农和谐共生与对接,农民成了一线工人,田间地头成了加工车间;在食品工业的带动下,农民收入有了保障,农业发展也借助了"东风",城乡一体化发展的根基更加牢固,步伐更加坚实。黄伏发(2010)报道认为,福建省三明市建设的绿化通道是连接城乡的绿色长廊。绿色长廊与林网、水网、周边群山等其它景观融为一体,构建了该市点、线、面结合的、城

乡一体的绿化体系。可见,"涉农产业粘合论"强调涉农产业在城乡一体互动发展
中所具有的重要促进作用,认为城乡一体化发展应重视"涉农产业"的粘合价值。

f. 公益组织粘合论

有记者报道认为公益组织具有城乡连接粘合作用。如陈凤鸣(2005)报道认
为,江苏省农村劳务输出输入协会的成立对统筹城乡就业工作具有桥梁纽带作
用。阮胜发(2011)报道认为,"天地人和"行动,增进了城乡和谐,该活动由华夏
文化纽带工程组委会和国家发改委国际合作中心共同主办;"天地人和"行动的宗
旨和方式是以和谐文化为指导理念,并将其转化为具体实践。"天地人和"行动主
要是推动支农惠农项目的建设、涉农产业服务体系建设、生态环保项目建设、改善
民生项目的建设以及部分科技文化项目的建设,从而促进城乡经济与社会、精神
文明与物质文明、人与自然的和谐发展。李田生(2006)报道认为,新闻媒体《西部
时报》为城乡搭"桥梁",沟通并唤起高等学校捐助农村贫困生。可见,"公益组织
粘合论"强调公益组织在城乡一体互动发展中所具有的重要促进作用,认为城乡
一体化发展应重视"公益组织"的粘合价值。

(四)整体述评

通过前文系统的文献综述,可得到如下结论:

(1)从"新市民"角度文献综述的结果来看,学界主要形成了五种"新市民"学
说,分别是新兴市民阶层说、新市民文学说、新型市民说、市民新型权利说和进城
农民说,其中,以"进城农民说"最为典型,近年来成果也最丰。新兴市民阶层说、
新型市民说、市民新型权利说侧重于对新市民中"新"的理解,新市民文学说与进
城农民说侧重于对"新市民"整体内涵的挖掘。近年来,之所以有关农民"新市
民"的研究成果层出不穷且方兴未艾,是因为在城乡发展一体化的时代背景下,
"新市民"紧密连接着乡村和城市,而成为"四化同步"过程中的重要人物因素。
农业要实现现代化,剩余人口必须转移,否则"人多地少"国情无法为农业现代化
创造必要条件;工业化与城镇化要发展,又亟需劳动力和人口增量支撑,显然,农
民进城是最合时合宜合需的。农民只有有序进城,"四化"同步才有可能协调推
进,城乡一体化的目标才有可能达成。因此,无论从社会学还是管理学的视角来
看,农民"新市民"都是一个非常值得关注和探究的社会群体。但本文通过对进城
农民新市民的文献梳理后发现,农民"新市民"尚未完全融入城市,他们在城市融
入方面还存在诸多障碍,换言之,农民新市民还被某些力量排斥在城市大门之外。
严格来讲,进城农民被当作"新市民"目前还仅仅是一种良好的愿望,因为进城农

民(工)并未真正融入城市,阻碍他们进城的因素还有很多,他们还没有完全完成从"农民"到"市民"的华丽转身,还没有实现市民化必需的身份"变态"和素质"变性"过程。

从构词法上看,将来"新市民"的"新"可能还会被赋予更多不同的"新"内涵,比如"新市民"新的生活方式、新的消费理念、新的行为范式等;从整体意涵上看,"新市民"的内涵也还有待补充和完善,因为农民"新市民"还不是完全意义上的市民。文献综述发现,至今还未见一种"新市民"学说是指向真正意义上的新市民,比如指向"在城市工作(县城为最低级别城市)且具有大中专文凭的农家子弟"这个群体,而这个群体才是真正的新市民,因为他们从农村走进城市,是"新"的人,他们已完全或深度融入城市,已完全被城市所接纳,是真正的"市民",故为真的"新市民"。基于这种考虑,本书就是在重构"新市民"概念(在城市工作且具有大中专文凭的农家子弟<县城为最低级别城市,文凭为普通大中专院校颁发的文凭>)的基础上,从社会学、经济学和管理学视角研究其在城乡一体化进程中的独特的社会价值,以及激发这种价值的触动机制问题,是对"新市民"内涵研究的延伸和拓展,是一种学术拓新。笔者相信,随着经济社会的进步,将来"新市民"称谓及其内涵的研究还会有新的发展。

(2)纵观"二代"文献综述发现,当前研究仍然存在如下三点不足:

第一,定性研究较多,实证研究不够。大部分研究都是以学理思辨的方式进行,缺少数据实证和案例分析,使得"二代"问题研究结论的可信度打了不少折扣。如果定性分析结合实证数据,会使研究更有科学性和说服力。

第二,宏观视角较多,微观视角不够。当前研究多从宏观角度展开,比如"官二代"与"富二代"现象的成因及治理路径研究,多从制度等层面展开,缺少个体及微观环境层面的分析。可能正是实证研究不够的缘故,使得微观视角研究比较少见。"一叶知秋",微观层面的研究,可为我们更好地理解"二代"现象提供经验与理论证据。

第三,负面剖析较多,正面挖掘不够。在现代语境下,"官二代"与"富二代"是充满诟病的贬义词,他们在人们心目中的形象多是负面的,特别是在大众传媒的放大炒作之下,诟病尤为明显。正因为此,学界对"官二代"与"富二代"现象的解读也多从负面入手,研究主题多为负面语词,甚至不少学者带着负面刻板印象去研究问题,这是值得警惕的事情。诚然,正如很多学者发现的那样,"官二代"与"富二代"现象标签化比较明显,在"官二代"与"富二代"当中,也有不少优秀分子和社会良民甚至是社会精英,可当前研究缺乏对"二代"正能量的挖掘,是为不足。

学界对"二代"问题的探索是积极有为的,丰硕的研究成果为和谐社会的创建提供了重要的理论支撑。在笔者看来,其一,今后"二代"问题的研究将更驱"精细化",实证研究、微观视角与正面挖掘将是未来研究发展的新动向;其二,今后"二代"问题的研究将更驱"实用化",即相关研究不仅停留在问题"诊断"上,更要开出治病"药方",诊治结合,解决实际问题。从"二代"文献综述结果来看,官二代、富二代、穷二代、农二代("农二代"主要指新生代农民工)的研究居多,至今尚未有将"新市民——进城落户工作且具有大中专文凭的农家子弟(县城为最低级别城市,文凭为普通大中专院校颁发的文凭)"这个群体单独纳入"二代"研究的范围,更不用说对其正能量的挖掘了。

(3)从"城乡一体化实现动力机制"角度文献综述的结果来看,学界普遍认为城乡一体化的动力机制是多维力量的结合,强调合力作用。如果将动力进行分解,可以将其分为源生动力、现实动力、内在动力和推拉力。源生动力主要有"改革创新""改善民生""发扬现代民主"等,现实动力主要有"工业化"和"城市化"等,内在动力主要是发展市场经济、培育乡村内部动力、消除城乡二元结构等,推拉力主要是"中心城市的极化效应和扩散效应""农村城镇化""农村工业化""城乡市场一体化""政府响应"等。所以,从"城乡一体化实现动力机制"角度来看,学界还缺乏有关"新市民"群体在城乡一体化进程中的粘合催化作用机制的专门研究。

(4)从"城乡一体化的动力主体"角度文献综述结果来看,学界探究的城乡一体化动力主体主要有七个,分别是信息化、科学技术、对口支援、新型业态、农民工流动、社会组织与小城镇,学界认为它们都或多或少能够促进我国城乡一体化的进程。可见,至今也还没有看到一个动力主体是指向"新市民"群体的。

(5)从"城乡一体化推进的复合动力机制"角度文献综述结果来看,学界认为城乡一体化推进的复合动力机制主要有五类,概括起来有"城市发展＋市场经济"说、"内拉＋外推＋环境"说、"农村非农化＋制度变迁"说、"八抬大轿"说、"动力机制＋协调机制"说。显然,从"城乡一体化推进的复合动力机制"角度来看,至今也还未见有关"新市民"在城乡一体化中粘合催化机制的研究。

(6)从"城乡一体化发展的粘合机制"文献综述结果来看,学界认为城乡粘合机制主要有"社区粘合说""中间地带粘合说""产业粘合说""生态粘合说""交通交流粘合说"及"文化教育粘合说"六种论点,新闻媒体界认为城乡粘合机制主要有"人才交流粘合论""商业交流粘合论""公共服务交流粘合论""文化交流粘合论""涉农产业粘合论"及"公益组织粘合论"六种观点。其中,新闻界提出的"文化交流粘合论"与学界提出的"文化教育粘合说"比较接近,新闻界提出的"涉农产业粘合论"与学界提出的"产业粘合说"及"生态粘合说"比较接近,新闻界提出的"公共服务交流粘合论"与学界提出的"交通交流粘合说"在内涵上有部分重叠。整体看来,新闻界关于城乡粘合机制的观点对学界粘合机制的研究是种有益补充,对学术研究具有一定的启迪价值。

但是,城乡粘合机制方面的研究仍存在如下不足:

首先,定性研究较多,定量研究很少。学界对于城乡粘合机制进行学理思辨的比较多,侧重于从理论上进行探讨,定性研究偏多,而运用相关数据或案例进行实证分析的很少,这是当前城乡粘合机制研究的缺陷之一。

其次,宏观研究较多,微观切入很少。关于城乡粘合机制的研究,从宏观角度切入谈论的较多,而从微观层面切入研究的很少,即很少有研究具体深入地就某个点谈它的城乡粘合性,使得当前这方面的研究有泛泛而谈之感。

再次,分散研究较多,系统分析很少。通过前文的文献综述发现,关于城乡粘合机制的研究多分散在其它主题研究之中,前文相关结论也是从众多文献中"挖掘"出来的,是"淘宝"所得,即当前学界系统地或主题鲜明地对城乡粘合机制展开研究的还很少见,这是比较明显的缺陷。

最后,机制研究较多,机理探索很少。可能正是因为当前的研究以定性和宏观为主,所以相关研究多表现为对城乡粘合机制的理解,而对城乡粘合机理的探索非常少见。从某种意义上讲,机制解决的是宏观的框架构想,机理解释的是微观的因果关系。探索机理是对机制研究的继续与深入,可以更好地帮助我们理解城乡粘合机制发生的前因后果与来龙去脉。

为弥补上述几点不足,笔者预计,未来城乡粘合机制方面的研究将在定性分析的基础上逐渐走向定量实证、微观视角、系统分析与机理探索的道路,从而为城乡一体化又好又快地推进提供坚实的理论基础。

(7)综上可见,本书重新界定了"新市民"的内涵,定义"新市民"为"进城落户工作且具有大中专文凭的农家子弟(县城为最低级别城市,文凭为普通大中专院校颁发的文凭)",将"新市民"当作城乡一体化动力的主体对象,研究其在城乡一体化进程中的粘合与催化作用及其作用机理问题,这是学界尚未系统深入做过的研究工作,因此,本本的研究与尝试是具有学术拓新意义的,对城乡一体化又好又快地发展也具有非常重要的实践指导价值。

四、研究内容、研究思路与研究方法

（一）研究内容

新市民从农村进入城市,过程具有多重"耦合性",新市民这些"耦合性"特征将城市和乡村紧密的粘合在一起,对城乡一体化具有现实和潜在的催化促进作用。这些催化促进作用的发挥,需在厘清新市民粘合催化作用机理的基础上,构建一个科学可行的机制去触动,从而使新市民在城乡一体化进程中的社会价值得到充分发挥。基于此,本书分三大部分展开研究。其框架和描述如下:

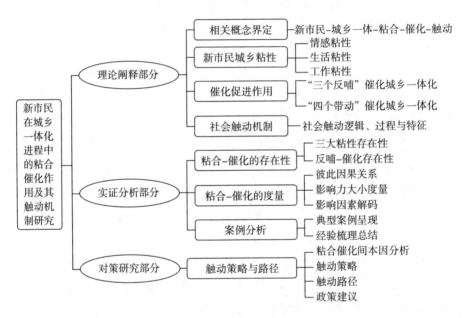

图1-1　研究内容框架

(1)理论阐释部分:主要阐释新市民、城乡一体化、粘合、催化、触动等概念,剖析新市民在城乡一体进程中具有的社会特性,以及新市民的城乡粘合催化促进作用,解构社会触动机制的内在生成逻辑,分析触动机制的过程与特征,厘清新市民在城乡一体化进程中粘合催化作用的发生机理、作用路径和触动机制等问题。

(2)实证分析部分:主要通过对新市民的访谈、抽样问卷调查和典型案例收集,运用数理统计和模型拟合等方法,实证分析新市民群体城乡粘性催化作用的存在性,对粘合催化作用的大小进行度量,探寻新市民在城乡一体化进程中催化促进意愿的影响因素,梳理新市民在城乡一体催化促进方面的典型案例和有益经验。

(3)对策研究部分:通过归纳新市民在城乡一体化进程中粘合催化作用的触动策略与触动路径,提出触动新市民群体在城乡一体化进程中粘合催化作用的具体政策建议。

(二)研究思路

本书以"新市民－城乡一体化－粘合－催化－触动"为概念逻辑链,以新市民在城乡一体化进程中的粘合和催化作用为思考中心,详尽剖析新市民在城乡一体进程中的社会特性、粘合催化促进作用及其内在机理,解析社会触动机制的生成逻辑;然后在问卷调查的基础上实证分析新市民粘合催化作用的存在性,探寻新市民在城乡一体化进程中粘合催化促进作用的大小以及粘合催化意愿的主要影响因素,并梳理总结新市民在城乡一体催化促进方面的典型案例和有益经验;最后通过构建新市民粘合催化的触动策略与触动路径,提出充分发挥新市民此方面价值的政策建议。

(三)研究方法

本书主要研究方法有:

(1)理论推演法:通过对新市民、城乡一体、粘合、催化、触动等概念的界定解读,从理论上推演新市民在城乡一体化进程中的社会特性、粘合催化促进作用,以及社会触动机制的逻辑生成等问题。

(2)社会调查法:通过对不同级别城市、不同工作部门新市民的问卷调查,实证分析新市民身上的城乡粘性及其在城乡一体化进程中的催化促进作用。

(3)数理统计法:运用 SPSS、Eviews 等统计软件,对问卷调查数据进行数理统计分析,实证新市民城乡粘性和催化促进作用的存在性等问题。

(4)模型计量法:用结构方程模型(SEM)度量新市民城乡粘合催化作用的意愿、力度及彼此间的因果关系,运用 logit 模型分析影响新市民粘合催化促进作用的主要因素等。

(5)案例分析法:通过对典型案例的收集整理,归纳新市民在催化促进城乡一体化进程方面的成功做法和有益经验。

五、章节安排

本书共分十章,分别是:

第一章　导论

第二章　概念重构:寻找真正的新市民——变态和变性的视角

第三章　现实追问:新市民具有怎样的社会特性?

第四章　理论探寻:新市民在城乡一体化进程中的粘合催化作用

第五章　机制解构:社会触动机制的逻辑生成

第六章　问卷调查:新市民城乡粘合催化作用的存在性论证

第七章　实证分析:新市民城乡粘合催化作用的度量及其影响因素解码

第八章　案例梳理:新市民城乡粘合催化作用其人其事

第九章　触动进路:新市民城乡粘合催化作用的触动策略与触动路径

第十章　结论建议:主要研究结论与政策建议

六、可能的创新与不足

(1)本书可能的创新有:

①概念创新:通过概念重构,重新界定"新市民"为那些进城落户工作且拥有大中专文凭的农家子弟,这个定义与学界惯指"新市民"为"农民工或进城农民"有很大不同。

②视角创新:以一种全新的视角,将"新市民"作为目标群体,审视其在城乡一体化进程中的粘合催化作用。

③思路创新:首次提出"新市民-城乡一体化-粘合-催化-触动"概念逻辑链,从理论和实践上共同探究新市民在城乡一体化进程中的独特价值。

④理论创新:首次对新市民的社会特性进行剖析,首次对社会触动机制的生成逻辑进行解析,这对丰富社会学相关认知具有理论贡献。

⑤应用创新:在理论分析和实证研究基础上,构建新市民粘合催化城乡一体化进程的社会触动路径,提出可供政府参考的、切实可行的对策措施。

（2）本书可能的不足是：

①问卷调查不足：受研究人手与经费限制，问卷调查覆盖的范围还不够广大，问卷发放的数量还不是特别充足。

②案例资料不足：受研究时间限制，案例资料主要来自互联网，访谈式案例相对比较缺乏；此外，案例分析呈现的新市民类型还不够充分，可能存在个别缺漏。

第二章

概念重构:寻找真正的新市民
——变态和变性的视角

当前,"新市民"一般是指"进城农民",主要包括"进城务工农民"和"进城失地农民"两类人,因此,进城农民也可称为"农民新市民"。虽然美其名曰"新市民",但事实上,进城务工农民和进城失地农民还算不上真正的新市民,因为他们在城市融入方面困难重重,城市融入仍然面临巨大困境。为什么会有困境? 其原因何在? 为回答上述问题,本章将在相关理论分析的基础上,借助"藕粉糊冲泡"这个生活案例以及其中的科学道理,基于身份"变态"和素质"变性"的视角,巧妙地解析当前农民新市民在城市融入当中遭遇的困境。既然农民新市民还不是真正的新市民,那么,真正的新市民在哪里? 基于此,本章将在重构新市民概念的基础上,借助"油污去除"这个生活案例以及其中的科学道理,基于身份"变态"和素质"变性"的视角,探寻其为真正新市民的奥秘。通过概念重构和比对分析去寻找真正的"新市民",正是本章研究的目的所在。

一、进城农民还不是真正的"新市民"

(一)背景:农民新市民的形成

长期以来,我国是典型的城乡二元结构,城市和乡村是两个相对封闭且又隔离的世界,城和乡界限十分明显,城乡间社会经济发展鸿沟非常突出,计划经济体制将农民封锁在原地,画地为牢,农民迁徙和流动难于上青天。改革开放后,城乡二元状况逐渐松动。20 世纪 80 年代,党中央提出必须改变八亿农民搞饭吃的局面,对农村劳动力流动制定了"离土不离乡"的方针,农民工开始出现;90 年代继续贯彻"离土不离乡"的方针,同时提出要加强对农民跨地区流动就业的疏导和管理,民工潮开始显现;进入新世纪,随着城乡统筹发展的推进及"四化同步"发展战略(工业化、信息化、城镇化、农业现代化同步发展)的实施,城乡二元结构解冻渐渐加速,越来越多的农民开始"农转非"或已经"农转非"或向往"农转非",换言之,有许多农民已经成为"新市民"或梦想着尽快成为"新市民"。

与农民工主动进城不同,失地农民是因为失去土地而被动进了城。2000 年前后,随着第三轮市场经济条件下"圈地浪潮"的兴起(即城镇、工业园、开发区等以前所未有的速度急速膨胀),失地农民数量激增(注:在 20 世纪 80 年代中期、90 年代初,我国曾发生过两次"圈地热",失地农民问题那时就已经存在,但在政府计划安置下,征地单位按指标录用失地农民,失地农民的就业同货币、住房一样,成为失地补偿的形式。因此,失地农民大多转变为体制内的计划"市民")。与前两次圈地热不同,第三次征地高潮是在不成熟的市场经济条件下发生的,由于制度缺陷,失地农民未能合理分享土地收益,先前的体制内计划"市民"的好处没有了,市场经济也没能给失地农民带来公平合理的土地收益补偿。就这样,失地农民带着仅有的一点补偿款,被动地进了城,成了所谓的"新市民"。

(二)体量:进城农民数量庞大

当前,我国进城农民即农民新市民的体量不小。根据国家统计局抽样调查结果,2013 年全国农民工总量 26 894 万人,其中,外出农民工 16 610 万人,在外出农民工中,住户中外出农民工 13 085 万人,举家外出农民工 3 525 万人。在外出农民工中,7 739 万人跨省流动,8 871 万人省内流动,分别占外出农民工的 46.6% 和 53.4% 。东部地区外出农民工以省内流动为主,中西部地区外出农民工以跨省流动为主。跨省流动农民工主要流入大中城市,省内流动农民工主要流入小城镇。在全国 26 894 万农民工中间,1980 年及以后出生的新生代农民工有 12 528 万人,占农民工总量的 46.6% ,接近全国民工总数的一半。从新生代农民工就业地点来看,6 872 万人选择在地级以上大中城市务工,占新生代农民工的 54.9% ,而老一代农民工这一比例仅为 26% ,可见,新生代农民工更偏好在大中城市就业①。按照上述比例推算,2013 年全国约有 7 987 万农民工活跃在大中城市,如果加上在县城务工的农民,则全国约有超过 1 个亿的农民工新市民在县城及以上城市务工就业,显然,这个数字是非常庞大的②。

---

① 资料来源:《2013 年全国农民工监测调查报告》(http://www. stats. gov. cn/tjsj/zxfb/201405/t20140512_551585. html)

② 最新资料表明,2016 年我国农民工总量为 28 171 万人,比 2013 年又增加 1 177 万人。

随着我国城镇化和工业化进程的加快,农村集体土地被大量征用,失地农民作为农民中的一个特殊群体,数量也迅速增加。据民进中央 2009 年预测,2020 年我国失地农民总数将达 1 亿人以上。而杨涛等人(2006)的推算表明,到 2016 年我国失地农民的总数就将达 1 亿人,这个结论比民进中央的结论时间来得更早。但不论是哪个结论,均说明一点,即在不远的将来,我国失地农民(新市民)的数量将非常惊人。笔者根据杨涛博士等人(2006)"每年增加 357～429 万个失地农民"的判断来计算(取其均值 393 万/年),则 2013 年我国约有失地农民 8 800 万,这个数字相当可观。

若将进城农民工和失地农民人数加总起来,则 2013 年我国进城农民(农民新市民)的总数接近 2 个亿,约占全国总人口的 15%。可见,当前我国"农民新市民"的数量已经相当庞大,体量惊人。

(三)现状:进城农民尚未完全融入城市

"农民新市民"(进城农民)还不是真正意义上的新"市民",是因为真正的新市民应该是深度融入城市的,是被城市接纳的,换句话说,真正的新市民不仅应该与城市原居民(即"老市民")在住房、医疗、教育、就业、养老等方面享有同等的社会经济待遇,而且应该在心理上拥有与老市民一样的城市"主人翁"心态,能与老市民打成一片,而不是权益有别的、受人歧视的"二等公民"。事实上,当前我国"农民新市民"(进城农民)不仅没有与"老市民"享有同等的市民待遇(国民待遇),而且他们还没有完全融入城市、未被城市制度和城市原居民所接纳。进城后,农民新市民都或多或少地出现了"融而不入"甚或"不融不入"的社会现象。前文的文献综述对农民新市民城市融入方面有着详尽的分析说明,现将其主要观点归纳如下:

(1)"外来农民工"在城市"不融入","农转非"人员在城市"半融入";其中,新生代农民工社会融入面临"双重边缘化",即无论是城市社会融入还是返乡适应,都表现出"难融入"的特征;即便在发达省市,农民工的城市融入程度总体上也才达到"半"市民化的水平;农民工市民化总体上进展不小,但在生活质量、基本公共服务、社会融入和心理归属"四个维度"方面发展不均衡,尤其是基本公共服务和社会融入发展滞后;(李强,2011;何军,2012;何绍辉,2013;梅建明等,2013)。

(2)农民新市民在城市社区融入、文化融入、政治融入和心理融入等方面水平均不高。社区融入还处于自发的低水平状态;制度壁垒和文化差距使农民工产生城市"边缘人"心理困惑,文化融入艰难;农民工城市政治参与度低于农村参与度,城市政治融入水平偏低;心理上存在逆反心理、求富心理、过客心理、自卑封闭心理,安全感不足、恋乡情结浓厚、相对剥夺感强烈,心理融入水平不高(关信平等,2009;沈蓓绯等,2012;刘建娥,2014;林晓珊,2004)。

(3)阻碍农民新市民城市融入的因素是多方面的,既有制度性因素,也有观念、文化、习俗等非制度性因素,还有人力资本、社会资本等个人因素,但制度性因素似乎是其主要方面(张岳红,2012;胡杰成,2007;张传慧,2013;张华,2013)。

从学界研究的结论来看,我国为数众多的"农民新市民"(进城农民)在城市融入方面还界于"半融入"与"不融入"之间,其融入障碍主要是由制度性因素造成。客观地讲,"农民新市民"(进城农民工和失地农民)还不是真正意义上的新"市民",因为他们在不少方面和城市原居民(即"老市民")还有很大差别,他们还没有完全融入城市,换言之,他们的城市化进程还没有彻底完成。

(四)解构:农民新市民市民化必经的两个过程——变态和变性

农民新市民(进城农民)要从"农民"变身"市民",真正实现市民化,其间必须经历两个蜕变过程:一个是身份的"变态"过程,一个是素质的"变性"过程。"变态"是身份位态的改变,这个比较好理解,它多侧重于外在户籍、居住地等标识的改变(如果将来农业户口和非农业户口取消了,"变态"指的就是进城农民可以平等地享有城市原居民所能享有的一切市民福利及权益;而二元户籍制度取消前,市民福利一般附着在非农户口上面);"变性"是指进城农民"本我"在生活方式、工作性质、个人素养、价值观念、行为范式等方面的彻底改造和转变,它多侧重于内在境界的提升。"变态"和"变性"是进城农民市民化同一过程的两个不同方面,彼此对立统一。对立是因为"变态"和"变性"不能相互替代,它们是市民化过程的两个不同侧面,"变态"是外在改变,"变性"是内在提升;统一是因为"变态"和"变性"发生在农民市民化的同一过程里面,缺一不可,具有"共时"特征。说"农民新市民"(进城农民)在城市融入方面面临困境,也即意味着他们在市民化的"变态"和"变性"过程中还存在不少问题。

二、寻找真正的"新市民"

(一)"新市民"概念的新界定

1."新市民"已有内涵鸟瞰

现在已经清楚一个事实,那就是进城农民(农民新市民)并非真正意义上的新市民,但"新市民"的内涵是否仅指"进城农民"一种呢?

新市民代指进城农民(工),这是很多人都知晓的事。事实上"新市民"称谓有多种意涵,远非进城农民这一个。从前文"新市民"文献综述的结果来看,"新市民"主要有五种意涵,分别是"新兴市民阶层说""新市民文学说""新型市民说""市民新型权利说"和"进城农民说",其中,以"进城农民说"最为典型,近年来成果也最丰。因此,在当前城乡一体化发展的历史进程中,"新市民"成了"进城农民(工)"的代名词,这几乎人所共知。但已有结论告诉我们,农民"新市民"尚未完全融入城市,他们在城市融入方面还存在诸多障碍,融入过程尚未完成。

所以,严格来讲,将"进城农民"当作"新市民"目前还仅仅是一种良好的主观愿望,是"一厢情愿"的事情,因为进城农民(工)并未真正融入城市,阻碍他们进城的因素还很多,他们还没有完全完成从"农民"到"市民"的华丽转身。换言之,进城农民在"身份"上还没有完全"变态"(即完成从"农民"到"市民"的身份蜕变),在"素质"上还没有完全"变性"(即在生活方式、工作性质、个人素养、价值观念、行为范式等方面有彻底的改造和提升)。因此,坦率地说,"进城农民"还不是真正意义上的"新市民",称呼"进城农民"为"新市民"是不准确的,也许用"准市民"来形容更贴切些。

对于进城农民这种"融而不入""半融入"或"不融不入"状况,李明宗等(2007)称其为"新城乡二元结构"。即原有的以户籍制度为基础的城乡壁垒(行政二元结构),使得城市居民和农民及农民工相比较,在失业、医疗、教育、工伤、养老等方面依然享受着国家向城市倾斜的特殊照顾;加上新形势下市场因素造就的城乡断裂(市场二元结构),使得农民、农民新市民与老市民相比,经济差距十分显著;进城农民(农民新市民)一边是在激烈的竞争中拿着辛苦挣来的低工资,一边要面对城市中高额的消费支出,以及做梦也不敢想的天价住房,无奈只能居无定所,或暂居陋室。即使个别农民新市民能幸运完成"变态"和"变性"这个市民化过程,但依然可能还要承受城市非正式制度的歧视。非正式制度在很大程度上能够影响正式制度的安排与设计,作为一种非正式制度,农民一直被认为是保守和缺乏文化的象征,这种潜在的歧视性心理造就了对农民的剥夺和忽视(李学,2006)。"行政二元结构"与"市场二元结构"叠加形成的"新城乡二元结构",加深了城乡社会的裂痕,表现在农民新市民身上,就是农民新市民进城做了"新市民",好比委身"官人",只有"妾身",难获"元配"之位,即使侥幸获得"元配"之位,可能还需更长时间去"漂洗"非正式制度给他们带来的种种偏见和歧视。

所以讲,进城农民目前还不是真正意义上的新"市民"。

2."新市民"内涵概念的新界定

谁是真正的"新市民"? 在当前城乡统筹及城乡一体化发展的历史进程中,为寻找真正的"新市民",笔者通过长期地思索和寻找,另辟蹊径,重新界定"新市民"为"进城落户工作且具有大中专文凭的农家子弟(县城为最低级别城市,文凭为普通大中专院校颁发的文凭)"①。相对父辈而言,"文凭新市民"是从农村走出且进城的第一代人,故名"新"市民,他们已完全或深度融入城市,在身份上与其他市民并无二致,是真正的新"市民",只是其"第一故乡在农村,第二故乡在城市"而具有很多新特征,而这些新特征正是本书研究的逻辑起点。

(二)"文凭新市民"才是真正的"新市民"

1."文凭新市民"进城获得了国家"授权"

在城乡二元结构背景下,农家子弟要想成为真正的新"市民"只有走正规的、"国家"许可的道路,需要在城市拥有相对稳定的工作且与老市民一样享有"制度"授权的种种市民权益,真正融入城市,才能成为真正的"新市民"。那么,在过去较长时期内,国家"授权"许可农民进城的路径有哪些呢? 这得从城乡二元户籍制度的形成及影响说起。

1957年,中共中央、国务院联合发出《关于制止农村人口盲目外流的指示》,要求城乡户口管理部门相互配合,制止农村人口盲目外流。随后的1958年,国家就制定并颁布了《中华人民共和国户口登记条例》,该条例由全国人民代表大会常务委员会第九十一次会议通过并公布施行。学界普遍认为,《中华人民共和国户口登记条例》的颁布施行是我国城乡二元结构确立的重要标志(张英魁等,2009;陆学艺等,2013)。此后,城乡户籍登记管理二元化,国家将户口分为"农业户口"和"非农业户口"两种制度形式,并通过一些具体的约束措施将农民捆绑在土地上。由于城乡分治、一国两策,农业户籍人口很难转为非农业户口,而成为城市居民。改革开放后,二元制度有所松动,农民可以进城务工,但这一基本的户籍管理制度未从根本上发生改变。这样,进城农民由于受户籍等限制,难以获得城市居民才能获得的种种社会福利,如医疗、住房、教育、托幼、养老等方面的一系列排他性福利安排。制度往往是具有时间惯性的,即使将来城乡二元户籍制度取消了,

---

①　注:为区别前面的"农民新市民",本章后文将称呼新界定的"新市民"为"文凭新市民"。从第三章开始,"文凭新市民"就简称为"新市民",换言之,从第三章往后,"新市民"即指本章的"文凭新市民"。

也可以预见,在较长时间内,就全国平均来讲,进城农民(农民新市民)与城市原居民(老市民)所享受的社会福利水平仍然不可等量齐观,即福利天平仍然会向老市民倾斜。

城乡二元结构背景下,国家许可农民进城的路径有哪些呢?《中华人民共和国户口登记条例》规定,"公民由农村迁往城市,必须持有城市劳动部门的录用证明,学校的录取证明,或者城市户口登记机关的准予迁入的证明,向常住地户口登记机关申请办理迁出手续。"也就是说,农民要"名言正顺"地成为城市居民,只有三条路,即要么考上普通大中专院校,要么被城市招工了,要么被城市户口机关特批进城。显然,招工和特批都不是普遍正常的路径,这也许只有极少数农民才可以享受到的政策;客观地讲,农民真正成为市民的路只有一条,那就是通过教育通道、凭着优秀的学习成绩考上公办的中专或大专院校,才可以光荣地实现"农转非",名言正顺地进入城市学习并留城工作,尽管这条路非常艰难,但毕竟这是一条充满希望的阳光大道。

2."文凭新市民"数量可观

从农家子弟到"文凭新市民",拿到普通大中专院校的录取通知书最为关键。因此,文凭新市民的数量可以从国家历年大中专院校招生数字中粗略估算出来。

对于拥有大专及以上学历的"文凭新市民"而言,统计时段为1950年~2010年。1950年是新中国成立后的第一年,而2010年后入学的大学生基本还在学校读书(截至2014年),尚未成为新市民;当然,2010年前后入学的农村籍大学生中会有部分人继续读研,还没有走上工作岗位,但这只是其中很小的一部分。此外,随着高校扩招,近年来也有部分高校毕业生到农村工作,主要是"三支一扶"和从业大学生村官,但这个数字也比较有限;且这些"三支一扶"和大学生村官服务期满后,大部分又选择返城工作了。当然,估算时,上述问题本文会以适当技术手段加以平衡调整,以消除估计误差。从长期来看,即使统计期内部分农村籍高校毕业生后来攻读了研究生,但我们统计时也只需考虑普通高校招生数字,因为研究生学历的"文凭新市民"是从大专和本科学历"文凭新市民"中遴选出来的,如果将其计入"文凭新市民"总数,则会导致重复计算。对于拥有中专学历的"文凭新市民"而言,统计时段为1950年~1998年。之所以截止到1998年,是因为国家统招统分政策终止于1998年前后,且1999年高校开始大面积扩招,中专文凭已经很难再成为"新市民"的敲门砖。换言之,城市化的门槛水涨船高,中专文凭在城市立足的市场空间已经较小。

建国以来我国"文凭新市民"数量的估计情况如表2-1所示。估算过程如下:(1)首先分别计算出统计期内普通中专和本专科招生总数。(2)通过保守估计和最大估计,分别得到统计期内农村录取学生的总数目。保守估计时"农村学生录取占比"设定为40%,最大估计时"农村学生录取占比"设定为60%。依据是:教育部统计数据显示,从1989年至2008年,我国高校农村新生的比例逐年上升,从1989年的43.4%到2003年的与城市生源比例持平,再到2005年达到53%(宋晓平,2012);另外,以陕西省为例,该省高校录取学生中农村籍学生比例已由2001年的48%上升到2011年的61%①。因此,本文综合考虑各方因素,考虑到1950～2010年的大时间跨度及城乡二元结构下城乡教育水平差异、城乡录取政策差别,平均权衡,特设定"农村学生录取占比"最低为40%,"农村学生录取占比"最高为60%,是比较合理的。(3)根据农村籍中专、本专科毕业生留城比率,分别计算统计期全国"文凭新市民"保守估计总量、最大估计总量,以及平均量。考虑到学历差别及过去农村发展需要,在咨询相关专家的基础上,本文设定农村籍中专、本专科毕业生的留城比率分别为60%和80%。

表2-1　我国"文凭新市民"数量估计

学校层次	统计期全国招生总数(万)	保守估计		乐观估计		农村录取均值(万)	新市民平均估计量(农村录取均值*留城比率)(万)
		农村学生录取占比	录取农村学生(万)	录取农村学生(万)	农村学生录取占比		
中专	2192	40%	877	1315	60%	1096	658
本专科	6999	40%	2800	4199	60%	3500	2800
合计	9191	—	3677	5514	60%	4596	[3458]
新市民保守估计总量(万)⇨		[2766]		[4148]		⇦新市民最大估计总量(万)	

注:农村籍中专、本专科毕业生留城比率分别设定为60%、80%。

数据来源:根据《中国统计年鉴(历年)》和《教育统计数据(1998～2010)》相关数据计算整理得到。

计算结果表明(详见表2-1):(1)建国以来,在统计期内,我国"文凭新市民"保守估计量为2 766万(约2 800万),最大估计量为4 148万(约4 200万),"文凭新市民"的数量介于2 800万～4 200万之间。取平均(一般估计),则我国"文凭新市民"的数量为3 458万(约3 500万)。可见,建国以来,我国生产的"文凭新市

①　资料来源:《中国高招录取倾斜"寒门"》(山西新闻网:http://www.sxrb.com/sxnmb/sb/2873895.shtml)

民"的总量是比较大的。(2)若按全国 18 435 万个农户来平均(王树进等,2009),相当于每 5.3 个农户家庭走出一个在城市落户工作的"文凭新市民"。(3)若根据"城市人口平均寿命已接近 80 岁"来推断,则截至 2014 年,统计期内的"文凭新市民"基本都还健在(计算表明,大约 13 万人已离世,可忽略不计),即我国健在的"文凭新市民"约有 3 500 万人(一般估计),最少不少于 2 800 万(保守估计),最大可达 4 200 万(乐观估计)。(4)若按照全国 2 378 个城市来平均(31 个省会城市,345 个地级市,2 002 个县城),则每个城市平均约有 1.5 万个"文凭新市民"(一般估计),最少平均不少于 1.2 万个(保守估计),最多平均可达 1.8 万个(乐观估计)。当然,城市有大有小,级别有高有低,"文凭新市民"在城市真实的分布情况可能会是另外的样子,但这不是本文的根本问题所在。

3."文凭新市民"完成了市民化的全部过程

我国文凭新市民数量众多,人数介于 2 800 万 ~ 4 200 万之间,平均约有 3 500 万(一般估计),他们是真正的"新市民"。从前面的概念界定可知,"文凭新市民"是指"进城落户工作且具有大中专文凭的农家子弟(县城为最低级别城市,文凭为普通大中专院校颁发的文凭)",他们进城走的是教育阳光道,走的是城乡分治年代国家法定许可的正规迁移道路。"文凭新市民"是真正的"新市民",是因为他们完成了市民化必经的身份"变态"和素质"变性"过程。"文凭新市民"市民化的蜕变过程分为两个阶段,第一阶段是从"农家子弟"到户口已经"农转非"的"院校生",第二阶段是从"院校生"到落户城市且拥有相对稳定工作的"新市民"。在第一阶段,"文凭新市民"部分完成了市民化必须的"变态"和"变性"过程,在第二阶段,"文凭新市民"彻底实现了"变态"和"变性",真正成为"新"市民。

从"农家子弟"到户口已经"农转非"的"院校生","文凭新市民"发生了第一次质变,即部分实现了市民化必须的"变态"和"变性"过程。为什么这样讲呢?因为按照国家规定,凡是考上大中专院校的农村学生,凭录取通知书到当地公安机关可以办理户口迁移手续,实现户口上的"农转非",入学报到时户口落户就读学校。因此,考上大中专院校之日,就是户口"农转非"之时。户口"农转非"在城乡二元结构时代意义非凡,它帮助"文凭新市民"实现了从"农民"到非农户口"院校生"身份的拟"变态",部分实现了从"农民"到"市民"身份的"变态"过程(成为准市民),是市民化过程的重要跳跃。有故事说,曾有农家孩子考上大学,假期回乡竟然指着曾经熟悉的庄稼,故问身边农民"这是什么"而被人笑话。这个故事说明,在那个城门紧闭的年代,身份的"变态"对于农民而言是何其艰难、何其荣光,以致身份的"变态"会带来偶尔的心理变态。就读大中专院校还使"文凭新市民"

市民化过程发生了部分"变性"。因为，在大中专院校读书深造期间，"文凭新市民"接受了严格正规专门的思想道德与科学文化教育，使其内在素质修养和内心境界有了较大幅度的提升；同时，修业读书期间也是"文凭新市民"预习并适应城市生活的转型时期，其行为范式及生活方式等方面都会受到城市原居民（老市民）的影响。综上可见，从"农家子弟"到户口已经"农转非"的"院校生"，"文凭新市民"部分实现"变态"和"变性"，其市民化过程已部分完成。

从"院校生"到落户城市且有拥有相对稳定工作的"新市民"，"文凭新市民"发生了最终质变，即完全实现了市民化必经的身份"变态"和素质"变性"过程。理由何在？因为中专或大专院校是颁发国家文凭的地方，"文凭新市民"修满规定年限，毕业时即可获得国家认可的、相应级别的学历文凭（如中专、大专、本科或研究生毕业证书，有的还获得了学士、硕士或博士学位）。在知识稀缺年代，文凭就是"身份证"，就是"社会标签"，特别在计划经济、工作统分的年代，文凭就是农家子弟留城工作的"通行证"。在计划经济时期，"文凭新市民"毕业后将被国家分配到某个城市或地方工作，非农户口落户到城市的，就成为新市民；而在市场经济年代，"文凭新市民"毕业后自主择业，户口一般最终也会落户到本人工作居住的城市，而成为新市民。从毕业到走上职场的较短时间内，"文凭新市民"将实现全部质变，成为真正的新市民。因为他们的身份已经实现了从"农民"到非农户口"院校生"，再到"新市民"的重大跳跃，市民化"变态"过程全部完成；他们的"本我"素养也已经完成了从"部分提升"到"全面提升"的过程，即生活方式、工作性质、个人素养、价值观念、行为范式等内在素质养成方面得到了进一步的提升和完善，至此，市民化"变性"过程全部实现。

综上可见，两个阶段相叠加，使"文凭新市民"彻底实现了市民化必备的身份"变态"和素质"变性"过程。户口上的"农转非""落户城市""文凭教育"及"知识分子""城市氛围影响"催生出的"本我"素养改变，加上城市相对稳定的工作，消除了一切制度和非制度因素可能带来的种种歧视，使"文凭新市民"获得了城市制度及城市原居民（老市民）的高度接纳和认同。所以说，"文凭新市民"是真正的"新市民"，因为他们已完全或深度融入城市，较好地实现了市民化必须的"变态"和"变性"过程。

三、两类"新市民"市民化进程的比较

"农民新市民"不是真正的新市民,"文凭新市民"才是真正的新市民,原因在于"农民新市民"市民化进程中的身份"变态"和素质"变性"过程尚未彻底完成,而"文凭新市民"恰好相反。换言之,"农民新市民"还没有完全融入城市,而"文凭新市民"已能很好地与城市相融。为更好地理解并比较两类"新市民"的市民化状况(即城市融入水平),本节将从生活案例中蕴含的道理说起。

(一)两个生活案例:油污去除与藕粉糊冲泡

1.[生活案例一]油污去除实验

日常生活中,衣服不小心粘上油污,用清水洗涤很难去除掉,如果将洗衣液放入水中,稍稍搓揉衣服,即可将衣服上的油污顽渍去除干净。同样,炒过菜的油锅,用清水洗刷无济于事,若用一点洗洁精来洗,则可以将油锅洗刷得干干净净。

2.[生活案例二]藕粉糊冲泡实验

日常生活中,用开水冲泡藕粉糊,一般会有三种结果:藕粉糊全熟、藕粉糊半生不熟、藕粉糊完全不熟,总结原因后发现,藕粉糊是否熟透与操作方法及水温有关。图2-1、图2-2、图2-3分别是全熟型、半生不熟型、完全不熟型三种藕粉糊冲泡流程示意图,介绍如下:

(1)"全熟型"藕粉糊的冲泡流程(如图2-1)。"全熟型"藕粉糊冲泡流程:第一步(a1),在碗里放进两勺干藕粉。第二步(a2),向碗里加少量温水,将藕粉润湿搅匀,使其亲水形成粉水混合物。第三步(a3),快速向碗里兑开水冲泡,边兑边搅拌;结果是藕粉糊完全成熟。

(2)"半生不熟型"藕粉糊的冲泡流程(如图2-2)。第一步(b1),在碗里放进两勺干藕粉。第二步(b2),直接向碗里兑开水,边对边搅拌;结果藕粉糊半生不熟,这从糊里的白色斑点可以看出来(白斑就是未熟的藕粉)。

(3)"完全不熟型"藕粉糊的冲泡流程(如图2-3)。第一步(c1),在碗里放进两勺干藕粉。第二步(c2),向碗里加少量温水,将藕粉润湿搅匀,使其亲水形成粉水混合物。第三步(c3),向碗里兑温开水,搅拌;结果是藕粉糊完全没熟。过段时间,液体分层,上面是水,下面是白色的藕粉沉淀(跟图c3所示一样)。

对比三种藕粉糊冲泡流程会发现:全熟型藕粉糊冲泡是在干藕粉里先兑点温水,搅匀后再用开水冲兑,如果水温不够,则藕粉糊就熟不了;如果直接向干藕粉里兑开水,一样的搅拌,藕粉糊会结出"粉果",藕粉糊半生半熟。

（a1）　　　　　　　　（a2）　　　　　　　　（a3）

图2-1　全熟型藕粉糊冲泡流程

（b1）　　　　　　　　（b2）

图2-2　半生不熟型藕粉糊冲泡流程

（c1）　　　　　　　　（c2）　　　　　　　　（c3）

图2-3　完全不熟型藕粉糊冲泡流程

（二）两个生活案例中的科学道理

1. ［生活案例一］的科学道理

为什么清水洗不掉油污,而洗衣液或洗洁精可以呢? 因为,油污难溶于水,但极易溶于洗衣液或洗洁精中,换言之,油污在水中的溶解度很小,但在洗衣液或洗洁精中的溶解度很大。其实,生活中的油污去除,用到的是化学中的"相似相溶原理"。

"相似相溶原理"是指"结构相似者易互溶,结构越相似溶解得越好;结构不相似者不易互溶"。根据"相似相溶原理",可以推断某些物质在一些溶剂中的溶解度大小,如已知 Br_2(溴)、I_2(碘)的分子结构与水不同,但与苯、四氯化碳等有机溶剂分子结构相似,由此可推知溴和碘都不易溶于水,但易溶于苯、四氯化碳等有机溶剂;在实际工作中,常用苯、四氯化碳等有机溶剂将溴、碘从其水溶液中萃取出来。酒精(CH_3CH_2OH)因含有一个 $-OH$(羟基),容易和水分子形成氢键,增强分子间作用力,所以酒精易溶于水。洗衣液或洗洁精去除油污,利用的也是"相似相溶原理",因为生活中的油污分子,既有疏水基团,也有亲水基团,在水中表现为疏水基团分子力大于亲水基团分子力,所以不易溶于水,而当我们使用洗涤剂时,洗衣液或洗洁精中的化学成分(有机溶剂)是亲油的,又易溶于水,所以油污可以被洗掉。当然,"相似相溶"时溶质和溶剂间没有发生化学反应,溶解只是物理过程(华彤文,2013)。

2.［生活案例二］的科学道理

藕粉糊冲泡有三种结果:全熟、半生不熟、完全不熟。全熟型藕粉糊,说明干藕粉已经完全融入水中,水乳交融;半生不熟型藕粉糊,说明干藕粉没有完全融入水中,半融半入;完全不熟型藕粉糊,说明干藕粉与水仍然是"水粉不融",藕粉完全没有融入水中。因此,全熟型、半生不熟型、完全不熟型藕粉糊也可以称为全融型、半融型、不融型藕粉糊。为什么同样的藕粉,最后冲出的效果不同呢? 这要从淀粉的糊化说起。

藕粉的成分是淀粉,其分子结构与水分子结构差异很大,在常温下不溶于水,相似相溶原理对其不适合。若要使淀粉融入水中,只能在加热条件下使其糊化(Gelatinization),糊化的过程就是生淀粉发生"变态"和"变性"的过程。淀粉粒在受热条件下吸水膨胀而成为胶体状态的变化,叫作糊化。糊化过程的具体原理为:生淀粉分子靠分子间氢键结合而排列得很紧密,形成束状的胶束,彼此之间的间隙很小,即使水分子也难以渗透进去。具有胶束结构的生淀粉称为 β 淀粉。β 淀粉在水中经加热后,一部分胶束被溶解而形成空隙,于是水分子进入内部,与余下部分淀粉分子进行结合,胶束逐渐被溶解,空隙逐渐扩大,淀粉粒因吸水,体积膨胀数十倍,生淀粉的胶束即行消失,这种现象称为膨润现象。继续加热,胶束则全部崩溃,形成淀粉单分子,并为水包围,而成为胶体状态,这种现象称为糊化,处于这种状态的淀粉称为 α 淀粉。简言之,淀粉糊化就是淀粉在水和加热条件下,晶体分子被破坏,β 淀粉转变成了 α 淀粉,形成糊状溶胶。由于有新物质生成,所以淀粉糊化是化学反应(迟玉杰,2012)。

　　藕粉糊之所以能够全熟,是因为事先添加了少量温水并搅匀,使藕粉得以充分亲水,而经过温水浸润的藕粉,在开水的快速冲兑下,顺利发生"变态"和"变性",即淀粉糊化,藕粉全部融入水中,形成"水乳交融"的溶胶,所以"全熟型"藕粉糊也可称为"全融型"藕粉糊。这里的"变态"是指藕粉由粉状固体转变成了糊状溶胶,"变性"是指藕粉由 β 淀粉转变成了 α 淀粉,分子结构发生改变。与全熟型藕粉糊冲泡过程对比后发现,半生不熟型藕粉糊之所以半生不熟,是因为干藕粉在开水冲兑前,缺少温水的浸润和溶解过程;不熟型藕粉糊之所以不熟,是因为干藕粉虽然经过事先的温水浸润和溶化,但冲泡时水温过低,藕粉难以糊化,即淀粉晶体虽然发生了部分"变态",但没有发生"变性"(部分"变态"是指藕粉仅仅由粉状固体变成了粉水混合物,并未形成糊状溶胶)。

　　可见,藕粉要冲泡成熟,成为全融型藕粉糊,需要具备三个条件:第一,藕粉先要"溶"于水,然后才能"融"与水。即干藕粉进水亲水、搅匀并形成粉水混合物,是冲泡成熟(全部糊化)的前提条件。第二,冲泡时,水温要高。如果水温达不到要求,藕粉也难糊化。第三,全程搅拌。全程搅拌的目的是创造"均等机会",保证全体藕粉"充分浸润"和"受热均匀"。

(三)联系:两个生活案例与两类"新市民"的城市化进程

　　上面谈到的两个生活案例及其包含的科学道理,对农民"新市民"及文凭"新市民"的城市化进程具有很好地启示及解释价值,现将其归纳于表 2 - 2 中。

表 2 - 2　生活实验与新市民的城市化进程

	农民新市民	文凭新市民
城市融入现状	半融入或不融入	完全或深度融入
与实验的联系	类似于"藕粉糊冲泡实验"中的"半生不熟型藕粉糊"或"不熟型藕粉糊",是半融入或不融入状态	类似于"油污去除实验"中油污溶于洗涤剂,是完全融入状态
城市化进程	"变态"与"变性"过程部分完成或没有完成	"变态"与"变性"过程已全部(或基本)完成
身份变态	艰难面对,需要很长时间去完成身份"变态"	考试、读书、拿文凭、留城工作,短时间即可完成身份"变态"
素质变性	异质难融,需要长时间与好政策去实现素质"变性"	相似相融,短时间内就能完成素质"变性"

续表

	农民新市民			文凭新市民
与老市民的异同	异质性大,在政策待遇、内在素质、工作性质、语言习惯、思想观念、行为范式等方面与老市民均存在较大差异			同质性强,多方面与老市民相同或相似
实验完全融入的条件	先要亲水浸润	然后加热	全程搅拌	结构相似即可
政策意涵(城市完全融入条件)	先"溶"后"融"	政策的温度与力度	始终创造和保障公平均等的发展机会	根据市场需求,有针对性地办好各类大中专院校,不断提升办学质量,增加文凭的含金量和市场价值
实验融入的变化	化学变化			物理变化
政策意涵(城市融入政策)	需要用"强有力的政策"去推动农民新市民的城市化进程;促使进城农民在多方面发生本质性变化,以完全实现其身份的"变态"和本我的素质"变性",而成为真正的新市民。			顺其自然,无需太多的政策外力去刻意改变他们

从表2-2可以看出:

(1)当前,农民新市民在城市的融入状况类似于"藕粉糊冲泡实验"中的"半生不熟型藕粉糊"或"不熟型藕粉糊",仍处于半融入或不融入状态;而文凭新市民在城市的融入状况类似于"油污去除实验"中油污之溶于洗涤剂,是完全或深度的融入。

(2)农民新市民尚未融入城市,原因在于还没有完成城市化必经的身份"变态"与素质"变性"过程(注:"变态"是指身份位态的改变,它多侧重于外在户籍、居住地等标识的改变。"变性"是指"本我"在生活方式、工作性质、个人素养、价值观念、行为范式等方面的彻底改造和转变,它多侧重于内在境界的提升),好比"半生不熟型藕粉糊"或"不熟型藕粉糊","变态"和"变性"都不彻底;而文凭新市民不存在这个问题,他们已经很好地完成了"变态"与"变性",正如油融于有机溶剂一样。

(3)农民新市民在身份"变态"上异常艰难,需要相当长的时间完成从"农民"到"市民"的城市化过程,获得真正的"市民"身份,并与老市民享有平等的福利待遇;而文凭新市民通过中考、高考或研考、城里读书、拿文凭、留城工作等人生节点,较短时间内就能完成市民化的全部"变态"过程。

(4)农民新市民与城市原居民(老市民)间存在较大的差异,这个差异主要表现在市民待遇享受、内在素质、工作性质、语言习惯、思想观念、行为范式等方面,异质性的存在决定了农民新市民还需等候好政策、用较长时间去实现本我的素质"变性";而文凭新市民与老市民基本上是同质的,他们在政策待遇享受、内在素质、工作性质、语言习惯、思想观念、行为方式等方面均相同或相似,相似相融原理决定了文凭新市民能够很快地融入城市,实现本我素质的完全(或基本)"变性"。人们常说的要让高素质的优秀人才迅速融入城市,适应工作,这也是相似相融原理的很好例证。

(5)"藕粉糊化实验"的政策意涵是:全熟型(全融型)藕粉糊的冲泡过程需要满足三个条件,即藕粉先要亲水浸润(搅匀并形成粉水混合物)、加热、全程搅拌。"先要亲水亲润"的政策意涵是——农民新市民只有先"溶"于城市,然后才会"融"入城市,即农民先要进城工作生活一段时间,以适应城市,才有可能融入城市,也表明进城农民的城市化不可一蹴而就。"加热"的政策意涵是——农民新市民若要彻底地完成城市化进程,实现自身的完全"变态"与"变性",需要国家及地方出台一系列充满人性"温度"与执行"力度"的城镇化政策,用政策"热度"加速进城农民的城市化进程;未来若没有好的政策与制度,农民新市民的完全市民化很难想象。"全程搅拌"的政策意涵是——政府自始至终要为进城农民创造和保障公平公正均等的发展机会,使进城农民真正享受无差别的市民国民待遇,而不是一国两策(新市民一套政策,老市民一套政策)。藕粉糊化过程发生的是化学变化,因为 β 淀粉转变成了 α 淀粉,分子结构发生了改变;这个"化学变化"的政策意涵是——政府需要用"强有力的政策"去推动农民新市民的城市化进程,促使进城农民在多方面发生本质性变化,以完全实现其身份的"变态"和本我的素质"变性",而成为真正的"新市民"。

(6)"油污去除实验"的政策意涵是:油污去除需要溶质和溶剂具备"结构相似"的条件,它对文凭新市民城市融入方面的启示是——若要使文凭新市民在城市融入方面更上一层楼,就要在高等教育大众化的今天,根据市场和国家需求,有针对性地办好各类大中专院校,不断提升办学质量,增加文凭的含金量和文凭的市场价值,从而使文凭新市民在读书期间多一点素质"变性",为留城工作后更好更快地融入城市、更好地发挥社会价值奠定坚实基础。油污去除仅仅发生了物理变化,因为油污溶解于洗涤剂的过程并没有新物质生成;"物理变化"的政策意涵是——无需政策外力刻意推动文凭新市民的城市化进程,因为他们已经完全或深度融入了城市,顺其自然的政策可能是最好的。

四、本章小结

本章分析和比较了农民新市民及文凭新市民的内涵及其城市化进程,得出的结论是"农民新市民"还不是真正的"新市民",而"文凭新市民"才是真正的"新市民",原因在于"农民新市民"还没有完全融入城市,还没有完成城市化必经的身份"变态"和素质"变性"过程,而"文凭新市民"恰恰相反。

本章研究的逻辑进路是:

(1)首先分析了"农民新市民"还不是真正"新市民"的原因。农民新市民虽然数量庞大,但进城农民尚未完全融入城市,还没有彻底地完成市民化必经的身份"变态"和素质"变性"过程。

(2)既然"农民新市民"还不是真正的新市民,那么真正的"新市民"在哪里?接下来,文章开始思索和寻找真正的新市民。在对学界已有"新市民"内涵梳理的基础上,笔者重新界定"新市民"为那些"进城落户工作且具有大中专文凭的农家子弟(县城为最低级别城市,文凭为普通大中专院校颁发的文凭)",新界定的"新市民"也可称为"文凭新市民"。"文凭新市民"才是真正的新市民,因为数量可观的文凭新市民进城获得了国家"授权",他们完成了市民化的全部过程,完全或深度融入了城市,享有市民国民待遇。

(3)最后,文章借助两个生活案例"藕粉糊冲泡实验"及"油污去除实验"及其中包含的科学道理,来解释农民新市民为何还不是真正的新市民,而文凭新市民才是真正的新市民。文章从"藕粉糊冲泡实验"中得出"全熟型藕粉糊"冲泡(藕粉糊化)必备的三个条件:藕粉先要亲水浸润、然后加热、全程搅拌,这三个条件对"农民新市民"城市融入的政策含义分别是:先"溶"后才"融"、需要有"温度"的政策、给予持续公平的发展机会。但针对农民新市民的城市化进程而言,目前还缺乏足够温情和温度的政策,政策热度亟待加强,他们还没有真正享受到无差别的市民国民待遇,还遭遇着发展机会不均等的境况等。当前"农民新市民"的城市化进程好比是"半生不熟型藕粉糊"或"不熟型藕粉糊",还没有彻底完成身份"变态"和素质"变性"的过程。"油污去除实验"告诉我们,溶质和溶剂间只有"结构相似才相溶"。"相似相溶"原理可以很好地解释"文凭新市民"的完美(或深度)城市化进程,因为作为知识分子的、留城工作的"文凭新市民",他们与城市原居民(老市民)在多方面是同质性的,"相似相融"与"国家授权"决定了"文凭新市民"

才是真正的"新市民"。

需要说明的是,从第三章开始,后续章节中的"文凭新市民"就简称为"新市民",换言之,后续章节中的"新市民"均指"文凭新市民",即指那些"进城落户工作且具有大中专文凭的农家子弟(县城为最低级别城市,文凭为普通大中专院校颁发的文凭)"。

第三章

现实追问：新市民具有怎样的社会特性？

从上一章的概念重构可知，"新市民"（即第二章的"文凭新市民"）是指那些"进城落户工作且具有大中专文凭的农家子弟（县城为最低级别城市，文凭为普通大中专院校颁发的文凭）"。相对父辈而言，"新市民"是通过教育通道从农村走出且进城的第一代人，是典型的"城一代"，故名"新"市民，他们已顺利完成市民化必经的身份"变态"和素质"变性"过程，完全或深度融入了城市，在社会身份上与其他市民并无二致，在个人内在素养上与其他市民没有差别，在工作性质及市民待遇等方面与其他市民也基本相似甚至完全相同，不存在制度因素和非制度因素带来的种种歧视，所以说，他们已是真正的新"市民"，只是其"第一故乡在农村，第二故乡在城市"而具有很多独特的社会特征，而这些独特的社会特征正是本书能够深入研究的逻辑起点。那么，拥有"农二代"和"城一代"双重社会身份的新市民具有哪些独特的社会特性呢？分析如下。

一、新市民的八个社会特性

（一）作为"农二代"的新市民情感上具有农村记忆性

新市民作为农家子弟，从出生下地到进城之前的近 20 年时间里（甚至更长时间），基本是在农村生活、接受教育并逐渐成长的。他们学习成绩相对优秀，部分人通过中考考上中等专业学校后"农转非"进城读书并留城工作，部分人通过高考考上高等院校后"农转非"进城读书并留城工作，当然，其中也不乏部分农家子弟从大中专院校毕业后先到农村就业，然后又通过各种选拔或参加研究生考试拿到硕士、博士学位后进城工作的。虽然进城了，但作为"农二代"的新市民，情感上浓烈的农村记忆性是非常明显的，这里的记忆既指记忆本身，也指对乡村的回忆与惦记。新市民这种与生俱来的农村"胎记"无法抹去，甚至这种农村的记忆、回忆或惦记会随着时间的流逝与日俱增。

1. 怀乡念旧是人之常情,古今中外概莫能外

我国古代不少著名诗人曾写下诸如"举头望明月,低头思故乡(李白)""露从今夜白,月是故乡明(杜甫)""夕阳西下,断肠人在天涯(马致远)""惟有门前镜湖水,春风不改旧时波(贺知章)""近乡情更怯,不敢问来人(宋之问)"等思念家乡的千古名句,脍炙人口,代代传诵。现代思乡诗歌如著名的余光中的《乡愁》:"小时候,乡愁是一枚小小的邮票,我在这头,母亲在那头。长大后,乡愁是一张窄窄的船票,我在这头,新娘在那头。后来啊,乡愁是一方矮矮的坟墓,我在外头,母亲在里头。而现在,乡愁是一湾浅浅的海峡,我在这头,大陆在那头"。《乡愁》字字敲人心坎,句句令人感伤。还有不少思乡情是通过歌曲咏唱来表达的,如费翔演唱的《故乡的云》、程琳演唱的《故乡情》、雷佳在 2014 年 APEC 文艺晚会上演唱的《板兰花儿开》、李思琳演唱的《马兰谣》、朱晓琳演唱的《妈妈的吻》、美国著名乡村歌手约翰·丹佛(John Denver)演唱的《Country road take me home(故乡的路带我回家)》、德国舞动精灵王族乐队(Groove Coverage)演唱的《Far away from home(无家可归)》等经典名曲,如心灵鸡汤般慰藉游子。无论是诗句还是歌谣或其它,都表达了人类共同的思乡情感:故乡是游子心灵深处割舍不断的想念,走得越远,思念愈加真切,离开愈久,思念更加浓烈。古代"新市民"贺知章就曾写下"少小离家老大回,乡音未改鬓毛衰。儿童相见不相识,笑问客从何处来"这首著名的《回乡偶书》,其中的离愁别恨和对岁月沧桑的感叹正是对上述思乡情愫最好的诠释。

2. 新市民情感上的农村记忆性本质上是一种社会记忆

"社会记忆"一词脱胎于涂尔干学派成员莫里斯·哈布瓦赫提出的"集体记忆",1989 年美国学者保罗·康纳顿《社会如何记忆》一书的出版,掀起了社会记忆问题研究的热潮。保罗·康纳顿在《社会如何记忆》这本书中用"社会记忆"一词代替"集体记忆",并指出,在人类社会中,"记忆"不仅属于人的个体官能,而且还存在叫做"社会记忆"的现象;他认为社会记忆具有传递性和连续性,强调记忆过程中人的主体性与能动性的发挥,强调个人记忆的社会制约性(高萍,2011)。其实在保罗·康纳顿之前,社会记忆理论的萌芽就开始显现,如涂尔干认为各种宗教仪式是联结集体情感的社会记忆行动,滕尼斯认为记忆发挥着感激和忠诚的作用,因而是联结共同体的纽带。我国学者郭景萍(2006)的研究认为,社会记忆既是一种认识活动,更是一种情感体验过程,且情感生活是社会记忆的核心特征;社会记忆的过程是人的情感不断选择的过程,情感社会学关注社会记忆的情感价

值,认为社会记忆是一种社会再生产的情感力量,使得社会再生产不是简单的复制,而是通过波澜起伏的变化方式获得社会的连续性。

显然,作为"农二代"的新市民对农村的记忆是属于社会记忆的范畴。虽然新市民进城后并未完全失去与农村的联系,但生活的主要天地不再是农村,而是在充满现代文明气息的城市里。也许新市民在感受现代城市文明的时候,农耕文明会在某个时刻爬上心头并与城市文明发生着碰撞甚或是交锋,"距离美""渐渐的失去"以及"思乡的情怀"某些时候也许会帮其暂时的打倒城市文明,而使得内心的小天平倾向故乡和农村,感觉到只是属于故乡农村的美好。记忆、回忆和惦记的过程就像酿酒一样,时间越久就越香醇。从情感上看,"农二代"新市民是一肩挑"两头",一头挑起的是曾经养育自己的农村和故乡的亲人,一头挑起的是给予自己现代生活的城市和城市里的小家庭。从人生历程来看,"农二代"新市民又是"脚踩两只船"的,前脚踏着城市,后脚蹬着农村,这就是实实在在的生活与人生经历的写照。正如情感社会学所揭示的那样,新市民对故乡农村的这种社会记忆是城乡社会关系再生产的重要力量源泉。

(二)作为"农二代"的新市民心理上具有农村接纳性

俗话说得好,"人是故乡好,月是故乡明""美不美家乡水,亲不亲故乡人""金窝银窝不如家乡的鸡窝",新市民热爱故乡和故乡母亲是毫无疑问的,他们对农业、农村、农民的心理接纳比谁都具有先天优势。

1. "农村胎记"是新市民热爱和接纳农村的心理本源

"农二代"新市民在农村生活多年,进城后对农村的情感思念与社会记忆是客观存在的。母腹中时,是脐带将新市民与母亲的生命紧紧连接起来;成长之时,是母亲甘甜的乳汁和谆谆叮咛滋养着新市民渐渐长大,是故乡农村的山山水水陪伴着新市民逐渐成人;长大后,新市民进城工作,但无论天涯海角,"情感的脐带"会将新市民与家中的老母以及故乡母亲紧密地连系起来,母亲健在如此,母亲故去更然。新市民这种"农村胎记"是与生俱来的,它会伴随着新市民的整个人生。而正是这种"农村胎记",决定了新市民对农村的心理接纳和热爱是其他群体所难以比拟的。俗话说得好,"儿不嫌母丑,狗不嫌家贫",这里的"母"既指生身之母,也指故乡之母,这里的"家"既指父母给自己带来温暖的人生小家,也指故乡农村给自己带来温情记忆的农村大家;"母亲"再丑、"家庭"再穷,在新市民心里,这个"爱"字丝毫不会褪色。显然,"农村胎记"是新市民热爱农村、接纳农村的本源。

2. "制度弥合"是新市民心理上全面接纳农村的制度基础

制度弥合是指近年来我国实行的一系列有关推动新农村建设、加快城乡统筹及城乡一体化取向的政策制度,已经并正在逐渐软化并最终消解长期的城乡二元结构给人们带来的心理藩篱,有助于消除城市和乡村、市民和农民间的心理隔膜与对立,有助于弥合城乡分治给市民和农民带来的社会心理裂痕,从而为新型城乡关系的形成奠定良好的制度与心理基础。

长期以来,我国是典型的城乡二元结构,城门紧闭,城乡分治,一国两策,市民是制度宠儿,农民是制度孤儿,两者享受的社会福利天壤之别,如王思斌(2004)认为我国的社会保障制度呈断裂状态,表现之一就是社会保障制度对农村居民的排斥,这种制度需要重构与弥合。在城乡二元结构制度环境下,户口成为社会阶层分下的重要制度符号。新市民通过考学艰难地"跳出农门",实现了社会身份的"漂白",成为一个城里人。但在城乡二元对立社会里,城乡文化与心理冲突是不可避免的。如姜永志等(2009)的研究表明,城乡文化冲突既是文化的、社会的、更是心理的,这种冲突对城乡民众心理与行为产生深远的影响,集中反映在人格、认知、情感以及价值体系和行为方式中。所以,在制度歧视下,新市民对农村、农民和农业可以说是"想说爱你不容易",即使是爱也是"爱在心头口难开",甚至对农村和农民是"偷偷地爱、悄悄地恨",这是城乡二元制度带来的心理裂痕。那时的城乡分界线就是社会与心理的"高压线",触碰不得,谁碰谁受伤,在这种制度和社会环境下,新市民要从方方面面真正接纳"三农"真的很难,因为生活在城市的新市民不可能不受整体市民文化的影响,新市民的从众心理(或羊群效应)还是客观存在的,虽然这只是"违心"的从众。

近年来,国家出台了一系列弥合城乡关系的新政策和新制度,为软化和消解城乡二元结构、为开创和构建城乡一体的新型城乡关系奠定了良好的制度与心理基础。如2002年党的十六大报告首提"统筹城乡"概念,指出"统筹城乡经济社会发展,建设现代农业,发展农村经济,增加农民收入,是全面建设小康社会的重大任务";2003年1月中央农村工作会议首次强调指出"要把解决好农业、农村和农民问题作为全党工作的重中之重";2003年10月召开的十六届三中全会进一步提出"五个统筹"思想,即统筹城乡发展、统筹区域发展、统筹经济社会发展、统筹人与自然和谐发展、统筹国内发展和对外开放,其中,"统筹城乡发展"作为主要矛盾而排在首位;2005年十六届五中全会首提"建设社会主义新农村"这个重大战略任务;2007年党的十七大首次提出"建立以工促农、以城带乡长效机制,形成城乡经济社会发展一体化新格局"目标;2012年党的十八大进一步强调要"推动城乡发展一体化"。可见,十年间,党中央出台了一系列有关调整和改善城乡二元结构关系的新思想、新政策和新举措,为我国经济社会科学发展指明了新方向,是新时期软化和消解城乡二元结构、推进城乡一体化建设、构建城乡和谐关系的强大思想武器。这些新政策新制度的颁布实施,既是对原有城乡二元结构关系的一种制度弥合,也是对存于人们观念中的城乡二元对立关系的心理弥合。由制度弥合带来的心理弥合,使得整体市民社会对"三农"的歧视和偏见得以渐渐消解。因此可以说,"制度弥合"为新市民全面接纳农村提供了强大的心理和舆论支持,这是非常重要的一点。

(三)作为"农二代"的新市民生活上具有农村习惯性

新市民在农村生活多年后进入城市,成为市民,身份上发生了"变态"(即在户籍、居住地等外在标识上发生了改变),本我素质上发生了"变性"(即在生活方式、工作性质、个人素养、价值观念、行为范式等内在素质方面的彻底改造和提升),但新市民在生活习惯上仍然会带有农村的某些特征或印记。

1. "农村基因"在新市民生活习惯上打下了先入为主的烙印

刘坤亮(1993)认为社会由"基因"形成,"基因"在根本上决定社会的演进,社会形成的逻辑起点是人口生产关系而非物质生产关系,所以认识社会的逻辑起点也应是人口生产关系而非物质生产关系。从人口生产角度来看,新市民个体是在农村被"生产加工"出来的,也是在农村环境中熏陶长大的,因此,新市民进城后身上仍然带有"农村基因",这是毫无疑问的。中国社会科学院哲学研究所刘长林(1988)认为,"系统发育受基因控制"是一条普遍规律,世界上不仅生物系统受基因控制,就是广及宇宙,次及人类社会和文化系统,也无不受一定层次的、一定种类的"基因"控制。根据刘坤亮和刘长林先生的观点,新市民是在农村社会系统中成长起来的,即使进城了,"农村基因"必然还会继续得以表达,即先前在农村生活中养成的先入为主的生活习惯还要在城市生活中或多或少地表现出来,换言之,"农村基因"已在新市民城市生活习惯上打入了先入为主的烙印。需要说明的是,生活习惯与生活方式是有区别的,前者侧重生活细节和个人偏好,后者侧重生活模式和生存状态。

2. 新市民生活上具有农村习惯性的具体表现

新市民在农村长大,生活习惯上会受到家庭环境及农村社会文化方方面面的熏陶和影响,在生活习性上烙上了比较明显的农村印记,正所谓"近朱者赤,近墨者黑"。即使进城做了新市民,其身上的"农村基因"仍然留存,某些在乡下养成的生活习惯依然难改。比如北方农村长大但在南方工作的新市民,由于吃不惯米饭,生活中仍然会以面食为主,如此情形生活中大有人在。一位大学教授曾透露,早年本科毕业他原本可去北京工作,但南方农村长大的他担心在北京吃不到香喷喷的大米饭,故而放弃了北京就业机会,后来他发现情况并非如此而自嘲。生活中,不少新市民吃不惯城市的洋鸡蛋和色拉油,而偏好乡下的土鸡蛋和菜籽油等农产品,这也是新市民生活上具有农村习惯性的一个例证。

新市民生活上的农村习惯性往往还表现为过农历生日,而不是过阳历生日。令人印象深刻的是 2005 年航天员聂海胜驾乘"神六"飞船在太空度过的 41 岁生日,当他的女儿聂天翔为爸爸唱起"祝你生日快乐"时,地面工作人员都感到意外,因为聂海胜的生日是农历九月初八,阳历 10 月 13 日,正好赶上"神六"飞天的时间;由于日期理解上的偏差,以致飞天程序上没有做出生日祝贺这一人性化的安排。聂海胜这个特殊的生日,借其家乡政府的一位工作人员的话来说就是:"在中华大地,自盘古开天以来,在太空过生日,聂海胜是第一人!"管中窥豹,聂海胜的太空生日说明新市民在生日庆贺日期选择上也带有明显的"农村基因"和"农村烙印"。少成若天性,习惯成自然,新市民生活上具有某些农村习惯性是确实存在的,这是年少时农村养成的生活习惯在城市的延伸和继续。

(四)作为"农二代"的新市民交流上具有农村往来性

新市民进城好比是农村"闺女出阁","娘家人"与"婆家人"来来往往、走走亲戚是最正常不过的事情,再说,哪有"出嫁的姑娘"不惦记"家中爹娘和娘家人"的道理? 这样类比就明白,作为"农二代"的新市民在日常生活交流上也必然具有农村往来性。

1. 新市民人际交流上具有农村往来性的具体表现

新市民人际交流上具有农村往来性,且这种往来性具有城乡双向互动的特征。新市民农村往来性主要表现在四个方面,一是新市民返乡探亲,二是新市民乡下的亲朋好友进城探亲,三是新市民及家人假日到农村休闲旅游,四是新市民下乡考察调研或短期工作等。当然,农村往来性也包含运用现代信息工具(如手机、电话、QQ、电子邮件等)进行的交流和沟通。

就第一方面来说,由于父母双亲大多生活在老家农村,新市民逢时过节特别是春节回乡探望父母基本成为新市民们的"必修课"。但能否经常回家看看要取决于新市民工作的性质,也许有些人几年也回不了一次家,但这毕竟是少数。即使父母双亲作古了,新市民回乡祭奠列宗老祖也是常有的事。当然,新市民的回乡探亲之旅,同时也是与兄弟姐妹、亲戚朋友、乡里乡亲以及昔日老师同学的聚会和情感交流之旅,这方面的交流互动成为新市民返乡探亲活动的重要内容。

就第二方面来说,中国是礼仪之邦,崇尚礼尚往来,乡下的亲朋好友偶尔进城到新市民家中做做客也在情理之中,所谓"来而不往非礼也"。当然,其中也不乏客人是来请求新市民帮忙解决问题的,因为在农村乡亲们看来,新市民是家乡飞出去的"大能人",见过世面,有门路、吃得开,似乎神通广大、无所不能,所以遇到困难向新市民求助就自然而然。

就第三方面来说,随着"农家乐"等农村旅游业态的兴起,双休日或节假日去农村休闲旅游就成为新市民家庭一种新的生活时尚,新市民和家人从中可以体验农家生活、享受农耕文明、欣赏乡村文化、感受自然风情,同时也有助于农民增收和农村繁荣进步。

就第四方面来说,有些新市民从事涉农工作或工作上与"三农"有交集,有时需要下乡开展调研、指导或考察等工作,或下乡从事某方面的农村帮扶结对工作。也有些新市民走进农村是为了进行中短期的挂职锻炼,如原安徽省凤阳县小岗村党支部第一书记沈浩同志就是一个典型的案例,他在小岗村呆了近6年时间,直至生命的最后一息;应村民一再请求,其墓建在小岗村,英灵与小岗永远同在。他是2009年感动中国人物,事迹被拍成影视剧《永远的忠诚》和《第一书记》等(沈浩同志老家在安徽萧县圣泉乡孙秦庄村,1986年从铜陵财专<现铜陵学院>毕业后进入安徽省财政厅工作,他是一个典型的新市民)。

2. 农村往来的主动权掌握在新市民手中

新市民在上述四种人际交流中掌握着农村往来性的主动权,其自身意愿和态度决定了农村往来性的频度、热度和深度。

孝顺父母是中华民族几千年流传下来的优秀传统文化,所以,新市民在节假日携带配偶和孩子回乡看望父母或祭拜祖先,是人之常情,也是自身情感的一种需要。但这种回乡探亲的主动权一般掌握在新市民手中,如什么时候方便回去、回去带多少东西、带多少人、在老家待多久、回家要与哪些亲朋好友进行互动等,基本是由新市民的意愿所决定,这个决定既受主观情感因素影响,也受其城市家庭成员工作时间和生活习惯等方面因素的制约。

乡下亲朋好友进城看望新市民,用霍斯曼的社会交换理论来解释,是一种人情交换行为(佟丽君,1997)。如袁静(2014)的研究表明,在人情往来中,人们往往会考虑对方是否具备他们所需的资源或条件，并根据对方的社会地位以及社会权利来判断实现自身欲望的可得性，如果对方"给面子"，他们就获得了获取资源的机会，倘若对方不作回应，那么人情往来就会中断而不了了之。新市民进城工作是"人往高处走"的一种社会表现，所以，在老家亲朋好友看来，与新市民交往是一种"高攀"行为，如果这种交往不是发生在嫡亲的血缘关系中，则这种交流往往还具有心理和社会位序上的"非对称性"，即这种交往不是"门当户对"的，若新市民招待进城亲朋好友不够热情或未能对其所求之事做出积极回应，换言之，就是没"给面子"，则这种后续交往的可能会受挫甚至会中止。因此，从这个角度讲，新市民掌握了农村亲友与其来往交流的主动权。

双休日或节假日是否去农村休闲、旅游、度假、吃农家饭等，完全取决于新市民及其家庭成员的喜好，当然如果有私家车或交通便捷，去农村休闲的几率和可能性会大些。但即便交通条件再好，去与不去的问题始终还是由新市民及其家庭成员来决定；即便下乡了，去哪里、带几个人、吃什么、消费什么、待多久等问题也完全是由新市民来主导。至于工作上与农村的往来性，虽然有些事务是由工作性质或上级领导安排所决定，但新市民在其中也有其主导性的一面，比如在考察调研或对口支援农村目的地的选择上、在情感投入和工作开展方式等方面，以及对农村挂职锻炼机会的把握、挂职锻炼地点的选择、挂职时工作态度的取向、挂职时间长短等方面，新市民仍发挥着较大的主动性和主导性，而这种主导性直接决定了新市民涉农工作的质量和水平。

（五）作为"城一代"的新市民城市安家落户上具有高成本性

新市民进城工作，改写了其祖祖辈辈在农村务农的历史，是光宗耀祖的大事，进城工作就意味着新市民将成为其所在城市的"一世祖"或"始祖"，也即本门香火将从新市民开始在城市代代传承。但新市民作为进城的"一世祖"或"始祖"，其城市"基业"的开拓并非一马平川，最明显的一点就是新市民在城市安家落户具有高成本性，且市场经济时代新市民的安家落户成本要显著高于计划经济时代新市民的安家落户成本。安家落户上的高成本可能对新市民反哺农村行为造成经济上的制约。

1. 计划经济时代新市民安家落户需要较高成本

传统计划体制主导我国经济社会运行的时间区间是 1949～1992 年，其中，1979－1992 年是计划经济向市场经济的转变时期，在这段时间里，政府逐渐放松了对市场的控制(武力,2003),但从住房制度方面来说,直到1998年6月国务院才停止党政机关实行的近50年的实物分配福利房的做法,全面推行住房分配货币化,即从1998年开始,住房分配才完全商品化。20世纪50年代末至1998年之前,我国实施"统一管理、统一分配、以租养房"的公有住房实物分配制度,城镇居民的住房主要由所在单位解决,各级政府和单位统一按照国家的基本建设投资计划进行住房建设,住房建设资金的来源90%主要靠政府拨款,少量靠单位自筹。住房建好后,按级别、工龄、年龄、家庭人口结构、有无住房等一系列条件分给员工居住,只收取极低廉的租金,住房成为一种市民福利(陈龙乾等,2002)。

计划经济年代,新市民在住房方面可以享受国家福利分房,这为其在城市安家落户节省了一笔相当可观的开支。即使有了福利房,但初进城的新市民城市人生的"出场费"并不低,因为他们在城市成家立业、生儿育女、置办家庭必需的生活设施等方面都需要花钱,而白手起家的他们,往往会陷入经济窘境,一方面是因为新市民上班时间不长,工资级别低,个人积蓄少,另一方面是因为经济上还难以得到农村父母的大力"支援"。新市民之所以在农村无"巩固的大后方",是因为在城乡二元结构下,土里刨食的农村父母除了微薄的农业收入外基本再无其它收入来源,扣除农业税、农业生产成本及其它家庭开支,父母是"挤"钱甚至是借钱来供新市民及其兄弟姐妹上学读书。父母把孩子们养育成人已属不易,不可能再有多余的积蓄来支持子女进城安家落户。如涂瑞珍等(2009)的调查研究表明,目前上海城乡居民家庭基本上只能支付初中及以下层级的公立教育费用,但是高中及以上层级的教育支出对上海城乡居民(尤其是低收入阶层居民)家庭仍有较大的影响。发达地区尚尤如此,其它地区情何以堪。因此说,在计划经济年代,作为"城一代"的新市民在城市安家落户是需要付出一笔较大的经济支出的,换言之,新市民进城安家落户需要承担较高的经济成本,承受较大的经济压力。

2. 市场经济时代新市民安家落户需要更高成本

与计划经济时代新市民相比,市场经济时代的新市民进城安家落户需要承担更高的经济成本,承受更大的生活压力,因为市场经济时代的新市民在城市安家落户必须跨越就业难和买房难等多重门槛。

从1999年开始,我国高校拉开了扩招的序幕,曾经的精英教育也随之蜕变为大众化教育。随着高等教育的快速发展,高等学校毕业生人数逐年大幅增长,使得大学生就业形势日益严峻,其中,农村籍大学生所受冲击最大。如曹绍平(2013)研究认为,农村大学毕业生就业焦虑水平明显高于城市大学毕业生。杨会芹等(2013)研究认为,农村大学生在高校生源占绝对优势,可利用的社会资本相对匮乏,就业状况更加不容乐观。所以,在高等教育大众化阶段,农村籍大中专毕业生普遍遭遇就业难题,留城工作的难度更大。

即使部分农村籍大中专毕业生如愿留城工作,成为新市民,但又要承受在城市安家落户的高成本,其中最大的一笔开支非住房莫属。近年来,城市"蚁族"成群就是对新市民买房难现状的一个很好背书。沈然(2014)在武汉的调查表明,"蚁族"大都来自农村,收入低(月收入普遍低于3 000元),生活压力大。新市民"蚁族"若要买房,又将沦为"房奴"。如吴银涛等(2012)的调研结果表明,城市青年房奴在自身经济能力不济的情况下,主要是通过向父母要钱的方式来支付首付,首付以外的资金一般来自银行贷款,一些青年房奴的新房装修费用也要父母来赞助,而新婚夫妇双方父母的经济支持主要是多年的积蓄或养老金。可见,作为青年房奴群体之一,安家落户上面临巨大的经济压力,甚至还要"啃老"。高房价与城市生活的高成本,显著降低了新市民对城市工作、收入和生活的满意度(吴银涛等,2012;张连城等,2012)。

可见,市场经济年代新市民在城市安家落户要比计划经济年代的新市民需要付出更多的努力和经济支出,换言之,市场经济年代的新市民进城安家落户需要承担更高的经济成本和心理压力。

(六)作为"城一代"的新市民社会资源占有上具有比较优势性

城市是一个国家或区域经济、社会和文化发展的中心,是经济、文化等各种资源的集结点,城市以其独有的集聚效应、规模效应和相对较低的交易成本,吸引着大量的资源向城市集中,现代城市已经成为各种资源要素相互作用的综合体(夏芳晨,2011)。与农民相比,作为"城一代"的新市民不同程度地控制和支配着多种社会资源,当然,不同社会能级上的新市民对社会资源的支配状况有所差别。

1. 与农民相比,新市民控制和支配着多种社会资源

与自然资源丰裕度较高的农村相比,城市是社会资源聚集的高地。所谓社会资源是指自然资源以外的其它所有资源的总称,它是人类劳动的产物,包括人力资源、智力资源、信息资源、技术资源、管理资源、环境和社会关系资源等(夏芳晨,2010;李勇,2014)。与农民相比,新市民群体在社会资源的控制和支配上占有比较优势。新市民分布在城市不同部门,控制和支配着诸如政治资源、经济资源、知识资源、人力资源、技术资源、管理资源等多种不同社会资源,如在政府工作部门的新市民可以控制和支配某些政治资源、经济资源和人力资源,在政府某些直属

事业单位如旅游局、房地产管理局、住房公积金管理中心等部门工作的新市民控制和支配着某些经济资源和管理资源,在政府垂直管理机构如工商行政管理局、税务局、供电局等单位工作的新市民同样也能控制和支配某些经济资源和管理资源,在一些具体事业单位如学校、科技文化、医疗卫生等部门工作的新市民控制和支配着某些知识资源和技术资源等。

　　社会资源如其他资源一样也具有稀缺性,因为按照戴维·波普诺的观点,社会资源是指"所有有价值的稀缺物"(刘祖云等,2006)。所谓资源稀缺性是指相对于人类无限增长的需求而言,在一定时间与空间范围内资源总是有限的,相对不足的资源与人类绝对增长的需求相比造成了资源的稀缺性(陈祥明,1998;李国和,2010)。国家公务员考试热年年"高烧不退"就是追逐社会资源的一个有力例证,因为考上公务员不仅意味着端上了"铁饭碗",还意味着有机会直接或间接掌握和控制各种稀缺的社会资源。与农民相比,位居政府、公检法、研究所、大中专院校、医院、银行、交通管理等部门或单位的新市民在各种稀缺社会资源的控制和支配上确实具有比较优势,这种比较优势是新市民回报、反哺农村的重要前提,也是他们推动城乡一体化进程的社会基础。

　　2. 新市民所处社会能级有高有低

　　"能级"一词是从物理学中借用过来的,原意是说原子由原子核和核外绕核运转的电子构成,电子由于具有不同的能量,就按照各自不同的轨道围绕原子核运转,即能量不同的电子处于不同的相应能级。这种能级现象在社会学中同样存在。社会能级是指不同社会层级上的人具有不同等级或不同大小的社会能量,这个社会能量主要表现为影响、调动、控制、支配和获取各种社会资源的能力(刘祖云等,2006;刘鹏发,2013)。新市民对社会资源控制和支配的能力因人而异,不同社会能级上的新市民其控制和支配社会资源的能力有所不同,能级越高,控制力和支配力越强,能级越低,控制力和支配力越弱。换言之,不同部门的新市民之间其社会能级高低有所不同,如政府市长与市农业局局长所处的社会能级就不同;相同部门的新市民之间其社会能级高低可能也会有所差别,如中学校长与中学普通教师所处社会能级也不一样。按照社会能级来看,新市民的社会能量有高有低是非常正常的。那么,社会能级如何识别呢? 南京大学社会学教授朱力(2005)告诉我们,社会分层的标准有简化的趋势,劳动分工与职业成为判别阶层身份的主要标准,因为我国现阶段社会成员的主要差别外显的标志是源自于社会分工基础上的行业差别或职业差别。因此,按照朱力教授的外显标准,就比较容易识别出新市民所处的社会阶层或社会能级。

（七）作为"城一代"的新市民工作范围上具有农村辐射性

新市民在城市不同部门工作，有些新市民从事的是"农口"工作或"涉农"的工作，有些新市民的工作表面上虽然看不出"涉农"性质，但在城乡一体化的政策背景下，其工作范围也可能外延并影响到"三农"发展及城乡一体化进程。

1. 有些新市民的本职工作直接具有农村辐射性

"辐射"也是一个物理学名词，指的是能量以电磁波或粒子的形式向外扩散；辐射的能量从辐射源向外面所有方向直线放射，物体通过辐射所放出的能量，称为辐射能。新市民处在较高的社会能级上，其社会能量也会向外辐射，但与自然粒子向所有方向直线辐射能量不同的是，新市民社会能量的辐射具有可控性和定向性，即辐射是向目标方向辐射，这样可以减少不必要的能量浪费，使"辐射能"发挥出应有的社会价值。

不少政府部门和事业单位，其工作范围是"涉农"或直接为"三农"服务的，若以江西省省级政府机构和事业单位为例，则江西省农业厅、江西省林业厅、江西省水利厅、江西省粮食局、江西省农业机械化管理局、江西省林业科学院、江西省红壤研究所、江西省防汛信息中心、江西省农业委员会、江西农业大学、江西省农村发展银行等均是"农口"单位，江西省国土资源厅、江西省交通厅、江西省人口和计划生育委员会、江西省卫生厅、江西省民政厅、江西省环境保护局、江西省民族宗教事务局、江西省住房和城乡建设厅等均是"涉农"单位。显然，在"农口"系统和"涉农"系统就职的新市民在工作范围上就具有农村辐射性，他们可以利用工作职权及其支配的社会资源在法规范围内更好地为新农村建设服务，为城乡一体化服务。

2. 有些新市民在工作性质的外延上具有农村辐射性

2007 年，党的十七大首次提出要"建立以工促农、以城带乡长效机制，形成城乡经济社会发展一体化新格局"。如何才能实现这个目标呢？中国社会科学院社会学所研究员、荣誉学部委员、中国社会学会名誉会长陆学艺先生（2009，2011）与中央财经领导小组办公室副主任韩俊博士（2010）认为，必须以制度创新来促进我国的城乡一体化发展，积极探索建立健全包括财政、金融、投资、产业、就业、土地、户籍、行政管理等方面政策在内的配套完善的政策支撑体系，加快建立有利于城乡一体化发展的制度体系。而要做到这一点，就必须动员和调动一切社会力量投入其中，实施不同程度和方式的"城乡对接"，以城带乡，以工哺农，推动城乡一体化更好更快地发展。因此,从这个意义上讲,几乎城市所有部门单位在城乡一体化进程中都能找到自己的位置,城乡统筹发展的政策环境,为城市各部门新市民在工作上辐射农村创造了条件,换言之,这些新市民在工作性质的外延上也具有农村辐射性。

除"农口"和"涉农"单位以外,其它部门或单位在新农村建设和城乡统筹过程中均有其存在的价值,如在江西省发改委、江西省公安厅、……、江西省妇联、江西省城市各民间组织、各大中专院校、城市各中小学、城市各医疗机构、城市各大银行与有关企业等部门或单位就业的新市民,在工作外延上就具有农村辐射性。他们可通过多种形式的结对帮扶,如厅局帮扶村庄、学校帮扶学校、医院帮扶医院等多种形式,将城市资源和能量辐射到农村,助推城乡一体化更好更快的发展,在这个过程中,新市民的农村辐射性可能因其出身农村而表现得更加强烈、更为明显。

(八)作为"农二代"和"城一代"的新市民在"哺农"上具有引领带动性

从前文的分析来看,新市民作为"农二代"和"城一代",其身上具有很多独特的社会属性,如情感上具有农村记忆性、心理上具有农村接纳性、生活上具有农村习惯性、交流上具有农村往来性、社会资源占有上具有比较优势性、工作范围上具有农村辐射性等,这些社会属性决定了新市民在哺农上具有潜在的引领带动作用。这个引领带动作用从横向和纵向的比较中可以看得更加明显。

1. 横向比较,新市民在"哺农"上具有更大的引领潜质

"城一代"新市民与老市民(城市原居民或城市"土著")横向比较来看,新市民在"哺农"中具有更大的引领潜质,因为"第二故乡在城市,第一故乡在农村"的新市民,无论在情感上、心理上还是行动上,都与农村保持着天然的、千丝万缕的纽带联系,他们对"三农"的接纳、怀念与感恩之心始终存在,若待机缘成熟,新市民反哺农村、回报乡里、引领城乡互动发展完全是顺理成章也是预料之中的事。其实有些新市民已经在行动,如中国首善陈光标,他是农家子弟,曾毕业于南京中医学院,30岁时开始慈善事业,其中很多慈善捐赠是面向农村和农民的,如2008年汶川大地震时,陈光标带领120名操作手和60台大型机械组成的救援队千里救灾,救回131个生命,其中他亲自抱、背、抬出200多人,救活14人,他还向地震灾区捐赠款物过亿元;2011年9月25日,陈光标在贵州毕节政府广场举办了主题为"一路慈善一路歌"的慈善演唱会,并现场向农民派发3 000头猪羊,捐赠100台

农用拖拉机,等等,类似这样的事件不胜枚举。有些新市民的"哺农"作用是潜在的,需要去触动和引发,但不管怎样,新市民的这份回报心是存在的,对故乡的思念,对亲人的依恋也是人之常情。

2. 纵向比较,新市民在"哺农"中具有更大的引领作用

纵向代际间比较来看,作为"城一代"的新市民在"哺农"过程中一般会比"城二代"和"城三代"具有更大的引领带动作用,换言之,新市民的这种引领带动作用具有代际"衰变性",即随着代际的繁衍和延续,"城二代"和"城三代"对农村和农村故乡的认同感越来越弱,甚至会完全"失忆"。因此,就"哺农"和城乡互动的引领带动作用而言,"城一代"新市民的社会价值应是最大的。

代际间之所以存在"衰变性",是因为包括"哺农"引领作用在内的新市民身上的种种社会特性,都具有代际"遗传"和"变异"的可能。从生物学角度来说,遗传(Heredity)是指生物子代与亲代相似的现象,变异(Variation)是指子代与亲代及同亲本的子代个体之间存在的不同程度的差异(卢良峰等,2006)。从社会学角度来说,社会遗传是指人的社会实践能力或社会文化成果的传递和积累;它是人的后天能力的遗传,遗传方式是以超生命、超机体的遗传方式进行的,社会遗传是开放式遗传,即通过人们之间的交往活动实现的;"教育"是实现社会遗传的唯一途径(吴克昌,1994;刘福森等,1995)。因此,从遗传学角度来理解,"城二代"和"城三代"不仅从生物学角度遗传了"城一代"新市民的部分生理特征,也会从社会遗传角度继承了新市民的很多有关农村、故乡、亲人等"认祖归宗"的情愫。

但随着代际的延续,这种"认祖归宗"情愫会越来越淡,这又是社会变异作用的结果①。"社会变异"一般多见于语言学研究中(如:侯维瑞,1987;梁兵,1990;等),相关研究并未对其内涵做出界定,是为遗憾。本文认为,社会变异是指人的社会实践能力、社会文化或情感认知在传递和积累的过程中所发生的代际改变。从这个角度讲,"城一代"新市民通过言传身教将有关农村、故乡的情感认知传递

---

① 有媒体报道《儿子被父亲带回乡感受农村 儿子徒步 20 公里偷偷回城》(http://news. qq. com/a/20170621/013392. htm),说的是"城一代"父亲乔先生一年三次带儿子回乡感受农村,可"城二代"的儿子牛牛因乡下蚊子太多、洗澡要用盆冲、没有游乐场、没有WiFi、不能打王者荣耀……,仅仅在乡下爷爷奶奶家待了 5 小时,12 岁遂宁男孩牛牛就瞒着父母徒步回城。牛牛在遂宁城区的家中告诉成都商报记者,徒步 20 公里回城,是因为很想打"王者荣耀",而且真的不想待在乡下。牛牛的父亲乔先生则表示,带娃娃回老家本意是想增强与亲人的关系,让孩子接触自然,但城市化的牛牛"已经回不去了"。对于牛牛父子来说,乡下老家已然成为一座属于他们的"围城"——父亲想带牛牛"进去",但牛牛却想"出来"……。

给"城二代"和"城三代",但在这个社会遗传的过程中,社会变异也随之发生,即"城一代"新市民传递的农村情愫在后代会"变形走样",这是生活环境变化造成的,因为"城二代"和"城三代"从小生活在城市,缺少在农村或农村故乡的生活经历,随着时间的推移,他们对这种遗传下来的情感认同和城乡互动会越来越少,直至最后消失殆尽。

因此,从社会遗传和社会变异的角度来看,"城一代"新市民将比"城二代"和"城三代"在"哺农"方面和城乡互动中具有更大的引领和带动作用,因为"城一代"更"亲本"、更"亲农",而新市民的"亲本""亲农"是其"近农""哺农"的重要情感基础。

二、本章小结

综上可见,在城乡一体化进程中,新市民具有八大社会特性,这八大社会特性分别是:(1)作为"农二代"的新市民情感上具有农村记忆性。(2)作为"农二代"的新市民心理上具有农村接纳性。(3)作为"农二代"的新市民生活上具有农村习惯性。(4)作为"农二代"的新市民交流上具有农村往来性。(5)作为"城一代"的新市民城市安家落户上具有高成本性。(6)作为"城一代"的新市民社会资源占有上具有比较优势性。(7)作为"城一代"的新市民工作范围上具有农村辐射性。(8)作为"农二代"和"城一代"的新市民在"哺农"上具有引领带动性。这八大社会特性,是新市民在城乡一体化进程中具有粘合催化作用的重要情感和现实基础,其中,城市安家落户上的高成本性对新市民的城乡粘合催化作用可能会产生某种制约,但其它七大特性均将产生正向影响。

第四章

理论探寻:新市民在城乡一体化进程中的粘合催化作用

通过第二章的概念重构与分析,我们寻找到了真正的新市民,这个真正的"新市民"就是指那些"进城落户工作且具有大中专文凭的农家子弟(县城为最低级别城市,文凭为普通大中专院校颁发的文凭)",因为他们已完全或深度融入城市,彻底实现了市民化必须的身份"变态"和素质"变性"过程。通过第三章的现实追问与探求,我们发现,在城乡一体化进程中,新市民身上具有八大社会特性,这八大社会特性分别是:作为"农二代"的新市民情感上具有农村记忆性、心理上具有农村接纳性、生活上具有农村习惯性、交流上具有农村往来性,作为"城一代"的新市民城市安家落户上具有高成本性、社会资源占有上具有比较优势性、工作范围上具有农村辐射性,同时,作为"农二代"和"城一代"的新市民在"哺农"上具有引领带动性。这八大社会属性决定了新市民在城乡一体化进程中具有独特的社会价值,这个价值主要表现为城乡粘合作用以及对城乡一体的催化促进作用。那么,什么是城乡一体化?其内涵有哪些?什么是粘合与催化作用?新市民的粘合催化作用具有哪些特点?本章将从理论上对上述问题展开论述。

一、概念界定:城乡一体化 – 粘合 – 催化

(一)城乡一体化概念的新界定与新内涵

1. 城乡一体化概念的理论渊源

"城乡融合"概念最早由恩格斯提出,他 1847 年在《共产主义原理》中说:"通过消除旧的分工,进行生产教育、变换工种、共同享受大家创造出来的福利,以及城乡的融合,使全体成员的才能得到全面的发展。"恩格斯指出实现城乡融合的两

个标志是：第一，工人和农民之间阶级差别的消失和人口分布不均衡现象的消失；第二，城乡融合的根本在于消除城乡差别，而根本途径在于通过发展生产力与工业化，而城乡一体化是城乡融合的最高境界（李习凡等，2010）。

"城乡一体"概念最早是由英国社会学者埃比尼泽·霍华德在《明日的田园城市》一书中提出。这是源于欧洲工业革命带来的物质文明的飞速进步，正如马克思、恩格斯在《共产党宣言》中所说"资产阶级在它的不到一百年的阶级统治中所创造的生产力，比过去一切世代创造的全部生产力还要多，还要大""资产阶级使农村屈服于城市的统治。它创立了巨大的城市，使城市人口比农村人口大大增加起来因而使很大一部分居民脱离了农村生活的愚昧状态"。工业革命带来了城市的表面繁荣及农村的实际落后，同时农村的落后又反作用于城市，限制了城市的健康发展（周志旺，2014）。针对这种不良的城乡关系，埃比尼泽·霍华德提出了他的"田园城市"构想。

城市学家埃比尼泽·霍华德（Ebenezer Howard）1898年出版《明日：一条通往真正改革的和平道路》一书，提出建设新型城市的方案。1902年修订再版，更名为《明日的田园城市》。霍华德在他的著作《明日：一条通向真正改革的和平道路》中倡导"用城乡一体的新社会结构形态来取代城乡对立的旧社会结构形态。城市和乡村都各有其优点和相应缺点，而'城市－乡村'则避免了二者的缺点……城市和乡村必须成婚，这种愉快的结合将迸发出新的希望，新的生活，新的文明。"霍氏认为应该建设一种兼有城市和乡村优点的理想城市，他称之为"田园城市"，田园城市实质上是城和乡的结合体。霍华德关于解决城市问题的方案主要内容包括：疏散过分拥挤的城市人口，使居民返回乡村；建设新型城市，即建设一种把城市生活的优点同乡村的美好环境和谐地结合起来的田园城市；改革土地制度，使地价的增值归开发者集体所有（杨玲，2005）。

恩格斯"城乡融合"理论及霍华德关于建设城乡结合体的"田园城市"思想是当代城乡一体化的理论渊源。

2. 城乡一体化的时代背景

十七大提出"城乡一体化"战略目标，为我国经济社会科学发展指明了新方向，是新时期软化和消解城乡二元结构、推进城乡一体化建设、构建城乡和谐社会的强大思想武器。我们知道，1958年出台的《中华人民共和国户口登记条例》是中国城乡二元结构的诱因之一，并在后续的几十年里凭借"一个本子"和"一把刀子"不断固化和强化这种城乡二元结构，这个本子就是户口本，这把刀子就是剪刀（差），户口本限制了人口的自由流动，剪刀差拉大了城乡的经济发展距离。在城乡二元结构下，农村"只出不进"、城市"只进不出"的资源配置状况导致城乡经济社会发展的巨大鸿沟（焦建国，2005）。为改变这种状况，十七大吹响了城乡一体化号角，城乡二元到城乡一体开始破题求解。

3. 城乡一体化概念的若干观点

近10多年来，学界对城乡一体化（发展）问题的研究如火如荼，其中，对城乡一体化概念的界定就有很多种，界定时学科视角或侧重点各有偏倚，概括如下：

（1）有些学者从不同学科角度理解城乡一体化。如经济学家认为城乡一体化是在较大区域范围内，通过合理布局城乡经济，加强城乡之间的经济交流与协作，深化社会分工，实现经济效益最大化。社会学家和人类学家则从城乡互动及生产力要素空间布局关系的角度出发，认为城乡一体化是指打破城乡之间相互分割的壁垒，逐步实现生产要素的合理流动与优化组合，以及城乡之间生产力的合理分布，城乡经济发展和社会生活紧密结合、相互协调，逐步缩小直至消灭城乡之间的基本差别，从而使城市和乡村融为一体的过程，对城乡一体化的理解侧重于人和人的全面发展。生态、环境学者提出城乡一体化是通过城乡生态环境的有机结合，保证自然生态过程畅通有序，促进城乡健康、协调发展。规划学学者则认为城乡一体化是对城乡边缘区做出统一的规划，对具有一定内在关联的城乡物质和精神要素进行系统安排（江敦涛，2011）。

（2）有些学者从不同侧重点理解城乡一体化。如应雄（2002）从生产力发展的角度来界定城乡一体化，他认为，城乡一体化是在社会生产力的演化发展过程中，通过促进农村人口的城市化，逐步缩小城乡差别，实现城乡经济、社会、环境的和谐发展，使城乡共享现代文明。甄峰（1998）从系统角度来界定城乡一体化，他认为，城乡一体化是指城市和乡村是一个整体，人流、物流、资金流、信息流在其间自由合理地流动；城乡经济、社会、文化相互渗透、相互融合、高度依赖；各种时空资源得到高效利用的状态。洪银兴等（2003）从城乡空间融合角度来界定城乡一体化，他们认为，城乡一体化是指城市与乡村这两个不同特质的经济社会单元和人类聚落空间，在一个相互依存的区域范围内谋求融合发展、协调共生的过程。姜作培（2004）从要素融合角度来界定城乡一体化，他认为，城乡一体化表现为城乡地域之间诸要素优化组合，协调发展的过程，即在一定范围内城乡两个系统在空间、人口、经济、社会、生态等诸基本要素交融与协调发展。于波（2005）从体制创新的角度来界定城乡一体化，他认为，城乡一体化的本质是通过体制的创新与确立，填平城乡二元结构之间的巨大鸿沟，实现社会资源的共享，形成统一的社会结构，实现最终的共同发展。谭日辉（2010）从社会选择理论角度界定城乡一体化,他认为,社会选择理论下的城乡一体化是追求社会最优;社会选择理论下的城乡融合,必须提高应对社会风险的能力;社会选择理论框架下,考虑不同层面的人群,城乡一体化的关键是充分调动农民的积极性;社会选择理论的制度框架,必须实现城乡社会保障制度的对接。倪楠(2013)从后改革时代角度界定城乡一体化,他认为,后改革时代(2008 年以后为后改革时代)城乡经济社会一体化,就是指打破城乡分离的格局而形成的城乡经济、社会、环境共同发展、协同发展,共享经济社会发展成果的过程。

(3)城乡一体化有着丰富的内涵。综上可见,不同学者从不同学科或不同侧重点对城乡一体化的概念进行了界定。虽然界定角度或侧重点有所不同,但不同概念背后都有共同特征,即城乡一体化既是一个城乡综合的社会、经济、空间发展过程,又是城乡社会经济发展的一个终极目标,是过程与目标的有机统一(杨荣南,1997)。城乡一体化表现为某个地域社会经济系统的演变过程,是不断地朝着区域内城乡要素优化组合的方向发展,是城乡协同度、融合度、依存度日益提高的过程,体现了区域整体协调发展和可持续发展的理念。具体来说,城乡一体化的内涵包括如下几个方面:

第一,城乡一体化是一个长期的动态演变过程,不可能一蹴而就,涉及到人口、经济、社会、文化、生态、区域空间布局等多个方面。

第二,城乡一体化既是城乡社会经济协调发展的过程,也是城乡社会经济协调发展的终极目标。当前和今后较长时间内,国家和人民要为这个共同目标去奋斗,当这个终极目标实现的时候,城乡差别与工农差别随之消失,城乡一体化目标达成。

第三,城乡一体化体现了城乡之间的平等互动关系,城乡分工不同,要素禀赋各异,需要发挥各自比较优势,互通有无、公平交易、协调发展、共享文明。城乡一体化不是城乡一样化。

第四,城乡一体化体现了工农业间的协调关系,城乡一体化不仅说明了农业对工业的支撑性的基础作用,还凸显了工业对于农业的反哺作用。城乡一体化通过理顺工农业之间的产业关系,可以实现城乡经济的协调有序发展。

第五,城乡一体化体现了城乡之间生产力的合理布局,因此,要求政府放眼全局,把城乡作为一个整体来安排资金、劳动力、技术、人才、信息、物流等生产要素,使城市和农村根据各自的地域特点和资源禀赋,发挥比较优势,实现要素资源的自由流动与最佳效益,促进各次产业联动和生产力的合理布局。

第六,城乡一体化意味着逐步缩小直至消灭工农差别与城乡差别。促进城乡结合、工农结合是城乡一体化的任务和目标所在,在生产、交换、分配、消费等各个环节上,要实现全社会成员的真正平等,实现城乡劳动者的全面发展,因此从这一意义上说,城乡一体化也是社会主义的内在要求(江敦涛,2011)。

第七,城乡一体化主要包括城乡规划一体化、城乡空间一体化、城乡人口一体化、城乡经济一体化、城乡生态环境一体化、城乡文化一体化、城乡市场一体化、城乡社会一体化、城乡制度一体化、城乡管理一体化、城乡公共服务一体化、城乡基础设施一体化、城乡生活方式一体化等诸多内容(姜作培,2004;白永秀,2010)。

4. 城乡一体化概念的新界定与新内涵

(1)城乡一体化概念的新界定

在学界已有研究成果基础上,本书将"城乡一体化"概念界定为:

所谓城乡一体化,是指通过体制机制创新,打破城乡固有的二元结构,在城乡地位平等和保护农村特色的基础上,让市场机制引导和调节资源要素在城乡间自由流动、互通有无,使城乡各自的比较优势得以充分发挥,资源得到优化配置,各次产业得到联动发展;同时,在尊重农民主体地位的基础上,政府充分运用各种国家资源、调动多种社会力量,反哺和扶持"三农"发展,在不破坏农耕文明的基础上尽早消除工农差别和城乡差别,加速推进城乡一体化进程,以实现城乡在规划、经济、社会、文化、生态、市场、管理、基础设施、公共服务、生活方式、思想观念等方面的广泛融合与发展,城乡等值、和而不同。

(2)城乡一体化概念的新内涵

本书界定的城乡一体化概念,除了具有前文城乡一体化的基本内涵外,还具有自己独特的理解,体现了本书的思考和创新。本书赋予城乡一体化的两个新内涵是:

其一,城乡一体化需要用好"两只手"理论。既要让市场这只"看不见的手"来优化资源在城乡间的配置,提升整体经济效率,同时又要借助政府这只"看得见的手"来促进城乡在经济、社会、文化、生态等方面发展的公平和正义;当前,城乡一体化的推进仍需发挥"有为政府"作用,同时还要积极调动政府自身与城市各种社会力量参与其中,"以城带乡、以工哺农",加大政府和城市对农村的帮扶与带动作用,从而又好又快地推进我国的城乡一体化进程。

其二,城乡一体化是以保护农村特色和延续农耕文明为前提的。城乡一体化不是城乡一样化,也不是农村城市化,而是在实现城乡居民生活"等值化"的基础上,保护好农村特色风貌,延续好古老的农耕文明,防止农村变成城市而与城市"同质化",城乡和而不同。注重保护农村风貌与农耕文明,是城乡一体化的重要前提条件,因为只有这样,农村特色才永不褪色。

(3)城乡一体化内涵的新理解

除了上述两个新内涵,本书对"城乡一体化"还有一种新的、诗意的理解。

城乡一体化既是过程也是结果,其内涵可借用《我侬词》来比喻形容。《我侬词》是元代江南大才子赵孟頫的妻子管道升所作,管氏曾用这首词间接打消了其夫纳妾的念头。这桩文坛趣话此后遂被人们传为一段夫妻情爱佳话。该词是这样写的:"你侬我侬,忒煞多情,情多处,热如火。把一块泥,捏一个你,塑一个我,将咱两个一起打破,用水调和,再捏一个你,塑一个我,我泥中有你,你泥中有我。与你生同一个衾,死同一个椁。"这首词的大意是:你心中有我,我心中有你,如此多情,情深处,像火焰一样热烈,拿一块泥,捏一个你,捏一个我,将咱俩再一起打破,用水调和,再捏一个你,再捏一个我,我的泥人中有你,你的泥人中有我,只要活着就跟你睡一被窝,死了也要进同一口棺材。

从《我侬词》的类比中可以看出:①城乡新型关系的建立也需要先破后立,即先破城乡二元旧体制,再立城乡一元新格局。②城乡一体化的过程应该是"再团再练再调和"的过程,其最终结果是"你中有我,我中有你",城乡互通有无。③城乡一体化意味着新型城乡关系是"生死相依"的关系,即城市和乡村谁也离不开谁,离了谁对方都活不好、活不成,和谐发展才是正道。

(二)对粘合－催化作用的概念界定

作为"农二代"与"城一代"的新市民在城乡一体化进程中具有独特的粘合与催化作用,对促进城乡一体化进程具有重要的社会价值。那么,什么是"粘合"作用? 什么是"催化"作用? 本书首先需要对其进行界定。

1."粘合"概念的界定与解读

本书中的"粘合"同"黏合"。在新编汉语《辞海》中,"黏"是形容词,它的意思是"像糨糊、胶水等所具有的能粘合东西的性质"。《现代汉语词典》对"黏"的解释是"像糨糊或胶水等所具有的、能使一个物体附着在另一个物体上的性质"。《辞海》对"黏合"的解释是"用胶水等黏性物将物体粘在一起",《现代汉语词典》对"黏合"的解释是"黏性的东西使两个或几个物体粘在一起"。

从"黏合"(粘合)的本意中可以看出,只有"具有黏性"的物质才能将两个或几个物体粘在一起,它是一种物理现象。其实,在经济社会领域,也存在这种类似于"胶水或糨糊"的、具有"黏性"的社会"物质"。其中,新市民就是这样的一种社会"物质"存在,在城乡一体化进程中,他们具有城乡"粘合"性,是城乡一体化发展的"粘合剂"。新市民的这种粘合性可以界定为:

所谓"粘合",是指"农二代"与"城一代"新市民,由于情感上具有农村记忆性、心理上具有农村接纳性、生活上具有农村习惯性、交流上具有农村往来性、社会资源占有上具有比较优势性、工作范围上具有农村辐射性、"哺农"工作上具有引领带动性等多种社会特性,使得他们在城乡一体化发展的进程中,具有将城乡社会经济"鸿沟"造成的城乡"裂痕"粘连融合到一起的社会作用。新市民这种将城乡"裂痕"粘连融合到一起的社会特性叫作城乡"粘性"。

2."催化"概念的界定与解读

新市民在城乡一体化进程中的"粘合"性与"催化"作用是紧密相连的。那么,什么是"催化"与"催化作用"?

新编汉语《辞海》对"催化"的释义是:"加入催化剂后能使化学反应速度改变的作用叫'催化',也称'催化作用'";对"催化剂"的解释是:"能加快或延缓化学反应速度,而本身的量和性质并不改变的物质。旧称'触媒'"。《现代汉语词典》对"催化"的解释是:"促使化学反应的速率发生改变";对"催化剂"的释义是"能改变化学反应速率,而本身的量和化学性质并不改变的物质。通常把加速化学反应的物质叫正催化剂,延缓化学反应的物质叫负催化剂"。催化与催化剂是化学用语,在《催化剂与催化作用》这本化学化工教材里,它是这样定义"催化剂"和"催化作用"的:"催化剂是一种能够改变一个化学反应的反应速度,却不改变化学反应热力学平衡位置,本身在化学反应中不被明显地消耗的化学物质";"催化作用"是指催化剂对化学反应所产生的效应;该书同时指出,催化作用具有三个特征:第一,催化作用不能改变化学平衡;第二,催化作用通过改变反应历程而改变化学反应速度;第三,催化剂对加速化学反应具有选择性。

新市民身上的城乡粘合性,还使其具有催化和促进城乡一体化进程的社会价值。本文将新市民的"催化"作用界定为:所谓"催化"作用,是指在城乡统筹与城乡一体化发展过程中,"农二代"与"城一代"的新市民具有带动、促进甚至加速城乡一体化进程的社会作用。与化学催化剂有正有负不同,新市民的"催化"作用完全是正向催化。正如化学催化剂具有选择性一样,新市民的催化作用也具有选择性,即单个新市民对城乡一体化的催化促进作用是有限的,影响是局部的,作用力往往表现在某些方面、某些地方,一般难以面面俱到。然而,新市民群体对城乡一体化的催化促进作用所形成的合力可能是无限的,影响力也可能是全局性的。

二、新市民在城乡一体化进程中的粘合催化作用

新市民通过教育考试跳出农门,华丽转身,从农村进入城市,变为市民。这种转变使其角色身份具有多种"耦合性",如农民与市民身份的耦合、农村与城市环境的耦合等,新市民这些"耦合性"特征将城市和乡村紧密的粘合在一起,对城乡一体化具有现实和潜在的促进作用。新市民身份的多种"耦合性"使其在城乡一体化进程中具有多重粘合性,这些粘合性主要表现为情感粘合、生活粘合和工作粘合。打个比方来说,"新市民"在城乡间所具有的粘合作用犹如"孩子"在夫妻感情间所具有的粘合作用一样。

(一)新市民在城乡一体化进程中的粘合性

1. 新市民的情感粘合

新市民从小土生土长在农村,他们的父母祖辈均是地道农民。新市民的童年、青少年乃至青年时期都是在农村度过的,他们生于斯、长于斯、学于斯,即使后来进城工作成了市民,但是他们对农村仍然充满着深情和眷念。因为,他们的根在农村,那里有他们的父母兄弟和亲戚朋友,那里有见证他们成长的山山水水和难以忘怀的童年记忆。新市民古已有之,如唐朝诗人贺知章在《回乡偶书》中写道:"少小离家老大回,乡音无改鬓毛衰。儿童相见不相识,笑问客从何处来",表达的正是"新市民"贺知章对故乡农村的桑梓情怀。新市民"第一故乡在农村,第二故乡在城市"使其情感上具有天然的城乡粘合性,爱屋及乌,他们不仅深爱着自己的故乡农村,他们也深爱着广袤的中国农村大地。新市民在情感上能够毫无障碍地接纳"三农",这是城乡一体化进程中新市民可以发挥作用的情感基础。

2. 新市民的生活粘合

新市民从农村进入城市,生活消费角色也随之发生转变。新市民在成为市民之前,随父母生活在农村,食物消费基本靠家庭自给,那时他们主要是工业品消费者,如用货币购买服装和家电等工业产品来进行生活消费。但由于农民购买力比较弱,特别是培养过或正在培养未来"新市民"的家庭,需要支付昂贵的教育费用,家庭购买力更弱,所以新市民进城前其父母家庭对工业产品的消费量是相当有限的。新市民进城工作以后,成家立业,个人和家庭消费的物品除工业品外,还需从

市场购买数量可观的食物及农产品用于生活消费，而工业产品大多属于耐用消费品，往往是"一朝置办，受用经年"，日常生活中不需经常添置，但食品及农产品却一日不可或缺。可见，在进城前，新市民是工业产品的微量消费者，进城后，新市民变成农产品的经常消费者。新市民"农转非"，使其由过去农产品的直接或间接生产者变成了农产品的直接且永久消费者，消费者角色的悄然转变，客观上密切了新市民与"三农"的生活粘合性，特别是在食品安全越来越成为社会问题的背景下，这种粘合性更为突出。食品安全背景下新市民的城乡粘性更甚，主要表现为新市民对"原生态"农产品的偏好增加，对"土"鸡蛋等农村土特产的直接需求上升，且这些需求往往是通过供需对接直接达成，增进了城乡互动和交流。

3. 新市民的工作粘合

城乡二元结构下，农民身份具有"遗传性"，但农家子弟可通过刻苦学习即通过教育改变身份和命运，如考上中等或高等学校，户口就能"农转非"，并在毕业后有机会留在城市工作而成为市民。从劳动性质来看，新市民进城前虽处在学生阶段，但其假期或闲暇仍要帮助家人从事一定量的农业生产劳动，属体力劳动范畴；新市民进城工作以后，其工作的性质完全改变，从事的工作主要以非农劳动为主，属脑力劳动范畴。新市民工作性质的改变，若按照产业划分，进城前其主要从事第一产业劳动，进城后主要从事二、三产业劳动，其所在产业发生了"跨一接二连三"的变化，且新市民工作主要分布在政府部门、事业部门或企业单位。在"工业反哺农业、城市支持农村"政策大背景下，几乎城市所有的部门单位都能与"三农"直接或间接发生关联，并为"三农"提供支持或服务。这种政策背景客观上将新市民与"三农"问题在工作上粘合起来，这种粘合在新市民农村情怀的感召下将更具粘性。

（二）新市民在城乡一体化进程中的催化作用

新市民在城乡一体化进程中表现出来的情感粘性、生活粘性和工作粘性，将城乡关系紧密的粘合在一起，对我国城乡一体化发展具有不可估量的现实和潜在催化促进作用。其催化作用主要表现为"三个反哺"和"四个带动"，即通过"反哺农业、反哺农村和反哺农民"，通过带动"人流、物流、资金流和信息流"在城乡间的有序流动，催化促进我国城乡一体化发展进程。

1. "三个反哺"催化促进城乡一体化

新市民通过对农业、农村和农民的持续反哺，催化促进城乡一体化进程。

首先是新市民对农民的反哺。新市民对农民的反哺主要表现为对农村父母的反哺,古人云,羊有跪乳之恩,鸦有反哺之义,新市民对农村父母的反哺在情理之中,且反哺机制稳固、时间持久,这种反哺有利于促进其农村父母家庭的增收,如王树进、朱振亚(2009)的研究表明,新市民对农村父母的年平均反哺力度约为3 271元,最多的能达到每年30 000元,数目相当可观。此外,新市民在城乡一体化进程中表现出来的情感粘性、生活粘性和工作粘性,也有助于其对农民群体投桃报李、广施仁爱,他们会抱着"老吾老以及人之老,幼吾幼以及人之幼"和"滴水之恩当以涌泉相报"的心态,多做有利于农民增收增福的工作。

其次是新市民对农业和农村的反哺。我国长期的城乡二元结构使农村智力资源一直单向流到城市,造成农村人才凋敝(郎晓娟等,2010),新市民,正是从农村流到城市的智力资源主力。新市民虽然离开了农村,但他们心中会永远装着农业、农村和农民。新市民控制和支配着比较丰富的政治、经济和知识等社会资源,他们具有反哺农业农村的现实或潜在力量和优势,如政府部门的新市民可在涉农项目立项和涉农财政资金运作等方面适当向农村倾斜,事业单位的新市民可在教育、医疗卫生、技术指导等方面与农业农村部门进行帮扶结对,企业部门的新市民可在涉农产品研发、售后服务、金融支持等方面为农业农村提供方便,从而达到反哺农业与农村的目的。

在情感粘性、生活粘性和工作粘性共同影响下,新市民对农业、农村、农民的持续反哺必将有助于城乡二元结构的瓦解,并会有力地催化和促进我国城乡一体化进程。

2. "四个带动"催化促进城乡一体化

城乡二元结构下,资源要素流动被城墙阻隔,人流、物流、资金流和信息流在城乡间几乎不能自由流动。过去,新市民仅能带动农村父母兄弟、亲戚朋友和城市家属间的相互流动,这种交流基本属于走亲访友方式的流动,在这种交流过程中,所带动的物流、资金流和信息流都是十分有限的。在城乡一体化背景下,国家对"三农"投入逐年递增,据报道,2013年中央财政用于"三农"的支出安排合计13 799亿元,比上年增长11.4%,主要用于支持农业生产、对农民的粮食直补等四项补贴、促进农村教育卫生等社会事业的发展①。大量资金的投入,使得农村的交通通讯等公共设施日趋改善,农业物资日益丰饶,农民腰包逐渐鼓起,如农村水泥

---

① 资料来源:《中央财政加码"三农"年投入将首达万亿》(四川农村日报网:http://country. scol. com. cn/new/html/sncrb/20111019/sncrb517160. html)

路村村通、手机电话普及使用,粮食连续多年增产,农民人均纯收入2013年达到8896元,是2003年的3.4倍,城乡居民收入比由2003年的3.23∶1缩小为2013年的3.03∶1,等等,这些都是明证。

在城乡统筹和城乡一体化进程中,新市民可凭借其独特的城乡粘合性,在城乡间"穿针引线",通过向农民提供市场信息,牵引带动农民进城务工,通过向身边市民提供农村旅游和投资等信息,吸引带动市民下乡旅游和投资,在这个过程中也能带动时鲜农产品及时销往城市等,即通过新市民发布的信息流,可牵引带动人流、物流和资金流在城乡间双向流动,为富余要素流动找到出口,促进资源在城乡间优化配置。城乡互通有无,为缩小城乡经济、社会、文化等方面的差距,构建和谐城乡关系提供了有力保证。

新市民身上的城乡情感粘性、生活粘性和工作粘性,可带动人流、物流、资金流和信息流在城乡间的有序流动,从而催化促进我国的城乡一体化进程。

(三)新市民粘合催化作用的归纳总结

新市民作为从农村进城的知识精英,他们在城乡一体化进城中具有独特的情感粘性、生活粘性和工作粘性。在三种粘性合力的作用下,新市民群体在我国城乡一体化进程中产生催化促进作用,即新市民通过"反哺农业、反哺农村和反哺农民"催化促进城乡一体化,新市民通过带动"人流、物流、资金流和信息流"在城乡间的有序流动,催化促进城乡一体化进程。作为城乡"粘合剂"和"催化剂"的新市民在城乡一体化进程中的粘合和催化作用可概括为:"两头粘合、三个反哺、四个带动、一体催化"。可见,利用好、引导好和发挥好新市民群体在城乡一体化进程中的粘合催化作用,对又好又快地推进我国城乡一体化进程、实现城乡完全一体化具有十分重要的意义。

三、对新市民城乡粘合催化作用几对问题的澄清

新市民在城乡一体化进程中具有粘合与催化作用,需要澄清几对问题。

(一)城乡一体化:"同等"与"等同"

对城乡一体化的理解需要把握"同等"与"等同"的问题。"同等"是指城乡一

体化发展的前提是政府要为城乡和谐发展提供相同和平等的政策与制度环境,即凡是涉及城乡关系和城乡发展的重大制度,必须体现城乡公平、公正,做到城乡统一;这个统一包括制度导向统一、要求统一、权利统一和预期目标的统一,使城乡在市场经济中处于同等的竞争地位(姜作培,2004)。"等同"是指城乡一体化的目标是实现城乡"等值化"。"城乡等值化"概念源于二战后德国巴伐利亚州的城乡等值化实验,其后形成的模式成为德国城乡发展的普遍模式,并从1990年起成为欧盟农村政策的方向。"城乡等值化"的核心内涵是"不同类但等值",即在承认城乡在社会形态、生产和生活方式等方面存在差别的前提下,通过投资和财政再分配,大力发展农村经济,加强农村基础设施和公共服务建设,健全社会保障体系,使城乡居民享有同等水平的生活条件、社会福利和生活质量,共享现代文明(李文荣等,2012)。可见,"同等"是城乡发展条件和环境的同等,"等同"是城乡发展结果和发展水平的等同。

(二)城乡一体化:"同化"与"化同"

对城乡一体化的理解还需把握"同化"与"化同"的问题。在《辞海》中,"同化"的意思是"不同的事物变得相同或相似"。在城乡一体化进程中,"同化"是指通过长期的"以城带乡、以工哺农",以及"高能量"城市对"低能量"农村的长期的辐射、带动和影响,使农村和城市在各方面进行广泛交流与融合,最终使农村在发展水平和发展质量上达到与城市相同或相当的高度,实现城乡发展的等值化。"化同"是指不同的事物通过改变原来的形态或性质,最后变得相同或相似。在城乡一体化进程中,"化同"的意涵是指通过城乡统筹发展,通过城乡一体化的"化"的过程,使城乡发展制度趋同、市场趋同、文明趋同、水平趋同、质量趋同;但在"化同"的时候允许城乡"和而不同"。这个"不同"是指在城乡一体化进程中,"同化"不是按照城市的模式去改造农村,城乡一体化不是农村城市化,也不是城乡一样化,而是在城乡一体化进程中保留城乡的固有特色与差别,如功能差异、行业差异、景观差异、文化差异等。杨开忠(1993)认为,城乡差异必然存在,城乡一体化并不是把乡村完全变成城市;它们之间的差异,根本上体现为中心与边缘、向心和离心的关系。陈雯(2003)认为,城乡一体化强调城乡间人口、技术、资本、资源等要素的交流、融合、贯通,但并不排斥差别,相反这种差别,是城乡之间合作、互通和城市化的基本动力,而且在科学合理的配置安排下可以转化为各自特色,促进协调发展。可见,"同化"强调城乡一体化进程中高能城市对低能农村的带动和影响,"化同"强调城乡一体化的结果是城乡有差别的相同——同中有异、异外有同。

（三）新市民的粘合催化："同情"与"情同"

理解新市民的城乡粘合催化作用需要把握"同情"与"情同"的问题。《辞海》对"同情"的解释是"对别人的遭遇或行动在情感上取得一致"。新市民在城乡一体化进程中具有城乡粘合性，既是出于对农民的"同情"，更是来自与"三农"的"情同"情结。同情是社会正义的情感基础，是一种趋乐避苦的人性本能，也是个人和社会交往的情感过程（徐丹丹，2012）；新市民对农民的同情属于社会同情。社会同情是人们对某个社会群体的共同遭遇或感受在情感上所发生的共鸣；社会同情是社会理解的条件，社会责任的基础，也引导着人们的积极社会行动；社会同情有助于良好社会关系的建构，有助于帮助同情主体建立起与他者之间的密切的关系，从而进一步为共同目标的达成或相互之间经验的交流搭建良好的平台（石中英，2012）。新市民对农民、农村的"社会同情"，是其具有城乡粘性和催化作用的原因之一。但是，使新市民具有粘合催化作用的更为重要的原因，是其与农民具有"情同"情结。"情同"，是指彼此情感经历相同或相近。新市民从小土生土长在农村，与"三农"有着天然的情感联系。正如前文剖析的那样，作为"农二代"与"城一代"新市民，身上具有八大社会特性，在"情同"力量的作用下，情感上的农村记忆性、心理上的农村接纳性、生活上的农村习惯性、交流上的农村往来性、社会资源占有上的比较优势性、工作范围上的农村辐射性、"哺农"上的引领带动性，共同的情感交集使得新市民具有粘合与催化作用；此外，城市安家落户上的高成本性，又使得新市民在城乡一体化进程中的粘合催化作用受到某些制约。可见，新市民具有的粘合催化作用，既是社会"同情"的结果，更是"情同"效应的必然应答。

（四）新市民的粘合催化："同共"与"共同"

理解新市民的城乡粘合催化作用需要把握"同共"与"共同"的问题。"同共"是指新市民在城乡一体化进程中的粘合催化行动要与国家政策取向保持一致，不能走偏方向，不能与国家大政方针相违背。即在城乡统筹发展和城乡一体化进程中，国家号召我们做什么，我们就去做什么，新市民的粘合催化作用要与国家需求同频共振，新市民的所作所为须符合国家和社会的前进方向。"同共"其实就是要把握好政治方向，要求新市民的粘合催化作用经得起党的考验能与国家的大政方针保持一致；在十八届四中全会提出全面推进依法治国的时代背景下，还要求新市民的粘合催化作用要合乎法律规范。"共同"是指新市民在城乡一体化进程中的粘合催化作用需要共同行动,即倡导新市民群体共同行动,支持和反哺"三农",用合力去催化促进城乡一体化又好又快的发展;当然,"共同"还有另外一个意涵,即新市民群体的粘合催化作用要与全体社会力量整合起来,共同推动我国的城乡一体化进程,只有大家齐心协力,才能实现预定的目标。可见,"同共"是指新市民的粘合催化行为需保持正确的前进方向,"共同"则强调新市民的粘合催化行动要有"抱团"与"合作"精神。

(五)新市民的粘合催化:"现在"与"潜在"

理解新市民的城乡粘合催化作用还需把握"现在"与"潜在"的问题。"现在"与"潜在"反映的是新市民在城乡一体化进程中的粘合催化作用是现实的作用力还是潜在的作用力的问题。从理论上推测,新市民在城乡一体化中的粘合作用,如情感粘合、生活粘合、工作粘合应该是客观存在的,是"现在时",这种现在存在的状态,表明新市民的城乡粘性是实实在在的,几乎人皆有之,只是个体间粘性大小可能有别而已。新市民在城乡一体化进程中具有的催化促进作用,有些是"现在"的,有些是"潜在"的,如新市民对农村父母的反哺应该是现实的存在,但新市民对农业、农村的反哺,新市民对人流、物流、资金流和信息流的带动作用,可能是"现在"与"潜在"并存。"潜在"是指存在于事物内部不易被发现或尚未发觉的意识或力量。对于有些新市民而言,催化促进城乡一体化的行为已经或正在发生,它是"现在"的,对于有些新市民而言,催化促进作用可能还仅仅是"潜在"的、尚未被唤醒的"潜伏"的力量,还尚未变成现实的社会推动力。可见,新市民的粘合催化作用是"现在"行动与"潜在"力量的共存,非都全部外显。

(六)新市民的粘合催化:"自动"与"触动"

最后,理解新市民的城乡粘合催化作用还需把握"自动"与"触动"的问题。即我们需要弄清新市民的这种粘合与催化作用,到底是"自动"发生的,还是需某种力量去"触动"才会发生?显然,从上面的分析来看,新市民的粘合催化作用是"现在"行动与"潜在"力量相共存,说明新市民的粘合催化作用有些是"自动"的,是新市民自己主动所为,有些还需外界去"触动"和触发,才可将其"潜在"的粘合催化力量激发并释放出来。所谓"触动",是指因受到某种刺激而引发的情感变化、回忆等。从"触动"的内涵来看,适当的"刺激"是"触动"的必要条件。所有,对新市民的某些"潜在"的粘合催化作用,就需要想方设法去刺激、去引发。但如何去"刺激"和触发新市民的粘合催化作用?"刺激"的力度需多大?刺激时机如何把握?触动路径和机制有哪些?等等问题,需要我们思考和回答。可见,新市民在城乡一体化进程中的粘合催化作用,有些是"自动"的,有些还需"触动"。

四、本章小结

本章首先在学界相关研究的基础上,界定了"城乡一体化"的概念,新界定的概念具有两个特别的内涵,这两个内涵分别是:①城乡一体化需要用好"两只手"理论,即城乡一体化既要用好市场这只无形之手,也要用好政府这只有形之手,强调城乡一体化需要发挥"有为政府"作用,需要政府积极调动自身及城市各种社会力量参与其中。②城乡一体化是以保护农村特色和延续农耕文明为前提的,城乡一体化不是城乡一样化。然后,本章在界定"粘合"与"催化"概念的基础上,剖析了新市民在城乡一体化进程中的所具有的粘合与催化作用。作为城乡"粘合剂"和"催化剂"的新市民在城乡一体化进程中的粘合催化作用可概括为:"两头粘合、三个反哺、四个带动,一体催化"。"两头粘合"是指新市民在城乡一体化进程中具有情感粘合性、生活粘合性和工作粘合性,新市民通过"三个反哺"和"四个带动"催化促进城乡一体化进程,这"三个反哺"是指反哺农业、反哺农村和反哺农民,"四个带动"是指带动人流、物流、资金流和信息流在城乡间相互流动。接着,本章对城乡一体化进程中新市民粘合催化作用的几对问题进行了澄清,分别辨析和比较了城乡一体化中的"同等"与"等同""同化"与"化同"概念的内涵与区别,阐释了新市民粘合催化作用中"同情"与"情同""同共"与"共同""现在"与"潜在""自动"与"触动"等问题的意涵与不同。

第五章

机制解构：社会触动机制的逻辑生成

从第四章的分析可知，新市民在城乡一体化进程中具有"两头粘合、三个反哺、四个带动，一体催化"的粘合催化作用。新市民的粘合催化作用有些是现实存在的，有些是隐含潜在的，其中，隐含潜在的部分还需要去触动和引发。问题是：什么是触动和社会触动？社会触动机制的生成逻辑是什么？为弄清这些问题，本章将着重对触动和社会触动的内涵进行分析，对社会触动的机制进行解构。对这些问题的回答，有助于为后续新市民在城乡一体化进程中粘合催化作用机制的构建提供理论支撑。

一、社会触动的内涵、过程与特征

（一）触动与社会触动的内涵

1. 触动的内涵

"触动"在生活中多为"感动"或"深度感动"的意思，它在《辞海》中有两个意思：①意为"碰撞"，如"先轻轻触动一下窗户"；②意为"因受到某种刺激而引发（情感变化、回忆等）"，如"这篇文章触动了我，生活原来是那样的精彩。"在本书研究中，"触动"的内涵偏向第②种，表示"因受到某种刺激而引发（情感变化、回忆等）"的意思，有"先感官接触而后感动或打动"的意涵。

"触动"是先有生理上的适当"感官接触"，然后才有心理上的"感动或打动"。感官是人体与外界环境发生联系，感知周围事物的变化的一类器官。人体有多种感官，感受外界事物刺激的器官有眼、耳、鼻、舌、身等。眼睛产生视觉，耳朵产生听觉，鼻子产生嗅觉，舌头产生味觉，身体各个部位产生触觉（触觉又分为痛觉、温度觉和压觉等）。

2. 社会触动的内涵

"社会触动"是具有社会属性的人、在社会活动中所产生的"触动"。马克思说："人的本质不是单个人所固有的抽象物，在其现实性上，它是一切社会关系的总和。"人是具体的、生活于现实生活中的人。他们的一切行为不可避免地要与周围所有的人发生各种各样的关系，如生产关系、性爱关系、亲属关系、同事关系等等。生活在现实社会中的人，必然是生活在一定社会关系中的人。这种复杂的社会关系就决定了人的本质，形成了人的社会属性。所谓"社会"，是指共同生活的个体通过各种各样社会关系联合起来的集合。因此，"社会触动"可以定义为：具有社会属性的人在社会活动过程中，由于受到了某种或某些感官上的适当刺激而引发的情感变化、回忆、反思等，进而由这种情感变化、回忆、反思等心理活动引致出的使个体做出某些相应"社会性"①行为的过程。

（二）社会触动的过程与特征

1. 社会触动过程

社会触动过程示意图如图 5-1 所示。社会触动过程分为"触"和"动"两个阶段，先有"触"，后才有"动"。"触"是指社会人受到某种外在感官刺激，刺激走心以致引起了社会人内心的情感共鸣；"动"是指社会人由于内心的情感共鸣，产生了某种感动情绪，在感动程度达到足够量且在社会机缘比较成熟的情况下，社会人可能会做出某些与外在刺激内容相关的社会性行为。

图 5-1 社会触动过程示意图

如在听了歌曲《妈妈的吻》之后，某些听众会更加孝敬父母，常回家看看或常打电话报报平安。因为，人人都有母亲，人人都是在妈妈的慈爱呵护中长大的。《妈妈的吻》是甜蜜的吻，是记忆的吻，因为我们都曾感受过妈妈疼爱的吻，额头甚至小屁股上都印有妈妈无数深情的嘴印，可以说，是妈妈的吻伴随着我们幸福苗

---

① 社会性是生物作为集体活动的个体，或作为社会的一员而活动时所表现出来的有利于集体和社会发展的特性。

壮成长。可如今,长大后的我们离开了家乡,老妈妈仍留在那遥远的小山村里。妈妈老了,她过得好吗?儿女真想飞回到她的身边,给妈妈报以感恩的吻,慰藉她那年老孤独的心灵。歌曲《妈妈的吻》对听众的社会触动过程,就是先有歌曲对听众的刺激,歌声入心引起了听众的情感共鸣,歌声会带着听众回到儿时,反思现在。两相比较会发觉,也许自己亏欠母亲的太多太多,这种感动可能会引致部分听众今后多给母亲打打电话,或多回家看看,或多接母亲到身边小住时日等社会性行为。

2. 社会触动过程的特征

从定义和内涵上看,"社会触动"应该具有九大特征:

(1)感官要接受到外界的刺激。即眼、耳、鼻、舌、身等感觉器官要受到某种或某些刺激,如听觉、视觉、味觉、嗅觉、触觉等感觉中的一种或几种受到一定刺激,使个体产生情感和意识反应。

(2)刺激的方式要正确。感官刺激的形式多种多样,社会触动需要在多种方式中选择一种或几种正确的方式,对个体加以刺激,好比中医推拿,要找准穴位、点到穴位,否则,推拿就起不到明显的效果。

(3)刺激的当量要足够。即刺激要超过感官阈值,否则难以引发个体后续的心理情感活动。正如中医推拿,既要做到"重而不止",又要做到"轻而不浮",即推拿要有一定的渗透力,起到治疗作用,但同时力度又不能过大或仅用蛮力,否则会对肌体造成损伤。

(4)刺激的时机要选择。即刺激需要把握恰当的时机,因时因地因需而动,即要选择合适的时间和空间对个体加以刺激,要充分考虑个体的情感需要。正如中医推拿,需要根据病人诉求,有技巧地对其劳损部位进行推拿才是正确的行医之道。

(5)刺激的内容具有社会性。即对个体的听觉、视觉、味觉、嗅觉或触觉等感官进行刺激的内容物是社会品,如歌曲、电影、国家政策、生活原景复现等,并非单纯的自然刺激,如酸、麻、胀、痛、冷、热、凉、温这八种人体最基本的肌体触觉。

(6)刺激的结果要引发情感共鸣。刺激要引发出较强的情感心理活动,即触动都要"走心",引起心理"共鸣"。先有感官刺激,后有情感心理活动,是社会触动的要义之一(参图5-1),且这种引发的情感心理活动具有较强的水平。即较强的或强烈的情感变化、回忆等心理活动是发生在适当的感官刺激之后。

(7)社会触动的对象主要是针对个体行为中的非自觉部分。人的行为分为自觉行为和非自觉行为,自觉行为如孝顺父母对绝大多数人来说都是无需触动就会自然而然发生，只有非自觉行为如献血、赈灾捐款、扶危济困等行为就需要去触发。

(8)社会触动的结果是引致个体在合适的时机做出相应的社会性行为(如图5-1所示)。比如在看到《感动中国》中徐本禹的贵州支教节目后，某个体可能会在机缘成熟时做出效仿性行为，也去西部支教或以其它方式去支持西部农村教育。据2014年度《感动中国》人物——退休外交官朱敏才夫妇坦承，他们去贵州乡村支教的决定正是在受到2004年度《感动中国》人物——华中农业大学研究生徐本禹贵州支教的先进事迹后才做出的，可见，徐本禹事迹对朱敏才夫妇行为具有很强的社会触动作用。

(9)社会触动具有杠杆效应或乘数效应。社会触动具有四两拨千斤的杠杆作用，有如太极拳的以柔克刚一样，借力打力、四两拨千斤。或者说，社会触动具有乘数效应，即感官刺激引发的社会行为量，是个体所受感官刺激当量的若干倍。用成本-收益法来衡量，就是社会触动所带来的社会收益远远超过社会触动所花费的社会成本，即"小成本，大收益"。

二、社会触动机制案例分析、逻辑生成及其家国价值

《辞海》对"机制"的第四个释义是"泛指工作系统内部或各部分之间相互作用的过程和方式"。对机制进行研究，意味着对事物的认识已经从现象的描述深入到本质的揭示。拿价格机制来说，它包括价格形成机制和价格调节机制。价格形成机制告诉我们，商品的价格是由商品的供求状况决定的，供大于求时，价格下降，供不应求时，价格上涨；价格调节机制告诉我们，商品价格的高低又反过来影响商品的需求，即价格上涨时，需求下降，价格下跌时，需求增加。价格机制让我们看清了价格是如何形成的，又是如何被调节的。

在笔者看来，社会触动机制，从社会学的角度看，可定义为：具有社会属性的人在不同社会活动过程中，受到某种或某些感官上的适当刺激后，从个体由情感变化、回忆、反思等心理活动引致出的某些相应的"社会性"行为过程中，个体行为所体现出来的一般行为逻辑。

(一)社会触动机制案例分析

下面，以城市街头乞讨、音乐歌词、广告和车祸警示四类案例为例，分析挖掘

其中蕴含的社会触动机理,为后续社会触动机制的逻辑生成提供经验和证据。

1. 社会触动案例分析之一——以城市街头乞讨为例

街头行乞在很多地方都能见到,其中有真的乞讨者,也有假的乞讨者,真假难辨。当然,人们对骗乞者非常反感,因为它不仅骗取了人们的善款,而且还骗取了人们的爱心。本文暂且不去讨论行乞者的真假身份,因为"信息的不对称",单就行乞者的表现来看,人们短时间内无法鉴别谁真谁假,况且由于甄别成本的存在,人们也无意去弄清事情真相。真乞丐也好,假乞丐也罢,这些人总能在街头博得一些人的"施舍",如此看来,他们的遭遇和行为确实"触动"了部分路人的心。从社会触动的角度来看,行乞者获得收入,就意味他们的触动行为是成功的,且收入越多代表其触动效果越大。

他们何以能够成功? 下面列举几种城市街头行乞的代表性案例对其加以分析说明。

(1)城市乞讨代表性案例

[案例1:学生乞钱回家]

某日,寒风中,一名10岁左右、学生模样的小女孩蹲坐在某市儿童医院附近的人行天桥下,面前写了两行粉笔字"我太饿,求助8元钱吃饭,给点路费回家"。看她衣着单薄,不时颤抖,有的市民掏出10元给她。小姑娘接过钱后,深深地鞠了个躬。

[案例2:幼童乞钱上学]

川流不息的车流中,一名年幼的孩童背着双肩包,衣衫褴褛,胸前挂着写有"求学费""望好心人帮助"等字样的硬纸板,穿梭在交通要道上,敲打着车主的玻璃,请求施舍。当有轿车因红灯停下,他就急忙起身,迎面站在车窗外,口中哀求道:"老板,给我点钱吧,我家穷,没钱念书,请帮帮我吧……",有些"老板"不理不睬,有些"老板"会慷慨解囊。

[案例3:残疾人乞钱糊口]

某日,天空中飘落细雨,一名20多岁的男子躺在某市商场广场商家前。他光着膀子,被绑的左腿仅剩裤管,一脸痛苦状。"叔叔、阿姨,给点钱嘛!"两小时不到,一元、五角等零钞,就装满他面前的搪瓷盅子。

[案例4:晚辈乞钱救父母]

某日,一对中年男女,穿着类似校服的衣服、抱着一幅相框、低垂着头,默不作声地跪在那向路人乞讨,面前乞讨的白纸上写着母亲患乳腺癌、父亲患脑梗塞,家中困难寻求帮助等字样,引来了不少人围观,其中有人表示无法判断,有人质疑他的行为,当然也有人慷慨解囊,你五块他十块,不一会的工夫,他们面前手中就聚集了不少现金。

[案例5:儿女乞钱葬母]

某日,一对湖南籍"兄妹"跪在某市区路口乞讨,在他们的面前摆着一张"渴求带妈妈回家"的白纸黑字,抱着一张某市殡仪馆的"火化证"和某市第一医院开出的"死亡证明"。纸上的内容大意为:他们来自湖南省,妈妈为家中生计在外捡破烂,不幸患上了肝癌。我们电话得知及时赶来。11月11日下午,妈妈经抢救无效死亡。取走妈妈的骨灰需要650元,他们现身无分文,只好乞讨。路过的市民有的为他们的"孝心"感动,慷慨相助。

(2)乞讨案例分析

上述五个案例,在城市街头乞讨中比较有代表性。这几个案例的主角都或多或少触动了部分路人并获得了路人的施舍,试析如下。

案例1中的10岁小女生,在寒风中又冷又饿,衣裳单薄,不时颤抖,她没有温暖保障,食不果腹,她要吃饭,她要回家。这样的境况出现在今天这样一个繁荣发达的都市里,是那样的不协调,那样的另类。路人会想,城市里的同龄小孩,谁会活成这样?连温饱问题都没有解决?而这个可怜的小女孩也只是需要8元钱吃饭回家,这在路人看来并不算多。回家是多么温暖的事情啊,为什么不帮助她、成全她呢?所以,路人伸手相助就在情理之中。

案例2中的农村幼童,由于家庭贫困,无钱上学,出来可怜巴巴地乞讨,完全是为了可以像其他城里孩子一样,能够上学读书。年幼的他衣衫褴褛,胸口挂着"求学费"字牌,用无助的眼神向街头"好心人"乞求帮助。这些幼童的遭遇与城市孩子们幸福的生活对比鲜明,形成了巨大的社会反差,由这个巨大反差带给车主瞬间的视觉和心理冲击显然是巨大的。开车的主人们可能会想,我家的孩子会这样吗?与城市小孩相比,他活得多么艰辛啊?他向好心人求助,那我是好心人吗?如果他不是骗子,我为什么不去尽点微薄之力帮助他?车子我都能买得起,难道几块钱的施舍我给不起?……所以,总有一些好心的车主捐钱给这个穿着破衣裳的小孩。

案例3中的残疾人,虽然年轻,但他是缺胳膊少腿的残疾人,加上他的痛苦表情及礼貌的乞求声,确实容易让人心生同情。残疾人与正常人身体上的巨大反差,往往会给路人带来强烈的视觉和心理冲击,残疾人身体残缺得越严重,呈现得越是触目惊心,这种视觉和心理冲击就越明显,越会让路人觉得自己比躺在地上的残疾人幸福幸运多了。不少路人会想,残疾人如此可怜,他们生活得如此艰辛,生存得如此不易,捐点钱,助点力,帮一把,还有什么好说的呢?

案例4中的中年夫妇,自身身体健全倒没有什么特别之处,关键是他们手捧的相框,以及面前呈现的白纸黑字——上面写着家庭的不幸遭遇,母亲患乳腺癌、父亲患脑梗塞。这个案例,最能打动人的地方,就是其家中老父老母双双患上难以治疗的疾病,可叹家庭困难,无力承担治疗费用,他们才来到"宝地"跪求好心人的帮助。路人看到这个家庭的遭遇如此悲惨,早已心有戚戚,更何况偶尔还会与相片中的老人进行目光接触。谁人不是爹娘生养?儿女情急之下乞钱救治父母,此乃孝子之举,何况救人一命胜造七级浮屠,路人怎能无动于衷呢?

案例5中的湖南兄妹,遭遇更加令人同情。他们社会求助的唯一目的,就是"带妈妈回家"。勤劳的母亲独自在外捡破烂挣钱养家,不幸得了绝症,经抢救无效死亡。为证明事情的真实性,他们还提供了殡仪馆的"火化证"和医院开出的"死亡证明"。由于走投无路,身无分文,这对兄妹才出此下策,向路人乞讨一些善款,以从殡仪馆取回亡母的骨灰,带她回家。路人面对如此悲情的遭遇,怎能不为这对兄妹的孝心所感动?哪个不是父母身上掉下来的肉?谁人不知道"世上只有妈妈好"?哪个不晓得亡人"入土为安"的道理?谁愿意狠心看到这对兄妹母亲的亡魂独自漂泊异乡?这对兄妹只需要650元取回妈妈的骨灰,大家凑一点不就够了吗?所以,路人捐款相助就不难理解了。

(3)乞讨案例中蕴含的社会触动机理

上述五个乞讨者得到了部分路人的帮助,应该说,他们的社会触动过程是比较成功的,也可以说,获得路人的捐助是乞讨者有效触动路人视觉和心灵的结果。但每个乞讨者给路人带来视觉心灵冲击的关键词是不一样的,案例1的关键词是"小女孩+又冷又饿+8元钱+吃饭+回家",案例2的关键词是"幼童+衣衫褴褛+求学费+哀求",案例3的关键词是"残疾人+躺着+光膀子+空空的库管+痛苦的表情+礼貌的乞求",案例4的关键词是"抱着相框+跪着+母亲乳腺癌+父亲脑梗塞+家庭困难"(笔者还见过案例4的升级版,即跪着的男人还会埋头伤心欲绝地嚎啕痛哭,哭声之悲戚令人断肠),案例5的关键词是"兄妹＋跪着＋带妈妈回家＋火化证＋死亡证明＋取走骨灰＋分无分文"。从关键词可以看出,虽然乞讨案例中主角的乞讨方式不尽相同,故事各异,但有一点是共同的,那就是这些乞讨者呈现出的凄苦人生境遇是相同的或相似的,且他们凄苦的人生遭遇与正常人形成了鲜明的对比和社会反差,招人"同情",触动了藏在人们心底的、人类的共同情感元素。正是在同情心的驱使下,路人才纷纷解囊,出手相帮,因为人心都是肉做的。

2. 社会触动案例分析之二——以音乐歌词为例

马克思说,音乐是人类的第二语言。在现代生活中,音乐无处不在,音乐触手可及,音乐是人们生活的重要组成部分。作为听众,音乐是情感迸发的和谐而又文明的最佳方式。音乐的旋律和歌词都有打动人心的地方,都能给听众情感带来触动和慰藉。中央音乐学院作曲系博士李如春认为,音乐旋律与歌词之间是相平衡的。声乐的形成通常以歌词为依据,它不同程度受着歌词的制约。歌曲旋律的写作应着力于提示歌词的感情,曲中有词,词中有曲,音乐与歌词相互融合,即无论是抒情还是叙事,都把自己的感情融入到歌词之中,这样的旋律才是真实的,才适合歌词的需要。因此可以说,歌词较好地代表了歌曲的情感。

音乐是如何触动人心的呢? 下面将按照不同的歌曲类型对歌词加以举例和分析。

(1)不同类型音乐歌词

[案例1:有关妈妈的歌]

(《妈妈的吻》歌词)在那遥远的小山村小呀小山村,我那亲爱的妈妈已白发鬓鬓。过去的时光难忘怀难忘怀,妈妈曾给我多少吻多少吻,吻干我那脸上的泪花,温暖我那幼小的心。妈妈的吻甜蜜的吻,叫我思念到如今,妈妈的吻甜蜜的吻,叫我思念到如今。遥望家乡的小山村小呀小山村,我那可爱的小燕子可回了家门,女儿有个小小心愿小小心愿,再还妈妈一个吻一个吻,吻干她那思儿的泪珠,安抚她那孤独的心。女儿的吻纯洁的吻愿妈妈得欢欣,女儿的吻纯洁的吻愿妈妈得欢欣,愿妈妈得欢欣。

[案例2:有关老师的歌]

(《长大后我就成了你》歌词)小时候我以为你很美丽,领着一群小鸟飞来飞去。小时候我以为你很神气,说上一句话也惊天动地。长大后我就成了你,才知道那间教室,放飞的是希望,守巢的总是你。长大后我就成了你,才知道那块黑板,写下的是真理,擦去的是功利。小时候我以为你很神秘,让所有的难题成了乐趣。小时候我以为你很有力,你总喜欢把我们高高举起。长大后我就成了你,才知道那支粉笔,画出的是彩虹,洒下的是泪滴。长大后我就成了你,才知道那个讲台,举起的是别人,奉献的是自己。长大后我就成了你,我就成了你。长大后我就成了你,我就成了你。我就成了你。

[案例3:有关军人的歌]

(《为了谁》歌词)泥巴裹满裤腿,汗水湿透衣背,我不知道你是谁,我却知道你为了谁,为了谁为了秋的收获,为了春回大雁归,满腔热血唱出青春无悔,望穿天涯不知战友何时回。你是谁,为了谁,我的战友你何时回。你是谁,为了谁,我的兄弟姐妹不流泪。谁最美,谁最累,我的乡亲我的战友,我的兄弟姐妹。泥巴裹满裤腿,汗水湿透衣背,我不知道你是谁,我却知道你为了谁。为了谁为了秋的收获,为了春回大雁归,满腔热血唱出青春无悔,望穿天涯不知战友何时回。你是谁,为了谁,我的战友你何时回。你是谁,为了谁,我的兄弟姐妹不流泪。谁最美,谁最累,我的乡亲我的战友,我的兄弟姐妹。你是谁,为了谁,我的战友你何时回。你是谁,为了谁,我的兄弟姐妹不流泪。谁最美,谁最累,我的乡亲我的战友,我的兄弟姐妹,姐妹。

[案例4:有关爱情的歌]

(《当》歌词)当山峰没有棱角的时候,当河水不再流,当时间停住日月不分,当天地万物化为虚有,我还是不能和你分手,不能和你分手,你的温柔,是我今生最大的守候。当太阳不再上升的时候,当地球不再转动,当春夏秋冬不再变换,当花草树木全部凋残,我还是不能和你分散,不能和你分散,你的笑容,是我今生最大的眷恋。让我们红尘做伴,活得潇潇洒洒,策马奔腾共享人世繁华,对酒当歌唱出心中喜悦,轰轰烈烈把握青春年华。让我们红尘做伴,活得潇潇洒洒,策马奔腾共享人世繁华,对酒当歌唱出心中喜悦,轰轰烈烈把握青春年华。

[案例5:有关思乡的歌]

(《故乡情》歌词)故乡的山,故乡的水,故乡有我幼年的足印。几度山花开,几度潮水平,以往的幻境依然在梦中,他乡山也绿,他乡水也清,难锁我童年一呀寸心。故乡的土,故乡的人,故乡有我一颗少年的心。几度风雨骤,几度雪飞春,以往的欢笑依然在梦中。他乡人也亲,他乡土也好,难锁我少年一呀寸心。故乡的爱,故乡的情,故乡有我青春的歌声。几度芳草绿,几度霜叶红,以往的同伴依然在梦中。他乡也有情,他乡也有爱,我却常在梦里故呀乡行。

[案例6:有关祖国的歌]

(《大中国》歌词)我们都有一个家,名字叫中国,兄弟姐妹都很多,景色也不错,家里盘着两条龙,是长江与黄河呀,还有珠穆朗玛峰儿,是最高山坡。我们都有一个家,名字叫中国,兄弟姐妹都很多,景色也不错,看那一条长城万里,在云中穿梭呀,看那青藏高原,比那天空还辽阔。我们的大中国呀,好大的一个家,经过那个多少,那个风吹和雨打。我们的大中国呀,好大的一个家,永远那个永远,那个我要伴随她。中国,祝福你,你永远在我心里,中国,祝福你,不用千言和万语。

(2)歌词案例分析

上述七首歌曲主题虽然不同,但都能从不同的角度触动人心,让人在美妙的音乐声中明白某些人生道理,直接或间接影响人的社会行为。试析如下。

案例1是关于妈妈的歌,《妈妈的吻》是其代表。《妈妈的吻》,是甜蜜的吻,是记忆的吻,因为我们都曾感受过妈妈疼爱的吻,额头甚至小屁股上都印有无数妈妈深情的嘴印,可以说,是妈妈的吻伴随着我们幸福茁壮成长。可如今,长大后的我们离开了家乡,老妈妈仍留在那遥远的小山村里。妈妈老了,她过得好吗? 儿女真想飞回到她的身边,给妈妈报以感恩的吻,慰藉她那年老孤独的心灵。人人都有妈妈,人人都是在妈妈的爱中浸泡长大的。

案例2是关于老师的歌,《长大后我就成了你》耳熟能详。老师几乎是所有人情感记忆中最清晰的那一部分。每个人都有小时候,每个人在小时候都曾仰望过老师,崇拜过老师,甚至敬畏过老师。因为,小时候我们都觉得老师非常高大,老师非常神秘,老师非常智慧,老师的话都是对的。小时候,我们常常挂在嘴边的一句话就是"这是我们老师说的",老师的话从来都是对的,是不容置疑的,就是爸爸妈妈的话也从来没有老师的话来得有分量。长大后,当我们也成为老师的时候,我们才深深体会到,老师就是"人梯",酸甜苦辣从来不说,献给学生的永远是笑脸,教给学生的永远是阳光般的信念和无限的希望。如今,老师大爱坚守的接力棒,已传到我们手里,既是回报,更是传承;唱一曲《长大后我就成了你》,既是对老师的怀念,更是对未来的承诺和教育事业的宣言。

案例3是关于军人的歌,《为了谁》唱出了军人保家为民的精神情怀。当1998

年长江大洪水袭来时,人民子弟兵与沿江百姓众志成城,共同奋战在长江抗洪第一线。人们看到的是清一色的迷彩服,他们泥巴裹满裤腿,汗水湿透衣背,他们是谁? 叫什么名字? 人们并不知道;但人们知道他们辛苦奋战为了谁,那就是为了国家,为了人民! 子弟兵大难时候显身手,关键时候靠得住,困难时候能吃苦,但他们啥苦啥累也不说,就是抗洪冲锋,堵漏洞,救百姓,尽可能抢救可以挽救的损失。他们用行动证明,他们永远是人民的子弟兵,永远是人民的贴心人,永远是人民心中"最可爱的人"。《为了谁》唱出了和平时期老百姓对子弟兵的共同心声。

案例 4 是关于爱情的歌,动力火车演唱的《当》作为电视剧《还珠格格》的主题曲,随着《还珠格格》的热播而红遍大江南北。《当》唱出了恋爱中人儿的心声,那就是"专情和永恒",彼此希望海枯石烂不变心,白头到老仍痴情,共享繁华度一生。爱情代表着美好,代表着圆满,代表着阴阳和合,所以,没有人不对爱情充满向往,因为爱情是人类共同永恒的话题。

案例 5 是关于思乡的歌,《故乡情》道出了人们心头的故乡情,最甜家乡水,最美是乡音。故乡的山山水水,都曾留下我们幼年的足印;故乡的风土人情,依然镌刻在我们长大的心中;故乡在人们心中的地位,是他乡永远代替不了的,古往今来概莫能外。故乡永远是人们心头难解难分的共同情结。

案例 6 是关于祖国的歌,能够激发人们的爱国热情,因为《大中国》是我们的大中国,大中国是我们共同的家园。长江、黄河、长城、珠穆朗玛峰、青藏高原是我们共同的风景;中华民族历经劫难仍然屹立东方,这是我们共同的伤痛,也是我们共同的骄傲,大中国历经风雨如今依然团圆兴旺。《大中国》唱出了我们的爱国情怀,叫我们怎能不爱祖国的大好河山?

(3)歌词案例中蕴含的社会触动机理

李斯特曾说,音乐是不假任何外力,直接沁人心脾的最纯的感情的火焰;它是从口吸入的空气,它是生命的血管中流通着的血液。费提斯曾说,音乐不只是表达的艺术,它还是能引起激动的艺术。可见,音乐具有较强的情感感染力,它能让人激动,具有触动人心的地方。正如穆索尔斯基所言,没有触及内心,就不可能有音乐。无论什么肤色、什么种族,都能在音乐里将不一样的情感找到相同的共鸣,找到一个属于自己的相似的灵魂。这个相同或相近的情感共鸣,这个相似或相同的灵魂,就是歌词和音乐触动人心的地方。因为音乐与听众情感"趋同",所以引起共鸣,产生触动。

3. 社会触动案例分析之三——以广告词为例

在今天这样一个资讯发达的社会里,广告无处不在。能否快速抓住消费者的眼球,是广告成败的关键。广告是营销的工具和手段,营销功能应被视为广告与生俱来的本质功能。广告词,就是用一句话来描述产品性能,吸引观众心神,深化品牌形象;好的广告语就是品牌的眼睛,对于人们理解品牌内涵,建立品牌忠诚都有不同寻常的意义。在诸多广告词中,有些经典广告词总是那么显眼,总是那么容易让人怦然心动,直击人心。

下面通过几则经典广告词来看看广告词的魅力及其蕴含的社会触动机理。

(1)广告词案例及其分析

①太平洋保险公司的广告词是"平时注入一滴水,难时拥有太平洋"。这则广告词通过"平时的一点付出"与"难时的巨大回报"进行对比,凸显了保险在生活中的重要性。因为生活充满变数,未来具有不确定性,而且保险投资只需平时的点滴积累即可,其投资是分散的,可难时却能拥有"太平洋",其回馈是无穷的。该广告语暗示投资人在灾难发生时会获得巨额理赔,同时又让人巧妙地记住了"太平洋保险公司"这个名字,不可谓不妙。"平时与难时"的对比,道出了普通老百姓生活中的共同隐忧。

②步步高点读机的广告词是"哪里不会点哪里"。点读机是商家为中小学生学习辅导开发的电子产品。这则广告词通过"哪里不会点哪里",抓住了家长的心,也抓住了孩子们的心。没有哪个家长不希望自己的孩子学习不优秀,而拥有步步高点读机后,差生能变优等生,优等生可变得更加优秀,因为,不会的地方,点读机可以来帮忙,上课没有完全理解的地方,点读机可以来弥补。同时,广告词"哪里不会点哪里"还道出了点读机使用上的便捷,点一点就可以达到提高成绩的目的。因此,步步高点读机的广告是非常成功的,因为它迎合了家长对孩子学习的共同期待。

③吉利汽车的广告词是"造老百姓买得起的好车,七彩豪情,亮丽人生"。吉利汽车广告词最动人心的地方是"老百姓买得起""好车",意即价廉物美。在中国老百姓普遍不太富裕的情况下,人人买宝马是不现实的,但很多人又有家庭汽车的梦想,如何实现呢? 则便宜、实用就是普通老百姓的期待。吉利汽车正好抓住了普通老百姓的消费心理。买吉利车,不仅价廉物美,还能亮丽人生,释放七彩豪情,多贴心呐。吉利汽车广告词的成功,就在于它与普通老百姓的需求相一致,在情感与需求上趋同。

④某房地产公司的广告词是"年头不买房,一年又白忙"。在前几年房地产市场非常火热的形势下,这句广告词对于处在观望中的购房者极具煽动性。想一想,如果年头不买房,年尾的时候发现房价又上升了很多,一套房子平均也会升

值数万元,其房价升值部分相当于一个人一年甚至几年的收入,这就是"年头不买房,一年又白忙"的内涵。潜在购房者看了这则广告可能会动心,因为在房价上升时期,迟买不如早买,观望总要吃亏,要不然,一年的辛苦全白搭。"年头不买房,一年又白忙",会让部分购房观望者变成实际消费者,从而促使房地产市场持续升温,这对开发商非常有利。"年头不买房,一年又白忙",迎合了部分潜在购房者的心理需求,换言之,广告词与消费者的市场关注点趋同相通。

(2)广告词案例中蕴含的社会触动机理

广告效应,是指广告作品通过广告媒体传播之后所产生的作用;其最终的目的是为了促进和扩大其产品的销售,实现企业的盈利和发展;可以说,广告效应很大程度上依赖广告词的社会触动效果。上述四则广告词之所以比较经典,是因为它们均与利益相关群体具有某些同频共振特征,换言之,广告词与利益相关群体在心理、情感或需求上具有某些趋同性,要么心理趋同,要么期待趋同,要么情感趋同,要么需求趋同,等。

4. 社会触动案例分析之四——以车祸警示为例

(1)车祸警示案例及其分析

交警部门通过在高速公路服务区显眼位置展示在车祸中严重受损的车辆,从而警示过往司机牢记安全驾驶宗旨,触动过往司机小心驾驶、安全第一,尽量避免发生与事故车辆相同的危害。显然,展示的事故车辆越是惨不忍睹,破坏性越大,对过路司机的社会触动作用就越大,引起的情感共鸣就越强,因为没有哪个司机愿意看到同样的事情发生在自己身上。事故车辆就是反面教材,警示和触动来往司机安全驾驶、小心为高。还有,驾照考试学员在交警队参加科目一考试时,交警队会在考场外大屏幕上滚动播放各种车祸视频,这些车祸案例往往都非常惨烈,视频配以文字解说和案发调查,直接触动未来的新驾驶员们,开车要将安全放在首位。

(2)车祸警示中蕴含的社会触动机理

车祸警示案例触动过往司机(或未来驾驶员),是因为车祸或交通事故不是过往司机(或未来驾驶员)想要的结果,换言之,过往司机(或未来驾驶员)都想尽力避免出现与事故车辆相同的结果,他们都想避免遭遇相同的伤害(避同害)。正是由于他们职业相同,而期待的结果不同,所以,展示的事故车辆越是惨不忍睹,破坏性越大,引起过往司机(或未来驾驶员)的情感共鸣就越强,安全教育的社会触动作用就越大。

(二)社会触动机制的逻辑生成——案例分析的启示

对城市街头乞讨、音乐歌词、广告及车祸警示四种类型的案例进行分析后发现,社会触动机制具有某些共同特征。城市街头乞讨案例中,触动路人主要靠博取路人"同情",而"同情心"正是人们心中共同的、朴素的情感元素。"人之初,性本善",同情别人是一种善心,帮助别人是一种善行,都体现了人性中的善良之美。音乐歌词触动听众,是因为歌词与听众具有相近或相同的情感(经历),或听众具有与歌词内容类似或相同的情感欲求,"情同"引起情感共鸣。广告词触动观众(听众),是因为广告词抓住了观众(听众)的潜在需求,观众(听众)具有与广告内容相似或相同的欲求,即广告引起了观众(听众)的情感认同,也是"情感趋同"的结果。事故车辆触动司机,是因为交通事故极具破坏性,司机都害怕出现类似的交通事故,都想避免出现同样的交通伤害。

根据以上案例分析,通过归纳和演绎,本文认为社会触动机制的逻辑生成应该如图5-2所示。

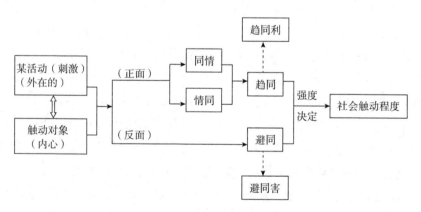

图5-2 社会触动机制逻辑生成图

下面,对社会触动机制的逻辑生成图5-2解读如下:

(1)对触动对象而言,如果某项活动(刺激)是"正面"的(即具有积极正面的社会意义,有建设性),引起触动对象"同情",或该项活动(刺激)与触动对象的情感(经历或欲求)具有"情同"(情感趋同)特征,换言之,如果某项活动(刺激)与触动对象的情感(经历或欲求)具有情感"趋同"特征,则情感"趋同"程度越高,引起触动对象的情感"共鸣"程度越大,(外在的)某项活动(刺激)对触动对象内心的社会触动程度就越大,即情感"趋同"强度决定社会触动程度。

这里的情感"趋同"可能引发的行为结果是"趋同利"的,即可能引发出的触动对象的行为结果本身具有积极正面的社会意义。比如,由于"同情"乞讨者,部分路人会捐钱捐物给他们,其行为结果就具有"扶危济困""一方有难八方支援"的社会道德规范,也符合"友善"这个社会主义核心价值观;由于歌曲《妈妈的吻》与听众具有"情同"特征,所以部分听众在听了《妈妈的吻》之后,会更加孝敬父母,常回家看看或常打电话报报平安,其行为结果就符合"百善孝为先"的古训,也符合"尊老敬老"这个社会道德规范;由于太平洋保险公司"平时注入一滴水,难时拥有太平洋"这则广告词与观众(听众)具有"情同"特征,所以部分观众(听众)在看(听)了这则广告之后,会选择购买保险,而购买保险是一种正当的市场经济行为,对个人对社会都是有益无害的。比如,曹植所作的《七步诗》:"煮豆燃豆萁,豆在釜中泣。本是同根生,相煎何太急?",是通过寻找与哥哥曹丕的共同点"同根所生"(情同),触动了曹丕,从而使曹丕放弃了杀害弟弟曹植的念头;兄弟情同手足而不是互相残杀,符合天理人伦,即使在古代社会也是如此;所以曹丕的最终行为是"趋同利"的,对双方都有好处。再比如,"同人卦"是《易经》六十四卦中非常重要的一卦,"同人"就是团结人,与人求同,和同,会同(求同存异就是让大家在情感上"趋同"),不闭门自守也不出门斗争;几千年来炎黄子孙就是在"同人"思想的指导下发展着自己的历史,不断地和同周围的异族,乃至形成今天多民族聚居的大国;天下大同,是中国人亘古不变的理想;今天习主席提出的"中国梦"就是全体中华儿女共同的梦,体现了共产党人天下大同的崇高理想和奋斗目标。由于"情感趋同",所以"中国梦"成了凝聚中华儿女共同奋斗的情感和精神纽带。

(2)相反,对触动对象而言,如果某项活动(刺激)是"反面"的(即具有消极负面的社会意义,有破坏性),则某项活动(刺激)对触动对象的社会触动,就是使触动对象在情感(经历)方面尽量避免出现与该项活动(刺激)相同的结果("避同"),即避免同样"坏"的结果发生("避同害")。触动对象情感"避同"程度越高,引起的情感"共鸣"程度越大,(外在的)某项活动(刺激)对触动对象内心的社会触动程度就越大,即情感"避同"强度决定社会触动程度。

这里的情感"避同"可能引发的行为结果是"避同害"的,即促使触动对象要尽力避免的行为结果本身具有消极负面的社会意义。如高速公路服务区通过在显眼位置展示在车祸中严重受损的车辆,从而触动过往司机要小心驾驶、安全第一,尽量"避同害"。显然,车辆破损越是惨不忍睹,对过路司机的社会触动作用就越大,因为没有哪个司机愿意看到同样的事情发生在自己身上。再比如,迟志强通过演唱《铁窗泪》,警示和触动听众不要再去走他的老路("避同害"),要遵纪守法,好好做人,千万不能失足成千古恨而成为"罪犯"。比如,通过让党政干部观看狱中"高官"的忏悔纪实片①,可以警示和触动在职党员干部不要贪赃枉法、违法乱纪,否则其结果就会和纪实片中的人物一样("避同害");狱中"高官"忏悔得越真切,前后反差越明显,则纪实片对观众的社会触动效应就越强,反腐警示教育效果就越好。还有,国内高校中青年教师"过劳死"现象时有发生,这对学校其他中青年教师也有触动作用。"过劳死"现象会警醒并触动周围其他教师尤其是中青年教师要学会释放压力、多关注身体健康,以避免遭遇同样的不测("避同害")。

(3)从社会触动机制生成逻辑可以看出,社会触动机制有两个维度——正面触动和反面触动(参图5-2)。是正面触动?还是反面触动?或是兼而有之?这要具体问题具体分析。只要能达到良好的社会触动效果,这两个维度皆可以使用。具体到新市民在城乡一体化进程中的粘合催化作用而言,正面触动可能需要多一些。

(4)正面触动就是去"求同"。某单项活动(刺激)与触动对象的情感(经历或欲求)"趋同"程度越大,社会触动效果越好;有趋同特征的活动(刺激)数量越多,社会触动效果越好。因此,正面的社会触动效果与单项活动(刺激)的"强度"成正比,也与活动(刺激)的"数量"成正比。如街头残疾乞讨者一边可怜地乞讨一边播放伤情音乐,就比单纯乞讨对路人的社会触动效果要好。

(5)反面触动就是去"避同"。触动对象在情感上与某项活动(刺激)的"避同"程度越高,社会触动效果越好;有避同特征的活动(刺激)数量越多,社会触动效果越好。因此,反面的社会触动效果与单项活动(刺激)的"强度"成正比,也与活动(刺激)的"数量"成正比。如让党政干部既观看狱中"高官"的忏悔纪实片,又让他们亲身去体验监狱生活,则对在职党政干部的警示教育效果就比单纯地观看纪实片来到更好些。

(三)社会触动机制的社会心理学解释

上述社会触动的发生机制可用西方社会说服理论加以解释。

1. 社会说服理论

20世纪中叶,社会心理学家开始探讨说服与态度改变问题。1959年霍夫兰(Hovland)创立了"以信息为中心的说服模型",该模型认为说服信息及说服过程

---

① 如党的十九大召开前夕央视热播的《巡视利剑》专题纪实片。

与说服结果紧密相关,说服信息只有被他人注意、理解和接受时,说服才能引起态度改变。由于"以信息为中心的说服模型"忽略了人和情境等重要因素,故该模型还存在不少缺陷。后来,希尔斯(Sears)在霍夫兰模型的基础上,将"以信息为中心的说服模型"发展成"以人为中心的说服模型"。希尔斯的说服模型围绕说服者和被说服者来研究说服效果,几乎囊括了影响说服效果的主要因素,故该模型名为"以人为中心的说服模型"。

在"以人为中心的说服模型"里(图5-3),"外部刺激"由"说服者""说服信息"和"说服情境"三者组成,其中"说服者"的影响力取决于他的可靠性、专业性与受欢迎程度。"说服对象"对说服信息的接受程度取决于他的卷入程度(或承诺)、是否对说服有免疫力及其人格特征。在态度改变的"作用过程"中,被说服者(说服对象)首先要学习说服信息内容,在此基础上发生情感转移,把对一个事物的情感转移到与该事物有关的其他事物之上。当被说服者(说服对象)接收到的信息与原有的态度(认知和情感基础)一致时,在一致性机制作用下其态度形成并发生一致性改变。当被说服者(说服对象)接收到的信息与原有的态度(认知和情感基础)不一致时,便会产生心理上的紧张,此时,一致性机制开始起作用,一致性理论认为反驳是减轻心理紧张的最主要方式。通过反驳,说服结果有两个:一是态度改变;一是对抗说服,包括贬低信息来源、故意歪曲说服信息及对说服信息加以拒绝、掩盖等(侯玉波,2012;刘洪波,2015)。

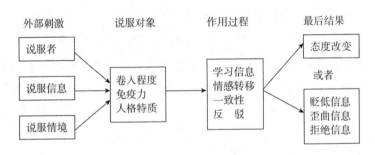

图5-3 以人为中心的说服模型

2. 社会说服理论对社会触动机制的观照

社会触动机制发生作用的过程,其实就是外在刺激"说服"触动对象发生一致性态度改变的过程。图5-2社会触动机制逻辑生成图中的"某活动(刺激)(外在的)",对应的就是图5-3说服模型中的"外部刺激",只是社会触动机制逻辑图中不存在具体的、看得见的"说服者"而已,但存在说服信息和说服情境。图5-2社会触动机制逻辑生成图中的"触动对象（内心）"对应的是图5-3说服模型中的"说服对象"。图5-2社会触动机制逻辑生成图中的"趋同或避同"对应的是图5-3说服模型中的"作用过程"。图5-2社会触动机制逻辑生成图中的"社会触动程度"对应的是图5-3说服模型中的"最后结果"。

如在城市街头乞讨案例中，乞讨者呈现出"光膀子、空裤管、躺在地上、痛苦表情、礼貌祈求声"等外部刺激，有些路人（即说服对象）扫一眼甚至没有注意就走了（即卷入程度低），而有些路人由于充分注意到乞讨者（即卷入程度较深），便会停下脚步打量些许，这个注意和打量的过程就是信息学习、情感转移的过程。人之初、性本善，同情弱者是大部分人心灵深处共同的情愫，在一致性机制的作用下，路人对乞讨者的困境表现出情感认同，情感与乞讨情境发生"趋同"。街头乞讨这个外部刺激会说服部分路人（即触动对象）发生一致性的态度改变，从而促使路人做出捐钱捐物的举动。当然，在这个过程中，路人对说服的免疫力及其人格特征也会影响其态度取向。如果路人经常遇到类似乞讨，就可能见怪不怪，或者路人认为乞讨存在社会欺骗，就会产生说服免疫力；或者由于路人在人格特征上缺乏同情心等，都会导致他在心里反驳说服，没有发生一致性的态度改变，最后也就不会出现捐钱捐物的举动。

又如在车祸警示案例中，外部刺激是"车祸中严重受损的车辆"，这个外部刺激在高速公路服务区显眼位置呈现出来，要表达的说服信息一览无余，创设的说服情境与周围环境也高度吻合，过往司机正是其要说服的对象。过往司机对展示车辆的关注度（即说服卷入程度）、对车祸危害的认知程度（即说服免疫力的大小）及其人格特征（冒险性格还是谨慎性格等）均会影响外部刺激对说服对象的说服效果。一般而言，大部分司机会在破损车辆这个说服信息的学习过程中，发生情感转移，会由他人想到自己，并在一致性机制的作用下，在情感上对警示车辆传递出的信息表现出高度认同，从而导致被说服者（即触动对象）发生一致性的态度改变，即过往司机（被说服者）会在驾驶过程中小心安全驾驶，努力避免遭受同样的交通伤害（避同害）。

可见，社会触动机制发生作用的过程，就是外在刺激"说服"触动对象发生一致性态度改变的过程。这个说服，不像老师对学生的说服教育，而是通过情景设置等方式来达到说服观众（听众）的效果。社会说服的过程，就是诱使说服对象在情感或认知上对说服信息产生高度认同的过程，在这个过程中发生一致性的态度改变，最终在举动上做出"趋同"或"避同"的行为选择。

（四）社会触动机制的家国价值

社会机制是一种解释手段，揭示因果关系（李钧鹏，2012）。社会触动机制作为社会机制之一，同样也具有解释能力，也可用于指导实践。掌握并运用社会触动机制的生成逻辑，对于打造和谐的人际关系、推进城乡一体化发展、促进和谐中国建设等方面都具有非常重要的启示价值。下面从微观、中观和宏观三个层次分析说明。

1. 微观层面价值

微观层面，社会触动机理可解释某些人际关系现象，如"一起同过窗，一起扛过枪，一起分过赃"的人关系最铁，因为他们之间有共同的情感经历，要么是同学关系，要么是战友关系，要么是共犯关系。世上"只有千年的宗家，没有千年的亲家"，原因就在于宗家同姓氏，千年不变，而亲家就难以做到这一点。当然，社会触动机理的"趋同"思想也可以用来打造和谐的人际关系，如通过参加老乡会、校友会、同学会、同族会等方式来拓展人际关系网络，"趋同"的地方越多，社会触动效果就越好。总之，通过找"同"可建立良好的人际关系，"人以类聚、物以群分"说的就是这个道理；当然在社交过程中，为防止误入不良人际圈子，也要适当避"同"。此外，"趋同"思想对于思想政治工作也有很好的启发作用，如通过建立共同的情感基础、共同的目标追求等方式，慢慢触动对方思想观念朝着预期的方向转变。

2. 中观层面价值

中观层面，社会触动机理的"趋同"思想可用来助推城乡一体化发展。如不少学者都认为，新农村建设面临精英缺失、内生动力不足等困境，可发扬乡贤①和新市民群体在城乡一体化进程中的作用，利用乡贤和新市民的社会资源与智力智慧来加速新农村建设（赵康，2014；季中扬，2016；卢旭峰，2016；朱振亚，2015）。乡贤和新市民"第二故乡在城市、第一故乡在农村"的特殊身份，及其"进城农村精英"的角色，决定了他们在家乡新农村建设中可以大有作为。有研究表明，当前新农村建设中乡贤作用发挥得很不够（李钧鹏，2012）。因此，可通过建立各种"乡贤会"和"新市民联合会"，来对接家乡农村"两委"，助力家乡农村发展，因为他们与家乡农村有很多"趋同"性。但他们的作用还是潜在的，不少还处在非自觉状态，

---

① 乡贤是指进城的农村精英，他们一般都事业有成。

还需要去"触动"，还需要政府有关部门主动做好牵线搭桥工作，或需要媒体去呼吁。如据 2014 年度《感动中国》人物退休外交官朱敏才夫妇坦承，他们去贵州乡村长期支教的决定正是在受到 2004 年度《感动中国》人物华中农业大学研究生徐本禹贵州支教先进事迹的影响后才做出的。需要说明的是，朱敏才夫妇支援贵州新农村建设，不可忽视的一个原因是因为贵州是朱敏才的家乡，这里有"情同"的成分。

3. 宏观层面价值

宏观层面，社会触动机理可促进和谐中国建设。如可通过"趋同"思想，运用文艺、文化等多种形式触动 56 个民族团结共进。社会触动机理对统战工作也有启示。如著名学者余源培认为，统一战线的各项工作，一定要促进"求同"（余源培，2010），这与社会触动机理的"趋同"思想异曲同工。习主席提出的"中国梦"就体现了共产党人天下大同的崇高理想和奋斗目标，也包含了深邃的"趋同"思想。由于 13 亿人"情感趋同、目标趋同"，所以"中国梦"成了凝聚中华儿女共同奋斗的情感和精神纽带。在改善两岸关系方面，社会触动机理的正面"趋同"和反面"避同"思想也大有作为。如可通过"设立两岸交流专项基金，加强两岸民间文化交流；策划包装好中华共有文化，瞄准台湾民众推介宣传；扩大两岸经贸交流，积极保护台商合法权益"等方式来增强台湾民众对祖国大陆的民族认同感；此外，针对"台独"分裂势力，我军需高调展示强大的军事战斗力和杀伤力，适时"亮剑"，震慑"台独"分裂图谋。当然，我军强大的战斗力也能最大程度地触动台湾民众反"台独"的主动性和积极性，并在一定程度上吓阻美日妄图插手台海的不轨图谋，以达到不战而屈人之兵的目的，为中华民族复兴伟业争取和平环境。

三、本章小结

首先，本章从理论上界定了触动、社会触动与社会触动机制的内涵。界定"触动"为"受到某种刺激而引发的（情感变化、回忆等）"；界定"社会触动"为"具有社会属性的人在社会活动过程中，由于受到了某种或某些感官上的适当刺激而引发的情感变化、回忆、反思等，进而由这种情感变化、回忆、反思等心理活动引致出的使个体做出某些相应'社会性'行为的过程。"界定"社会触动机制"为"具有社会属性的人在不同社会活动过程中，受到某种或某些感官上的适当刺激后，从个体由情感变化、回忆、反思等心理活动引致出的某些相应的'社会性'行为过程中，个体行为体现出来的一般行为逻辑"。

其次,分析了社会触动的九大特征,这九大特征分别是:感官要接受到外界的刺激;刺激的方式要正确;刺激的当量要足够;刺激的时机要选择;刺激的内容具有社会性;刺激的结果要引发情感共鸣;社会触动的对象主要是针对个体行为中的非自觉部分;社会触动的结果是引致个体在合适的时机做出相应的社会性行为;社会触动具有杠杆效应或乘数效应。

最后,本章通过对城市街头乞讨、音乐歌词、广告词和车祸警示的案例分析,挖掘了其中蕴含的社会触动机理,并通过归纳和演绎,构建了一个社会触动机制的逻辑生成图。研究表明:社会触动机制的正面生成逻辑是"趋同",即外在的活动(刺激)与触动对象内心的情感(经历或欲求)具有某些相同特征;社会触动机制的反面生成逻辑是"避同",即触动对象内心要尽力避免出现与外在的活动(刺激)相同或相似的结果。因此,社会触动机制有两个维度——正面触动和反面触动。正面触动就是去"求同";某项活动(刺激)与触动对象的情感(经历或欲求)"趋同"程度越大,社会触动效果越好;有趋同特征的活动(刺激)数量越多,社会触动效果越好。即正面的社会触动效果与单项活动(刺激)的"强度"成正比,同时也与活动(刺激)的"数量"成正比。反面触动就是去"避同";触动对象在情感上与某项活动(刺激)的"避同"程度越高,社会触动效果越好;有避同特征的活动(刺激)数量越多,社会触动效果越好。即反面的社会触动效果与单项活动(刺激)的"强度"成正比,也与活动(刺激)的"数量"成正比。总之,正面好事要多"求同",反面坏事要力"避同","同"的地方越多,社会触动效果就越好。社会触动机制可用西方社会说服理论加以观照和解释。社会触动机制还具有广泛的家国价值,如微观上对于打造和谐的人际关系、中观上对于推进城乡一体化发展、宏观上对于促进和谐中国建设等,均具有非常重要的指导意义。

第六章

问卷调查:新市民城乡粘合催化作用的存在性论证

通过前面的论述可知,新市民在城乡一体化进程中具有八大社会特性,这八大社会特性分别是:新市民在情感上具有农村记忆性、心理上具有农村接纳性、生活上具有农村习惯性、交流上具有农村往来性,城市安家落户上具有高成本性、社会资源占有上具有比较优势性、工作范围上具有农村辐射性、"哺农"上具有引领带动性。新市民身上的八大社会特性,决定了新市民在城乡一体化进程中具有很强的粘合与催化作用。新市民在城乡一体化进程中的城乡粘合性主要表现为情感粘合性、生活粘合性和工作粘合性,这三个粘合性像"双面胶"(或"粘合剂")一样,可将城市和乡村粘结在一起。新市民在城乡一体化进程中的催化作用主要表现为"三个反哺"催化促进城乡一体化和"四个带动"催化促进城乡一体化。"三个反哺"催化促进城乡一体化是指新市民通过对农业、农村和农民的反哺,催化促进城乡一体化进程,"四个带动"催化促进城乡一体化是指新市民通过带动人流、物流、资金流和信息流在城乡间的有序流动,催化促进城乡一体化进程。作为城乡"粘合剂"和"催化剂"的新市民在城乡一体化进程中的粘合和催化作用可概括为:"两头粘合、三个反哺、四个带动、一体催化"。

以上有关新市民在城乡一体化进程中的粘合催化作用均是理论上的分析推断,事实果真如此吗?本章就将对此问题进行问卷调查和实证分析,以论证新市民城乡粘合催化作用的现实存在性。

一、问卷设计、数据来源及样本详情

(一)问卷设计

前文的理论分析(第二章、第三章、第四章)为新市民问卷设计提供了重要的理论基础。围绕新市民在城乡一体化进程中的粘合催化作用以及可能的触动路径，项目课题组通过多次研讨，拟定出调查问卷（初稿），然后将调查问卷（初稿）发给相关领域的专家教授进行咨询，以听取专家意见。专家教授们的意见返回后，课题组充分吸收了专家教授们的修改意见，对调查问卷（初稿）进行了认真修改，形成了调查问卷（中稿）。问卷（中稿）拟定完成后，课题组成员运用调查问卷（中稿）对部分新市民进行预调查，再根据预调查情况对调查问卷（中稿）进行了修改和完善，多次反复后，最终编制完成调查问卷（定稿）。调查问卷定稿最终命名为《市民城乡互动研究调查问卷》，即问卷是面向全体市民的问卷（问卷中通过设计"您是第几代市民"这道题将市民群体分为新市民和老市民，再将新市民数据从中甄选出来），所以本问卷新市民可以回答，老市民也可以回答。这样设计给问卷调查也带来了方便，因为调查无需对新市民群体进行事前识别和选择。问卷回收后，从中挑选出新市民问卷即可。《市民城乡互动研究调查问卷》由三大部分组成，第一部分是情感与生活特征，第二部分是工作特征，第三部分是个体特征。

（二）数据来源

本书问卷调查基本遵循了随机抽样和分层抽样原则，样本代表性较好。需要说明的是，本问卷调查对象全部是政府公务员、国有企业和全民事业单位的工作人员。之所以这样安排，是基于三点考虑：一是因为政府部门、国有企业和全民事业单位里新市民比较集中；二是因为政府部门、国有企业和全民事业单位的新市民已经较好地或完全地融入了城市，其身份"变态"和素质"变性"最彻底；三是因为政府部门、国有企业和全民事业单位的新市民所处社会能级较高，控制和支配的社会资源也较为丰富，他们在城乡一体化进程中的粘合催化作用应该比较明显。

本书问卷调查范围涵盖北京市顺义区、海南省海口市、江西省南昌市、安徽省合肥市、广西自治区南宁市、贵州省贵阳市、辽宁省大连市、海南省儋州市、安徽省安庆市、江西省吉安市、广西自治区崇左市、广西自治区柳州市、新疆自治区克拉玛依市、安徽省枞阳县、江西省井冈山市、江西省吉水县、四川省浦江县、四川省茂县共18个县市区。其中东部地区4个，中部地区7个，西部地区7个；省级城市（含直辖市）6个，地级城市（含副省级城市）7个，县城（含县级市）5个。样本区域代表性和城市代表性较好。

共收回新市民群体填写问卷1 100份，其中，北京市顺义区66份，海南省海口市70份，江西省南昌市65份，安徽省合肥市65份，广西自治区南宁市66份，贵州省贵阳市 65 份,辽宁省大连市 61 份,海南省儋州市 65 份,安徽省安庆市 58 份,江西省吉安市 63 份,广西自治区崇左市 61 份,广西自治区柳州市 52 份,新疆自治区克拉玛依市 62 份,安徽省枞阳县 60 份,江西省井冈山市 56 份、江西省吉水县 45 份、四川省浦江县 60 份、四川省茂县 60 份。在 1 100 份回收问卷中,无效问卷 90 份,剔除 90 份无效问卷后,得到有效问卷 1 010 份,问卷有效率为 91.8%。统计分析主要是运用 SPSS16.0 软件辅助完成。

(三)样本详情

1. 样本新市民群体性别组成

在新市民回答的 1 010 份有效问卷中,有男性新市民 775 人,女性新市民 235 人,男性新市民和女性新市民人数分别占总人数的 76.7% 和 23.3%(如图 6-1 所示),男性比例偏高,这可能是由于男性新市民更愿意配合填写问卷所致。

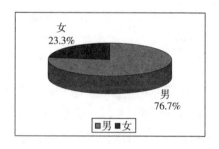

图 6-1　新市民群体性别组成

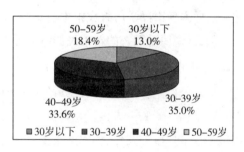

图 6-2　新市民群体年龄分布

2. 样本新市民群体年龄分布

在 1 010 位新市民中,年龄最小的 19 周岁,年龄最大的 59 周岁,平均年龄 40 周岁。其中,30 周岁以下有 131 人,占样本总数的 13.0%(如图 6-2 所示);30-39 周岁的有 354 人,占样本总数的 35.0%;40-49 周岁的有 339 人,占样本总数的 33.6%;50-59 周岁的有 186 人,占样本总数的 18.4%。在 1 010 个样本新市民中,以 30-49 周岁的中年新市民为主,中年新市民一共占到样本总数的 68.6%。显然,新市民样本年龄上基本呈帽形的正态分布。

3. 样本新市民群体的婚姻状况

新市民群体的婚姻状况如图 6-3 所示。从图 6-3 可见,在 1 010 个样本新市民中,未婚者 120 人,已婚者 890 人,比例分别为 11.9% 和 88.1%。由于样本新市民群体平均年龄 40.0 周岁,故已婚者比例高达 88.1% 就自然而然。

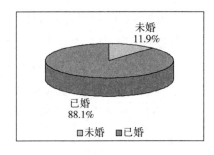
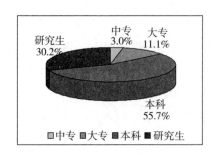

图6-3 新市民群体的婚姻状况   图6-4 新市民群体最高学历情况

4. 样本新市民群体的最高学历

新市民最高学历状况如图6-4所示。从图6-4可见,在1 010个样本新市民中,中专学历30人,大专学历112人,本科学历563人,研究生305人,分别占总人数的3.0%、11.1%、55.7%和30.2%,本科学历超过半数,研究生学历接近三分之一。样本新市民学历组成中本科最多,其次为研究生,大专及中专学历仅占很小比例,这说明受调查的新市民群体学历层次较高。

5. 样本新市民群体的政治面貌

新市民群体政治面貌情况如图6-5所示。从图6-5可见,在1 010个样本新市民中,群众186人,民主党派79人,中共党员745人,分别占总人数的18.4%、7.8%和73.8%,样本新市民群体党员比例较高,可能是因为样本新市民群体基本供职在政府机关、国企和事业单位等社会公共部门造成的,也说明新市民群体政治上表现比较积极。

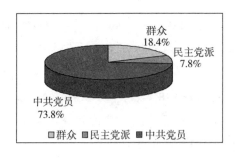
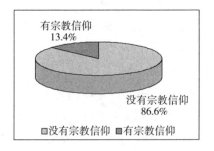

图6-5 新市民群体政治面貌   图6-6 新市民群体的宗教信仰

6. 样本新市民群体的宗教信仰

新市民群体的宗教信仰情况如图6-6所示。从图6-6可见,在1 010个样本新市民中,有宗教信仰的 135 人,没有宗教信仰的 875 人,分别占总人数的 13.4% 和 86.6%。这个比较好理解,因为样本新市民群体中中共党员比例高达 73.8%,而党员原则上是不允许有宗教信仰的。

7. 样本新市民群体的行政职务级别

新市民行政职务级别情况如图 6-7 所示。从图 6-7 可见,在 1 010 个样本新市民中,科员及以下级别 409 人,科级干部 286 人,处级干部 291 人,厅级及以上干部 24 人,分别占总人数的 40.5%、28.3%、28.8% 和 2.4%,样本基本符合金字塔型层级结构,说明新市民样本具有较好的代表性。

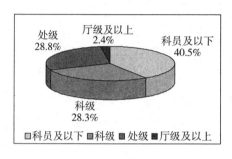

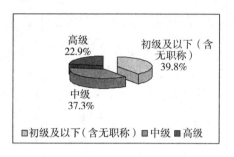

图 6-7　新市民群体行政职务级别　　图 6-8　新市民群体专业技术职称情况

8. 样本新市民群体的专业技术职称状况

新市民专业技术职称情况如图 6-8 所示。从图 6-8 可见,在 1 010 个样本新市民中,初级及以下职称(含无职称)的 402 人,中级职称的 377 人,高级职称的 231 人,分别占总人数的 39.8%、37.3% 和 22.9%,职称分布比较合理。

9. 样本新市民群体家庭出身

新市民家庭出身用其父母的户口情况来加以说明。如图 6-9 所示,在 1 010 个样本新市民中,父亲是非农户口而母亲是农业户口的有 98 人,占样本总数的 9.7%;母亲是非农户口而父亲是农业户口的有 19 人,占样本总数的 1.9%;父母双方都是农业户口的达到 893 人,占样本总数的 88.4%。说明超过八成的新市民的父母均是地地道道的农民,只有 11.6% 的新市民父母单方为非农户口。新市民的共同特征就是父母双方至少有一方是农业户口或双方均是农业户口,只有这样,才符合新市民是农家子弟的定义。

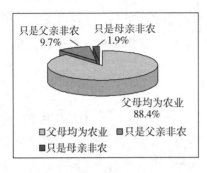

图 6 - 9　新市民群体家庭出身

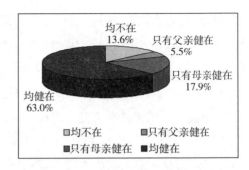

图 6 - 10　新市民群体父母健在状况

10. 样本新市民群体父母健在状况

新市民父母健在情况如图 6 - 10 所示。从图 6 - 10 可见,在 1 010 个样本新市民中,父母均不在的有 137 人,占样本总数的 13.6%;只有父亲健在的有 56 人,占样本总数的 5.5%;只有母亲健在的有 181 人,占样本总数的 17.9%;父母双方均健在的有 636 人,占样本总数的 63.0%。说明有近 86% 的新市民至少还有父母双亲中的一位生活在老家农村,其中父母双亲皆健在的新市民超过六成。

11. 样本新市民群体兄弟姐妹情况

新市民兄弟姐妹数目情况如图 6 - 11 所示。从图 6 - 11 可见,在 1 010 个样本新市民中,独生子女 80 人(其中,男独 30 人,女独 50 人),兄弟姐妹(含自己)在 2 - 5 人之间的有 785 人,兄弟姐妹(含自己)超过 5 人的有 145 人,分别占总人数的 7.9%、77.7% 和 14.4%,新市民兄弟姐妹个数(含自己)平均为 3.8 人。说明超过七成的新市民均有兄弟姐妹。在样本新市民中,男性兄弟(含自己)平均为 2.1 人,最多为 7 人,最少为 0 人(即父母没生男孩)。独女新市民仅占总人数的 5.0%,其它 95.0% 新市民的父母均育有男孩,且约有六成的样本新市民有弟兄。

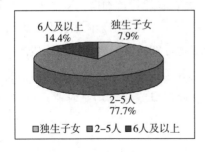

图 6 - 11　新市民群体兄弟姐妹的数目

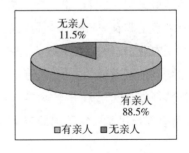

图 6 - 12　新市民群体乡下亲人状况

12. 样本新市民群体乡下亲人状况

新市民群体乡下亲人状况(亲人包括父母和兄弟姐妹)如图 6－12 所示。从图 6－12 可见,在 1 010 个样本新市民中,乡下有亲人的新市民有 894 人,乡下没有亲人的新市民有 116 人,分别占样本总数的 88.5% 和 11.5%。说明绝大多数新市民乡下还有自己的亲人。

13. 样本新市民群体乡下亲戚状况

新市民乡下亲戚走动情况如图 6－13 所示。从图 6－13 可见,在 1 010 个样本新市民中,新市民乡下还有保持走动的亲戚的有 980 人,乡下没有保持走动的亲戚的有 30 人,分别占样本总数的 97.0% 和 3.0%。说明几乎所有的新市民在乡下均有保持走动的亲戚。

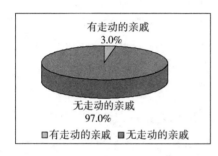 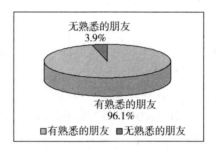

图 6－13　新市民群体乡下亲戚状况　　图 6－14　新市民群体乡下朋友状况

14. 样本新市民群体乡下朋友状况

新市民乡下朋友情况如图 6－14 所示。从图 6－14 可见,在 1 010 个样本新市民中,乡下有熟悉朋友的新市民有 971 人,乡下无熟悉朋友的新市民有 39 人,分别占样本总数的 96.1% 和 3.9%。说明几乎所有的新市民在乡下都有自己熟悉的朋友。

15. 样本新市民群体工作地点状况

新市民工作地点状况如图 6－15 所示。从图 6－15 可见,如果以新市民家乡为参照点,则 1 010 个样本新市民,在本县工作的有 233 人,在本市工作的有 264 人,在本省工作的有 251 人,在外省工作的有 261 人,分别占样本总数的 23.1%、26.2%、24.9% 和 25.9%。这说明,样本新市民群体具有较好的代表性,因为在本县、本市、本省和外省工作的新市民约各占总数的 1/4。

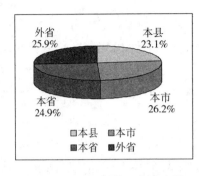

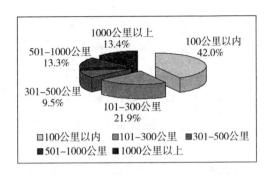

图 6-15 新市民群体工作地点状况　　图 6-16 新市民群体工作地到老家的距离

16. 样本新市民群体工作地到老家的距离

新市民群体工作地到老家的距离情况如图 6-16 所示。从图 6-16 可见,在 1 010 个样本新市民中,工作地距离老家 100 公里以内约有 424 人,工作地距离老家 101-300 公里的约有 221 人,工作地距离老家 301-500 公里的约有 96 人,工作地距离老家 501-1 000 公里的约有 134 人,工作地距离老家 1 000 公里以上的约有 135 人,分别占总人数的 42.0%、21.9%、9.5%、13.3% 和 13.4%。在 1 010 个样本新市民中,距离老家最近的是 1 公里(估计老家就在城郊),距离最远的是 4200 公里,平均距离为 522 公里。

17. 样本新市民群体工作单位性质

新市民工作单位性质状况如图 6-17 所示。从图 6-17 可见,在 1 010 个样本新市民中,在政府机关工作的有 498 人,在国企工作的有 154 人,在高校和科研院所工作的有 129 人,在初等和中等学校工作的有 59 人,在医疗卫生部门工作的有 35 人,在其它事业单位工作的有 124 人,在

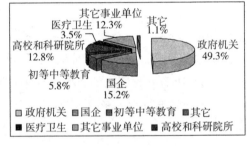

图 6-17 新市民群体工作单位性质

其它单位工作的有 11 人,分别占总人数的 49.3%、15.2%、12.8%、5.8%、3.5%、12.3% 和 1.1%,其中,政府机关人数约占总人数的一半。这说明样本新市民群体基本供职在政府机关、国企和事业单位等社会公共部门,都或多或少掌握着某种或某些社会资源。

18. 样本新市民群体工作单位行政级别

新市民工作单位行政级别状况如图 6－18 所示。从图 6－18 可见，在 1 010 个样本新市民中，工作单位为科级及以下级别的有 285 人，工作单位为处级的有 455 人，工作单位为厅级的有 255 人，工作单位为厅级以上的有 15 人，分别占总人数的 28.2%、45.0%、25.2% 和 1.5%。这说明新市民群体工作单位层级分布有高有低，基本做到了全覆盖。

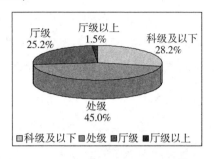

图 6－18 新市民群体工作单位行政级别

19. 样本新市民群体工作城市级别

新市民工作单位所在城市级别状况如图 6－19 所示。从图 6－19 可见，在 1 010 个样本新市民中，有 333 人在县城或县级市工作，有 372 人在地级市工作，有 305 人在省城或直辖市工作，分别占总人数的 33.0%、36.8% 和 30.2%。这说明新市民群体在不同级别的城市中分别比较均匀，样本具有较好的代表性。

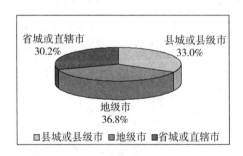

图 6－19 新市民群体工作城市级别

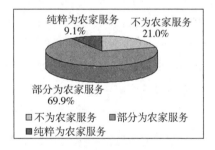

图 6－20 新市民工作单位"涉农"情况

20. 样本新市民群体工作单位"涉农"状况

新市民工作单位"涉农"状况如图 6－20 所示。从图 6－20 可见，在 1 010 个样本新市民中，有 212 人所在单位不为农家服务，有 706 人所在单位部分为农家服务，有 92 人所在单位纯粹为农家服务，分别占总人数的 21.0%、69.9% 和 9.1%。说明接近八成的新市民其工作单位与"三农"有交集，纯粹或部分为农家服务。

21. 样本新市民群体的私家车购买情况

新市民群体的私家车购买情况如图6-21所示。从图6-21可见,在1010个样本新市民中,671人有私家车,339人无私家车,分别占总人数的66.4%和33.6%,说明超过六成的新市民已经购买了私家车,家庭出行比较方便。

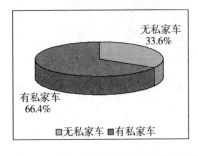

图6-21　新市民群体私家车购买情况

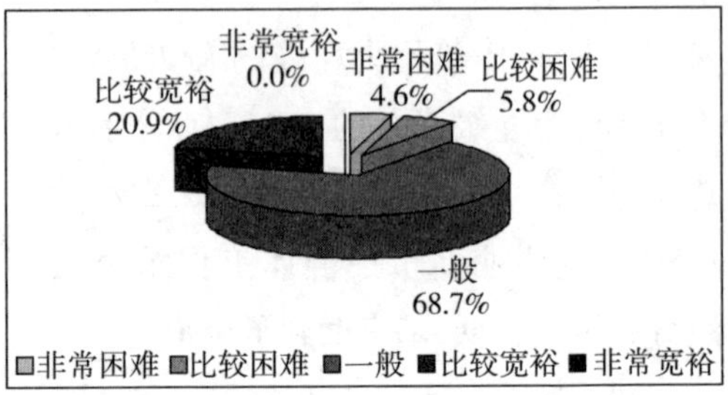

图6-22　新市民群体城市小家庭经济状况

22. 样本新市民群体城市小家庭经济状况

新市民群体城市小家庭经济状况如图6-22所示。从图6-22可见,在1010个样本新市民中,城市小家庭经济状况非常困难的有46人,比较困难的有59人,一般的有694人,比较宽裕的有211人,非常宽裕的有0人,分别占总人数的4.6%、5.8%、68.7%、20.9%和0.0%,说明新市民群体整体经济状况一般,困难家庭约有十分之一,比较宽裕家庭约有十分之二,经济上非常宽裕的家庭几乎没有。作为进城的第一代农家子弟,经济状况一般,容易理解。

23. 样本新市民群体城市购房情况

新市民群体城市购房状况如图6-23所示。从图6-23可见,在1010个样本新市民中,买了房的有785人,没买但准备买房的有105人,没买且暂时也不打算买房的有120人,分别占总人数的77.7%、10.4%和11.9%。这说明大多数新市民在城市已经居有其屋,没有买房的新市民仅占20%。没有买房的新市民中约有半数要准备买房。

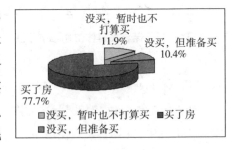

图6-23　新市民群体城市购房情况

二、问卷调查结果分析

前面第四章从理论上分析了新市民在城乡一体化进程中所具有的粘合催化作用。新市民粘合作用主要表现为情感粘合、生活粘合和工作粘合。新市民催化作用主要表现为"三个反哺"和"四个带动"催化促进城乡一体化。"三个反哺"催化是指新市民通过对农业、农村和农民的持续反哺,催化促进城乡一体化进程,"四个带动"催化是指新市民通过带动人流、物流、资金流和信息流在城乡间的有序流动,催化促进城乡一体化进程。事实情况怎样? 接下来,通过对新市民群体的调查分析来佐证其在城乡一体化进程中粘合与催化作用的存在性。

(一)新市民城乡粘合性的存在性

1. 新市民情感粘合性的存在性

新市民情感粘性("情感粘合性"的简称)是指在城乡一体化进程中,新市民思想情感上所具有的拉近城乡距离的心理倾向和情感特性。新市民在城乡一体化进程中的情感粘性表现在诸多方面,主要有:

(1)大多数新市民梦境中时常出现农村景象。问卷调查过程中,在评价"您的梦境中常常会出现农村的景象"这道问题时,1 010 个新市民中有 160 人认为"非常符合",294 人认为"符合",还有 326 人认为"难以确定"。若将"难以确定"人数一分为二处理,即回答"难以确定"的新市民中有一半倾向于"符合",另一半倾向于"不符合"①。则共有 61.1% 的新市民承认梦境中时常会出现家乡的景象;只有 230 人回答"不符合"与"非常不符合",加上一半"难以确定"的新市民,则否认梦回故乡的新市民仍是少数,比例只有 33.9%(参见图 6 – 24)。可见,大部分新市民进城后,梦境中仍会时常

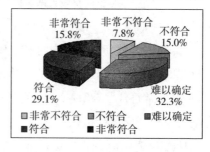

图 6 – 24　梦见农村表态结果

---

① 后文其它诸如"难以确定"的调查分析将作同样处理,即将回答"难以确定"人数中的一半归入"符合"之列,另一半归入"不符合"之列。

出现农村的景象,"乡愁"会呈现梦中。分性别来看,男性新市民"梦回故乡"的平均比率稍高于女性新市民,因为男性回答的平均吻合度为 61.6%,女性回答的平均吻合度为 59.6%。

(2)大多数新市民曾经经常下地干农活。问卷调查过程中,在评价"您曾经经常(下地)干农活"这道问题时,1 010 个新市民中有 350 人认为"非常符合",350 人认为"符合",还有 110 人认为"难以确定",折算加总起来,则共有 74.8% 的新市民承认曾经经常(下地)干农活,只有不到 30.0% 的新市民认为"不符合"或"非常不符合"(参见图 6-25),需要说明的是,这是对"经常干农活"的评价,不排除这不到 30.0% 的新市民中还有部分人偶尔参加农业劳动。可见,大多数新市民进城前均接受过很好的"农业劳动教育",这对新市民农村情怀的培养具有非常重要的促进作用。分性别来看,男性新市民"务农"的平均比率稍高于女性新市民,因为男性回答的平均吻合度为 75.8%,女性回答的平均吻合度为 71.3%。

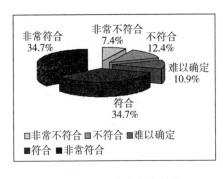

图 6-25　务农表态结果

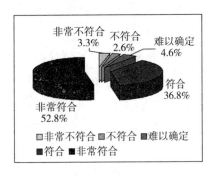

图 6-26　农村生活经历表态结果

(3)大多数新市民在农村有过较长时间的生活经历。问卷调查过程中,在评价"您在农村有过较长时间的生活经历"这道问题时,1 010 个新市民中有 533 人认为"非常符合",372 人认为"符合",还有 46 人认为"难以确定",折算加总起来,则共有 91.9% 的新市民承认曾在农村生活过较长时间。其实这从新市民的定义本身就能看出来,新市民是指进城落户工作且具有大中专文凭的农家子弟,既然是农家子弟,一般是在农村生活成长然后才进城学习或工作的。只有不到 9.0% 的新市民认为问题与实际"不符合"或"非常不符合"(参见图 6-26),这可能是由于这部分新市民很小就随父母进城了,在农村生活的时间不长所致。分性别来看,有较长时间农村生活经历的女性新市民比率高于男性新市民的比率,因为女性中的比率为 95.7%,男性中的比率为 90.6%,这可能是农村"重男轻女"思想所致。

（4）大多数新市民在农村养成了吃苦耐劳的品质。问卷调查过程中,在评价"您是一个吃苦耐劳的人"这道问题时,1 010 个新市民中有 548 人认为"非常符合"实际,有 377 人认为"符合"实际,还有 56 人认为"难以确定",折算加总起来,则共有 94.3% 的新市民承认自己是一个能吃苦耐劳的人。只有很少的新市民对此问题持否定态度(参见图 6－27)。可见,大多数新市民早期在农村已经养成了吃苦耐劳的品质。分性别来看,男性新市民和女性新市民在上述问题上的群体倾向也基本一致,男性平均认可率为 94.8%,女性平均为 92.6%。

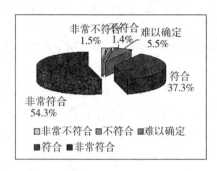 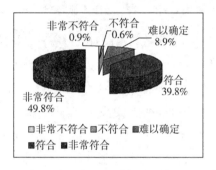

图 6－27　吃苦耐劳表态结果　　　图 6－28　勤俭节约表态结果

（5）大多数新市民在农村养成了勤俭节约的习惯。问卷调查过程中,在评价"您是一个勤俭节约的人"这道问题时,1 010 个新市民中有 503 人认为"非常符合"实际,有 402 人认为"符合"实际,还有 90 人认为"难以确定",折算加总起来,则共有 94.1% 的新市民承认自己是一个勤俭节约的人。只有不到 6.0% 的新市民持相反意见(参见图 6－28)。可见,大多数新市民早期在农村已经养成了勤俭节约的好习惯。在回答另外一个问题"日常生活用品购买,您以中低档商品为主"时,有 86.1% 的新市民支持该观点,从而也佐证了上述结论。分性别来看,男性新市民和女性新市民在上述问题上的群体倾向比较相似,男性平均认可率为95.2%,女性平均认可率为 90.4%。

（6）大多数新市民认为农村经历是人生的宝贵财富。问卷调查过程中,在评价"农村经历是一笔宝贵的人生财富"这道问题时,1 010 个新市民中有 584 人认为"非常符合",有 346 人认为"符合",还有 70 人认为"难以确定",折算加总起来,则共有 95.5% 的新市民承认农村经历是一笔宝贵的人生财富,仅有不到 5.0%左右的人持否认态度(参见图 6－29)。可见,新市民视农村生活(或工作)经历为人生宝贵的财富,非常珍惜。分性别来看,男性新市民对农村经历价值的认可度平均为95.8%,女性平均为94.7%,男性与女性的评价结果惊人相似。

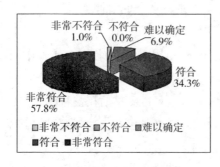
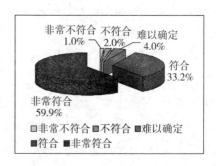

图6-29　农村经历价值表态结果　　图6-30　农村亲切感表态结果

(7)大多数新市民对农村有种亲切感。问卷调查过程中,在评价"看到农村您有种亲切感"这道问题时,1 010个新市民中有605认为"非常符合",有335人认为"符合",还有40人认为"难以确定",折算加总起来,则共有95.0%的新市民坦承,对农村有种亲切感(参见图6-30),只有5.0%左右的新市民持否认态度,可以忽略不计。可见,大多数新市民对农村有亲切感。分性别来看,女性新市民和男性新市民对农村亲切感的平均认同度几乎一致,其中女性认可比率为95.7%,男性认可比率为94.8%。

(8)大多数新市民对农民怀有好感。问卷调查过程中,在评价"您对农民怀有好感"这道问题时,1 010个新市民中有594人认为"非常符合"实际情况,有345人认为"比较符合",还有62人认为"难以确定",折算加总起来,则共有96.0%的新市民承认对农民怀有好感(参见图6-31)。仅有4.0%的新市民给了否定答案,微乎其微。可见,绝大多数新市民对农民是怀有好感的。分性别来看,女性新市民和男性新市民对农民好感的平均认同度非常接近,其中女性认可比率95.7%,男性认可比率为96.2%。

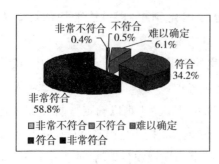
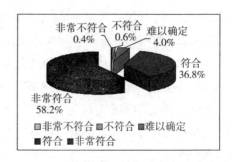

图6-31　农民好感表态结果　　图6-32　尊重农民工表态结果

(9)大多数新市民都能尊重城市里的农民工。问卷调查过程中,在评价"您尊重身边的每一个农民工"这道问题时,1 010个新市民中有588人认为"非常符合"实际,有372人认为"比较符合"实际,还有40人认为"难以确定",折算加总起来,则共有97.0%的新市民承认能够尊重身边的每一个农民工(参见图6-32)。仅有3.0%的新市民给了否定答案,比例甚小。可见,大多数新市民都能尊重城市里的农民工,这与新市民的农村出身经历密不可分。分性别来看,就尊重身边农民工的比率而言,女性新市民和男性新市民非常接近,女性新市民比率为98.9%,男性比率为96.5%。

(10)大多数新市民都会同情城市街头的农村乞讨人员。问卷调查过程中,在评价"您同情城市街头的农村乞讨人员"这道问题时,1 010个新市民中有264人认为"非常符合"实际,有354人认为"符合"实际,还有267人认为"难以确定",折算加总起来,则共有74.4%的新市民承认同情城市街头农村乞讨人员(参见图6-33)。还有不到30.0%的新市民对此持否定态度。可见,大多数新市民都会同情城市街头的农村乞讨人员,这与新市民农村出身关系很大。分性别来看,对城市街头农村乞讨人员的态度而言,男性新市民和女性新市民的同情比率基本相同,其中男性为74.2%,女性为75.5%。

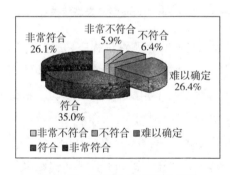
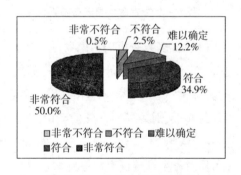

图6-33　同情乞讨者表态结果　　　图6-34　农村乡愁表态结果

(11)大多数新市民的乡愁记忆在农村。问卷调查过程中,在评价"您记忆中的'乡愁'在农村"这道问题时,1 010个新市民中有505人认为"非常符合"实际,有352人认为"符合"实际,还有123人认为"难以确定",折算加总起来,则共有90.9%的新市民承认自己记忆中的"乡愁"在农村,只有不到10.0%的新市民持否认态度(参见图6-34)。可见,大多数新市民认为自己的乡愁记忆是在农村。这也好理解,毕竟新市民是在农村长大的。分性别来看,对农村乡愁记忆的评判而言,男性新市民的认可率略高于女性新市民,男性平均认可率为91.6%,女性为88.3%。

（12）大多数新市民认为自己的"根"在农村。问卷调查过程中，在评价"您的'根'在农村"这道问题时，1 010个新市民中有638人认为"非常符合"实际，有276人认为"符合"实际，还有66认为"难以确定"，折算加总起来，则共有93.8%的新市民承认自己生命的"根"在农村。只有不到7.0%的新市民持否定态度（参见图6-35）。可见，大多数新市民都认为自己的生命之"根"在农村。这也比较好理解，因为新市民是在农村长大后进城的，农村曾是新市民生根发芽成长的地方。分性别来看，就"根"的认同而言，女性新市民和男性新市民认可比率基本相似，男性平均比率为94.5%，女性平均比率为91.5%。

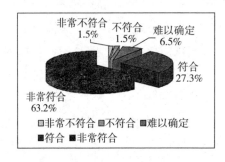

图6-35　生命之根表态结果

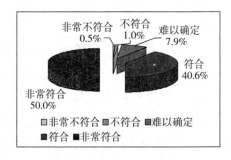

图6-36　母校情感表态结果

（13）大多数新市民对家乡母校怀有深厚感情。问卷调查过程中，在评价"您对曾经就读的中小学母校怀有深厚感情"这道问题时，1 010个新市民中有505人认为"非常符合"实际，有410人认为"符合"实际，还有80人认为"难以确定"，折算加总起来，则共有94.6%的新市民承认对家乡中小学母校有很深厚的感情。只有15人认为"不符合"或"非常不符合"，比率很小（参见图6-36）。可见，大多数新市民对家乡母校怀有深厚感情。分性别来看，男性新市民和女性新市民在上述问题上的群体倾向基本一致，男性新市民平均支持率为95.2%，女性平均为92.6%。

（14）大多数新市民对家乡中小学老师怀有感恩之心。问卷调查过程中，在评价"您对曾经的中小学老师怀有感恩之心"这道问题时，1 010个新市民中有545人认为"非常符合"实际，有399人认为"符合"实际，还有61人认为"难以确定"，折算加总起来，则共有96.5%的新市民坦承，对家乡农村的中小学老师怀有感恩之心。仅有不到4.0%的新市民持反对态度（参见图6-37）。分性别来看，男性新市民和女性新市民在上述问题上的群体倾向基本一致，男性新市民的平均认可率为96.1%,女性为97.9%。

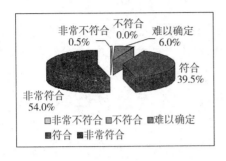
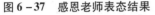

图6-37 感恩老师表态结果

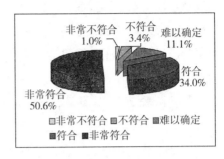

图6-38 农民情怀表态结果

(15)大多数新市民有从农民中走出来的情怀。问卷调查过程中,在评价"您拥有'从农民中走出来'的情怀"这道问题时,1010个新市民中有511人认为"非常符合"实际,有343人认为"符合"实际,还有112人认为"难以确定",折算加总起来,则共有90.1%的新市民承认自己有从农民中走出来的情结。另有大约10.0%的新市民持否认态度(参见图6-38)。可见,大多数新市民都有种从农民中走出来的朴素情怀。分性别来看,就农民情怀的认同而言,男性新市民平均认可比率稍高于女性新市民,男性的平均认可率为91.0%,女性为86.2%。

(16)大多数新市民为农村落后而痛心。问卷调查过程中,在评价"农村的落后让您痛心"这道问题时,1010个新市民中有498人认为"非常符合"实际,有342人认为"符合"实际,还有100人认为"难以确定",折算加总起来,则共有88.1%的新市民为农村的落后感到痛心。只有不到12.0%的新市民持否认态度(参见图6-39)。可见,大多数新市民为农村的落后面貌而痛心。分性别来看,在农村落后面貌的感触方面,男性新市民表现得比女性新市民更为明显,男性平均痛心比率为91.3%,而女性平均痛心比率为77.7%。

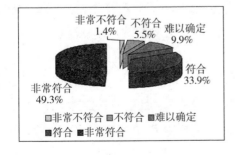

图6-39 农村落后情绪表态结果

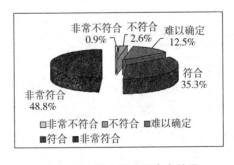

图6-40 新农村建设表态结果

(17)大多数新市民欢迎新农村建设。问卷调查过程中,在评价"新农村建设让您欢欣鼓舞"这道问题时,1 010个新市民中有494人认为"非常符合"实际,有357人认为"符合"实际,还有126人认为"难以确定",折算加总起来,则共有90.5%的新市民承认乐意见到国家的新农村建设。只有不到10.0%的新市民持反对态度(参见图6-40)。可见,大多数新市民是欢迎新农村建设的。分性别来看,男性新市民支持率更高,男性平均支持率为91.0%,女性平均支持率为88.3%。

(18)大多数新市民爱家乡农村胜过爱其它地方农村。问卷调查过程中,在评价"您爱家乡农村胜过爱其它地方农村"这道问题时,1 010个新市民中有432人认为"非常符合"实际,有393人认为"符合"实际,还有150人认为"难以确定",折算加总起来,则共有89.1%的新市民承认热爱家乡胜过爱其它地方农村。只有大约10.0%的新市民持否认态度(参见图6-41)。可见,与其它地方农村相比,新市民更爱家乡农村。分性别来看,就问卷问题的支持率而言,男性平均比率稍稍高于女性,男性平均支持率为90.0%,女性平均支持率为86.2%,相差无几。

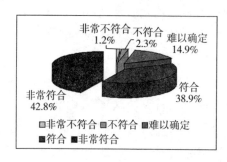

图6-41　对家乡农村情感的表态结果　　图6-42　家乡好感表态结果

(19)大多数新市民对家乡的好感程度随着离乡距离的增加而增加。问卷调查过程中,在评价"离家乡越远,您对家乡好感愈深"这道问题时,1 010个新市民中有494人认为"非常符合"实际,有295人认为"符合"实际,还有157人认为"难以确定",折算加总起来,则共有85.9%的新市民承认离乡越远,对家乡的好感愈深。只有不到15.0%的新市民持否定态度(参见图6-42)。可见,大多数新市民对家乡的好感程度是随着离乡距离的增加而递增的。分性别来看,男性新市民和女性新市民表现比率基本一致,男性平均认可率为86.5%,女性平均认可率为84.0%。

(20)大多数新市民对家乡的思念随着离乡距离的递增而递增。问卷调查过程中,在评价"离乡愈远,思乡愈浓"这道问题时,1 010个新市民中有498人认为"非常符合"实际,有367人认为"符合"实际,还有116人认为"难以确定",折算加总起来,则共有91.4%的新市民承认离乡愈远,思乡愈浓。只有不到8.0%的新市民持否定态度(参见图6-43)。分性别来看,男性新市民和女性新市民对思乡情绪的表态结果高度一致,男性平均认可率为91.3%,女性平均认可率为91.5%。

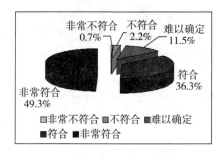
图6-43　思乡表态结果

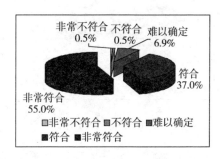
图6-44　听到乡音表态结果

(21)大多数新市民在他乡闻到乡音会倍感亲切。问卷调查过程中,在评价"在外地听到乡音,您会倍感亲切"这道问题时,1 010个新市民中有556人认为"非常符合"实际,有374人认为"符合"实际,还有70人认为"难以确定",折算加总起来,则共有95.5%的新市民承认在外地听到乡音会倍感亲切。仅有不到5.0%的新市民对此问题持否定态度(参见图6-44)。可见,大多数新市民在他乡闻到乡音会倍感亲切。分性别来看,女性新市民对问题的认可度略高于男性新市民,女性平均认可率为97.9%,男性平均认可率为94.8%。

(22)大多数新市民期盼早日消除城乡政策不公。问卷调查过程中,在评价"您期盼城乡不公的政策早日消除"这道问题时,1 010个新市民中有586人认为"非常符合"实际,有341人认为"符合"实际,还有53人认为"难以确定",折算加总起来,则共有94.4%的新市民期盼城乡不公的政策早日消除。仅有不到6.0%的新市民持相反态度(参见图6-45)。可见,大多数新市民期盼早日消除城乡政策不公。分性别来看,在期盼消除城乡政策不公上面,女性新市民支持率略高于男性新市民,女性平均支持率为94.7%,男性平均支持率为91.2%。

(23)大多数新市民渴望城乡平等。问卷调查过程中,在评价"您渴望城乡完全平等"这道问题时,1 010个新市民中有516人认为"非常符合"实际,有355人认为"符合"实际,还有114人认为"难以确定",折算加总起来,则共有91.9%的新市民承认渴望城乡完全平等。只有不到8.0%的新市民持相反态度(参见图6

-46)。可见,大多数新市民渴望城乡完全平等,期盼消除城乡差距。分性别来看,就渴望城乡平等而言,男性新市民和女性新市民的平均支持率几乎相同,男性平均支持率为91.3%,女性为93.6%。

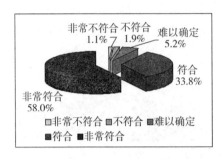

图6-45　消除城乡不公表态结果

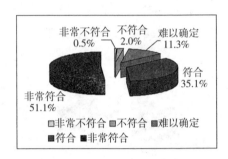

图6-46　城乡平等表态结果

(24)大多数新市民希望国家惠农政策不断加力。问卷调查过程中,在评价"您希望惠农政策力度不断加大"这道问题时,1 010个新市民中有626人认为"非常符合"实际,有330人认为"符合"实际,仅有38人认为"难以确定",折算加总起来,则共有96.5%的新市民承认希望国家不断加大惠农政策的力度。仅有不到4.0%的新市民持否定态度(参见图6-47)。分性别来看,男性新市民和女性新市民在该问题的态度上基本一致,男性平均支持率为96.3%,女性为97.9%。

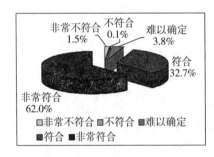

图6-47　惠农加力表态结果

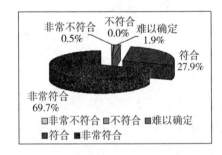

图6-48　农民生活变好表态结果

(25)大多数新市民希望农民生活越来越好。问卷调查过程中,在评价"您希望农民生活越来越好"这道问题时,1 010个新市民中有704人认为"非常符合"实际,有282人认为"符合"实际,仅有19人认为"难以确定",折算加总起来,则共有98.6%的新市民表示,希望看到农民生活变得越来越好。仅有5人认为"非常不符合",0人认为"不符合",即只有不到2.0%的新市民持相反意见(参见图6-48)。可见,大多数新市民希望农民生活越来越好。分性别来看,男性新市民和女性新市民在上述问题上的群体倾向表现出高度一致，男性平均认可率为98.5%，女性为98.9%。

（26）大多数新市民认为实现城乡一体化，"三农"需加速发展。问卷调查过程中，在评价"城乡要实现一体化，'三农'需要加速发展"这道问题时，1 010个新市民中有608人认为"非常符合"实际，有342人认为"符合"实际，还有54人认为"难以确定"，折算加总起来，则共有96.7%的新市民支持"城乡要实现一体化，'三农'需要加速发展"这个观点。仅有不到4.0%的新市民持不同意见（参见图6－49）。分性别来看，男性新市民和女性新市民在上述问题上的群体倾向基本一致，男性平均支持率为96.5%，女性平均支持率为97.9%。

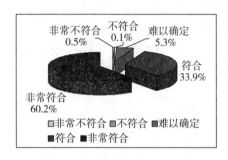 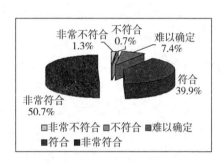

图6－49　三农加速表态结果　　　　图6－50　对农民好表态结果

（27）大多数新市民认为对农民好就是对市民好。问卷调查过程中，在评价"对农民好，就等于对市民自己好"这道问题时，1 010个新市民中有512人认为"非常符合"实际，有403人认为"符合"实际，还有75人认为"难以确定"，折算加总起来，则共有94.3%的新市民承认对农民好就是对市民好。仅有很小比率的新市民对上述问题持不同意见（参见图6－50）。分性别来看，男性新市民和女性新市民在上述问题上的群体倾向基本一致，男性平均认可率为93.9%，女性平均认可率为95.7%。

（28）大多数新市民希望城乡友好交流、互通有无。问卷调查过程中，在评价"您愿意看到城乡友好交流、互通有无"这道问题时，1 010个新市民中有550人认为"非常符合"实际，有396人认为"符合"实际，还有48人认为"难以确定"，折算加总起来，则共有96.0%的新市民愿意看到城乡友好交流、

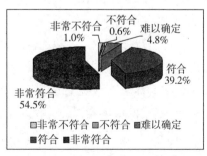

图6－51　城乡互通有无表态结果

互通有无。只有4.0%的新市民持不同意见(参见图6-51)。可见,大多数新市民希望城乡友好交流、互通有无。分性别来看,男性新市民和女性新市民在上述问题上的群体倾向基本一致,男性平均认可率为95.8%,女性平均认可率为96.8%。

2. 新市民生活粘合性的存在性

新市民生活粘性("生活粘合性"的简称)是指在城乡一体化进程中,新市民在日常生活中所表现出来的农村习性(爱好)的延续性,以及在生活中表现出来的城乡交流互动特性。新市民在城乡一体化进程中的生活粘性表现在诸多方面,主要是:

(1)大多数新市民基本每年都要回农村老家去看看。问卷调查过程中,在评价"您基本每年都要回老家看看"这道问题时,1 010个新市民中有679人认为"非常符合"实际,有221人认为"符合"实际,还有66人认为"难以确定",折算加总起来,则共有92.4%的新市民坦承几乎每年都要回老家看看。仅有很少比例的新市民对此问题持否定态度

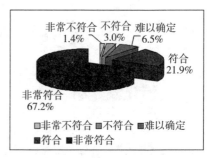

图6-52　回老家表态结果

(参见图6-52)。可见,大多数新市民基本每年都要回农村老家去看看。分性别来看,男性新市民和女性新市民在上述问题上的群体倾向高度一致,男性新市民的平均支持率为92.3%,女性为92.6%。

①新市民回老家次数与工作距离负相关。经调查,在1 010个新市民中,有165人每年会"多次"回老家(若规定新市民每年回家次数大于等于15次为"多次"),其它845名新市民平均每年回老家次数为4.4次。除"多次"回老家的新市民外,每年回老家次数最多是12.5次,回老家次数最少的是0次(即不回去)。相关性分析表明,新市民回家次数与新市民工作地距老家距离间的pearson相关系数为-0.179,该系数在5%的置信水平上显著。pearson相关系数说明,新市民回家次数与新市民工作地距老家距离呈反向变动关系,即距离老家越近,回老家次数越多,距离老家越远,回老家次数越少。本文规定老家为新市民的"出生地"。

②新市民每年回老家次数以4次以下为主。样本新市民每年回老家频次统计如图6-53所示。从图可见,每年回老家频次小于等于1次的新市民占到总人数的26.2%;每年回老家频次大于1次但小于等于2次的新市民占总人数的12.4%;大于2次但小于等于4次的占总人数的12.9%;超过4次但小于等于10

次的占总人数的 27.2%。可见,约有四成的新市民每年回老家的次数不超过 2 次,或有超过半数的新市民每年回老家次数不超过 4 次,或有接近 80.0% 的新市民每年回老家次数不超过 10 次。整体看来,远距离新市民回老家每年以 4 次及以下为主。

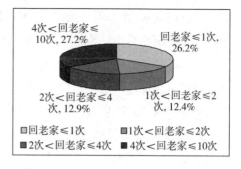

图 6 - 53　每年回老家次数统计图

③新市民每年在老家逗留总天数与回家次数正相关,与工作距离负相关。经调查,在 1 010 个新市民中,有 215 人每年在老家逗留"多天"(假设逗留时间超过 20 天为"多天"),占总人数的 21.3%;除去逗留"多天"的新市民,其他新市民每年在老家逗留时间平均为 8.8 天。新市民每年在老家逗留总天数与回家次数的 pearson 相关系数为 0.887,在 1% 的置信水平上显著,说明新市民每年在老家逗留总天数与回家次数正相关,即回老家次数越多,总逗留时间越长。新市民每年在老家逗留总天数与工作距离的 pearson 相关系数为 -0.153,在 5% 的置信水平上显著,说明新市民每年在老家逗留总天数与工作距离负相关,即工作地距离老家越远,在老家逗留时间越短,反之则反是。

④新市民平均每次在老家逗留时间与工作距离正相关。统计分析表明,新市民每次回老家平均逗留时间为 3.9 天,超过 60.0% 的新市民每次在老家逗留时间是在 3 天以内,或有近 80.0% 的新市民每次回老家逗留时间是在 6 天以内,他们来去比较匆匆。相关性分析表明,新市民平均每次在老家逗留时间与工作距离的 pearson 相关系数为 0.624,在 0.0% 的置信水平上显著,说明新市民平均每次在老家逗留时间的长短与工作地距老家距离正相关,即离家愈远,每次在老家逗留时间愈长。这可能是因为难得回老家一次,若回去便多待一点时间,也是人之常情。

⑤新市民回老家在时机选择上以春节和清明为主。图 6 - 54 是新市民回老家时机选择概率分布图(可多选),该图中的纵坐标为回老家时机选择概率,它是选择某节日的人数与总人数的百分比。从图可见,新市民回老家时机选择优先序依次为:过年(77.6%) > 清明(59.4%) > 其它时间(非节假日时间)(50.7%) > 国庆(47.1%) > 中秋(44.8%) > 端午(35.2%) > 五一(33.4%) > 难得回去(10.8%)。即有 77.6% 的新市民选择过年回老家,排在第一位,这个比较好理解,毕竟春节是中华民族传统第一大节日,且春节还有法定假期;有 59.4% 的新市民

选择清明回老家,排在第二位,这个也比较好理解,因为民间有清明大似年之说,清明回家祭祖也是中华传统。其它时间(即非节假日时间)排在第三位,有50.7%的新市民选择了该项,说明有半数新市民非节假日时间也会回老家,估计这是因为新市民工作地距离老家比较近的缘故。国庆节、中秋节、端午节和五一劳动节分别排在第四、第五、第六、第七的位置。还有10.8%的新市民每年难得回老家一次。由此可见,新市民回老家在时机选择上有一定的优先序,传统节日中春节和清明是新市民回老家的主要机缘。

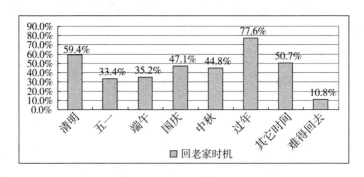

图 6 – 54　新市民回老家时机选择概率分布图

⑥新市民回老家以看望父母、走亲访友和祭祖为主。图 6 – 55 是新市民回老家行程中的主要活动安排情况(可多选),横坐标是活动,纵坐标是选择比率,即选择某项活动的人数占总人数的百分比。从图可见,在行程活动中,排在首位的是"看望父母",约有 76.7% 的新市民选择了该项。而前文的调查表明,约有 14.0%的新市民父母双方均已不在人世,故 76.7% 的选择比率是相当高的。说明父母在新市民心中具有无可超越的地位,也说明新市民能很好地奉行孝道。排在第二位的是"走亲访友",约有 63.9% 的新市民选择了该项,说明新市民回老家不忘联络亲友,仍然尊重乡下亲戚朋友和故人。排在第三名的是"祭祖",62.8% 的新市民选择了该项,说明列宗列祖在新市民心中具有很高的份量,新市民能把根留住,不忘本来。"商务活动"是微不足道的一项活动,只有约 7.0% 的新市民选择了它,虽然微不足道,但也说明新市民在城乡交易之间确实能起到桥梁纽带作用,具有某些生活粘性。由此可见,新市民回老家以看望父母、走亲访友和祭祖为主,活动均具有"感恩"成分。

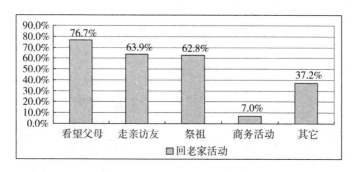

图6-55 新市民回老家活动安排分布

（2）大多数新市民农村有祖坟。问卷调查过程中，在评价"您家还有祖坟在农村"这道问题时，1 010个新市民中有743人认为"非常符合"实际，有252人认为"符合"实际，还有0人认为"难以确定"，折算加总起来，则共有98.5%的新市民承认老家农村仍有祖坟。仅有个别新市民持否定态度（参见图6-56）。可见，大多数新市民

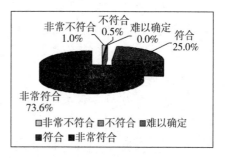

图6-56 新市民农村祖坟表态结果

农村仍有祖坟，这和前面新市民回家祭祖相互印证，说明新市民"血脉之根"在农村。分性别来看，男性新市民和女性新市民在上述问题上的群体倾向高度一致，男性新市民的平均认可率99.4%，女性为95.7%。调查还表明，有84.4%的新市民愿意出钱支持修缮祖坟，有80.2%的新市民愿意出钱重修宗祠，有86.4%的新市民愿意出钱支持重修家谱。可见，新市民对维护农村祖坟及宗祠的积极性非常高，对家谱与家族也非常重视和认同。

（3）大多数新市民农村仍有继续来往走动的亲戚和朋友。问卷调查过程中，在评价"您还有一些保持联系并走动的农村亲友"这道问题时，1 010个新市民中有678人认为"非常符合"实际，有295人认为"符合"实际，还有27人认为"难以确定"，折算加总起来，则共有97.7%的新市民承认还有一些保持联系并走动的农村亲友。仅有极小数人持否定态度（参见图6-57）。可见，大多数新市民农村仍有继续来往走动的亲戚

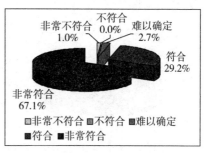

图6-57 新市民农村亲友表态结果

和朋友。分性别来看,男性新市民和女性新市民在上述问题上的群体倾向也非常相似,男性新市民的平均认可率为98.4%,女性为95.7%。

(4)大多数新市民爱看农村题材的影视剧。问卷调查过程中,在评价"您喜爱观看农村题材的电影或电视"这道问题时,1 010个新市民中有178人认为"非常符合"实际,有422人认为"符合"实际,还有285人认为"难以确定",折算加总起来,则共有73.5%的新市民承认喜爱观看农村题材的电影或电视。有少数新市民持反对态度

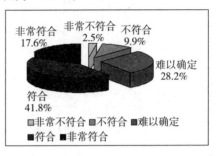

图6-58　农村影视剧表态结果

(参见图6-58)。可见,大多数新市民爱看农村题材的影视剧。分性别来看,就观看农村题材影视剧而言,男性新市民群体平均认可倾向略高于女性新市民,男性平均认可率为75.2%,女性为68.1%。

(5)大多数新市民爱听乡土音乐。问卷调查过程中,在评价"您喜欢聆听带有乡土气息的音乐"这道问题时,1 010个新市民中有241人认为"非常符合"实际,有390人认为"符合"实际,还有269人认为"难以确定",折算加总起来,则共有75.8%的新市民坦承,喜欢聆听带有乡土气息的音乐。有少数新市民对此问题持不同意见(参见图6-59)。可见,大多数新市民爱听乡土音乐,这说明新市民进城后乡土情结仍然浓厚。相关性分析表明,乡土音乐喜好程度与新市民年龄的pearson相关系数为0.177(在5%的置信水平上显著),说明乡土音乐喜好程度与新市民年龄正相关,年龄越大,对乡土音乐越是喜爱。分性别来看,就乡土音乐偏好而言,男性新市民群体平均认可倾向略高于女性新市民,男性平均认可率为77.1%,女性平均为71.3%。

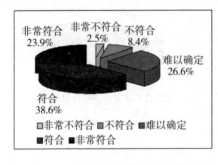

图6-59　乡土音乐偏好表态结果

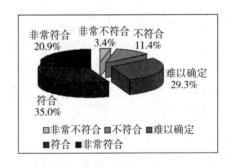

图6-60　爱好家乡戏曲表态结果

(6)大多数新市民喜欢聆听或哼唱家乡戏曲。问卷调查过程中,在评价"您喜欢聆听或哼唱家乡的戏曲"这道问题时,1 010 个新市民中有 211 人认为"非常符合"实际,有 354 人认为"符合"实际,还有 296 人认为"难以确定",折算加总起来,则共有 70.6% 的新市民坦承,自己喜欢聆听或哼唱家乡的戏曲。有小部分新市民对此持不同意见(参见图 6 - 60)。可见,大多数新市民喜欢聆听或哼唱家乡戏曲,这也说明新市民生活中带有浓厚的家乡情结。相关性分析表明,家乡戏曲喜好程度与新市民年龄的 pearson 相关系数为 0.149(在 5% 的置信水平上显著),说明家乡戏曲喜好程度与新市民年龄正相关,年龄越大,对家乡戏曲喜爱程度越深。分性别来看,就家乡戏曲喜爱情况而言,男性新市民群体平均认可倾向略高于女性新市民,男性平均认可率为 71.9%,女性平均为 66.0%。

(7)大多数新市民仍然保留着某些家乡的饮食习惯。问卷调查过程中,在评价"您还保留着家乡的某些饮食习惯(如吃辣或不吃辣)"这道问题时,1 010 个新市民中有 427 人认为"非常符合"实际,有 467 人认为"符合"实际,还有 86 人认为"难以确定",折算加总起来,则共有 92.8% 的新市民坦承,自己仍然保留着家乡的某些饮食习惯(如吃辣或不吃辣)。只有不到 8.0% 的新市民对此问题持否认态度(参见图 6 - 61)。可见,大多数新市民仍然保留着家乡的某些饮食习惯,如北方人爱吃面食,南方人爱吃大米等。家乡饮食习惯的保留与新市民年龄没有显著的相关性。分性别来看,在家乡饮食习惯的保留方面,男性新市民和女性新市民的群体态度倾向基本一致,男性平均认可率为 93.5%,女性为 90.4%。

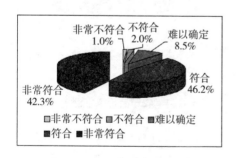

图 6 - 61 饮食习惯表态结果

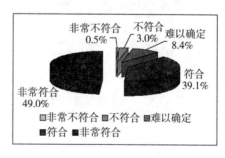

图 6 - 62 家乡口味表态结果

(8)大多数新市民仍然偏爱家乡口味饭菜。问卷调查过程中,在评价"您现在仍然偏爱家乡口味的饭菜"这道问题时,1 010 个新市民中有 495 人认为"非常符合"实际,有 397 人认为"符合"实际,还有 83 人认为"难以确定",折算加总起来,则共有 92.4% 的新市民坦承,现在仍然偏爱家乡口味的饭菜。仅有极少数新市民对此问题持否认态度(参见图6－62)。在评价"在外地吃到家乡风味的菜肴,您会心生喜悦"这个问题时,有93.6%的新市民表示认可。可见,大多数新市民仍然偏爱家乡口味饭菜。分性别来看,就家乡口味饭菜偏好而言,男性新市民和女性新市民的群体态度倾向基本一致,男性平均认可率为92.9%,女性为90.4%。

(9)大多数新市民请客吃饭偏好"农家乐"或"土菜馆"。问卷调查过程中,在评价"您请客吃饭喜欢挑选'农家乐'或'土菜馆'"这道问题时,1 010个新市民中有316人认为"非常符合"实际,有356人认为"符合"实际,还有268人认为"难以确定",折算加总起来,则共有79.8%的新市民承认请客吃饭喜欢挑选"农家乐"或"土菜馆"。也有1/5的新市民持不同意见(参见图6－63)。可见,大多数新市民请客吃饭偏好"农家乐"或"土菜馆"。分性别来看,就请客吃饭饭馆选择而言,男性新市民群体认可倾向率略高于女性新市民,男性平均认可率为80.6%,女性为76.6%。

调查还表明,与其它饭馆相比,有77.7%的新市民认为"农家乐"或"土菜馆"的饭菜更营养,有75.7%的新市民认为"农家乐"或"土菜馆"的饭菜更安全。显然,新市民请客吃饭偏好"农家乐"或"土菜馆",既受乡土情感影响,也有食品安全的考量,整体上都体现了生活上的某些城乡粘性。

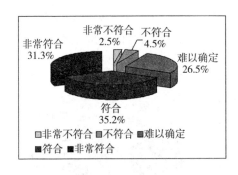

图6－63 挑选饭馆表态结果

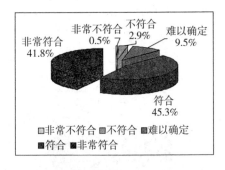

图6－64 农产品价格上涨表态结果

(10)大多数新市民支持农产品价格的适当上涨。问卷调查过程中,在评价"您理解并支持农产品价格适当上涨"这道问题时,1 010个新市民中有422人认为"非常符合"实际,有458人认为"符合"实际,还有96人认为"难以确定",折算加总起来,则共有91.9%的新市民坦承,自己理解并支持农产品价格适当上涨。只有很少的新市民对此问题持反对态度(参见图6－64)。可见,大多数新市民支持农产品价格的适当上涨。农产品价格上涨有利于农民增收,缩小城乡居民收入差距,新市民愿意以更高的城市生活成本,换取农民的增收,这种精神是新市民反哺"三农"情怀的某种体现。分性别来看,就理解并支持农产品价格适当上涨而言,男性新市民和女性新市民的群体态度倾向基本一致,男性新市民的平均支持率为92.6%,女性为89.4%。

(11)大多数新市民每年都是过"农历"生日。问卷调查过程中,在评价"您每年过的生日都是'农历'生日"这道问题时,1 010个新市民中有529人认为"非常符合"实际,有292人认为"符合"实际,还有74人认为"难以确定",折算加总起来,则共有85.0%的新市民承认自己每年都是过"农历"生日,而不是"阳历"生日。少数新市民对此问题持否认态度(参见图6-65)。可见,大多数新市民每年都过"农历"生日,这与新市民农村生活经历密切相关。相关性分析表明,新市民过农历生日与农村生活经历间的pearson系数为0.138(在5%的置信度水平上显著),说明大多数新市民过"农历"生日与农村生活经历显著相关,因为农民务农一般习惯于参照"农历"农时。分性别来看,就过"农历"生日而言,男性新市民和女性新市民的群体态度倾向也非常相似,男性平均支持率为85.2%,女性为84.0%。

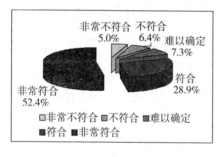

图6-65　农历生日表态结果

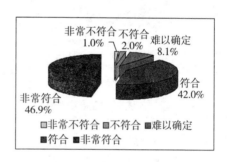

图6-66　家乡习俗影响表态结果

(12)大多数新市民生活中仍然受某些家乡习俗影响。问卷调查过程中,在评价"家乡的部分风俗习惯仍在影响您的生活(如婚俗、年俗、民间禁忌等)"这道问题时,1 010个新市民中有474人认为"非常符合"实际,有424人认为"符合"实际,还有82人认为"难以确定",折算加总起来,则共有93.0%的新市民坦承,仍有家乡部分风俗习惯影响自己的生活。持否认态度的新市民比率较低(参见图6-66)。可见,大多数新市民生活中仍然受某些家乡习俗影响(如婚俗、年俗、民间禁忌等)。分性别来看,就受家乡风俗习惯影响而言,男性新市民群体平均认可倾向略高于女性新市民,男性平均认可率为94.2%,女性为89.4%。

(13)大多数新市民平时比较关注家乡的发展。问卷调查过程中,在评价"您平常比较关注家乡的发展"这道问题时,1 010个新市民中有278人认为"非常符合"实际,有533人认为"符合"实际,还有139人认为"难以确定",折算加总起来,则共有87.2%的新市民承认自己平常比较关注家乡的发展。仅有少数新市民持否认态度(参见图6-67)。如在回答另外一个问题"平常您会浏览家乡政府部门的网站"时,有62.4%的新市民予以肯定,这从一个侧面印证了新市民日常关注家乡发展的事实。当然,关注家乡发展的方式有很多,新市民可通过多种途径来关注家乡的发展。可见,大多数新市民平时比较关注家乡的发展。而且,相关性分析表明,新市民对家乡的关注程度与年龄呈显著正相关,相关性系数为0.138(6%置信水平上显著),表明,新市民年龄越大,对家乡的关注程度越高。分性别来看,就关注家乡发展而言,男性新市民群体平均倾向性与女性新市民基本相似,男性平均认可率为88.1%,女性为84.0%。

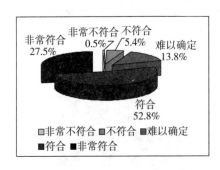
图6-67　关注家乡发展表态结果

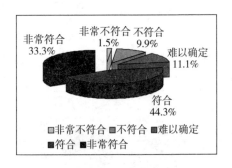
图6-68　回访母校表态结果

(14)大多数新市民曾回访过农村母校和老师。问卷调查过程中,在评价"您曾回到曾经就读的中小学(母校)走一走、看一看"这道问题时,1 010个新市民中有336人认为"非常符合"实际,有447人认为"符合"实际,还有112人认为"难以确定"实际,折算加总起来,则共有83.1%的新市民坦承,曾回到曾经就读的中小学(母校)走一走、看一看(参见图6-68)。在回答另外一个问题"您曾拜访过您的中小学老师"这道问题时,有78.2%的新市民坦承,曾拜访过中小学老师。可见,大多数新市民曾回访过农村母校和老师,说明新市民对农村母校及其老师怀有比较深厚的感情。分性别来看,就回农村母校走走看看而言,男性新市民群体倾向性与女性新市民基本一致,男性平均认可率为84.2%,女性为79.8%。

(15)大多数新市民择偶倾向于选择农村出身的异性。问卷调查过程中,在评价"您的爱人是(　　)出身(已婚者答)"这道问题时,900个已婚新市民中有620人的爱人是农村出身(含乡镇街道),仅有280人的爱人是城市出身(含县城),比率分别占总人数的68.9%和31.1%(参见图6-69)。可见,大多数新市民择偶倾向于选择农村出身的异性,这是新市民城乡生活粘性的一种独特表现,可能是同为农村出身,彼此共同语言更多的缘故,是现代社会的"门当户对"。但对于年轻的未婚新市民而言,情况就有较大不同。如问卷调查过程中,在评价"您希望未来的配偶是( )出身(未婚者答)"这道问题时,110个未婚新市民中有65人希望配偶为城市出身(含县城),只有45人希望配偶为农村出身(含乡镇街道),比率分别为59.1%和40.9%,显然,年轻的未婚新市民其择偶观较已婚新市民有了较大的改变。尽管如此,未婚新市民中仍然有超过四成的年轻人愿意选择农村出身的异性为伴侣,城乡粘性仍然较大。

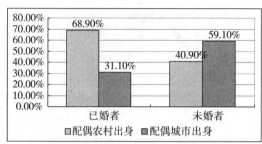

图 6-69　新市民配偶出身选择

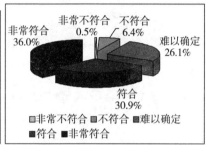

图 6-70　退休回乡表态结果

（16）大多数新市民有在退休后回乡生活的愿望。问卷调查过程中,在评价"退休后您想到乡下去生活"这道问题时,1 010个新市民中有364人认为"非常符合"实际,有312人认为"符合"实际,还有264人认为"难以确定",折算加总起来,则共有80.0%的新市民表示退休后想到乡下去生活。也有20.0%的新市民持反对态度(参见图6-70)。可见,大多数新市民有在退休后回乡生活的愿望(当然,愿望不一定就能代表行动)。分性别来看,就退休回乡生活而言,男性新市民群体倾向性略高于女性新市民,男性平均支持率为81.3%,女性为75.5%。

3. 新市民工作粘合性的存在性

新市民工作粘性("工作粘合性"的简称)是指在城乡一体化进程中,新市民及其所在单位所表现出来的能帮扶"三农"发展、促进城乡友好交流的特征。新市民在城乡一体化进程中的工作粘性表现在诸多方面,主要是:

（1）大多数新市民的工作与"三农"直接或间接相关。问卷调查过程中,在评价"您的工作与'三农'直接相关"这道问题时,1 010个新市民中有94人认为"非常符合"实际,有202人认为"符合"实际,还有259人认为"难以确定",折算加总起来,则共有42.1%的新市民认为自己的工作与"三农"直接相关(参见图6-

71）。在评价"您的工作与'三农'间接相关"这道问题时，1 010 个新市民中有 85 人认为"非常符合"实际，有 339 人认为"符合"实际，还有 276 人认为"难以确定"，折算加总起来，则共有 55.6% 的新市民认为自己的工作与"三农"间接相关（参见图 6－72）。可见，约有 97.7% 的新市民承认自己的工作与"三农"直接或间接相关，这是新市民在城乡一体化进程中发挥工作粘合与催化促进作用的现实基础。分性别来看，就工作与"三农"的直接和间接相关性而言，男性新市民与女性新市民群体认可比率基本相同。

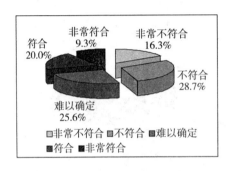 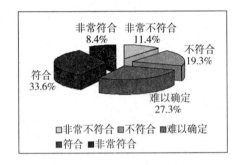

图 6－71　与"三农"直接相关表态结果　　图 6－72　与"三农"间接相关表态结果

（2）大多数新市民所在单位可直接或间接帮扶"三农"发展。问卷调查过程中，在评价"您的单位可以直接起到帮扶或促进'三农'发展的作用"这道问题时，1 010 个新市民有 141 人认为"非常符合"实际，有 279 人认为"符合"实际，还有 310 人认为"难以确定"，折算加总起来，则共有 56.9% 的新市民认为自己所在单位可以直接起到帮扶或促进"三农"发展的作用（参见图 6－73）。在评价"您的单位可以间接起到帮扶或促进'三农'发展的作用"这道问题时，1 010 个新市民中有 129 人认为"非常符合"实际，有 492 人认为"符合"实际，还有 229 人认为"难以确定"，折算加总起来，则共有 72.8% 认为自己所在单位可以间接起到帮扶或促进"三农"发展的作用（参见图 6－74）。可见，大多数新市民所在单位可直接或间接帮扶"三农"发展。需要说明的是，单位直接或间接帮扶"三农"，与新市民的工作与"三农"直接或间接相关不是相同的概念，如在银行工作的新市民与"三农"工作是间接相关的，但银行本身可直接帮扶或促进"三农"发展。分性别来看，就直接服务"三农"而言，女性新市民群体认可比率高于男性新市民，女性平均认可率为 70.2%，男性为 52.9%。就间接服务"三农"而言，女性新市民群体认可比率也高于男性新市民，女性平均认可率为 84.0%，男性为 69.4%。

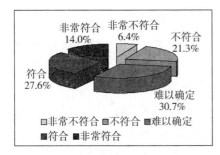

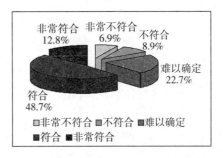

图 6-73　直接帮扶"三农"发展　　　　图 6-74　间接帮扶"三农"发展
　　　　　表态结果　　　　　　　　　　　　　　表态结果

(3)大多数新市民所在单位已通过"结对子"等形式对农村发展进行帮扶。问卷调查过程中,在评价"您单位对农村发展的帮扶行动已经开始"这道问题时,1 010 个新市民中有 274 人认为"非常符合"实际,有 402 人认为"符合"实际,还有 179 人认为"难以确定",折算加总起来,则共有 75.8% 的新市民承认自己所在单位对农村发展的帮扶行动已经开始(参见图 6-75)。在评价"您单位已通过不同形式的'结对子'在帮助农村发展"这道问题时,1 010 个新市民中有 236 人认为"非常符合"实际,有 402 人认为"符合"实际,还有 242 人认为"难以确定",折算加总起来,则共有 75.1% 的新市民认为自己所在单位已通过不同形式的"结对子"在帮助农村发展(参见图 6-76)。可见,大多数新市民所在单位已通过"结对子"等形式对农村发展进行帮扶。分性别来看,就对农村发展的帮扶行动已经开始这个问题而言,女性新市民群体所在单位似乎比男性新市民群体所在单位有更高的积极性,女性新市民群体平均认可率为 80.9%,男性平均为 74.2%,差别不大,这也许是群体判断误差造成的结果。

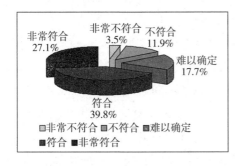

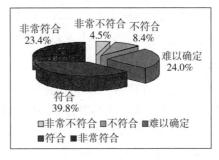

图 6-75　单位帮扶开始行动表态结果　　图 6-76　单位开始结对帮扶表态结果

(4)大多数新市民在涉农工作中带有反哺"三农"的情怀。问卷调查过程中,在评价"涉农工作中您带有反哺'三农'的情怀"这道问题时,1 010个新市民中有245人认为"非常符合"实际,有513人认为"符合"实际,还有162人认为"难以确定",折算加总起来,则共有83.1%的新市民坦承,自己在涉农工作中带有反哺"三农"的情怀。只有少数新市民对此问题持否定态度(参见图6-77)。可见,大多数新市民在涉农工作中带有朴素的农家子弟情怀,对"三农"工作怀有感恩与反哺之心,这种情怀也是新市民身上的社会特性决定的(关于新市民的社会特性,前文已有详细分析)。分性别来看,就涉农工作带有的反哺情怀而言,男性新市民群体符合率略高于女性新市民,男性新市民平均符合率为84.8%,女性为77.7%。

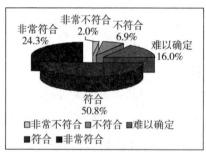

图6-77　反哺"三农"情怀表态结果　　　图6-78　为农民代言表态结果

(5)大多数新市民愿为农民代言。问卷调查过程中,在评价"若有机会,您愿意为农民说话、为农民代言"这道问题时,1 010个新市民中有471人认为"非常符合"实际,有468人认为"符合"实际,还有61人认为"难以确定",折算加总起来,则共有96.0%的新市民坦承,若有机会,愿意为农民说话、为农民代言。只有极少数新市民对此问题持不同意见(参见图6-78)。可见,大多数新市民愿为农民代言。分性别来看,就代言农民而言,男性新市民群体认可率与女性新市民高度一致,男性新市民群体平均认可率为95.8%,女性为96.8%。

(6)大多数新市民工作上积极支持国家"以城带乡"政策。问卷调查过程中,在评价"工作上您积极支持和响应国家'以城带乡'政策"这道问题时,1 010个新市民中有309人认为"非常符合"实际,有549人认为"符合"实际,还有92人认为"难以确定",折算加总起来,则共有89.5%的新市民承认自己在工作上积极支持和响应国家"以城带乡"政策。约有十分之一的新市民对此问题持不同意见(参见图6-79)。可见,大多数新市民工作上积极支持国家"以城带乡"政策,渴望城乡平等。分性别来看,就响应和支持国家"以城带乡"政策而言,男性新市民群体支持率与女性新市民基本一致,男性新市民群体平均支持率为88.7%,女性为92.6%。

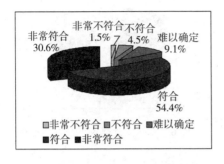

图6-79　"以城带乡"政策表态结果

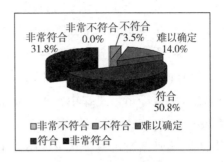

图6-80　关照农村人表态结果

(7)大多数新市民在工作中会潜意识地关照农村群体。问卷调查过程中,在评价"工作接触中,您会潜意识地给予农村人群更多的关照"这道问题时,1 010个新市民中有321人认为"非常符合"实际,有513人认为"符合"实际,还有141人认为"难以确定",折算加总起来,则共有89.6%的新市民承认自己在工作接触中,会潜意识地给予农村人群更多的关照。仅有十分之一的新市民对此问题持反对态度(参见图6-80)。可见,大多数新市民在工作中会潜意识地关照农村人群。分性别来看,就工作中关照农村人群而言,男性新市民群体认可率与女性新市民高度一致,男性新市民群体平均认可率为90.0%,女性为88.3%。

(8)大多数新市民工作中会尽力帮助农村求助之人。问卷调查过程中,在评价"工作中,有农村困难人士向您求助,您会尽力相助"这道问题时,1 010个新市民中有324人认为"非常符合"实际,有561人认为"符合"实际,还有117人认为"难以确定",折算加总起来,则共有93.4%的新市民坦承,在工作中,若有农村困难人士向自己求助,会尽力相助。只有极少数新市民持否认态度

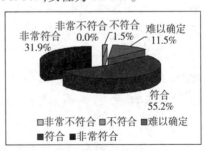

图6-81　相助农村求助之人
表态结果

(参见图6-81)。可见,大多数新市民工作中会尽力帮助农村求助之人。分性别来看,就对农村困难人士求助的反应而言,男性新市民群体认可率与女性新市民高度一致,男性新市民群体平均认可率为94.2%,女性为92.5%。

(9)大多数新市民工作中曾主动要求下乡。问卷调查过程中,在评价"工作中您曾主动要求下乡,为农民服务"这道问题时,1 010个新市民中有179人认为"非

常符合"实际,有 364 人认为"符合"实际,
还有 262 人认为"难以确定",折算加总起
来,则共有 66.7% 的新市民工作中曾主动
要求下乡,为农民服务。还有约三成的新
市民对此问题持否认态度(参见图 6-82)。
可见,大多数新市民工作中曾主动要求下
乡服务农民。分性别来看,就主动下乡服
务而言,男性新市民群体认可率略高于女

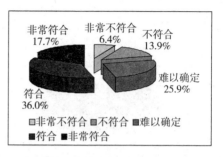

图 6-82 主动要求下乡表态结果

性新市民,男性新市民平均认可率为 68.1%,女性为 62.8%。

(10)大多数新市民乐意接受下乡挂职
委派任务。问卷调查过程中,在评价"若单
位派您下乡挂职锻炼,您会乐意接受"这道
问题时,1 010 个新市民中有 286 人认为"非
常符合"实际,有 478 人认为"符合"实际,还
有 196 人认为"难以确定",折算加总起来,
则共有 85.3% 的新市民表示,若单位派自己
下乡挂职锻炼,会乐意接受。约有 15.0% 的

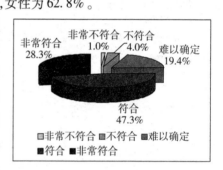

图 6-83 委派下乡挂职表态结果

新市民对此问题持不同意见(参见图 6-83)。可见,大多数新市民乐意接受下乡
挂职委派任务。分性别来看,就委派下乡挂职意愿而言,男性新市民群体认可率
与女性新市民基本一致,男性新市民群体平均认可率为 86.1%,女性为 83.0%。
此外,若下乡挂职锻炼,有 94.8% 的新市民表示会认真履职,这表明新市民下乡后
愿意为"三农"做实事,而不是仅仅将挂职当作"走过场"。

(二)新市民城乡催化作用的存在性

新市民在城乡一体化进程中的催化作用主要表现为"三个反哺"催化促进城
乡一体化和"四个带动"催化促进城乡一体化。"三个反哺"催化促进城乡一体化
是指新市民通过对农业、农村和农民的持续反哺,催化促进城乡一体化进程,"四
个带动"催化促进城乡一体化是指新市民通过带动人流、物流、资金流和信息流在
城乡间的有序流动,催化促进城乡一体化进程。调查研究表明,新市民在城乡一
体化的催化促进方面确实可以发挥重要作用。主要表现在:

1. 新市民"三个反哺"催化促进城乡一体化

新市民"三个反哺"催化促进城乡一体化可从如下几个方面得到说明:

(1)大多数新市民都会从精神和经济上反哺农村父母。新市民对"三农"的反哺首先表现为对农村父母的反哺上。前面的分析表明,有92.3%的新市民坦承,几乎每年都要回老家看看,新市民回老家次数与工作距离负相关(即距离老家越近,回老家次数越多,距离老家越远,回老家次数越少),每年回老家次数以4次以下为主,在回老家的时机选择上以春节和清明为主,新市民每次回老家平均逗留时间为3.9天,回老家目的以看望父母、走亲访友和祭祖为主,其中,"看望父母"排在首位。新市民回家探亲,是对父母的精神反哺,体现了新市民对农村父母的反哺报恩之心。

新市民对农民父母除了精神反哺,还有经济反哺。据调查,新市民每年孝顺父母的花销平均为6 697元(将所有为父母的花销折算成人民币进行统计),最少的为0元(父母已经过世,无需开支),最高的为70 000元。据统计,在1 010个新市民中,每年为父母花销不超过3 000元的占总人数的35.1%,每年为父母花销在3 000元到6 000元之间的占总人数的28.2%,每

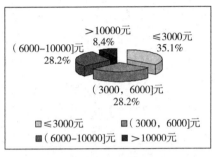

图6-84　新市民每年孝顺父母
的花销

年为父母花销在6 000元到10 000元之间的占总人数的28.2%,每年为父母花销超过10 000元的占总人数的8.4%(参见图6-84)。分性别来看,女性新市民每年孝顺父母的花销平均为6 245元,略低于男性新市民的平均值6 834元。

(2)大多数新市民愿意为"三农"发展提供支持和帮助。问卷调查过程中,在评价"您愿意为'三农'发展提供支持和帮助"这道问题时,1 010个新市民中有554人认为"非常符合"实际,有396人认为"符合"实际,还有50人认为"难以确定",折算加总起来,则共有96.5%的新市民愿意为"三农"发展提供支持和帮助。只有不到

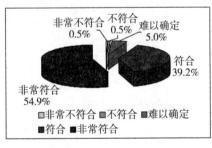

图6-85　支持三农表态结果

4.0%的新市民持反对态度(参见图6-85)。可见,大多数新市民有支持"三农"发展的意愿。分性别来看,就支持"三农"发展的意愿而言,男性新市民和女性新市民的平均支持比率基本相等,男性平均比率为96.5%,女性平均比率为96.8%。

(3)大多数新市民更愿意支持家乡农村发展。问卷调查过程中,在评价"您更

加愿意支持家乡农村的发展"这道问题时，1 010个新市民中有574人认为"非常符合"实际，有357人认为"符合"实际，还有64人认为"难以确定"，折算加总起来，则共有95.3%的新市民更加愿意支持家乡农村发展。只有不到5.0%的新市民持否认态度(参见图6-86)。可见，与其它地方农村相比，新市民更愿意为家乡农村发展贡献力量。分性别来看，就支持家乡农村发展的意

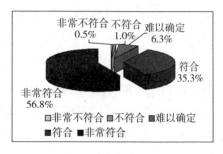

图6-86 支持家乡农村发展表态结果

愿而言，男性新市民和女性新市民的平均支持比率几乎一致，男性平均比率为95.2%，女性平均比率为95.7%。

(4)大多数新市民曾参加过单位组织的节日"送温暖"下乡活动。问卷调查过程中，在评价"您曾参加过节日'送温暖'下乡活动"这道问题时，1 010个新市民中有670人回答"是"，占样本总人数的66.3%，说明大多数新市民曾参加过单位组织的节日"送温暖"下乡活动(参见图6-87)。在评价"您单位曾通过节日'送温暖'活动帮助农村发展"，1 010个新市民中有730人回答"是"，占样本总人数的72.3%。说明新市民响应单位"送温暖"下乡活动的比例较高，群体积极性好，这种较高的参与比率和积极性是新市民城乡工作粘性的某种体现。

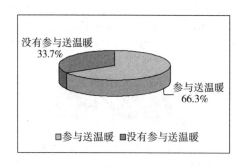

图6-87 参与节日送温暖表态结果

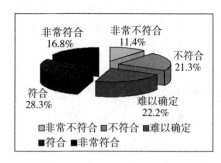

图6-88 项目策划表态结果

(5)不少新市民曾策划或运作过有益于"三农"的项目。问卷调查过程中，在评价"您曾策划或运作过有益于'三农'的项目"这道问题时，1 010个新市民中有170人认为"非常符合"实际，有286人认为"符合"实际，还有224人认为"难以确定"，折算加总起来，则共有56.2%的新市民承认曾策划或运作过有益于"三农"的项目，比例超过新市民总人数的一半。还有近四成的新市民对此问题持否认态

度(参见图6-88)。可见,不少新市民曾策划或运作过有益于"三农"的项目,直接为"三农"提供过帮助。分性别来看,就策划或运作有益于"三农"项目而言,男性新市民群体认可率与女性新市民高度一致,男性新市民群体平均认可率为56.5%,女性为55.3%。

(6)大多数新市民认为服务"三农"不丢人。问卷调查过程中,在评价"为'三农'提供支持和服务,不丢人"这道问题时,1010个新市民中有602人认为"非常符合"实际,有393人认为"符合"实际,还有15人认为"难以确定",折算加总起来,则共有99.3%的新市民坦承,为"三农"提供支持和服务,并不丢人。几乎无人对上述问题持否认态度(参见图6-89)。可见,绝大多数新市民认为服务"三农"不丢人。此外,上述问题也没有性别上的差异。在评价"'涉农'工作,同样光荣"这道相似问题时,有99.0%的新市民支持这个观点,即绝大多数新市民不仅不认为涉农工作丢人,而且认为涉农工作同样光荣,这是一个非常了不起的思想进步。

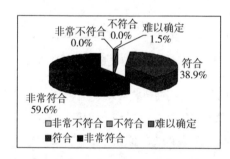

图6-89 为农不丢人表态结果

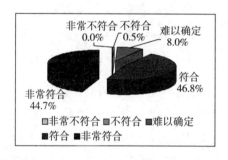

图6-90 尽力做好涉农工作表态结果

(7)大多数新市民都会尽力做好事关农民的工作。问卷调查过程中,在评价"凡是事关农民的工作,您都会尽力做好"这道问题时,1010个新市民中有452人认为"非常符合"实际,有474人认为"符合"实际,还有81人认为"难以确定",折算加总起来,则共有95.7%的新市民表示凡是事关农民的工作,都会尽力做好。只有极少数新市民对此问题持否认态度(参见图6-90)。可见,大多数新市民对农民都怀有深厚感情,都会尽力做好事关农民的工作。分性别来看,就上述问题而言,男性新市民群体支持率与女性新市民基本一致,男性新市民群体平均支持率为96.5%,女性为92.6%。

2. 新市民"四个带动"催化促进城乡一体化

新市民"四个带动"催化促进城乡一体化可从如下几个方面得到说明：

　　(1)大多数新市民每年都有农村亲友来城市做客。问卷调查过程中,在评价"每年都有农村亲友来您城市家中做客"这道问题时,1 010个新市民中有304人认为"非常符合"实际,有350人认为"符合"实际,还有182人认为"难以确定",折算加总起来,则共有73.8%的新市民承认每年都有农村亲友来城市家中做客。有26.2%的新市民持否认态度(参见图6-91)。可见,大多数新市民每年都有农村亲友来城市家中做客。说明新市民与农村亲友仍然保持着比较亲密的联系。分性别来看,男性新市民和女性新市民在上述问题上的群体倾向基本一致,男性新市民的平均认可率为73.5%,女性为74.5%。

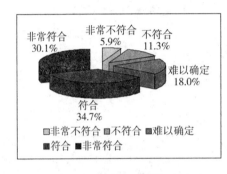

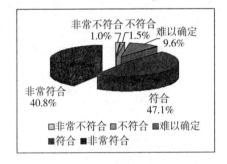

图6-91　农村亲友进城做客表态结果　　图6-92　到农村亲友家做客表态结果

　　(2)大多数新市民有时间会到农村亲友家做客。问卷调查过程中,在评价"有时间您也会去农村亲友家做客"这道问题时,1 010个新市民中有412人认为"非常符合"实际,有476人认为"符合"实际,还有97人认为"难以确定",折算加总起来,则共有92.7%的新市民坦承,有时间会去农村亲友家做客。只有很少的新市民持否认态度(参见图6-92)。可见,大多数新市民有时间会到农村亲友家做客。说明新市民与农村亲友间的往来性比较好,新市民没有因为进城而嫌弃乡下亲友。分性别来看,就回乡到农村亲友家做客而言,男性新市民的平均认可率略高于女性新市民,男性平均比率为94.2%,女性为87.2%。

　　(3)大多数新市民农村亲友进城做客常常会捎来一些农特产品。问卷调查过程中,在评价"农村亲友进城做客常常会给您捎来一些农特产品"这道问题时,1 010个新市民中有306人认为"非常符合"实际,有221人认为"符合"实际,还有158人认为"难以确定",折算加总起来,则共有60.0%的新市民承认农村亲友进城做客常常会捎带一些农特产品来。还有四成新市民对此问题持否认态度(参见图6-93)。可见,大多数新市民农村亲友进城做客常常会捎来一些农特产品。分性别来看,男性新市民和女性新市民在上述问题上的群体态度倾向基本一致。男性平均认可度为 59.1% ,女性为 61.6% 。

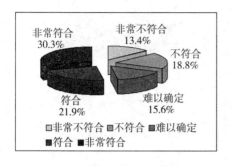

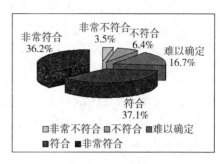

图 6-93　掮带农产品表态结果　　　　图 6-94　带特产回老家表态结果

(4)大多数新市民经常携带工作地特产回老家。问卷调查过程中,在评价"您经常会携带工作所在地的特产回老家"这道问题时,1 010 个新市民中有 366 人认为"非常符合"实际,有 375 人认为"符合"实际,还有 169 人认为"难以确定",折算加总起来,则共有 81.7% 的新市民承认经常会携带工作所在地的特产回老家。仅有不到 20.0% 的新市民持否认态度(参见图 6-94)。分性别来看,就带特产回老家而言,男性新市民平均认可率略高于女性新市民,男性平均认可率为 83.5% ,女性为 75.5% 。

(5)大多数新市民从老家回城要掮带家乡的农特产品。问卷调查过程中,在评价"从老家回工作单位,您经常会带些家乡的农特产品"这道问题时,1 010 个新市民中有 391 人认为"非常符合"实际,有 404 人认为"符合"实际,还有 159 人认为"难以确定",折算加总起来,则共有 86.6% 的新市民承认从老家回工作单位,经常会带些

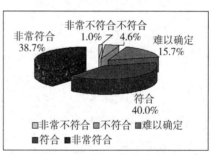

图 6-95　带家乡特产回城表态结果

家乡的农特产品。少数新市民对此问题持否定态度(参见图 6-95)。可见,大多数新市民从老家回城要掮带家乡的农特产品。分性别来看,就从老家带农特产品回城而言,女性新市民的平均认可率要略高于男性新市民,女性的平均认可率为 90.4% ,男性为 85.5% 。

(6)大多数新市民曾在乡下多次购买过农特产品。问卷调查过程中,在评价"您曾经在乡下多次购买过农特产品"这道问题时,1 010 个新市民中有 347 人认为"非常符合"实际,有 405 人认为"符合"实际,还有 178 人认为"难以确定",折

算加总起来,则共有 83.3% 的新市民承认曾经在乡下多次购买过农特产品。少数新市民对此问题持否认态度(参见图 6 - 96)。可见,大多数新市民曾在乡下多次购买过农特产品。分性别来看,就乡下多次购买农特产品而言,男性新市民群体认可倾向率略高于女性新市民,男性平均认可率为 84.2%,女性为 79.8%。

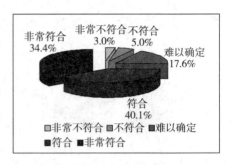

图 6 - 96　下乡购物表态结果

调查还表明,有 89.9% 的新市民认为"农村的农特产品吃起来更营养",有 90.8% 的新市民认为"农村的农特产品吃起来更安全"。正因为乡下的农特产品既营养又更安全,所以很多新市民才会从老家捎带农特产品回城,或下乡购买农特产品。在食品安全事件频出的时代背景下(有 62.9% 的新市民认为当前食品安全形势"比较差"或"非常差"),可以预见,新市民对农村农特产品的偏好还会有不断增强的趋势(调查表明,当前有近 80.0% 的新市民对农村鸡蛋等农土产品的偏好程度"比较高"或"非常高")。

(7)大多数新市民几乎每年都要带着家人去农村度假、休闲或旅游。问卷调查过程中,在评价"您每年都要带着家人到农村度假、休闲或旅游"这道问题时,1 010 个新市民中有 285 人认为"非常符合"实际,有 336 人认为"符合"实际,还有 249 人认为"难以确定",折算加总起来,则共有 73.8% 的新市民承认自己每年都要带着家人到农村度假、休闲或旅游。不过,也有近 30.0% 的新市民对此问题持否认态度(参见图 6 - 97)。可以,大多数新市民几乎每年都要带着家人去农村度假、休闲或旅游。分性别来看,就农村度假旅游而言,男性新市民群体平均倾向性与女性新市民基本相似,男性平均认可率为 74.2%,女性为 72.3%。

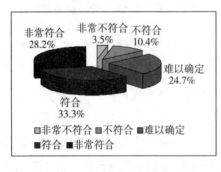

图 6 - 97　农村度假旅游表态结果

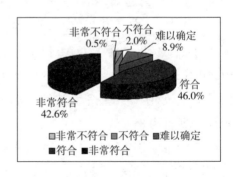

图 6 - 98　推介家乡景点表态结果

(8)大多数新市民曾向外人宣传过自己的家乡。问卷调查过程中,在评价"您有时会向外人推介家乡的名山胜景"这道问题时,1 010个新市民中有430人认为"非常符合"实际,有465人认为"符合"实际,还有90人认为"难以确定",折算加总起来,则共有93.1%的新市民承认自己有时会向外人推介家乡的名山胜景。持反对意见的新市民非常少(参见图6-98)。在评价"您有时会向外人宣传家乡的名优特产"这道问题时,有93.6%的新市民承认自己有时会向外人宣传家乡的名优特产。在评价"您有时会向外人介绍家乡的风土人情"这道问题时,有95.5%的新市民坦承,有时会向外人介绍家乡的风土人情。可见,大多数新市民曾向外人宣传过自己的家乡。分性别来看,就宣传自己的家乡而言(以推介家乡名山胜景为例),男性新市民和女性新市民的群体态度倾向高度一致,男性平均支持率为93.5%,女性为91.5%。

(9)大多数新市民或多或少充当过城乡信息交流的桥梁。问卷调查过程中,在评价"您曾向农民提供过城市就业、商机等信息"这道问题时,1 010个新市民中有206人认为"非常符合"实际,有461人认为"符合"实际,还有213人认为"难以确定",折算加总起来,则共有76.6%的新市民承认曾向农民提供过城市就业、商机等

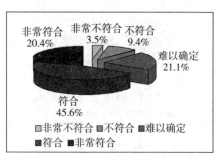

图6-99 提供城市信息表态结果

信息(参见图6-99)。在评价"您曾向身边朋友提供过有关农村旅游或投资等信息"这道问题时,1 010个新市民中有189人认为"非常符合"实际,有460人认为"符合"实际,还有236人认为"难以确定",折算加总起来,则共有75.9%的新市民承认曾向身边朋友提供过有关农村旅游或投资等信息(参见图6-100)。可见,大多数新市民或多或少充当过城乡信息交流的桥梁。相关性分析表明,新市民信息桥梁作用与新市民的年龄、职称、行政职务级别正相关,即新市民年龄越大,或新市民职称越

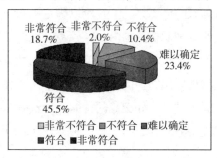

图6-100 提供农村信息表态结果

高,或新市民的行政职务级别越高,其城乡信息桥梁作用就越明显。分性别来看,就城乡信息桥梁作用而已,男性新市民的群体倾向性与女性新市民基本一致,支持率一般在76.0%左右。

(10)大多数新市民在许可范围内愿安排涉农资金向农村倾斜。问卷调查过程中,在评价"在原则和职权范围内,您会在涉农资金安排上向农村倾斜"这道问题时,1 010个新市民中有305人认为"非常符合"实际,有526人认为"符合"实际,还有144人认为"难以确定",折算加总起来,则共有89.4%的新市民坦承,在原则和职权范围内,会在涉农资金安排上向农村倾斜。只有十分之一的新市民对此问题持否定态度(参见图6-101)。可见,大多数新市民在许可范围内愿将涉农资金安排向农村倾斜,说明新市民工作上存在城乡粘合性,具有帮扶"三农"发展、促进城乡友好交流的特征。分性别来看,就涉农资金倾斜而言,男性新市民群体支持率略高于女性新市民,男性新市民平均支持率为90.6%,女性为85.1%。

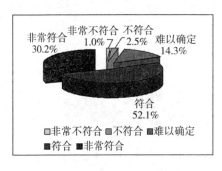
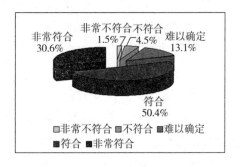

图6-101　资金倾斜表态结果　　　图6-102　项目倾斜表态结果

(11)大多数新市民在许可范围内愿将涉农项目向农村地区倾斜。问卷调查过程中,在评价"在原则和职权范围内,您会在涉农项目审批上向农村倾斜"这道问题时,1 010个新市民中有309人认为"非常符合"实际,有509人认为"符合"实际,还有132人认为"难以确定",折算加总起来,则共有87.5%的新市民坦承,在原则和职权范围内,会在涉农项目审批上向农村倾斜。少数新市民对此问题持否认态度(参见图6-102)。可见,大多数新市民在许可范围内愿将涉农项目向农村地区倾斜。同样说明了新市民工作上存在城乡粘合性,具有帮扶"三农"发展、促进城乡友好交流的特征。分性别来看,就涉农项目倾斜而言,男性新市民群体支持率略高于女性新市民,男性新市民平均支持率为88.4%,女性为83.0%。

(12)不少新市民工作中曾主导并推动过城乡某方面的交流。问卷调查过程中,在评价"工作中您曾主导并推动过城乡某方面的交流"这道问题时,1 010个新市民中有146人认为"非常符合"实际,有312人认为"符合"实际,还有223人认为"难以确定",折算加总起来,则共有56.4%的新市民承认工作中曾主导并推动过城乡某方面的交流,比例超过新市民总人数的一半。还有近四成的新市民对此问题持否认态度(参见图 6 - 103)。可见,不少新市民工作中曾主导并推动过城乡某方面的交流。分性别来看,就主导推动城乡交流而言,男性新市民群体认可率与女性新市民高度一致,男性新市民群体平均认可率为56.2%,女性为56.6%。

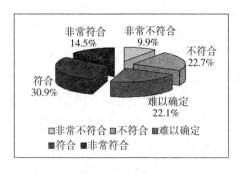

图 6 - 103　推动城乡交流表态结果

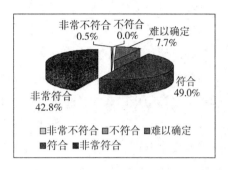

图 6 - 104　资源农村倾斜表态结果

(13)大多数新市民愿意推动各种社会资源向农村倾斜。问卷调查过程中,在评价"您愿意推动各种社会资源向农村倾斜"这道问题时,1 010 个新市民中有432 人认为"非常符合"实际,有 495 人认为"符合"实际,还有 78 人认为"难以确定",折算加总起来,则共有95.6%的新市民坦承,自己愿意推动各种社会资源向农村倾斜。只有极少数新市民对此问题持反对态度(参见图 6 - 104)。可见,大多数新市民是愿意推动各种社会资源向农村倾斜的。分性别来看,就推动资源向农村倾斜而言,男性新市民群体支持率与女性新市民高度一致,男性新市民群体平均支持率为95.5%,女性平均为95.8%。

三、本章小结

本章通过对新市民群体的调查及数据分析,证明了新市民在城乡一体化进程中粘合与催化作用的现实存在性。

第一,新市民在城乡一体化进程中的情感粘性主要表现为如下 28 条:(1)大多数新市民梦境中时常出现农村景象。(2)大多数新市民曾经经常下地干农活。(3)大多数新市民在农村有过较长时间的生活经历。(4)大多数新市民在农村养成了吃苦耐劳的品质。(5)大多数新市民在农村养成了勤俭节约的习惯。(6)大多数新市民认为农村经历是人生的宝贵财富。(7)大多数新市民对农村有种亲切感。(8)大多数新市民对农民怀有好感。(9)大多数新市民都能尊重城市里的农民工。(10)大多数新市民都会同情城市街头的农村乞讨人员。(11)大多数新市民的乡愁记忆在农村。(12)大多数新市民认为自己的"根"在农村。(13)大多数新市民对家乡母校怀有深厚感情。(14)大多数新市民对家乡中小学老师怀有感恩之心。(15)大多数新市民有从农民中走出来的情怀。(16)大多数新市民为农村落后而痛心。(17)大多数新市民欢迎新农村建设。(18)大多数新市民爱家乡农村胜过爱其它地方农村。(19)大多数新市民对家乡的好感程度随着离乡距离的增加而增加。(20)大多数新市民对家乡的思念随着离乡距离的递增而递增。(21)大多数新市民在他乡闻到乡音会倍感亲切。(22)大多数新市民期盼早日消除城乡政策不公。(23)大多数新市民渴望城乡平等。(24)大多数新市民希望国家惠农政策不断加力。(25)大多数新市民希望农民生活越来越好。(26)大多数新市民认为实现城乡一体化,"三农"需加速发展。(27)大多数新市民认为对农民好就是对市民好。(28)大多数新市民希望城乡友好交流、互通有无。

第二,新市民在城乡一体化进程中的生活粘性主要表现为如下 16 条:(1)大多数新市民基本每年都要回农村老家去看看。(2)大多数新市民农村有祖坟。(3)大多数新市民农村仍有继续来往走动的亲戚和朋友。(4)大多数新市民爱看农村题材的影视剧。(5)大多数新市民爱听乡土音乐。(6)大多数新市民喜欢聆听或哼唱家乡戏曲。(7)大多数新市民仍然保留着某些家乡的饮食习惯。(8)大多数新市民仍然偏爱家乡口味饭菜。(9)大多数新市民请客吃饭偏好"农家乐"或"土菜馆"。(10)大多数新市民支持农产品价格的适当上涨。(11)大多数新市民每年都是过"农历"生日。(12)大多数新市民生活中仍然受某些家乡习俗影响。(13)大多数新市民平时比较关注家乡的发展。(14)大多数新市民曾回访过农村母校和老师。(15)大多数新市民择偶倾向于选择农村出身的异性。(16)大多数新市民有在退休后回乡生活的愿望。

第三,新市民在城乡一体化进程中的工作粘性主要表现为如下 10 条:(1)大多数新市民的工作与"三农"直接或间接相关。(2)大多数新市民所在单位可直接或间接帮扶"三农"发展。(3)大多数新市民所在单位已通过"结对子"等形式对农村发展进行帮扶。(4)大多数新市民在涉农工作中带有反哺"三农"的情怀。(5)大多数新市民愿为农民代言。(6)大多数新市民工作上积极支持国家"以城带乡"政策。(7)大多数新市民在工作中会潜意识地关照农村群体。(8)大多数新市民工作中会尽力帮助农村求助之人。(9)大多数新市民工作中曾主动要求下乡。(10)大多数新市民乐意接受下乡挂职委派任务。

第四,新市民"三个反哺"催化促进城乡一体化主要表现在如下 7 个方面:

(1)大多数新市民都会从精神和经济上反哺农村父母。(2)大多数新市民愿意为"三农"发展提供支持和帮助。(3)大多数新市民更愿意支持家乡农村发展。(4)大多数新市民曾参加过单位组织的节日"送温暖"下乡活动。(5)不少新市民曾策划或运作过有益于"三农"的项目。(6)大多数新市民认为服务"三农"不丢人。(7)大多数新市民都会尽力做好事关农民的工作。

第五,新市民"四个带动"催化促进城乡一体化主要表现在如下13个方面:(1)大多数新市民每年都有农村亲友来城市做客。(2)大多数新市民有时间会到农村亲友家做客。(3)大多数新市民农村亲友进城做客常常会捎来一些农特产品。(4)大多数新市民经常携带工作地特产回老家。(5)大多数新市民从老家回城要捎带家乡的农特产品。(6)大多数新市民曾在乡下多次购买过农特产品。(7)大多数新市民几乎每年都要带着家人去农村度假、休闲或旅游。(8)大多数新市民曾向外人宣传过自己的家乡。(9)大多数新市民或多或少充当过城乡信息交流的桥梁。(10)大多数新市民在许可范围内愿安排涉农资金向农村倾斜。(11)大多数新市民在许可范围内愿将涉农项目向农村地区倾斜。(12)不少新市民工作中曾主导并推动过城乡某方面的交流。(13)大多数新市民愿意推动各种社会资源向农村倾斜。

调查研究表明,新市民在城乡一体化进程中确实具有粘合与催化促进作用。

第七章

实证分析:新市民城乡粘合催化作用的度量及其影响因素解码

前文对新市民在城乡一体化进程中的粘合催化作用进行了理论分析与存在性调查论证。理论研究表明,新市民在城乡一体化进程中具有三个粘合性、"三个反哺"催化促进作用和"四个带动"催化促进作用。这三个粘合性分别是指新市民在城乡一体化进程中所具有的情感粘性、生活粘性和工作粘性;"三个反哺"催化促进作用,是指新市民可通过反哺农业、反哺农村、反哺农民催化促进城乡一体化进程;"四个带动"催化促进作用,是指新市民可通过带动人流、物流、资金流和信息流在城乡间有序流动,催化促进城乡一体化进程。存在性调查研究表明,新市民在城乡一体化进程中确实存在城乡粘合与催化促进作用。在前文基础上,本章拟通过结构方程模型(SEM)进一步揭示粘合催化作用间的相互作用关系(主要是因果关系),再通过 logit 模型进一步探寻粘合催化促进作用的具体影响因素。

本章的研究思路是:(1)计算情感粘性、生活粘性、工作粘性、"三个反哺"催化促进、"四个带动"催化促进的加权得分。为此,先要对情感粘性(生活粘性、工作粘性、"三个反哺"催化促进、"四个带动"催化促进)做聚类分析,寻找情感粘性(生活粘性、工作粘性、"三个反哺"催化促进、"四个带动"催化促进)的代表性因子。然后运用结构方程模型(SEM)拟合,计算代表性因子的因素载荷量。再根据代表性因子因素载荷量计算各因子的权重,然后根据权重合成得到情感粘性(生活粘性、工作粘性、三个反哺催化促进、四个带动催化促进)的加权得分。(2)运用结构方程模型(SEM)拟合情感粘性、生活粘性、工作粘性、"三个反哺"催化促进、"四个带动"催化促进之间的因果关系和影响力大小。(3)分别运用 logit 模型分析情感粘性、生活粘性、工作粘性、"三个反哺"催化促进、"四个带动"催化促进作用的重要影响因素。需要说明的是,本章数据来源与上一章调查问卷所用数据相同。

一、粘合催化作用权重求解及得分计算

(一)情感粘性权重求解及得分计算

1. 情感粘性因子的聚类分析

情感粘性诸因子代码、名称及其含义如表7-1所示。从表7-1可见,情感粘性包含28个因子,分别是"梦见农村""干农活""农村生活经历""吃苦耐劳""勤俭节约""农村经历是财富""农村亲切感""农民好感""尊重农民工""同情乞讨者""乡愁在农村""根在农村""母校情深""感恩老师""农民情怀""痛心农村落后""喜见新农村建设""更爱家乡农村""家乡好感""思乡情感""外地闻乡音""消除城乡不公""渴望城乡平等""惠农加力""农民生活变好""三农需加速""对农民好就是对市民好""城乡互通有无",因子代码分别为Qn1、Qn2……Qn28。情感粘性因子的具体含义在表7-1中均有具体说明。

表7-1 情感粘性诸因子代码、名称及其含义

因子代码	因子名称	因子含义	因子代码	因子名称	因子含义
Qn1	梦见农村	梦境中常出现农村景象	Qn15	农民情怀	有从农民中走出来的情怀
Qn2	干农活	曾经经常干农活	Qn16	痛心农村落后	对农村的落后感到痛心
Qn3	农村生活经历	在农村有较长时间的生活经历	Qn17	喜见新农村建设	对新农村建设感到欢欣鼓舞
Qn4	吃苦耐劳	是吃苦耐劳的人	Qn18	更爱家乡农村	爱家乡农村胜过其它地方农村
Qn5	勤俭节约	是勤俭节约的人	Qn19	家乡好感	对家乡农村好感尤甚
Qn6	农村经历是财富	农村经历是宝贵的人生财富	Qn20	思乡情感	对家乡的思念,离乡愈远,思乡愈浓
Qn7	农村亲切感	对农村有亲切感	Qn21	外地闻乡音	在外地听到乡音,倍感亲切
Qn8	农民好感	对农民怀有好感	Qn22	消除城乡不公	盼望城乡不公政策早日消除

因子代码	因子名称	因子含义	因子代码	因子名称	因子含义
Qn9	尊重农民工	尊重身边的农民工	Qn23	渴望城乡平等	渴望城乡完全平等
Qn10	同情乞讨者	同情城市里的农村乞讨者	Qn24	惠农加力	希望惠农政策力度不断加大
Qn11	乡愁在农村	记忆中的乡愁在农村	Qn25	农民生活变好	盼望农民生活越来越好
Qn12	根在农村	生命的根在农村	Qn26	三农需加速	城乡一体化需"三农"加速发展
Qn13	母校情深	对农村母校怀有深厚感情	Qn27	对农民好就是对市民好	对农民好就是对市民自己好
Qn14	感恩老师	对农村母校老师怀有感恩之情	Qn28	城乡互通有无	愿意看到城乡友好交流,互通有无

若对情感粘性的 28 个因子进行数学平均,则得到的情感粘性因子得分就不太准确,因为每个因子对情感粘性的贡献可能不同。而对情感粘性进行聚类分析,将 28 个情感因子分成若干类别,然后再从每一类中选择其一,用结构方程求代表性因子的因素载荷量,再根据因素载荷量来求代表性因子的权重,加权得到的情感粘性因子得分就具有较好的科学性和合理性。下面就运用 SPSS16.0 软件对情感粘性的 28 个因子做聚类分析,大约按照 1:3 的比率将其聚成 8 类,聚类结果如表 7-2 所示。

从表 7-2 可见,第 1 类包含的因子是"梦见农村",第 2 类包含的因子是"干农活",第 3 类包含的因子是"农村生活经历",第 4 类包含的因子有"吃苦耐劳""勤俭节约""母校情深"和"感恩老师",第 5 类包含的因子有"农村经历是财富""农村亲切感""农民好感""尊重农民工""乡愁在农村"及"根在农村",第 6 类包含的因子是"同情乞讨者",第 7 类包含的因子有"农民情怀""痛心农村落后""喜见新农村建设""更爱家乡农村""家乡好感""思想情感""外地闻乡音",第 8 类包含的因子有"消除城乡不公""渴望城乡平等""惠农加力""农民生活变好""三农需加速""对农民好就是对市民好""城乡互通有无"。

从 8 类因子当中各选一个代表性因子,为后面的情感粘性因子载荷测量做好准备。选出的 8 个代表性因子分别是"梦见农村""干农活""农村生活经历""吃苦耐劳""乡愁在农村""同情乞讨者""农民情怀""渴望城乡平等"。

表7-2 情感粘性诸因子聚类分析结果

聚类类别	包含的情感粘性因子
第1类	梦见农村
第2类	干农活
第3类	农村生活经历
第4类	吃苦耐劳、勤俭节约、母校情深、感恩老师
第5类	农村经历是财富、农村亲切感、农民好感、尊重农民工、乡愁在农村、根在农村
第6类	同情乞讨者
第7类	农民情怀、痛心农村落后、喜见新农村建设、更爱家乡农村、家乡好感、思想情感、外地闻乡音
第8类	消除城乡不公、渴望城乡平等、惠农加力、农民生活变好、三农需加速、对农民好就是对市民好、城乡互通有无

2. 代表性情感粘性因子载荷测量

运用 SEM 模型对 8 个代表性情感粘性因子进行测量,测量模型及测量结果如图 7 - 1 所示。从测量结果来看:GFI 值等于 0.974,大于 0.9;AGFI 值等于 0.942,大于 0.9;RMSEA 值等于0.04,小于 0.08;卡方 p 值等于 0.169,大于 0.05;卡方自由度比值等于 1.328,小于 2.0。在上述模型适配度统计量中,除了卡方 p 值未达模型适配标准外,其余统计量均达到了模型适配标准指标,整体而言,图 7 - 1 的测量模型及测量结果是可以接受的。

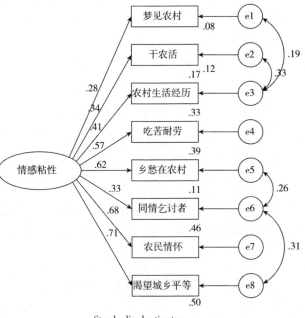

Standardized estimates
Default model
卡方值 =21.246(p=.169) ; GFI=.974
RMSEA=.040;AGFI=.942
自由度 =16; 卡方自由度比值 =1.328

图7-1 情感粘性因子载荷测量结果

代表性情感粘性因子的标准化因素载荷量如图 7 - 1 所示,整理出来见表 7 - 3。从表 7 - 3 可见,"梦见农村""干农活""农村生活经历""吃苦耐劳""乡愁在农村""同情乞讨者""农民情怀""渴望城乡平等"8 个代表性因子在"情感粘性"上的标准化因素载荷量分别为 0.28、0.34、0.41、0.57、0.62、0.33、0.68、0.71。

表 7 - 3　情感粘性因子的标准化因素载荷量

			Estimate
梦见农村	<---	情感粘性	0.28
干农活	<---	情感粘性	0.34
农村生活经历	<---	情感粘性	0.41
吃苦耐劳	<---	情感粘性	0.57
乡愁在农村	<---	情感粘性	0.62
同情乞讨者	<---	情感粘性	0.33
农民情怀	<---	情感粘性	0.68
渴望城乡平等	<---	情感粘性	0.71

3. 代表性情感粘性因子权重与得分计算

根据情感粘性因子的标准化因素载荷量,可以计算出代表性因子的权重。8 个选择性因子的因素载荷量总和为 3.942,则"梦见农村"权重就是用"梦见农村"的因素载荷量 0.279 除以 3.942,权重值为 0.071。用同样的方法,得到"干农活""农村生活经历""吃苦耐劳""乡愁在农村""同情乞讨者""农民情怀""渴望城乡平等"的权重分别为 0.086、0.104、0.146、0.158、0.084、0.173 及 0.179。根据代表性因子权重,可以计算得到每个新市民样本的"情感粘性的加权得分"(5 分制),它代表了新市民在城乡一体化进程中情感粘性的大小。

(二)生活粘性权重求解及得分计算

1. 生活粘性因子的聚类分析

生活粘性诸因子代码、名称及其含义如表 7 - 4 所示。从表 7 - 4 可见,生活粘性包含 16 个因子,分别是"回老家看看""祖坟在农村""有农村亲友""爱看农村影视""爱听乡土音乐""爱听唱家乡戏""家乡的饮食习惯""偏爱家乡口味""偏爱土菜馆""支持农产品适当涨价""过农历生日""家乡习俗的影响""关注家乡发展""曾访母校""曾访老师""退休后回乡生活",因子代码分别为 Sn1、Sn2

……Sn16。生活粘性因子的具体含义在表7-4中均有具体交代。

表7-4 生活粘性诸因子代码、名称及其含义

因子代码	因子名称	因子含义	因子代码	因子名称	因子含义
Sn1	回老家看看	基本每年都回老家看看	Sn9	偏爱土菜馆	请客吃饭喜欢挑选"农家乐"或土菜馆
Sn2	祖坟在农村	有祖坟在农村	Sn10	支持农产品适当涨价	理解并支持农产品价格适当上涨
Sn3	有农村亲友	还有保持联系并走动的农村亲友	Sn11	过农历生日	每年过的生日都是"农历生日"
Sn4	爱看农村影视	爱看农村题材的电影或电视	Sn12	家乡习俗的影响	家乡的部分风俗习惯仍然在影响生活
Sn5	爱听乡土音乐	喜爱聆听带有乡土气息的音乐	Sn13	关注家乡发展	平时比较关注家乡的发展
Sn6	爱听唱家乡戏	喜欢聆听或哼唱家乡戏曲	Sn14	曾访母校	曾回到农村中小学母校走走看看
Sn7	家乡的饮食习惯	还保留着家乡的某些饮食习惯	Sn15	曾访老师	曾拜访过农村中小学的老师
Sn8	偏爱家乡口味	仍偏爱家乡口味的饭菜	Sn16	退休后回乡生活	退休后您想到乡下去生活

若对生活粘性的16个因子进行数学平均,则得到的生活粘性因子得分就不太准确,因为每个因子对生活粘性的贡献可能不同。而对生活粘性进行聚类分析,将16个生活因子分成若干类别,然后再从每一类中选择其一,用结构方程求代表性因子的因素载荷量,再根据因素载荷量来求代表性因子的权重。根据SEM模型得出的这个权重,加权得到的生活粘性因子得分就具有较好的科学性和代表性性。下面就运用SPSS16.0软件对生活粘性的16个因子做聚类分析,大约按照1:3的比率将其聚成6类,聚类结果如表7-5所示。

从表7-5可见,第1类包含的因子有"回老家看看""祖坟在农村""有农村亲友",第2类包含的因子有"爱看农村影视""爱听乡土音乐""爱听唱家乡戏",第3类包含的因子有"家乡的饮食习惯""偏爱家乡口味""家乡习俗的影响",第4类包含的因子有"偏爱土菜馆""支持农产品适当涨价""关注家乡发展""退休后回乡生活",第5类包含的因子是"过农历生日",第6类包含的因子有"曾访母校""曾访老师"。

从6类因子当中各选一个代表性因子,为后面的生活粘性因子载荷测量做好

准备。选出的 6 个代表性因子分别是"祖坟在农村""爱看农村影视""偏爱家乡口味""关注家乡发展""过农历生日""曾访母校"。

表 7 - 5   生活粘性诸因子聚类分析结果

聚类类别	包含的生活粘性因子
第 1 类	回老家看看、祖坟在农村、有农村亲友
第 2 类	爱看农村影视、爱听乡土音乐、爱听唱家乡戏
第 3 类	家乡的饮食习惯、偏爱家乡口味、家乡习俗的影响
第 4 类	偏爱土菜馆、支持农产品适当涨价、关注家乡发展、退休后回乡生活
第 5 类	过农历生日
第 6 类	曾访母校、曾访老师

2. 代表性生活粘性因子载荷测量

运用 SEM 模型对 6 个代表性生活粘性因子进行测量,测量模型及测量结果如图 7 - 2 所示。从测量结果来看: GFI 值等于 0.978,大于 0.9;AGFI 值等于 0.941, 大于 0.9;RMSEA 值等于 0.059,小于 0.08;卡方 p 值等于 0.094,大于 0.05;卡方自由度比值等于 1.693,小于 2.0。在上述模型适配度统计量中,除了卡方 p 值未达模型适配标准外(但

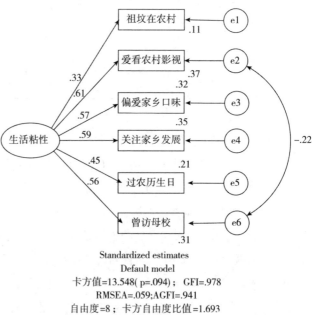

Standardized estimates
Default model
卡方值=13.548(p=.094) ; GFI=.978
RMSEA=.059;AGFI=.941
自由度=8 ; 卡方自由度比值=1.693

图 7 - 2   生活粘性因子载荷测量结果

接近适配标准),其余统计量均达到了模型适配标准指标,整体而言,图 7 - 2 的测量模型及测量结果可以被接受。

代表性生活粘性因子的标准化因素载荷量如图 7 - 2 所示,整理出来见表 7 - 6。从表 7 - 6 可见,"祖坟在农村""爱看农村影视""偏爱家乡口味""关注家乡发

展""过农历生日""曾访母校"6 个代表性因子在"生活粘性"上的标准化因素载荷量分别为 0.33、0.61、0.57、0.59、0.45、0.56。

表 7 - 6　生活粘性因子的标准化因素载荷量

			Estimate
祖坟在农村	<---	生活粘性	0.33
爱看农村影视	<---	生活粘性	0.61
偏爱家乡口味	<---	生活粘性	0.57
关注家乡发展	<---	生活粘性	0.59
过农历生日	<---	生活粘性	0.45
曾访母校	<---	生活粘性	0.56

3. 代表性生活粘性因子权重与得分计算

根据生活粘性因子的标准化因素载荷量,可以计算出代表性因子的权重。6 个选择性因子的因素载荷量总和为 3.102,则"祖坟在农村"权重就是用"祖坟在农村"的因素载荷量 0.328 除以 3.102,权重值为 0.106。用同样的方法,得到"爱看农村影视""偏爱家乡口味""关注家乡发展""过农历生日""曾访母校"的权重分别为 0.195、0.184、0.190、0.146、0.179。根据代表性因子权重,可以计算得到每个新市民样本的"生活粘性的加权得分"(5 分制),它代表了新市民在城乡一体化进程中生活粘性的大小。

(三)工作粘性权重求解及得分计算

1. 工作粘性因子的聚类分析

工作粘性诸因子代码、名称及其含义如表 7 - 7 所示。从表 7 - 7 可见,工作粘性包含 11 个因子,分别是"三农直接相关""三农间接相关""可直接帮扶""可间接帮扶""已结对帮扶""带有反哺情怀""愿为农民代言""支持以城带乡政策""更多关照""曾主动要求下乡""乐意下乡挂职",因子代码分别为 Gn1、Gn1……Gn11。工作粘性因子的具体含义在表 7 - 7 中均有具体交代。

表7-7 工作粘性诸因子代码、名称及其含义

因子代码	因子名称	因子含义	因子代码	因子名称	因子含义
Gn1	三农直接相关	工作与"三农"直接相关	Gn7	愿为农民代言	有机会您会为农民说话,为农民代言
Gn2	三农间接相关	工作与"三农"间接相关	Gn8	支持以城带乡政策	支持国家以城带乡政策
Gn3	可直接帮扶	所在单位可直接帮扶或促进"三农"发展	Gn9	更多关照	工作接触中会潜意识地给予农村人群更多的关照
Gn4	可间接帮扶	所在单位可间接帮扶或促进"三农"发展	Gn10	曾主动要求下乡	工作中曾主动要求下乡为农民服务
Gn5	已结对帮扶	所在单独已通过不同形式的"结对子"在帮助农村发展	Gn11	乐意下乡挂职	乐意接受组织上安排的下乡挂职锻炼
Gn6	带有反哺情怀	涉农工作中带有反哺"三农"的情怀			

同理,运用SPSS16.0软件对工作粘性的11个因子做聚类分析,大约按照1:3的比率将其聚成4类,聚类结果如表7-8所示。

从表7-8可见,第1类包含的因子是"三农直接相关",第2类包含的因子是"三农间接相关",第3类包含的因子有"可直接帮扶""可间接帮扶""已结对帮扶""带有反哺情怀""曾主动要求下乡",第4类包含的因子有"愿为农民代言""支持以城带乡政策""更多关照""乐意下乡挂职"。

从4类因子当中各选一个代表性因子,为后面的工作粘性因子载荷测量做好准备。选出的4个代表性因子分别是"三农直接相关""三农间接相关""带有反哺情怀""愿为农民代言"。

表7-8 工作粘性诸因子聚类分析结果

聚类类别	包含的工作粘性因子
第1类	三农直接相关
第2类	三农间接相关
第3类	可直接帮扶、可间接帮扶、已结对帮扶、带有反哺情怀、曾主动要求下乡
第4类	愿为农民代言、支持以城带乡政策、更多关照、乐意下乡挂职

2. 代表性工作粘性因子载荷测量

运用 SEM 模型对 4 个代表性工作粘性因子进行测量,测量模型及测量结果如图 7 - 3 所示。从测量结果来看:GFI 值等于 0.998,大于 0.9;AGFI 值等于 0.979,大于 0.9;RMSEA 值等于 0.000,小于 0.08;卡方 p 值等于 0.362,大于 0.05;卡方自由度比值等于 0.830,小于 2.0。在上述模型适配度统计量中,除了卡方 p 值未达模型适配标准外,其余统计量均达到了模型适配标准指标,整体而言,图 7 - 3 的测量模型及测量结果可以被接受。

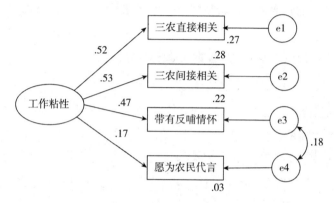

Standardized estimates
Default model
卡方值 =.830(p=.362) ; GFI=.998
RMSEA=.000;AGFI=.979
自由度 =1 ; 卡方自由度比值 =.830

图 7 - 3　工作粘性因子载荷测量结果

代表性工作粘性因子的标准化因素载荷量如图 7 - 3 所示,整理出来见表 7 - 9。从表 7 - 9 可见,"三农直接相关""三农间接相关""带有反哺情怀""愿为农民代言"4 个代表性因子在"工作粘性"上的标准化因素载荷量分别为 0.52、0.53、0.47、0.17。

表 7 - 9　工作粘性因子的标准化因素载荷量

			Estimate
三农直接相关	<---	工作粘性	0.52
三农间接相关	<---	工作粘性	0.53
带有反哺情怀	<---	工作粘性	0.47
愿为农民代言	<---	工作粘性	0.17

3. 代表性工作粘性因子权重与得分计算

根据工作粘性因子的标准化因素载荷量,可以计算出代表性因子的权重。4个选择性因子的因素载荷量总和为 1.690,则"三农直接相关"权重就是用"三农直接相关"的因素载荷量 0.518 除以 1.690,权重值为 0.307。用同样的方法,得到"三农间接相关""带有反哺情怀""愿为农民代言"的权重分别为 0.314、0.278、0.102。根据代表性因子权重,可以计算得到每个新市民样本的"工作粘性的加权得分"(5 分制),它代表了新市民在城乡一体化进程中工作粘性的大小。

(四)"三个反哺催化促进"权重求解及得分计算

1."三个反哺催化促进"因子的聚类分析

"三个反哺催化促进"诸因子代码、名称及其含义如表 7-10 所示。从表 7-10 可见,三个反哺催化促进包含 7 个因子,分别是"经济反哺父母""支持三农""支持家乡农村""送温暖成员""曾策划过三农项目""服务三农不丢人""尽力做好涉农工作",因子代码分别为 Fb1、Fb2……Fb7。"三个反哺催化促进"因子的具体含义在表 7-10 中均有具体交代。

表 7-10　"三个反哺催化促进"诸因子代码、名称及其含义

因子代码	因子名称	因子含义	因子代码	因子名称	因子含义
Fb1	经济反哺父母	每年孝敬父母花销总额	Fb5	曾策划过三农项目	曾策划或运作过有益于"三农"的项目
Fb2	支持三农	愿为"三农"发展提供支持和帮助	Fb6	服务三农不丢人	为"三农"服务不丢人
Fb3	支持家乡农村	更愿意支持家乡农村发展	Fb7	尽力做好涉农工作	事关农民的工作都会尽力做好
Fb4	送温暖成员	曾参加过"送温暖"下乡活动			

同理,运用 SPSS16.0 软件对"三个反哺催化促进"的 7 个因子做聚类分析,大约按照 1:2 的比率将其聚成 4 类,聚类结果如表 7-11 所示。

从表 7-11 可见,第 1 类包含的因子是"经济反哺父母",第 2 类包含的因子有"支持三农""支持家乡农村""服务三农不丢人""尽力做好涉农工作",第 3 类包含的因子是"送温暖成员",第 4 类包含的因子是"曾策划过三农项目"。

从 4 类因子当中各选一个代表性因子,为后面的三个反哺催化促进因子载荷测量做好准备。选出的 4 个代表性因子分别是"经济反哺父母""尽力做好涉农工作""送温暖成员""曾策划过三农项目"。

表 7－11　"三个反哺催化促进"诸因子聚类分析结果

聚类类别	包含的"三个反哺催化促进"因子
第 1 类	经济反哺父母
第 2 类	支持三农、支持家乡农村、服务三农不丢人、尽力做好涉农工作
第 3 类	送温暖成员
第 4 类	曾策划过三农项目

2. 代表性三个反哺催化促进因子载荷测量

运用 SEM 模型对"三个反哺催化促进"4 个代表性因子进行测量,测量模型及测量结果如图 7－4 所示。从测量结果来看:GFI 值等于 0.987,大于 0.9;AGFI 值等于 0.956,大于 0.9;RMSEA 值等于 0.061,小于 0.08;卡方 p 值等于 0.154,大于 0.05;卡方自由度比值等于 1.750,小于 2.0。在上述模型适配度统计量中,除了卡方 p 值未达模型适配标准外,其余统计量均达到了模型适配标准指标,整体而言,图 7－4 的测量模型及测量结果可以被接受。

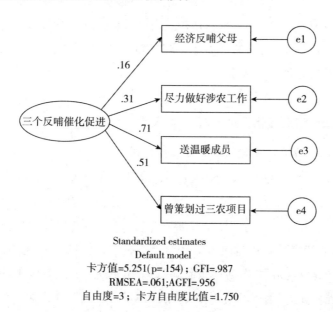

Standardized estimates
Default model
卡方值=5.251(p=.154)；GFI=.987
RMSEA=.061;AGFI=.956
自由度=3；卡方自由度比值=1.750

图 7－4　"三个反哺催化促进"因子载荷测量结果

"三个反哺催化促进"代表性因子的标准化因素载荷量如图7－4所示,整理出来见表7－12。从表7－12可见,"经济反哺父母""尽力做好涉农工作""送温暖成员""曾策划过三农项目"4个代表性因子在"三个反哺催化促进"上的标准化因素载荷量分别为0.16、0.31、0.71、0.51。

表7－12 "三个反哺催化促进"因子的标准化因素载荷量

			Estimate
经济反哺父母	<---	三个反哺催化促进	0.16
尽力做好涉农工作	<---	三个反哺催化促进	0.31
送温暖成员	<---	三个反哺催化促进	0.71
曾策划过三农项目	<---	三个反哺催化促进	0.51

3. 代表性"三个反哺催化促进"因子权重与得分计算

根据"三个反哺催化促进"因子的标准化因素载荷量,可以计算出代表性因子的权重。4个选择性因子的因素载荷量总和为1.682,则"尽力做好涉农工作"权重就是用"尽力做好涉农工作"的因素载荷量0.305除以1.682,权重值为0.181。用同样的方法,得到"曾策划过三农项目""送温暖成员""经济反哺父母"的权重分别为0.300、0.423、0.096。根据选择性因子权重,可以计算得到每个新市民样本的"三个反哺催化促进的加权得分"(5分制),它代表了新市民在城乡一体化进程中反哺催化促进作用的大小。

(五)"四个带动催化促进"权重求解及得分计算

1. "四个带动催化促进"因子的聚类分析

"四个带动催化促进"诸因子代码、名称及其含义如表7－13所示。从表7－13可见,"四个带动催化促进"包含14个因子,分别是"进城做客""去农村做客""捎来农产品""携工作地特产回家""带家乡特产""下乡买特产""每年到农村旅游""宣传家乡特产""提供过城市信息""提供过农村信息""资金倾斜""项目倾斜""推动过城乡交流""推动资源倾斜",因子代码分别为Dd1、Dd2……Dd14。"四个带动催化促进"因子的具体含义在表7－13中均有具体交代。

表 7-13　"四个带动催化促进"诸因子代码、名称及其含义

因子代码	因子名称	因子含义	因子代码	因子名称	因子含义
Dd1	进城做客	每年有农村亲友来城里做客	Dd8	宣传家乡特产	曾向外人宣传过家乡的名优特产
Dd2	去农村做客	有时间会到农村亲友家做客	Dd9	提供过城市信息	曾向农民提供过城市就业、商机等信息
Dd3	捎来农产品	农村亲友做客一般会捎来农特产品	Dd10	提供过农村信息	曾向身边朋友提供过有关农村旅游或投资等信息
Dd4	携工作地特产回家	经常携带工作地特产回老家	Dd11	资金倾斜	在许可范围内愿安排涉农资金向农村地区倾斜
Dd5	带家乡特产	经常捎带老家特产回城	Dd12	项目倾斜	在许可范围内愿将涉农项目向农村地区倾斜
Dd6	下乡买特产	曾在乡下多次购买过农特产品	Dd13	推动过城乡交流	工作中曾主导并推动过城乡某方面的交流
Dd7	每年到农村旅游	几乎每年都要带家人到农村休闲旅游	Dd14	推动资源倾斜	愿意推动各种社会资源向农村倾斜

同理,运用 SPSS16.0 软件对"四个带动催化促进"的 14 个因子做聚类分析,大约按照 1∶3 的比率将其聚成 5 类,聚类结果如表 7-14 所示。

从表 7-14 可见,第 1 类包含的因子有"进城做客""捎来农产品",第 2 类包含的因子有"去农村做客""携工作地特产回家""带家乡特产""下乡买特产""每年到农村旅游""宣传家乡特产",第 3 类包含的因子有"提供过城市信息""提供过农村信息",第 4 类包含的因子有"资金倾斜""项目倾斜""推动资源倾斜",第 5 类包含的因子是"推动过城乡交流"。

从 5 类因子当中各选一个代表性因子,为后面的"四个带动催化促进"因子载荷测量做好准备。选出的 5 个代表性因子分别是"进城做客""携工作地特产回家""提供过城市信息""推动资源倾斜""推动过城乡交流"。

表 7-14　"四个带动催化促进"诸因子聚类分析结果

聚类类别	包含的"四个带动催化促进"因子
第 1 类	进城做客、捎来农产品
第 2 类	去农村做客、携工作地特产回家、带家乡特产、下乡买特产、每年到农村旅游、宣传家乡特产

续表

聚类类别	包含的"四个带动催化促进"因子
第3类	提供过城市信息、提供过农村信息
第4类	资金倾斜、项目倾斜、推动资源倾斜
第5类	推动过城乡交流

2. 代表性"四个带动催化促进"因子载荷测量

运用 SEM 模型对"四个带动催化促进"5 个代表性因子进行测量,测量模型及测量结果如图 7－5 所示。从测量结果来看:GFI 值等于 0.990,大于 0.9;AGFI 值等于 0.971,大于 0.9;RMSEA 值等于 0.000,小于 0.08;卡方 p 值等于 0.472,大于 0.05;卡方自由度比值等于 0.912,小于 2.0。在上述模型适配度统计量中,除了卡方 p 值未达模型适配标准外,其余统计量均达到了模型适配标准指标,整体而言,图 7－5 的测量模型及测量结果可以被接受。

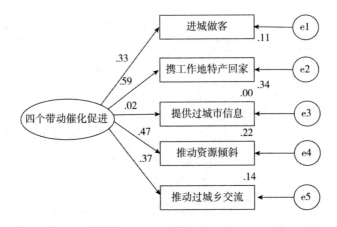

Standardized estimates
Default model
卡方值=4.559(p=.472); GFI=.990
RMSEA=.000;AGFI=.971
自由度=5; 卡方自由度比值=.912

图7－5　"四个带动催化促进"因子载荷测量结果

"四个带动催化促进"代表性因子的标准化因素载荷量如图 7－5 所示,整理出来见表 7－15。从表 7－15 可见,"进城做客""携工作地特产回家""提供过城市信息""推动资源倾斜""推动过城乡交流"5 个代表性因子在"四个带动催化促进"上的标准化因素载荷量分别为 0.33、0.59、0.02、0.47、0.37。

表7-15 "四个带动催化促进"因子的标准化因素载荷量

			Estimate
进城做客	<---	四个带动催化促进	0.33
携工作地特产回家	<---	四个带动催化促进	0.59
提供过城市信息	<---	四个带动催化促进	0.02
推动资源倾斜	<---	四个带动催化促进	0.47
推动过城乡交流	<---	四个带动催化促进	0.37

3. 代表性"四个带动催化促进"因子权重与得分计算

根据"四个带动催化促进"因子的标准化因素载荷量,可以计算出代表性因子的权重。5个选择性因子的因素载荷量总和为1.781,则"进城做客"权重就是用"进城做客"的因素载荷量0.334除以1.781,权重值为0.188。用同样的方法,得到"推动过城乡交流""提供过城市信息""携工作地特产回家""推动资源倾斜"的权重分别为0.210、0.011、0.330、0.262。根据选择性因子权重,可以计算得到每个新市民样本的"四个带动催化促进的加权得分"(5分制),它代表了新市民在城乡一体化进程中带动催化促进作用的大小。

二、收敛效度与区别效度检验

后续结构方程分析,需先对五大构念(情感粘性、生活粘性、工作粘性、三个反哺催化促进、四个带动催化促进)做收敛效度和区别效度检验。计算表明,整体样本数据的Cronbach's Alpha系数值为0.825,大于0.8,说明整体数据的信度良好。下面重点检验数据的收敛效度和区别效度。

(一)五大构念收敛效度检验

收敛效度(convergent validity)是指测量相同潜在特质的题项或测验会落在同一个因素构面上,且题项或测验间所测得的测量值之间具有高度的相关。Amos操作中,求各构念的收敛效度即检验各潜在构念的单面向测量模型的适配度。

1. 情感粘性收敛效度检验

"情感粘性"收敛效度检验是在图7-1的基础上,删除了原来因素载荷量比

较小的"梦见农村""干农活""农村生
活经历""同情乞讨者"四个测量指标,
使单一构面模型得以修正。修正后的
情感粘性收敛效度检验结果如图7-6
所示。从图7-6可见,模型中 GFI 等
于 0.992(大于 0.9),AGFI 等于0.959
(大于 0.9),RMSEA 等于 0.057(小于
0.08),卡方 p 值等于 0.190(大于
0.05),卡方自由度比值等于 1.660(小
于 2.0),在上述模型适配度统计量中,
除了卡方 p 值未达模型适配标准外,其
余统计量均达到了模型适配度标准,说

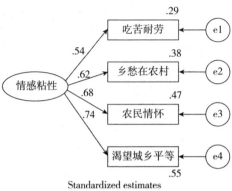

Standardized estimates
Default model
卡方值=3.320(p=.190);GFI=.992
RMSEA=.057;AGFI=.959
自由度=2;卡方自由度比值=1.660

图7-6 情感粘性收敛效度检验

明样本数据与测量模型契合好,"情感粘性"概念收敛效度佳。

2. 生活粘性收敛效度检验

"生活粘性"收敛效度检验是在
图7-2的基础上,删除了原来因素
载荷量比较小的"祖坟在农村"这个
测量指标,单一构面模型得以修正。
修正后的生活粘性收敛效度检验结
果如图7-7所示。从图7-7可见,
模型中 GFI 等于 0.984(大于 0.9),
AGFI 等于 0.942(大于 0.9),RMSEA
等于 0.069(小于 0.08),卡方 p 值等
于 0.099(大于 0.05),卡方自由度比
值等于 1.953(小于 2.0),在上述模
型适配度统计量中,除了卡方 p 值接
近模型适配标准外,其余统计量均达

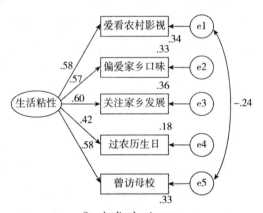

Standardized estimates
Default model
卡方值=7.813(p=.099);GFI=.984
RMSEA=.069;AGFI=.942
自由度=4;卡方自由度比值=1.953

图7-7 生活粘性收敛效度检验

到了模型适配度标准,说明样本数据与测量模型契合好,"生活粘性"构念收敛效
度佳。

3. 工作粘性收敛效度检验

"工作粘性"收敛效度检验模型如图7-8所示,它与图7-3完全相同。之所

以没有删除载荷量比较小的"愿为农民代言",是为了照顾测量模型的稳健性。在图 7-8 中,除了卡方 p 值未达到统计量标准外,其余统计量均达到模型适配度标准,因此,整体看来,样本数据与测量模型契合得比较好,"工作粘性"构念收敛效度佳。

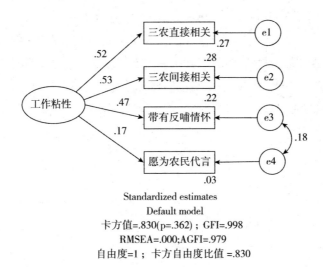

图 7-8　工作粘性收敛效度检验

4."三个反哺催化促进"收敛效度检验

"三个反哺催化促进"收敛效度检验模型如图 7-9 所示,它与图 7-4 完全相同。之所以没有删除载荷量比较小的"经济反哺父母",是为了照顾测量模型的稳健性。在图 7-9 中,除了卡方 p 值未达到统计量标准外(接近统计量标准值),其余统计量均达到模型适配度标准,因此,整体看来,样本数据与测量模型契合得比较好,"三个反哺催化促进"构念收敛效度佳。

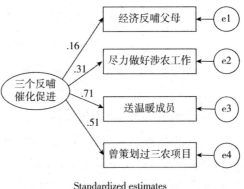

图 7-9　"三个反哺催化促进"
收敛效度检验

5. "四个带动催化促进"收敛效度检验

"四个带动催化促进"收敛效度检验是在图 7 - 5 的基础上,删除了原来因素载荷量比较小的"提供城市信息"这个测量指标,单一构面模型得以修正。修正后的"四个带动催化促进"收敛效度检验结果如图 7 - 10 所示。从图 7 - 10 可见,模型中 GFI 等于 0.995(大于 0.9),AGFI 等于 0.974(大于 0.9),RMSEA 等于 0.012(小于 0.08),卡方 p 值等于 0.357(大于 0.05),卡方自由度比值等于 1.029(小于 2.0),在上述模型适配度统计量中,除了卡方 p 值未达模型适配标准外,其余统计量均达到了模型适配度标准,说明测量模型与样本数据契合良好,"四个带动催化促进"构念收敛效度佳。

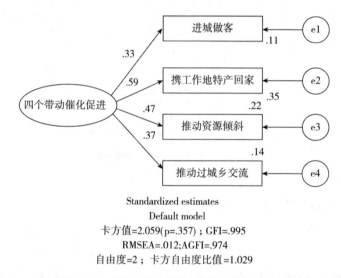

Standardized estimates
Default model
卡方值=2.059(p=.357);GFI=.995
RMSEA=.012;AGFI=.974
自由度=2;卡方自由度比值=1.029

图 7 - 10　"四个带动催化促进"收敛效度检验

(二)五大构念区别效度检验

区别效度(discriminant validity)是指构面所代表的潜在特质与其他构面所代表的潜在特质间低度相关或有显著的差异存在。Amos 操作中,求两个构面间的区别效度的简单方法,就是利用单群组生成两个模型,分别为限制模型与未限制模型(潜在构念间的共变关系限制为 1),接着进行两个模型的卡方值差异比较,若是卡方值差异量愈大且达到显著水平,表示两个模型间有显著的不同,其区别效度好,反之,区别效度差。

1. 情感粘性与生活粘性区别效度检验

"情感粘性"与"生活粘性"构念间的区别检验结果如图 7 - 11、图 7 - 12

所示。

从图 7-11 和图 7-12 可见,"情感粘性-生活粘性"潜在构面的未限制模型的自由度为 26,卡方值等于 46.310(p = 0.008 < 0.05),限制模型的自由度为 27,卡方值等于 143.313(p = 0.000 < 0.05),嵌套模型比较摘要表 7-16 显示:两个模型的自由度差异为 1,卡方差异值 = 97.002,卡方值差异量显著性检验的概率值 p = 0.000 < 0.05,达到 0.05 显著性水平,表示未限制模型与限制模型两个测量模型有显著不同,与限制模型相比,未限制模型的卡方值显著较小,表示"情感粘性-生活粘性"两个潜在构面间的区别效度佳。

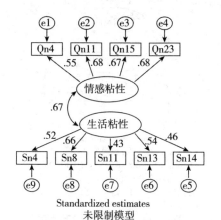 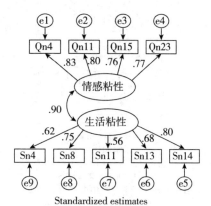

图 7-11 区别效度检验模型（未限制模型）

图 7-12 区别效度检验模型（限制模型）

表 7-16 假设未限制模型正确(嵌套模型摘要表)

Model	DF	CMIN	P	NFI Delta-1	IFI Delta-2	RFI rho-1	TLI rho2
限制模型	1	97.002	0.000	0.258	0.277	0.338	0.374

2. 情感粘性与工作粘性的区别效度检验

"情感粘性"与"工作粘性"构念间的区别检验结果如图 7-13、图 7-14 所示。

从图 7-13 和图 7-14 可见,"情感粘性-工作粘性"潜在构面的未限制模型的自由度为 19,卡方值等于 34.263(p = 0.017 < 0.05),限制模型的自由度为 20,

卡方值等于 159.609(p = 0.000 < 0.05),嵌套模型比较摘要表 7 - 17 显示:两个模型的自由度差异为 1,卡方差异值 = 125.346,卡方值差异量显著性检验的概率值 p = 0.000 < 0.05,达到 0.05 显著性水平,表示未限制模型与限制模型两个测量模型有显著不同,与限制模型相比,未限制模型的卡方值显著较小,表示"情感粘性 - 工作粘性"两个潜在构面间的区别效度佳。

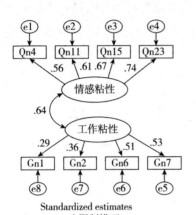

Standardized estimates
未限制模型
卡方值=34.263(p=.017);GFI=.955
RMSEA=.063;AGFI=.915
自由度=19 ;卡方自由度比值 =1.803

图 7 - 13 区别效度检验模型
(未限制模型)

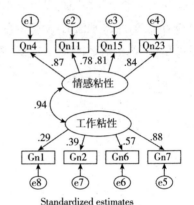

Standardized estimates
限制模型
卡方值=159.609(p=.000);GFI=.869
RMSEA=.186;AGFI=.765
自由度=20 ;卡方自由度比值 =7.980

图 7 - 14 区别效度检验模型
(限制模型)

表 7 - 17 假设未限制模型正确(嵌套模型摘要表)

Model	DF	CMIN	P	NFI Delta - 1	IFI Delta - 2	RFI rho - 1	TLI rho2
限制模型	1	125.346	0.000	0.463	0.498	0.639	0.713

3. 其它构念间的区别效度检验

其它构念间的区别效度检验方法同上,区别效度检验结果如表 7 - 18 所示。从表 7 - 18 中卡方差异(CMIN 差值)及其概率(p 值)可知,"生活粘性 - 工作粘性""情感粘性 - 三个反哺催化促进""生活粘性 - 三个反哺催化促进""工作粘性 - 三个反哺催化促进""三个反哺催化促进 - 四个带动催化促进""四个带动催化促进 - 情感粘性""四个带动催化促进 - 生活粘性""四个带动催化促进 - 工作粘性"潜在构面间的区别效度均很理想。

表7-18 构念区别效度检验结果

	Model	DF 差值	CMIN 差值	P 值	判断	结论
生活粘性-工作粘性	限制模型	1	66.446	0.000	P < 0.05	区别效度佳
情感粘性-三个反哺催化促进	限制模型	1	6.955	0.008	P < 0.05	区别效度佳
生活粘性-三个反哺催化促进	限制模型	1	88.575	0.000	P < 0.05	区别效度佳
工作粘性-三个反哺催化促进	限制模型	1	117.761	0.000	P < 0.05	区别效度佳
三个反哺催化-四个带动催化	限制模型	1	137.960	0.000	P < 0.05	区别效度佳
四个带动催化促进-情感粘性	限制模型	1	129.533	0.000	P < 0.05	区别效度佳
四个带动催化促进-生活粘性	限制模型	1	49.387	0.000	P < 0.05	区别效度佳
四个带动催化促进-工作粘性	限制模型	1	83.702	0.000	P < 0.05	区别效度佳

注:(1)根据嵌套模型比较法则,假定"未限制模型"正确。(2)表中数据根据 Amos 软件计算整理得到。

三、SEM 模型对粘合-催化促进作用间的拟合

前面对五大构念(情感粘性、生活粘性、工作粘性、三个反哺催化促进、四个带动催化促进)进行了收敛效度检验和区别效度检验,证明五大构念的测量模型适配度好(收敛效度好),五大构念间区别效度佳,表明五大构念及其测量模型适合用来做结构方程(SEM)分析。下面就运用 SEM 模型对三大粘性与"三个反哺催化促进"间的关系进行探索和拟合。不断修正结构方程模型,得到最优的拟合结果如图7-15 所示。得到的标准化因素载荷量如表7-19 所示。

表7-19 SEM 分析的标准化因素载荷量

			Estimate
生活粘性	<---	情感粘性	0.66
工作粘性	<---	情感粘性	0.31
工作粘性	<---	生活粘性	0.75
三个反哺催化促进	<---	生活粘性	0.95
Qn23	<---	情感粘性	0.70
Qn15	<---	情感粘性	0.68
Qn11	<---	情感粘性	0.65
Qn4	<---	情感粘性	0.55

			Estimate
Sn8	<---	生活粘性	0.66
Sn11	<---	生活粘性	0.38
Sn13	<---	生活粘性	0.54
Sn14	<---	生活粘性	0.41
Gn6	<---	工作粘性	0.40
Gn2	<---	工作粘性	0.27
Gn1	<---	工作粘性	0.15
Gn7	<---	工作粘性	0.56
Sn4	<---	生活粘性	0.52
Fb1	<---	三个反哺催化促进	0.29
Fb4	<---	三个反哺催化促进	0.36
Fb5	<---	三个反哺催化促进	0.30
Fb7	<---	三个反哺催化促进	0.56

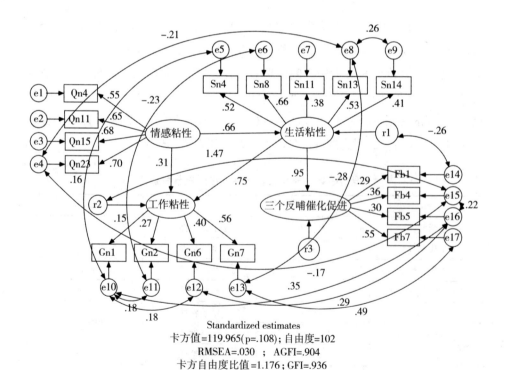

Standardized estimates
卡方值=119.965(p=.108)；自由度=102
RMSEA=.030 ；AGFI=.904
卡方自由度比值=1.176；GFI=.936

图 7 – 15　三大粘性与"三个反哺催化促进"间的 SEM 分析

(一)三大粘性间的因果数量关系

情感粘性、生活粘性、工作粘性之间的因果数量关系可从图7-15和表7-19读出,从图7-15可见:

(1)新市民的"情感粘性"影响(决定)其"生活粘性",它们之间存在因果关系。换言之,"情感粘性"的大小决定了"生活粘性"的大小,"情感粘性"是"因","生活粘性"是"果",其影响系数(即因素载荷量)为0.66。

(2)新市民的"情感粘性"影响(决定)其"工作粘性",它们之间存在因果关系。换言之,"情感粘性"的大小决定了"工作粘性"的大小,"情感粘性"是"因","工作粘性"是"果",其影响系数(即因素载荷量)为0.31。

(3)新市民的"生活粘性"也影响(决定)其"工作粘性",它们之间也存在因果关系。"生活粘性"是"因","工作粘性"是"果",其影响系数(即因素载荷量)为0.75。

显然,"情感粘性"是"生活粘性"的"因","生活粘性"是"情感粘性"的"果"。此外,"情感粘性"和"生活粘性"又共同构成"工作粘性"这个"果"的"因",且"生活粘性"对"工作粘性"的影响力要大于"情感粘性"对"工作粘性"的影响力。

(二)三大粘性与"三个反哺催化促进"间的因果数量关系

理论推理可知,三大粘性应该是"三个反哺催化促进"的"因",实证研究表明,情况果真如此。图7-15、图7-16、图7-17分别揭示了"情感粘性""生活粘性"和"工作粘性"对"三个反哺催化促进"的因果数量关系(模型适配度均为良好),相应因素载荷量分别参见表7-19、表7-20、表7-21。

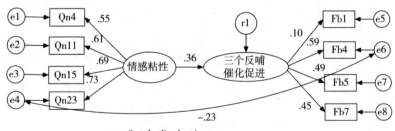

Standardized estimates
卡方值=26.900(p=.081);自由度=18
RMSEA=.050 ; AGFI=.936
卡方自由度比值=1.494;GFI=.968

图7-16 情感粘性与"三个反哺催化促进"间的SEM分析

表 7 - 20 SEM 分析的标准化因素载荷量

			Estimate
三个反哺催化促进	<---	情感粘性	0.36
Qn23	<---	情感粘性	0.73
Qn15	<---	情感粘性	0.69
Qn11	<---	情感粘性	0.61
Qn4	<---	情感粘性	0.55
Fb1	<---	三个反哺催化促进	0.10
Fb4	<---	三个反哺催化促进	0.59
Fb5	<---	三个反哺催化促进	0.49
Fb7	<---	三个反哺催化促进	0.45

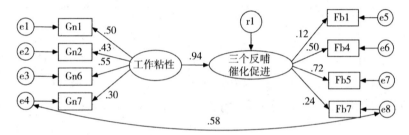

Standardized estimates
卡方值=41.976(p=.002)；自由度=19
RMSEA=.078 ； AGFI=.906
卡方自由度比值=2.209；GFI=.950

图 7 - 17 工作粘性与"三个反哺催化促进"间的 SEM 分析

表 7 - 21 SEM 分析的标准化因素载荷量

			Estimate
三个反哺催化促进	<---	工作粘性	0.94
Gn7	<---	工作粘性	0.30
Gn6	<---	工作粘性	0.55
Gn2	<---	工作粘性	0.43
Gn1	<---	工作粘性	0.50
Fb1	<---	三个反哺催化促进	0.12
Fb4	<---	三个反哺催化促进	0.50
Fb5	<---	三个反哺催化促进	0.72
Fb7	<---	三个反哺催化促进	0.24

从上述图表可以看出:

(1)"情感粘性""生活粘性"和"工作粘性"均是"三个反哺催化促进"的"因"变量,"三个反哺催化促进"是三大粘性的"果"变量。

(2)新市民的"情感粘性"影响(决定)了其"三个反哺催化促进"的力度,其影响系数(即因素载荷量)为0.36。

(3)新市民的"生活粘性"影响(决定)了其"三个反哺催化促进"的力度,其影响系数(即因素载荷量)为0.95。

(4)新市民的"工作粘性"影响(决定)了其"三个反哺催化促进"的力度,其影响系数(即因素载荷量)为0.94。

显然,"生活粘性"与"工作粘性"对"三个反哺催化促进"的影响最大,难分仲伯,相比而言,"情感粘性"对"三个反哺催化促进"的影响力要小得多。可见,若要加大新市民的"三个反哺催化促进"力度,首先应该设法增强其"生活粘性"和"工作粘性",而"生活粘性"又是"工作粘性"的"因"变量,"情感粘性"又是"生活粘性"的"因"变量,因此,加大新市民的"三个反哺催化促进"力度,根本上是要增强其城乡"情感粘性",在此基础上设法提高其城乡"生活粘性"。

(三)三大粘性与"四个带动催化促进"间的因果数量关系

同样,理论先验分析可知,"情感粘性""生活粘性""工作粘性"应该是导致"四个反哺催化促进"的"因","四个反哺催化促进"应该是"情感粘性""生活粘性""工作粘性"作用下的"果"。实证分析表明,情况的确如此。图7-18、图7-19、图7-20分别是"情感粘性""生活粘性""工作粘性"对"四个反哺催化促进"的因果数量关系(模型拟合良好,均通过了统计检验),相应因素载荷量分别参见表7-22、表7-23、表7-24。

表7-22　SEM分析的标准化因素载荷量

			Estimate
四个带动催化促进	<---	情感粘性	0.74
Qn23	<---	情感粘性	0.73
Qn15	<---	情感粘性	0.67
Qn11	<---	情感粘性	0.62
Qn4	<---	情感粘性	0.56

			Estimate
Dd1	<---	四个带动催化促进	0.33
Dd4	<---	四个带动催化促进	0.60
Dd13	<---	四个带动催化促进	0.22
Dd14	<---	四个带动催化促进	0.51

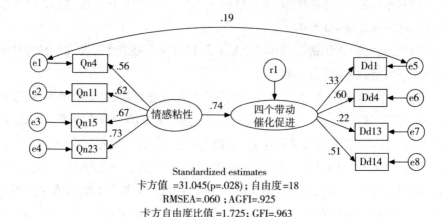

Standardized estimates
卡方值 =31.045(p=.028)；自由度 =18
RMSEA=.060；AGFI=.925
卡方自由度比值 =1.725；GFI=.963

图 7 - 18　情感粘性与"四个带动催化促进"间的 SEM 分析

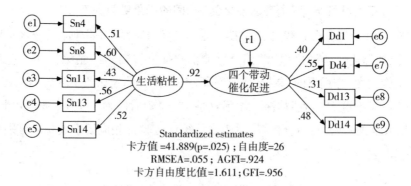

Standardized estimates
卡方值 =41.889(p=.025)；自由度 =26
RMSEA=.055；AGFI=.924
卡方自由度比值 =1.611；GFI=.956

图 7 - 19　生活粘性与"四个带动催化促进"间的 SEM 分析

表 7 - 23　SEM 分析的标准化因素载荷量

			Estimate
四个带动催化促进	<---	生活粘性	0.92
Sn13	<---	生活粘性	0.56
Sn11	<---	生活粘性	0.43

续表

			Estimate
Sn8	<---	生活粘性	0.60
Sn4	<---	生活粘性	0.51
Dd1	<---	四个带动催化促进	0.40
Dd4	<---	四个带动催化促进	0.55
Dd13	<---	四个带动催化促进	0.31
Dd14	<---	四个带动催化促进	0.48
Sn14	<---	生活粘性	0.52

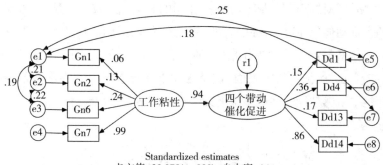

Standardized estimates
卡方值=38.878(p=.000);自由度=14
RMSEA=.094; AGFI=.873
卡方自由度比值=2.777;GFI=.951

图 7 - 20 工作粘性与"四个带动催化促进"间的 SEM 分析

表 7 - 24 SEM 分析的标准化因素载荷量

			Estimate
四个带动催化促进	<---	工作粘性	0.94
Gn7	<---	工作粘性	0.99
Gn6	<---	工作粘性	0.24
Gn2	<---	工作粘性	0.13
Gn1	<---	工作粘性	0.06
Dd1	<---	四个带动催化促进	0.15
Dd4	<---	四个带动催化促进	0.37
Dd13	<---	四个带动催化促进	0.17
Dd14	<---	四个带动催化促进	0.86

从上述图表可以看出：

(1)"情感粘性""生活粘性"和"工作粘性"均是"四个带动催化促进"的"因"变量，"四个带动催化促进"是三大粘性的"果"变量。

(2)新市民的"情感粘性"影响(决定)了其"四个带动催化促进"的力度，其影响系数(即因素载荷量)为0.74。

(3)新市民的"生活粘性"影响(决定)了其"四个带动催化促进"的力度，其影响系数(即因素载荷量)为0.92。

(4)新市民的"工作粘性"影响(决定)了其"四个带动催化促进"的力度，其影响系数(即因素载荷量)为0.94。

可见，"工作粘性""生活粘性"对"四个带动催化促进"的影响力最大，难分伯仲，"情感粘性"对"四个带动催化促进"作用的影响相对较小。显然，若要加大新市民"四个带动催化促进"方面的力度，首先应该设法增强其"生活粘性"和"工作粘性"，而"生活粘性"又是"工作粘性"的"因"变量，"情感粘性"又是"生活粘性"的"因"变量，因此，加大新市民的"四个带动催化促进"力度，根本上是要增强新市民的城乡"情感粘性"，在此基础上设法提高其城乡"生活粘性"。

四、五大构念影响因素的 logit 分析

本部分将运用二元 logit 模型，分别对影响"情感粘性""生活粘性""工作粘性""三个反哺催化促进""四个带动催化促进"的因素进行实证分析，以期从诸多可能的影响因素当中寻找出统计上显著的因素变量。

(一)理论框架及变量说明

从新市民角度来看，影响其"情感粘性"(或"生活粘性""工作粘性""三个反哺催化促进""四个带动催化促进")的因素不外乎内外两个方面，内因主要是"个体特征"，外因主要是"政策环境"和"社会环境"。相应的理论分析框架及变量说明如表 7-25 所示。"情感粘性"(或"生活粘性""工作粘性""三个反哺催化促进""四个带动催化促进")主要受三类潜在变量的影响：(1)政策环境变量。选取"国家重视是起因"和"若非国家号召"2个指标来刻画。(2)社会环境变量。选取"为农家服务""帮扶已开始行动""有类似机构""村干联系度""乡镇干部联系度""食品安全形势""土特产质量""土特产偏好""当前房价""同样光荣"10个指

标来刻画。(3)个体特征变量。选取"性别""年龄""婚姻状况""工作地点""工作城市级别""到老家距离""单位行政级别""单位涉农程度""技术职称""最高学历""行政职务级别""政治面貌""小家庭经济状况"13 个指标来刻画。各指标的具体含义、代码及其赋值情况详见表 7 – 25。

表 7 – 25　理论框架、变量名称、含义、代码及其赋值

变量类别		变量名称	变量含义	变量代码	变量赋值
因变量	情感粘性	情感粘性（加权）	对选择性情感粘性因子进行加权得分得到的数值	QN	">3.7"赋值为1,"≤3.7"赋值为0
	生活粘性	生活粘性（加权）	对选择性生活粘性因子进行加权得分得到的数值	SN	">3.7"赋值为1,"≤3.7"赋值为0
	工作粘性	工作粘性（加权）	对选择性工作粘性因子进行加权得分得到的数值	GN	">3.7"赋值为1,"≤3.7"赋值为0
	三个反哺催化促进	三个反哺催化促进（加权）	对选择性"三个反哺催化促进"因子进行加权得分得到的数值	FB	">3.2"赋值为1,"≤3.2"赋值为0
	四个带动催化促进	四个带动催化促进（加权）	对选择性"四个带动催化促进"因子进行加权得分得到的数值	DD	">3.2"赋值为1,"≤3.2"赋值为0
自变量	政策环境	国家重视是起因	国家重视三农,是您愿意支持农村建设的重要原因	ZC1	非常不符合=1,不符合=2,难以确定=3,符合=4,非常符合=5
		若非国家号召	没有国家号召,以城带乡很难推行	ZC2	非常不符合=1,不符合=2,难以确定=3,符合=4,非常符合=5
	社会环境	为农家服务	您的单位为农家提供服务	SH1	非常不符合=1,不符合=2,难以确定=3,符合=4,非常符合=5
		帮扶已开始行动	您单位对农村的帮扶行动已经开始	SH2	非常不符合=1,不符合=2,难以确定=3,符合=4,非常符合=5
		有类似机构	农村存在类似机构	SH3	非常不符合=1,不符合=2,难以确定=3,符合=4,非常符合=5
		村干联系度	老家村干部联系新市民情况	SH4	不联系=1,偶尔联系=2,联系较多=3
		乡镇干部联系度	老家乡镇干部联系新市民情况	SH5	不联系=1,偶尔联系=2,联系较多=3
		食品安全形势	当前食品安全形势	SH6	非常差=1,比较差=2,一般=3,比较好=4,非常好=5
		土特产质量	乡下农产品质量	SH7	非常低=1,比较低=2,一般=3,比较高=4,非常高=5

续表

变量类别		变量名称	变量含义	变量代码	变量赋值
自变量	社会环境	土特产偏好	对农村土特产的偏好	SH8	非常低=1,比较低=2,一般=3,比较高=4,非常高=5
		当前房价	当前所在城市房价	SH9	非常低=1,比较低=2,一般=3,比较高=4,非常高=5
		同样光荣	涉农工作,同样光荣	SH10	非常符合=1,不符合=2,难以确定=3,符合=4,非常符合=5
	个体特征	性别	性别	GT1	女=0,男=1
		年龄	年龄(周岁)	GT2	30周岁以下=1,30-39周岁=2,40-49周岁=3,50-59周岁=4
		婚姻状况	婚姻状况(婚否)	GT3	未婚=0,已婚=1
		工作地点	工作地点	GT4	本县=1,本市=2,本省=3,外省=4
		工作城市级别	工作所在城市的级别	GT5	县或县级市=1,地级市=2,省城或直辖市=3
		到老家距离	工作地到老家的距离	GT6	100公里以内=1,101-300公里=2,301-500公里=3,501-1000公里=4,1000公里以上=5
		单位行政级别	所在工作单位的行政级别	GT7	科级及以下=1,处级=2,厅级=3,厅级以上=4
		单位涉农程度	单位涉农程度(为农家服务程度)	GT8	不为农家服务=1,部分为农家服务=2,纯粹为农家服务=3
		技术职称	最高专业技术职称	GT9	初级及以下(含无职称)=1,中级=2,高级=3
		最高学历	取得的最高学历	GT10	中专=1,大专=2,本科=3,研究生=4
		行政职务级别	个人行政职务级别	GT11	科员及以下=1,科级=2,初级=3,厅级及以上=4
		政治面貌	个人政治面貌	GT12	群众=1,民主党派=2,中共党员=3
		小家庭经济状况	城市小家庭经济状况	GT13	非常困难=1,比较困难=2,一般=3,比较宽裕=4,非常宽裕=5

对因变量"情感粘性""生活粘性""工作粘性""三个反哺催化促进"及"四个带动催化促进"进行赋值时,是在"情感粘性加权得分""生活粘性加权得分""工作粘性加权得分""三个反哺催化促进加权得分"及"四个带动催化促进加权得

分"的基础上进行的,赋值也兼顾了各构念的加权得分分布情况。具体赋值情况是:"情感粘性加权得分"大于 3.7 赋值为"1",小于等于 3.7 赋值为"0";同样,"生活粘性加权得分"大于 3.7 赋值为"1",小于等于 3.7 赋值为"0";"工作粘性加权得分"大于 3.7 赋值为"1",小于等于 3.7 赋值为"0";"三个反哺催化促进加权得分"大于 3.2 赋值为"1",小于等于 3.2 赋值为"0";"四个带动催化促进加权得分"大于 3.2 赋值为"1",小于等于 3.2 赋值为"0"。这样,因变量就全部转换成了 0、1 变量,符合 logit 分析的需要。

(二)模型构建

根据前文的理论分析框架可知,影响"情感粘性"("生活粘性""工作粘性""三个反哺催化促进""四个带动催化促进")的可能有政策环境、社会环境及个体特征变量。故可设定如下函数形式:

$$QN = C_0 + \beta_1 ZC_1 + \beta_2 ZC_2 + \gamma_1 SH_1 + \gamma_2 SH_2 + \cdots + \gamma_{10} SH_{10} + \eta_1 GT_1 + \eta_2 GT_2 + \cdots$$
$$+ \eta_{13} GT_{13} \qquad (7-1)$$

$$SN = C_0 + \beta_1 ZC_1 + \beta_2 ZC_2 + \gamma_1 SH_1 + \gamma_2 SH_2 + \cdots + \gamma_{10} SH_{10} + \eta_1 GT_1 + \eta_2 GT_2 + \cdots$$
$$+ \eta_{13} GT_{13} \qquad (7-2)$$

$$GN = C_0 + \beta_1 ZC_1 + \beta_2 ZC_2 + \gamma_1 SH_1 + \gamma_2 SH_2 + \cdots + \gamma_{10} SH_{10} + \eta_1 GT_1 + \eta_2 GT_2 + \cdots$$
$$+ \eta_{13} GT_{13} \qquad (7-3)$$

$$FB = C_0 + \beta_1 ZC_1 + \beta_2 ZC_2 + \gamma_1 SH_1 + \gamma_2 SH_2 + \cdots + \gamma_{10} SH_{10} + \eta_1 GT_1 + \eta_2 GT_2 + \cdots$$
$$+ \eta_{13} GT_{13} \qquad (7-4)$$

$$DD = C_0 + \beta_1 ZC_1 + \beta_2 ZC_2 + \gamma_1 SH_1 + \gamma_2 SH_2 + \cdots + \gamma_{10} SH_{10} + \eta_1 GT_1 + \eta_2 GT_2 + \cdots$$
$$+ \eta_{13} GT_{13} \qquad (7-5)$$

上述(7-1)-(7-5)式中,QN 代表"情感粘性",SN 代表"生活粘性",GN 代表"工作粘性",FB 代表"三个反哺催化促进",DD 代表"四个带动催化促进"。C_0 为常数项,β_1、β_2、γ_1、γ_2、……、γ_{10}、η_1、η_2、……、η_{13} 为待定系数,ZC_1、ZC_2 为相应的政策环境变量指标(详见表 7-25),SH_1、SH_2、……、SH_{10} 为相应的社会环境变量指标,GT_1、GT_2、……、GT_{13} 为相应的个体特征变量指标。

(三)研究方法

"情感粘性"(或"生活粘性""工作粘性""三个反哺催化促进""四个带动催化促进")通过重新赋值后,已经变为 0,1 离散解释变量,离散被解释变量数据计量经济模型包括 probit 模型和 logit 模型,由于 probit 模型需要对多元正态分布的整体进行评价,所以应用受到限制。而 logit 模型的样本不需要服从正态分布,具有了较其它模型更广泛的适用性,该模型采用最大似然估计法进行参数估计,不要求样本数据呈正态分布。故采用二元 Logit 模型对相关数据进行分

析,对其回归参数进行估计。Logistic 回归分析模型为:

$$P_i = F\left[\alpha + \sum_{j=1}^{m}(\beta_{ji}ZC_j + \gamma_{ji}SH_j + \eta_{ji}GT_j)\right] = 1/\left\{1 + \exp\left[-\left(\alpha + \sum_{j=1}^{m}(\beta_jZC_j + \gamma_jSH_j + \eta_jGT_j)\right)\right]\right\}$$

(7-6)

根据(7-6)式整理得到:

$$Ln\frac{P_i}{1-P_i} = \alpha + \sum_{j=1}^{m}(\beta_{ji}ZC_{ji} + \gamma_{ji}SH_{ji} + \eta_{ji}GT_{ji})$$

(7-7)

P_i 表示第 i 个新市民"情感粘性比较大"(或"生活粘性""工作粘性""三个反哺催化促进""四个带动催化促进"比较大)的概率,X_{ji} 表示第 j 个影响第 i 个新市民"情感粘性"(或"生活粘性""工作粘性""三个反哺催化促进""四个带动催化促进")的指标因子。

(四)实证结果与分析

1. 情感粘性影响因素分析

分别运用 Enter、Forward wald 和 Backward wald 三种回归方法,按照 7-1 式对"情感粘性"做 Logit 二元回归。在三种回归结果中,比较选择出统计学上最理想的回归结果,此结果如表 7-26 所示。该表是 Enter 方法回归的结果,模型全部通过了统计学上的检验,拟合良好,可以用来分析。

从表 7-26 可见,显著影响新市民"情感粘性"的因素主要是政策变量中的"国家重视是起因(ZC1)"指标,社会环境变量中的"为农家服务(SH1)""同样光荣(SH10)"指标,以及个体特征变量中的"婚姻状况(GT3)""工作地点(GT4)""工作城市级别(GT5)""到老家距离(GT6)""技术职称(GT9)""政治面貌(GT12)"指标,这 9 个指标在统计学上均显著。下面对这 9 个显著影响新市民"情感粘性"的指标进行具体分析。

(1)"国家重视是起因"正向影响"情感粘性"

"国家重视是起因"的全部含义是"国家重视'三农',是新市民愿意支持农村建设的重要原因"。研究表明,"国家重视是起因"显著影响着新市民的城乡"情感粘性"。"国家重视是起因(ZC1)"在表 7-26 中通过了 10% 的显著性水平检

验,且其回归系数为正,符合预期。这说明,在其它条件不变的情况下,"国家重视是起因(ZC1)"在5分量表中每提高1个档次,新市民城乡"情感粘性"增强的发生比将增加82.1%。正如前文分析的那样,"制度弥合"是新市民心理上全面接纳农村的制度基础,而国家对"三农"的高度重视就是一种"制度弥合"。因此,国家越是从政策上重视"三农",新市民的城乡"情感粘性"就越强。

(2)"为农家服务"正向影响"情感粘性"

"为农家服务"的全部含义是"您的单位为农家提供服务"。研究表明,"为农家服务"显著影响着新市民的城乡"情感粘性"。"为农家服务(SH1)"在表7-26中通过了5%的显著性水平检验,且其回归系数为正,符合预期。这说明,在其它条件不变的情况下,"为农家服务(SH1)"在5分量表中每提高1个档次,新市民城乡"情感粘性"增强的发生比将增加100.7%。这个比较好理解,所在单位为农家服务,其工作属性和工作过程会逐步强化新市民对"三农"工作的正确认知,拉近其与"三农"的亲近感,使新市民的城乡"情感粘性"不仅保持"不掉线",且还可能会有"更多挂念"。

(3)"同样光荣"正向影响"情感粘性"

"同样光荣"的全部含义是"涉农工作,同样光荣"。研究表明,"同样光荣(SH10)"认知显著影响着新市民的城乡"情感粘性"。"同样光荣(SH10)"在表7-26中通过了1%的显著性水平检验,且其回归系数为正,符合预期。这说明,在其它条件不变的情况下,"同样光荣(SH10)"认知在5分量表中每提高1个档次,新市民城乡"情感粘性"增强的发生比将增加331.1%,该认知对"情感粘性"的影响相当之大。内因是变化的依据,外因是变化的条件。可以这样来分析,新市民如果从内心认为"涉农工作,同样光荣",则表明他在心理上已经完全接纳了涉农工作,没有觉得涉农工作与其它工作有什么不同,自然就会在心理上完全接纳其服务对象"农民"。新市民出身农村,父母也是农民,在"涉农工作,同样光荣"的认知驱动下,其城乡"情感粘性"就会与日俱增。

(4)"婚姻状况"正向影响"情感粘性"

"婚姻状况"赋值情况是"未婚=0,已婚=1"。研究表明,"婚姻状况(GT3)"显著影响着新市民的城乡"情感粘性"。"婚姻状况(GT3)"在表7-26中通过了5%的显著性水平检验,且其回归系数为正,符合预期。这说明,在其它条件不变的情况下,已婚新市民比未婚新市民的城乡"情感粘性"增大的发生比增加了672.3%,增加的幅度接近七倍。可以这样理解,若新市民终身大事已经解决,意味着其在城市已经扎下根来,生活比较稳定,且已婚新市民年龄更大,心智更加成熟,表现出更强的城乡"情感粘性"合情合理。

(5)"工作地点"正向影响"情感粘性"

"工作地点"的赋值情况是"本县＝1,本市＝2,本省＝3,外省＝4"。研究表明,"工作地点(GT4)"显著影响着新市民的城乡"情感粘性"。"工作地点(GT4)"在表7-26中通过了5%的显著性水平检验,其回归系数为正。这说明,在其它条件不变的情况下,"工作地点(GT4)"在4分量表中每提高1个档次,新市民城乡"情感粘性"增强的发生比将上升61.0%,"工作地点"与"情感粘性"成正向变化。工作地点离城乡越远,对家乡的好感及惦记越强,思乡愈浓,新市民就表现出更强的"情感粘性"。

(6)"工作城市级别"正向影响"情感粘性"

"工作城市级别"赋值情况是"县城或县级市＝1,地级市＝2,省城或直辖市＝3"。研究表明,"工作城市级别(GT5)"显著影响着新市民的城乡"情感粘性"。"工作城市级别(GT5)"在表7-26中通过了10%的显著性水平检验,且其回归系数为正,符合预期。这说明,在其它条件不变的情况下,"工作城市级别(GT5)"在3分量表中每提高1个档次,新市民城乡"情感粘性"增强的发生比将增加133.0%,其影响力不小。可以这样理解,新市民工作城市级别越高,其所在城市与家乡农村的发展差距就越大,这样更易触发新市民内心深处的乡愁和记忆,从而导致新市民表现出更强的城乡"情感粘性"。

(7)"到老家距离"正向影响"情感粘性"

"到老家距离"赋值情况是"100公里以内＝1,101-300公里＝2,301-500公里＝3,501-1 000公里＝4,1 000公里以上＝5。"研究表明,"到老家距离(GT6)"显著影响着新市民的城乡"情感粘性"。"到老家距离(GT6)"在表7-26中通过了5%的显著性水平检验,且其回归系数为正,符合预期。这说明,在其它条件不变情况下,"到老家距离(GT6)"在5分量表中每提高1个档次,新市民城乡"情感粘性"增强的发生比将增加119.7%,增幅明显。这个比较好理解,离乡越远,思乡愈浓,新市民城乡"情感粘性"与其工作城市"到老家距离"成同向变动关系。

表7-26 情感粘性影响因素的二元 Logit 模型估计结果

变量	预期方向	模型运算(Enter 回归法)				
		系数(B)	S. E. 值	Wald 值	P 值	发生比率
常数项		-9.808*	3.520	7.764	0.005	0.000

续表

变量	预期方向	模型运算（Enter 回归法）				
		系数（B）	S. E. 值	Wald 值	P 值	发生比率
1. 政策背景变量						
国家重视是起因（ZC1）	+	0.599***	0.324	3.415	0.065	1.821
若非国家号召（ZC2）	+	-0.142	0.362	0.154	0.694	0.867
2. 社会环境变量						
为农家服务（SH1）	+	0.697**	0.288	5.865	0.015	2.007
帮扶已开始行动（SH2）	+	-0.171	0.259	0.435	0.510	0.843
有类似机构（SH3）	+	0.118	0.240	0.240	0.624	1.125
村干联系度（SH4）	+	1.046	0.643	2.644	0.104	2.845
乡镇干部联系度（SH5）	+	-1.061	0.699	2.300	0.129	0.346
食品安全形势（SH6）	+	-0.157	0.280	0.316	0.574	0.855
土特产质量（SH7）	+	0.448	0.373	1.444	0.229	1.566
土特产偏好（SH8）	+	-0.147	0.383	0.148	0.700	0.863
当前房价（SH9）	+／-	-0.014	0.368	0.001	0.970	0.986
同样光荣（SH10）	+	1.461*	0.488	8.978	0.003	4.311
3. 个体特征变量						
性别（GT1）	+／-	-0.296	0.243	0.243	0.622	0.744
年龄（GT2）	+	0.276	0.476	0.476	0.490	1.317
婚姻状况（GT3）	+／-	2.044**	6.416	6.416	0.011	7.723
工作地点（GT4）	+	0.941**	3.998	3.998	0.046	0.390
工作城市级别（GT5）	+	0.846***	3.800	3.800	0.051	2.330
到老家距离（GT6）	+	0.787**	5.843	5.843	0.016	2.197
单位行政级别（GT7）	+	-0.055	0.021	0.021	0.885	0.946
单位涉农程度（GT8）	+	0.195	0.135	0.135	0.713	1.215
技术职称（GT9）	+	0.808**	4.449	4.449	0.035	0.446
最高学历（GT10）	+	0.129	0.099	0.099	0.753	1.138
行政职务级别（GT11）	+	0.227	0.398	0.398	0.528	1.255
政治面貌（GT12）	+	-0.693***	3.483	3.483	0.062	0.500
小家庭经济状况（GT13）	+／-	-0.075	0.027	0.027	0.868	0.928

续表

变量	预期方向	模型运算（Enter 回归法）				
		系数（B）	S. E. 值	Wald 值	P 值	发生比率
模型检验	模型系数的 Omnibus 检验	Step：P = 0.000（通过）				
		Block：P = 0.000（通过）				
		Model：P = 0.000（通过）				
	负 2 倍对数似然值	135.411				
	Cox & Snell　R^2	0.246（通过）				
	Nagekerke　R^2	0.400（通过）				
	Hosmer 和 Lemeshow 检验	0.680***（通过）				

注：*、**、***分别表示在 1%、5%、10% 置信水平上显著。

（8）"技术职称"正向影响"情感粘性"

"技术职称"赋值情况是"初级及以下（含无职称）= 1，中级 = 2，高级 = 3"。研究表明，"技术职称（GT9）"显著影响着新市民的城乡"情感粘性"。"技术职称（GT9）"在表 7 - 26 中通过了 5% 的显著性水平检验，其回归系数为正。这说明，在其它条件不变的情况下，"技术职称（GT9）"在 3 分量表中每提高 1 个档次，新市民城乡"情感粘性"增强的发生比将上升 55.4%。这个也比较好理解，因为技术职称越高，在城市工作的时间一般就越长，离开家乡的时间也就越长，年龄就越大，思乡就越浓，从而表现出更强的城乡"情感粘性"。

（9）"政治面貌"负向影响"情感粘性"

"政治面貌"的赋值情况是"群众 = 1，民主党派 = 2，中共党员 = 3"。研究表明，"政治面貌（GT12）"显著影响着新市民的城乡"情感粘性"。"政治面貌（GT12）"在表 7 - 26 中通过了 10% 的显著性水平检验，其回归系数为负。这说明，在其它条件不变的情况下，"政治面貌（GT12）"在 3 分量表中每提高 1 个档次，新市民城乡"情感粘性"增强的发生比将下降 50.0%。从以上分析、比较可以发现，党员的城乡"情感粘性"相对较低。

2. 生活粘性影响因素分析

分别运用 Enter、Forward wald 和 Backward wald 三种回归方法，按照 7 - 2 式对"生活粘性"做 Logit 二元回归。在三种回归结果中，比较选择出统计学上最理想的回归结果，此结果如表 7 - 27 所示。该表是 Forward Wald 方法回归的结果，模型全部通过了统计学上的检验，拟合良好，可以用来分析。

从表7-27可见，显著影响新市民"生活粘性"的因素主要是社会环境变量中的"为农家服务（SH1）""土特产偏好（SH8）""同样光荣（SH10）"指标，以及个体特征变量中的"年龄（GT2）"指标，这4个指标在统计学上均显著。下面对这4个显著影响新市民"生活粘性"的指标进行具体分析。

（1）"为农家服务"正向影响"生活粘性"

"为农家服务"的全部含义是"您的单位为农家提供服务"。研究表明，"为农家服务"显著影响着新市民的城乡"生活粘性"。"为农家服务（SH1）"在表7-27中通过了1%的显著性水平检验，且其回归系数为正，符合预期。这说明，在其它条件不变的情况下，"为农家服务（SH1）"在5分量表中每提高1个档次，新市民城乡"生活粘性"增强的发生比将增加59.9%。单位为农家服务，新市民工作中与"三农"的交集就多，与农村互动就多，生活上自然就表现出更多的城乡粘性，如下乡旅游休闲、采购农产品、探亲访友等。

（2）"土特产偏好"正向影响"生活粘性"

"土特产偏好"的全部含义是"对农村土特产的偏好"。研究表明，"土特产偏好"显著影响着新市民的城乡"生活粘性"。"土特产偏好（SH8）"在表7-27中通过了5%的显著性水平检验，且其回归系数为正，符合预期。这说明，在其它条件不变的情况下，"土特产偏好（SH8）"在5分量表中每提高1个档次，新市民城乡"生活粘性"增强的发生比将增加98.2%。这个结论比较好理解，若心理上偏好农村土特产品，为了得到这些食物，新市民就必须亲自到农村采购或委托农村亲友帮其采购（或捎带），在这个过程中，新市民的城乡"生活粘性"得以彰显。

（3）"同样光荣"正向影响"生活粘性"

"同样光荣"的全部含义是"涉农工作，同样光荣"。研究表明，"同样光荣（SH10）"认知显著影响着新市民的城乡"生活粘性"。"同样光荣（SH10）"在表7-27中通过了1%的显著性水平检验，且其回归系数为正，符合预期。这说明，在其它条件不变的情况下，"同样光荣（SH10）"认知在5分量表中每提高1个档次，新市民城乡"生活粘性"增强的发生比将增加217.7%，影响力度比较巨大。可以这样认为，新市民心理上认同"涉农工作，同样光荣"，表明他心理上已经接纳"三农"，就不会排斥农民和农村，这种心理上的亲近和认知，必然会在生活中体现出来，即表现出较强的城乡"生活粘性"。

（4）"年龄"正向影响"生活粘性"

"年龄"的赋值情况是"30周岁以下=1,30-39周岁=2,40-49周岁=3,50-59周岁=4"。研究表明，"年龄"显著影响着新市民的城乡"生活粘性"。"年龄

（GT2）

"在表 7 - 27 中通过了 5% 的显著性水平检验,且其回归系数为正,符合预期。这说明,在其它条件不变的情况下,"年龄(GT2)"在 4 分量表中每提高 1 个档次,新市民城乡"生活粘性"增强的发生比将增加 51.7%。这个也比较好解释,年龄越大的新市民,其乡土情结和家乡情怀可能表现得更加浓烈,在生活中也更加懂得农特产品的"养生"与"保健"功能,自然会表现出更强的城乡"生活粘性"。

表 7 - 27　生活粘性影响因素的二元 Logit 模型估计结果

变量	预期方向	模型运算(Forward Wald 回归法)				
		系数(B)	S. E. 值	Wald 值	P 值	发生比率
常数项		-9.165*	2.012	20.744	0.000	0.000
1. 政策背景变量		—	—	—	—	—
国家重视是起因(ZC1)	+	—	—	—	—	—
若非国家号召(ZC2)	+	—	—	—	—	—
2. 社会环境变量		—	—	—	—	—
为农家服务(SH1)	+	0.469*	0.159	8.728	0.003	1.599
帮扶已开始行动(SH2)	+	—	—	—	—	—
有类似机构(SH3)	+	—	—	—	—	—
村干联系度(SH4)	+	—	—	—	—	—
乡镇干部联系度(SH5)	+	—	—	—	—	—
食品安全形势(SH6)	+	—	—	—	—	—
土特产质量(SH7)	+	—	—	—	—	—
土特产偏好(SH8)	+	0.684**	0.273	6.289	0.012	1.982
当前房价(SH9)	+/-	—	—	—	—	—
同样光荣(SH10)	+	1.156*	0.332	12.127	0.000	3.177
3. 个体特征变量		—	—	—	—	—
性别(GT1)	+/-	—	—	—	—	—
年龄(GT2)	+	0.416**	0.210	3.921	0.048	1.517
婚姻状况(GT3)	+/-	—	—	—	—	—
工作地点(GT4)	+	—	—	—	—	—
工作城市级别(GT5)	+	—	—	—	—	—
到老家距离(GT6)	+	—	—	—	—	—
单位行政级别(GT7)	+	—	—	—	—	—

续表

变量	预期方向	模型运算(Enter 回归法)				
		系数(B)	S. E. 值	Wald 值	P 值	发生比率
单位涉农程度(GT8)	+	—	—	—	—	—
技术职称(GT9)	+	—	—	—	—	—
最高学历(GT10)	+	—	—	—	—	—
行政职务级别(GT11)	+	—	—	—	—	—
政治面貌(GT12)	+	—	—	—	—	—
小家庭经济状况(GT13)	+ / −	—	—	—	—	—
模型检验	模型系数的 Omnibus 检验	Step:P = 0.043(通过)				
		Block:P = 0.000(通过)				
		Model:P = 0.000(通过)				
	负 2 倍对数似然值	190.497				
	Cox & Snell R^2	0.152(通过)				
	Nagekerke R^2	0.227(通过)				
	Hosmer 和 Lemeshow 检验	0.445***(通过)				

注:*、**、***分别表示在 1%、5%、10% 置信水平上显著。

3. 工作粘性影响因素分析

分别运用 Enter、Forward wald 和 Backward wald 三种回归方法,按照 7 - 3 式对"工作粘性"做 Logit 二元回归。在三种回归结果中,比较选择出统计学上最理想的回归结果,此结果如表 7 - 28 所示。该表是 Forward Wald 方法回归的结果,模型全部通过了统计学上的检验,拟合良好,可以用来分析。

从表 7 - 28 可见,显著影响新市民"工作粘性"的因素主要是政策环境变量中的"国家重视是起因(ZC1)",社会环境变量中的"为农家服务(SH1)""帮扶已开始行动(SH2)""乡镇干部联系度(SH5)"指标,以及个体特征变量中的"年龄(GT2)"和"政治面貌(GT12)"指标,这 6 个指标在统计学上均显著。下面对这 6 个显著影响新市民"工作粘性"的指标进行具体分析。

(1)"国家重视是起因"正向影响"工作粘性"

"国家重视是起因"的全部含义是"国家重视三农,是您愿意支持农村建设的重要原因"。研究表明,"国家重视是起因"显著影响着新市民的城乡"工作粘性"。"国家重视是起因(ZC1)"在表 7 - 28 中通过了 1% 的显著性水平检验,且其回归系数为正,符合预期。这说明,在其它条件不变的情况下,"国家重视是起因

(ZC1)"在 5 分量表中每提高 1 个档次,新市民城乡"工作粘性"增强的发生比将增加 89.4%。可以这样理解,国家对"三农"工作越是重视,全社会对"三农"工作的重要性认识就会越深刻,对"三农"工作的尊重和理解程度也会相应提升,从而使得新市民在支持"三农"工作的过程中,可以有尊严地帮助"三农"发展,去推动城乡一体化进程。

(2)"为农家服务"正向影响"工作粘性"

"为农家服务"的全部含义是"您的单位为农家提供服务"。研究表明,"为农家服务"显著影响着新市民的城乡"工作粘性"。"为农家服务(SH1)"在表 7-28中通过了 1% 的显著性水平检验,且其回归系数为正,符合预期。这说明,在其它条件不变的情况下,"为农家服务(SH1)"在 5 分量表中每提高 1 个档次,新市民城乡"工作粘性"增强的发生比将增加 66.9%。因为所在单位为农家服务,新市民工作上与"三农"工作就有比较大的交集,自然使其表现出较强的城乡"工作粘性"来。

表 7-28 工作粘性影响因素的二元 Logit 模型估计结果

变量	预期方向	模型运算(Forward Wald 回归法)				
		系数(B)	S. E. 值	Wald 值	P 值	发生比率
常数项		-9.116*	1.618	31.732	0.000	0.000
1. 政策背景变量						
国家重视是起因(ZC1)	+	0.638*	0.244	6.870	0.009	1.894
若非国家号召(ZC2)	+	—	—	—	—	—
2. 社会环境变量						
为农家服务(SH1)	+	0.512*	0.163	9.834	0.002	1.669
帮扶已开始行动(SH2)	+	0.771*	0.228	11.459	0.001	2.162
有类似机构(SH3)	+	—	—	—	—	—
村干联系度(SH4)	+	—	—	—	—	—
乡镇干部联系度(SH5)	+	0.840*	0.315	7.106	0.008	2.317
食品安全形势(SH6)	+	—	—	—	—	—
土特产质量(SH7)	+	—	—	—	—	—
土特产偏好(SH8)	+	—	—	—	—	—
当前房价(SH9)	+/-	—	—	—	—	—
同样光荣(SH10)	+	—	—	—	—	—

续表

变量	预期方向	模型运算(Forward Wald 回归法)				
		系数(B)	S. E. 值	Wald 值	P 值	发生比率
3. 个体特征变量						
性别(GT1)	+/-	—	—	—	—	—
年龄(GT2)	+	0.481**	0.230	4.392	0.036	1.618
婚姻状况(GT3)	+/-	—	—	—	—	—
工作地点(GT4)	+	—	—	—	—	—
工作城市级别(GT5)	+	—	—	—	—	—
到老家距离(GT6)	+	—	—	—	—	—
单位行政级别(GT7)	+	—	—	—	—	—
单位涉农程度(GT8)	+	—	—	—	—	—
技术职称(GT9)	+	—	—	—	—	—
最高学历(GT10)	+	—	—	—	—	—
行政职务级别(GT11)	+	—	—	—	—	—
政治面貌(GT12)	+	-0.691*	0.250	7.657	0.006	0.501
小家庭经济状况(GT13)	+/-	—	—	—	—	—
模型检验	模型系数的 Omnibus 检验	Step:P = 0.032(通过)				
		Block:P = 0.000(通过)				
		Model:P = 0.000(通过)				
	负 2 倍对数似然值	184.156				
	Cox & Snell R^2	0.269(通过)				
	Nagekerke R^2	0.381(通过)				
	Hosmer 和 Lemeshow 检验	0.356***(通过)				

注:*、**、***分别表示在1%、5%、10%置信水平上显著。

(3)"帮扶已开始行动"正向影响"工作粘性"

"帮扶已开始行动"的全部含义是"您单位对农村的帮扶行动已经开始"。研究表明,"帮扶已开始行动"显著影响着新市民的城乡"工作粘性"。"帮扶已开始行动(SH2)"在表7-28 中通过了1%的显著性水平检验,且其回归系数为正,符合预期。这说明,在其它条件不变的情况下,"帮扶已开始行动(SH2)"在5 分量表中每提高1 个档次,新市民城乡"工作粘性"增强的发生比将增加116.2%。若新市民所在单位对农村的帮扶已经开始行动,则在单位的带动和示范作用下,新市民工作中倾斜关照农村人群的意愿就会增强,从而使其表现出更大的城乡"工作粘性"。

(4)"乡镇干部联系度"正向影响"工作粘性"

"乡镇干部联系度"的赋值情况是"不联系 =1,偶尔联系 =2,联系较多 =3"。研究表明,"乡镇干部联系度"显著影响着新市民的城乡"工作粘性"。"乡镇干部联系度(SH5)"在表 7 - 28 中通过了 1% 的显著性水平检验,且其回归系数为正,符合预期。这说明,在其它条件不变的情况下,"乡镇干部联系度(SH5)"在 3 分量表中每提高 1 个档次,新市民城乡"工作粘性"增强的发生比将增加 131.7%。这个可以这样理解,"乡镇干部联系度"是从农村需求的角度影响新市民的"工作粘性",乡镇干部与新市民联系越密切,则新市民反哺家乡农村的力度就会越大。沟通联系就是牵线搭桥,通过交汇对接,使新市民反哺家乡有了不好推卸的责任,也有了出力使劲的地方。

(5)"年龄"正向影响"工作粘性"

研究表明,"年龄"显著影响着新市民的城乡"工作粘性"。"年龄(GT2)"在表 7 - 28 中通过了 5% 的显著性水平检验,且其回归系数为正,符合预期。这说明,在其它条件不变的情况下,"年龄(GT2)"在 4 分量表中每提高 1 个档次,新市民城乡"工作粘性"增强的发生比将增加 61.8%。换言之,年龄越大,新市民的城乡"工作粘性"越强。可以这样理解,年龄越大,新市民反哺"三农"的情怀越真切,社会能量亦越大,从而导致年龄越大的新市民其城乡"工作粘性"也越大。

(6)"政治面貌"负向影响"工作粘性"

"政治面貌"的赋值情况是"群众 =1,民主党派 =2,中共党员 =3"。研究表明,"政治面貌(GT12)"显著影响着新市民的城乡"工作粘性"。"政治面貌(GT12)"在表 7 - 28 中通过了 1% 的显著性水平检验,其回归系数为负。这说明,在其它条件不变的情况下,"政治面貌(GT12)"在 3 分量表中每提高 1 个档次,新市民城乡"工作粘性"增强的发生比将下降 49.9%。从以上分析可以发现中共党员新市民相对有较高的政治觉悟,他们秉持"天下为公、公事公办"等无产阶级的思想立场。

4."三个反哺催化促进"影响因素分析

分别运用 Enter、Forward wald 和 Backward wald 三种回归方法,按照 7 - 4 式对"三个反哺催化促进"做 Logit 二元回归。在三种回归结果中,比较选择出统计学上最理想的回归结果,如表 7 - 29 所示。该表是 Forward Wald 方法回归的结果,模型全部通过了统计学上的检验,拟合良好,可以用来分析。

从表 7 - 29 可见,显著影响新市民"三个反哺催化促进"的因素主要是政策环境变量中的"国家重视是起因(ZC1)",社会环境变量中的"帮扶已开始行动(SH2)""乡镇干部联系度(SH5)""同样光荣(SH10)"指标,以及个体特征变量中的"技术职称(GT9)"指标,这5个指标在统计学上均显著。下面对这5个显著影响新市民"三个反哺催化促进"的指标进行具体分析。

(1)"国家重视是起因"正向影响"三个反哺催化促进"

"国家重视是起因"的全部含义是"国家重视三农,是您愿意支持农村建设的重要原因"。研究表明,"国家重视是起因"显著影响着新市民的"三个反哺催化促进"。"国家重视是起因(ZC1)"在表7 – 29中通过了1%的显著性水平检验,且其回归系数为正,符合预期。这说明,在其它条件不变的情况下,"国家重视是起因(ZC1)"在5分量表中每提高1个档次,新市民"三个反哺催化促进"增强的发生比将增加228.2%,影响力度很大。这说明国家涉农政策严重影响新市民的"三个反哺催化促进",即十分显著地影响着新市民反哺农业、反哺农村、反哺农民的意愿。政策导向是根本,没有国家的高度重视,普通国民甚至连农村出身的新市民都很难做到"三个反哺",这表明"制度弥合"对城乡一体化发展特别重要。

(2)"帮扶已开始行动"正向影响"三个反哺催化促进"

"帮扶已开始行动"的全部含义是"您单位对农村的帮扶行动已经开始"。研究表明,"帮扶已开始行动"显著影响着新市民的"三个反哺催化促进"。"帮扶已开始行动(SH2)"在表7 – 29中通过了1%的显著性水平检验,且其回归系数为正,符合预期。这说明,在其它条件不变的情况下,"帮扶已开始行动(SH2)"在5分量表中每提高1个档次,新市民"三个反哺催化促进"增强的发生比将增加215.0%,幅度相当大。这说明,"帮扶已开始行动"指标显著影响新市民"三个反哺催化促进"的意愿,即单位帮扶对新市民的带动力量强大,这可能是新市民的从众心理导致的,也可能是单位帮扶对新市民具有"牵引"效应。

(3)"乡镇干部联系度"正向影响"三个反哺催化促进"

"乡镇干部联系度"的赋值情况是"不联系 =1,偶尔联系 =2,联系较多 =3"。研究表明,"乡镇干部联系度"显著影响着新市民的"三个反哺催化促进"。"乡镇干部联系度(SH5)"在表7 – 29中通过了1%的显著性水平检验,且其回归系数为正,符合预期。这说明,在其它条件不变的情况下,"乡镇干部联系度(SH5)"在3分量表中每提高1个档次,新市民"三个反哺催化促进"增强的发生比将增加371.1%,影响幅度非常可观。这说明,需求方的主动联系出击,对新市民"三农"反哺意愿具有非常大的诱导力。俗话说得好,"一个巴掌拍不响,两个巴掌响叮当","乡镇干部联系度"可以促进需求方和供给方的有效对接,使新市民的"三个反哺催化促进"意愿和力度表现得更加突出。

(4)"同样光荣"正向影响"三个反哺催化促进"

"同样光荣"的全部含义是"涉农工作,同样光荣"。研究表明,"同样光荣(SH10)"认知显著影响着新市民的"三个反哺催化促进"。"同样光荣(SH10)"在表7-29中通过了1%的显著性水平检验,且其回归系数为正,符合预期。这说明,在其它条件不变的情况下,"同样光荣(SH10)"认知在5分量表中每提高1个档次,新市民"三个反哺催化促进"增强的发生比将增加748.0%,即增加七倍多,幅度相当惊人。可以这样认为,新市民在心理上认同"涉农工作,同样光荣",表明"跳出农门"的新市民心理上完全接纳"三农",而不是对"三农"有抵触或排斥情绪。这种心理上的亲近感,会促使新市民在反哺农业、反哺农村、反哺农民方面有更多作为,即"同样光荣"认知会显著正向影响新市民的"三个反哺催化促进"意愿与力度。

表7-29 三个反哺催化促进影响因素的二元 Logit 模型估计结果

变量	预期方向	模型运算(Forward Wald 回归法)				
		系数(B)	S. E. 值	Wald 值	P 值	发生比率
常数项		-26.240*	4.941	28.198	0.000	0.000
1. 政策背景变量						
国家重视是起因(ZC1)	+	1.188*	0.428	7.715	0.005	3.282
若非国家号召(ZC2)	+	—	—	—	—	—
2. 社会环境变量						
为农家服务(SH1)	+	—	—	—	—	—
帮扶已开始行动(SH2)	+	1.148*	0.331	11.995	0.001	3.150
有类似机构(SH3)	+	—	—	—	—	—
村干联系度(SH4)	+	—	—	—	—	—
乡镇干部联系度(SH5)	+	1.550*	0.436	12.645	0.000	4.711
食品安全形势(SH6)	+	—	—	—	—	—
土特产质量(SH7)	+	—	—	—	—	—
土特产偏好(SH8)	+	—	—	—	—	—
当前房价(SH9)	+/-	—	—	—	—	—
同样光荣(SH10)	+	2.138*	0.823	6.740	0.009	8.480

续表

变量	预期方向	模型运算（Forward Wald 回归法）				
		系数（B）	S. E. 值	Wald 值	P 值	发生比率
3. 个体特征变量						
性别（GT1）	+ / -	—	—	—	—	—
年龄（GT2）	+	—	—	—	—	—
婚姻状况（GT3）	+ / -	—	—	—	—	—
工作地点（GT4）	+	—	—	—	—	—
工作城市级别（GT5）	+	—	—	—	—	—
到老家距离（GT6）	+	—	—	—	—	—
单位行政级别（GT7）	+	—	—	—	—	—
单位涉农程度（GT8）	+	—	—	—	—	—
技术职称（GT9）	+	0.878**	0.377	5.436	0.020	2.407
最高学历（GT10）	+	—	—	—	—	—
行政职务级别（GT11）	+	—	—	—	—	—
政治面貌（GT12）	+	—	—	—	—	—
小家庭经济状况（GT13）	+ / -	—	—	—	—	—
模型检验	模型系数的 Omnibus 检验	Step:P = 0.015（通过）				
		Block:P = 0.000（通过）				
		Model:P = 0.000（通过）				
	负 2 倍对数似然值	99.456				
	Cox & Snell　R^2	0.328（通过）				
	Nagekerke　R^2	0.557（通过）				
	Hosmer 和 Lemeshow 检验	0.289***（通过）				

注：*、**、***分别表示在1%、5%、10%置信水平上显著。

（5）"技术职称"正向影响"三个反哺催化促进"

"技术职称"即新市民取得的最高专业技术职称,其赋值情况是"初级及以下（含无职称）=1,中级 =2,高级 =3"。研究表明,"技术职称"显著影响着新市民的"三个反哺催化促进"。"技术职称（GT9）"在表 7 - 29 中通过了 5% 的显著性水平检验,且其回归系数为正,符合预期。这说明,在其它条件不变的情况下,"技术职称（GT9）"在 3 分量表中每提高 1 个档次,新市民"三个反哺催化促进"增强的发生比将增加 140.7% 。"技术职称"之所以显著影响"三个反哺催化促进",是因为新市民技术职称越高,年龄越大,其反哺"三农"意愿不仅越强,且其反哺意志可能更坚定,此外,新市民技术职称越高,其反哺能力也会越强。

5."四个带动催化促进"影响因素分析

分别运用 Enter、Forward wald 和 Backward wald 三种回归方法,按照 7 - 5 式对"四个带动催化促进"做 Logit 二元回归。在三种回归结果中,比较选择出统计学上最理想的回归结果,如表 7 - 30 所示。该表是 Forward Wald 方法回归的结果,模型全部通过了统计学上的检验,拟合良好,可以用来分析。

从表 7 - 30 可见,显著影响新市民"四个带动催化促进"的因素主要是政策环境变量中的"国家重视是起因(ZC1)""若非国家号召(ZC2)"指标,社会环境变量中的"为农家服务(SH1)""乡镇干部联系度(SH5)"指标,以及个体特征变量中的"性别(GT1)""工作城市级别(GT5)"指标,这 6 个指标在统计学上均显著。下面对这些显著影响新市民"四个带动催化促进"的指标进行具体分析。

(1)"国家重视是起因"正向影响"四个带动催化促进"

"国家重视是起因"的全部含义是"国家重视'三农',是您愿意支持农村建设的重要原因"。研究表明,"国家重视是起因"显著影响着新市民的"四个带动催化促进"意愿和力度。"国家重视是起因(ZC1)"在表 7 - 30 中通过了 1% 的显著性水平检验,且其回归系数为正,符合预期。这说明,在其它条件不变的情况下,"国家重视是起因(ZC1)"在 5 分量表中每提高 1 个档次,新市民"四个带动催化促进"意愿和力度增强的发生比将增加 96.5%。解释的逻辑与前文相似,国家高度重视"三农",对城乡二元结构是一种"制度弥合",这种"制度弥合"会带来国民的"情感弥合",只是新市民的"情感弥合"来得更快更深,毕竟新市民是从农村走出来的,他们具有先天的城乡"情感粘性"。在"情感弥合"的基础上,在城乡一体化进程中,新市民直接或间接发挥着"四个带动催化促进"的社会作用。

(2)"若非国家号召"正向影响"四个带动催化促进"

"若非国家号召"的全部含义是"没有国家号召,以城带乡很难推行"。研究表明,"若非国家号召"显著影响着新市民的"四个带动催化促进"意愿和力度。"若非国家号召(ZC2)"在表 7 - 30 中通过了 1% 的显著性水平检验,且其回归系数为正,符合预期。这说明,在其它条件不变的情况下,"若非国家号召(ZC2)"在 5 分量表中每提高 1 个档次,新市民"四个带动催化促进"意愿和力度增强的发生比将增加 166.8%,影响力较大。国家号召全社会投入"以城带乡"工作,营造了一个良好的"重农""尊农""支农"的氛围,使新市民可以毫无顾忌地投身反哺和支持新农村建设的事业当中,并表现出较强的"四个带动催化促进"意愿和力度。

(3)"为农家服务"正向影响"四个带动催化促进"

"为农家服务"的全部含义是"您的单位为农家提供服务"。研究表明,"为农家服务"显著影响着新市民的"四个带动催化促进"意愿和力度。"为农家服务(SH1)"在表 7 - 30 中通过了 1% 的显著性水平检验,且其回归系数为正,符合预期。这说明,在其它条件不变的情况下,"为农家服务(SH1)"在 5 分量表中每提高 1 个档次,新市民"四个带动催化促进"意愿和力度增强的发生比将增加 116.4%。这个比较好理解,若所在单位为农家提供服务,新市民在工作中接触"三农"方面的人和物就多,则工作情境会常常提醒新市民"不要忘本",从而触动和带动新市民在"四个带动催化促进"方面有所作为。

(4)"乡镇干部联系度"正向影响"四个带动催化促进"

"乡镇干部联系度"的赋值情况是"不联系 =1,偶尔联系 =2,联系较多 =3"。研究表明,"乡镇干部联系度"显著影响着新市民的"四个带动催化促进"。"乡镇干部联系度(SH5)"在表 7 - 30 中通过了 1% 的显著性水平检验,且其回归系数为正,符合预期。这说明,在其它条件不变的情况下,"乡镇干部联系度(SH5)"在 3 分量表中每提高 1 个档次,新市民"四个带动催化促进"增强的发生比将增加 363.6%,幅度相当可观。如何理解?"乡镇干部联系度"是从新农村建设需求方的角度来影响新市民的"四个带动催化促进"作用,这比单纯地依靠新市民供给方的自觉行为来得更有力度。供需对接,有求必应,使得"乡镇干部联系度"正向影响着新市民的"四个带动催化促进"意愿与力度。

(5)"性别"正向影响"四个带动催化促进"

"性别"的赋值情况是"女 =0,男 =1"。研究表明,"性别"显著影响着新市民的"四个带动催化促进"。"性别(GT1)"在表 7 - 30 中通过了 5% 的显著性水平检验,且其回归系数为正,符合预期。这说明,男性新市民与女性新市民相比,其"四个带动催化促进"发生比要强 201.0%,即男性新市民在带动人流、物流、资金流和信息流城乡流动方面比女性新市民有更大的优势。这个结论比较好理解,因为,与女性相比,男性的社交圈子一般更大,社交频率更高,所以导致男性新市民比女性新市民在"四个带动催化促进"方面有更明显的优势。

(6)"工作城市级别"正向影响"四个带动催化促进"

"工作城市级别"的赋值情况是"县城或县级市 =1,地级市 =2,省城或直辖市 =3"。研究表明,"工作城市级别"显著影响着新市民的"四个带动催化促进"。"工作城市级别(GT5)"在表 7 - 30 中通过了 1% 的显著性水平检验,且其回归系数为正,符合预期。这说明,在其它条件不变的情况下,"工作城市级别(GT5)"在 3 分量表中每提高 1 个档次,新市民"四个带动催化促进"增强的发生比将增加

137.3%。这个比较好理解,一方面,新市民工作城市级别越高,其社会能级越高,社会能量可能越大;另一方面,新市民工作城市级别越高,其乡愁愈深;两者叠加起来,可能就导致了"工作城市级别"正向影响着新市民的"四个带动催化促进"意愿和力度。

表7-30 四个带动催化促进影响因素的二元 Logit 模型估计结果

变量	预期方向	模型运算(Forward Wald 回归法)				
		系数(B)	S. E. 值	Wald 值	P 值	发生比率
常数项		-11.835*	2.492	22.561	0.000	0.000
1. 政策背景变量						
国家重视是起因(ZC1)	+	0.691*	0.242	8.170	0.005	1.965
若非国家号召(ZC2)	+	0.981*	0.348	7.970	0.005	2.668
2. 社会环境变量						
为农家服务(SH1)	+	0.772*	0.214	13.052	0.000	2.164
帮扶已开始行动(SH2)	+	—	—	—	—	—
有类似机构(SH3)	+	—	—	—	—	—
村干联系度(SH4)	+	—	—	—	—	—
乡镇干部联系度(SH5)	+	1.534*	0.454	11.414	0.001	4.636
食品安全形势(SH6)	+	—	—	—	—	—
土特产质量(SH7)	+	—	—	—	—	—
土特产偏好(SH8)	+	—	—	—	—	—
当前房价(SH9)	+/-	—	—	—	—	—
同样光荣(SH10)	+	—	—	—	—	—
3. 个体特征变量						
性别(GT1)	+/-	1.102**	0.559	3.892	0.049	3.010
年龄(GT2)	+	—	—	—	—	—
婚姻状况(GT3)	+/-	—	—	—	—	—
工作地点(GT4)	+	—	—	—	—	—
工作城市级别(GT5)	+	0.864*	0.304	8.079	0.004	2.373
到老家距离(GT6)	+	—	—	—	—	—
单位行政级别(GT7)	+	—	—	—	—	—
单位涉农程度(GT8)	+	—	—	—	—	—

续表

变量	预期方向	模型运算（Forward Wald 回归法）				
		系数（B）	S. E. 值	Wald 值	P 值	发生比率
技术职称（GT9）	+	—	—	—	—	—
最高学历（GT10）	+	—	—	—	—	—
行政职务级别（GT11）	+	—	—	—	—	—
政治面貌（GT12）	+	—	—	—	—	—
小家庭经济状况（GT13）	+／－	—	—	—	—	—
模型检验	模型系数的 Omnibus 检验	Step：P ＝0.047（通过）				
		Block：P ＝0.000（通过）				
		Model：P ＝0.000（通过）				
	负 2 倍对数似然值	127.020				
	Cox & Snell　R^2	0.242（通过）				
	Nagekerke　R^2	0.407（通过）				
	Hosmer 和 Lemeshow 检验	0.981＊＊＊（通过）				

注：＊、＊＊、＊＊＊分别表示在1%、5%、10%置信水平上显著。

五、本章小结

本章在计算情感粘性、生活粘性、工作粘性、三个反哺催化促进、四个带动催化促进加权得分的基础上，运用结构方程模型（SEM），探索拟合了情感粘性、生活粘性、工作粘性、三个反哺催化促进、四个带动催化促进之间的因果关系和影响力大小；然后，又分别运用 logit 模型，分析了情感粘性、生活粘性、工作粘性、三个反哺催化促进、四个带动催化促进作用的影响因素。得到的研究结论主要有：

（1）"情感粘性""生活粘性"和"工作粘性"间存在因果关系。"情感粘性"是"生活粘性"的"因"，"生活粘性"是"情感粘性"的"果"。"情感粘性"和"生活粘性"又共同构成"工作粘性"这个"果"的"因"，且"生活粘性"对"工作粘性"的影响力要大于"情感粘性"对"工作粘性"的影响力。

（2）"情感粘性""生活粘性""工作粘性"与"三个反哺催化促进"间存在因果关系。三大粘性是"因"，"三个反哺催化促进"是"果"。"生活粘性"与"工作粘性"对"三个反哺催化促进"的影响最大，"情感粘性"对"三个反哺催化促进"的影响次之。可见，若要加大新市民的"三个反哺催化促进"力度，首先应设法增强其

223

"生活粘性"和"工作粘性",而"生活粘性"又是"工作粘性"的"因"变量,"情感粘性"又是"生活粘性"的"因"变量,因此,加大新市民的"三个反哺催化促进"力度,根本上是要增强其城乡"情感粘性",在此基础上设法提高其城乡"生活粘性"。

(3)"情感粘性""生活粘性""工作粘性"与"四个带动催化促进"间亦存在因果关系。三大粘性是"因","四个带动催化促进"是"果"。"工作粘性""生活粘性"对"四个带动催化促进"的影响力最大,"情感粘性"对"四个带动催化促进"作用的影响相对较小。可见,若要加大新市民"四个带动催化促进"方面的力度,首先应该设法增强其"生活粘性"和"工作粘性",而"生活粘性"又是"工作粘性"的"因"变量,"情感粘性"又是"生活粘性"的"因"变量,因此,加大新市民的"四个带动催化促进"力度,根本上是要增强新市民的城乡"情感粘性",在此基础上设法提高其城乡"生活粘性"。

(4)"情感粘性"和"生活粘性"尤其是"情感粘性",对新市民的"三个反哺催化促进"和"四个带动催化促进"力度具有决定性的作用。

(5)logit 分析表明,显著影响"情感粘性"的指标因素有 9 个,按发生比率增幅(或影响力)由大到小进行排列,其顺序是(括号内数字为相应的发生比率增加值):"婚姻状况(672.3%)""同样光荣(331.1%)""工作城市级别(133.0%)""到老家距离(119.7%)""为农家服务(100.7%)""国家重视是起因(82.1%)""工作地点(61.0%)""技术职称(55.4%)""政治面貌(-50.0%)"。除"政治面貌"负面影响"情感粘性"外,其它 8 个指标因素均正向影响新市民的城乡"情感粘性"。

(6)logit 分析表明,显著影响"生活粘性"指标因素有 4 个,按发生比率增幅(或影响力)由大到小进行排列,其顺序是(括号内数字为相应的发生比率增加值):"同样光荣(217.7%)""土特产偏好(98.2%)""为农家服务(59.9%)""年龄(51.7%)"。上述 4 个指标因素均显著正向影响新市民的城乡"生活粘性"。

(7)logit 分析表明,显著影响"工作粘性"指标因素有 6 个,按发生比率增幅(或影响力)由大到小进行排列,其顺序是(括号内数字为相应的发生比率增加值):"乡镇干部联系度(131.7%)""帮扶已开始行动(116.2%)""国家重视是起因(89.4%)""为农家服务(66.9%)""年龄(61.8%)""政治面貌(-49.9%)"。除"政治面貌"负面影响"工作粘性"外,其它 5 个指标因素均正向影响新市民的城乡"工作粘性"。

(8)logit 分析表明,显著影响"三个反哺催化促进"指标因素有 5 个,按发生比率增幅(或影响力)由大到小进行排列,其顺序是(括号内数字为相应的发生比率增加值):"同样光荣(748.0%)""乡镇干部联系度(371.1%)""国家重视是起因(228.2%)""帮扶已开始行动(215.0%)""技术职称(140.7%)"。上述 5 个指标因素均显著正向影响新市民"三个反哺催化促进"的意愿和力度。

(9)logit 分析表明,显著影响"四个带动催化促进"指标因素有 6 个,按发生比率增幅(或影响力)由大到小进行排列,其顺序是(括号内数字为相应的发生比率增加值):"乡镇干部联系度(363.6%)""性别(201.0%)""若非国家号召(166.8%)""工作城市级别(137.3%)""为农家服务(116.4%)""国家重视是起因(96.5%)"。上述 6 个指标因素均显著正向影响新市民"四个带动催化促进"的意愿和力度。

第八章

案例梳理：新市民城乡粘合催化作用其人其事

前面的理论研究表明,新市民在城乡一体化进程中具有三个粘性、三个反哺催化促进作用和四个带动催化促进作用。这三个粘性分别是指新市民在城乡一体化进程中所具有的情感粘性、生活粘性和工作粘性;三个反哺催化促进作用是指新市民可通过反哺农业、反哺农村、反哺农民催化促进城乡一体化进程;四个带动催化促进作用是指新市民可通过带动人流、物流、信息流、资金流催化促进城乡一体化进程。第六章的存在性调查研究已表明,新市民在城乡一体化进程中确实具有粘合与催化促进作用。在此基础上,第七章又对新市民在城乡一体化进程中的三个粘性、三个反哺催化促进作用和四个带动催化促进作用间的因果关系及其作用机理做了进一步的探究。本章是在前文研究的基础上,通过案例呈现,对新市民在城乡一体化进程中的粘合催化作用作出更加深入细致的展示,以案例分析的方式,进一步佐证新市民城乡粘合催化作用的存在性,并梳理新市民在城乡粘合催化作用过程中所表现出来的一些共同特征。

一、新市民典型案例呈现

本章搜集了九类代表性新市民案例,这九类新市民分别为官员型新市民、公务员型新市民、教授型新市民、院士型新市民、企业家型新市民、军官型新市民、航天员型新市民、法官型新市民及创客型新市民,案例均为真人真事。按照研究惯例,文中隐去了他们的真实姓名。现将这九类典型案例分别呈现如下:

［案例 1：官员型新市民］

官员李某某,男,1946 年生,江西进贤人,中共党员,大专学历。1970 年 1 月加入中国共产党,1970 年 11 月参加工作。李某某先后担任进贤县三里公社党委副书记、进贤县团委书记、南昌市农委主任、党组书记、南昌市委常委，市人民政府副市长、南昌市委副书记、市人民政府市长、党组书记，南昌市人大常委会主任、党组书记等职务。他长期从事经济管理、城市建设以及农业和农村工作，具有丰富的行政管理与经济管理工作经验，办事严谨，作风扎实。被老百姓亲切地称为平民市长。李某某酷爱书法，擅长行草，书法作品多次荣获国际国内大奖，并被国际友人争相收藏，1998年被评为全国百杰书法家。

西湖李家是李某的家乡，退休后，他就回到南昌郊区的西湖李家，扎根下来开始筹钱搞建设。那里有独特的自然资源、淳朴的民俗风情，还有当今都市人追求的田园风光，具备了发展乡村旅游的资源优势。乡村旅游植根于中国五千年的农耕文化传统，是国家旅游与农业产业结构升级发展的必然结合，前景广阔。老市长以他的慧眼和丹心，看准了政策导向，他深知在家乡开发乡村旅游，潜力巨大。更重要的是，当地人民还不富裕，家乡的父老乡亲们没有脱贫，作为西湖李家人，这是他忧心和愧疚的地方，为了帮助家乡人民提高经济收入和生活水平，带动地方经济发展，满足都市人"返璞归真"的精神需求和心理需求。退休后，他放弃都市安逸的休养生活回到家乡，一心扑在乡村旅游产业的发展上。搞西湖李家的建设，五年就投入了上千万资金。钱都是李某某通过募捐的形式筹集起来的，也有一些是国家项目建设资金。他紧紧抓住现有的乡村旅游资源，创新思路，大胆尝试，建立了景观名村、农博馆和乌岗山庄三个旅游点，形成了特色定位："古村神韵、田园稻香、塘中莲藕、山间鹭翔、农家饭菜、湖边泳场"。在他的坚持下，西湖李家五年时间内就建成了景区，这吸引了城里人自驾游。游客来参观的，正是这里优美的乡村和过往那些逝去的农耕生产方式。今年五一假期后，景区正式开始收费，20块钱一个人，一个月收了4万多块，收入不菲。正是在李某某的带领下，西湖李家才变成了今天的新农村①。

［案例2：公务员型新市民］

公务员李某某，男，1971年生，吉安市青原区东固畲族乡人，1993年参加工作，本科文化，现为吉安市青原区政府公务员。

李某某的家乡东固畲族乡位于赣中南，处于吉安、吉水、永丰、泰和、兴国五县交界地带，距吉安市80多公里，属吉安市青原区管辖。东固革命根据地是第二次

---

① 资料来源：《原南昌市长李某某退休后的生活》（http://picture.youth.cn/qtdb/201506/t20150621_6775788.htm）

国内革命战争时期,我党创建的最早的革命根据地之一,同时也是最早实行"工农武装割据"的红色区域之一,被毛泽东高度评价为"李文林式"根据地和"第二个井冈山",陈毅元帅誉之为"东井冈"。当年的东固区还曾被评为中央苏区"第一模范区"。现东固境内有"革命烈士纪念塔"、第二次反"围剿"陈列馆、毛泽东、朱德旧居、"公略亭"等14处革命纪念地。2014年,东固景区被批准为国家3A级旅游景区。2016年,江西省评选出6家省级生态旅游示范区,东固畲族乡因其优越的自然生态环境和独特的红色旅游文化而入列其中。

作为出生东固畲族乡的李某某,生活中喜欢吃家乡的土特产品,也总想为家乡做点什么。经过一番准备,他联合吉安市电视台、有关旅行社策划举办了"宝贝上东固"社会实践活动,得到了各方的广泛响应。"宝贝上东固",是一次亲近自然,锻炼小孩吃苦,开阔眼界,培养儿童自身素质的有益活动,也是一次培养儿童了解农村、亲近农民、学习农桑的难得机会。"宝贝上东固"活动开展以来,这样的场景常常可见:周末,风和日丽,一群少儿在父母的带领下来到东固,参观革命纪念馆、采菇、摘茶、推磨、拔河,学做艾米果,吃农家饭,采购农特产等,忙乎着一天,快乐着一天!"宝贝上东固"自2014年开展以来,很好地带动了当地农民的增收致富,也较好地促进了城乡交流。

[案例3:教授型新市民]

教授张某某,男,1969年生,农学博士,教授,中共党员,安徽农业大学茶与食品科技学院常务副院长兼茶叶生化与生物技术重点实验室主任。2012年12月,他被安徽省委组织部选派到金寨县挂职担任县委常委、副县长,任期两年。

金寨县地处大别山腹地,是鄂豫皖三省七县两区结合部,总面积3 814平方公里,辖23个乡镇、1个现代产业园区,226个行政村,总人口68万。这是一片红色的土地,革命歌曲"八月桂花遍地开"从这里诞生并唱响全国;这里曾诞生了59位开国将军,是中国工农红军第一县、全国第二大将军县,被誉为"红军的摇篮,将军的故乡"。这也是一片贫瘠落后的土地,是全省面积最大的山区、库区县。全县平均海拔500米,千米以上高峰122座,耕地面积3.2万公顷,仅占土地总面积的8.16%,是典型的老区、山区、库区和贫困地区县。长期以来,金寨县域经济主导产业不够突出,已有农业产业既不够大、也不够强,农业特色产业对全县经济发展的贡献没有充分体现出来,全县年财政收入仅6亿元,是国家扶贫开发重点县。

2012年,金寨迎来了历史上最好的发展时期。安徽省委、省政府大力实施"安徽茶产业振兴"计划;2012年5月19日,吴邦国委员长考察金寨后,带来了"5+1"

项目,居于首位的就是以茶产业为代表的特色农业发展项目;特别是随着《大别山片区区域发展与扶贫攻坚规划(2011~2020年)》获国务院正式批复,省委、省政府"抓金寨促全省"扶贫开发战略的加快实施,多重利好的政策机遇叠加,为金寨跨越式发展提供了有利条件。在这么一个大背景下,张教授到金寨县走马上任了。

安徽农业大学著名的"茶教授"到地方挂职,省委、省政府给了张教授宽松的"条件":六安市、农委、金寨县等几个地方任选。张教授最终选择的是到金寨县挂职。对他的这个选择,好多人不理解,就像好多人不理解他为什么要去挂职一样。是啊,在学校,2007年他就破格晋升为教授,是茶与食品科技学院常务副院长,行政级别已是正处级,不需要通过挂职来积攒什么对个人升迁有利的经历。就算是组织任命需要下去挂职,一般人也会选择相对条件好一些、容易做成一些事的地方。但张教授想的是,作为一个研究茶的教授,能利用自己的专业知识服务老区经济社会发展,服务大别山区特色产业发展,能让老百姓脱贫致富,这是最有价值的。在地方,还能了解一线产业的真实情况,这对自己今后的研究工作是有帮助的。选择金寨,就是因为这里是国家级贫困县,在金寨能做成的事,在其他贫困山区都能做成。

安农大在80多年的办学历程中,始终坚持服务"三农"的办学方向,致力于科教兴农、科教兴皖事业,走出了一条享誉全国的富民、兴校、创新、育人的"大别山道路",为推动现代农业发展和地方经济社会建设作出了突出贡献。金寨正是安农大"大别山道路"的起点。"学校派我去金寨,就是要我把这件事做好!""我是农大人,是安农大大别山道路上的跋涉者,是学校派到老区的联络员,必须用真心、动真情,做实事、求实效,才能取信于老区人民,才能得到老区干部群众的支持和配合;必须保持和发扬勤奋务实的工作作风,出实招,办实事,才能扎扎实实为老区群众办点实事。"张教授这样说,更这样做。两年来,他的足迹遍布了金寨的山山水水,用农民语言与茶农交流,他用实际行动,拓展和延伸了"大别山道路",为"大别山道路"建起了新桥梁。

张教授挂职两年来,安徽农业大学的同事有个共同的感觉,就是张教授很忙,很少能看见他回来,同事们笑他挂职的比任职的还忙。金寨县的同事说他"朴实""靠谱""可亲可敬",作为一名县委常委、副县长,他没有专职秘书,晚上11点多还在办公室工作是"家常便饭"。他不像挂职干部,更像在金寨工作多年的地方干部。两年的时间,他跑遍了金寨的山山水水,熟悉每片茶园、每个茶叶服务公司、每个茶叶品种、每种茶叶机械,同事都知道他"不是在办公室就是在基层。"金寨县的油坊乡离县城有30多公里的山路,乡里有4.2万亩茶园,占全县茶园面积三分之一。2014年,油坊乡在高寒贫困山区开辟了1 650亩茶园,张教授在这里蹲点,每个星期都要上去看看,直到茶树都栽了下去仍不放心,发现草长高了,他就带着村干部挨块地查看,督促茶农们都收拾好。茶农们都说,乡村干部蹲点正常,可一个县长这样蹲点的不多。要知道,这里都是盘山公路,一侧是悬崖,另一侧是深渊,路非常险,而山顶上的大风,让当地人都有些害怕。在这里张教授还第一个提出来"旅游茶业"的概念,现在,"云水茶谷"的建设已经初具规模。在金寨,即使一个普通的茶农都知道"茶县长"张教授。这是金寨人对张教授最直接、最亲切、最认可的评价。

在金寨县,有几件大事和张教授密不可分,人们一说起来,自然而然地就要说起张县长。一是研制的"金寨红"一炮打响,投放市场,受到了广泛好评。二是"柴改气"炒茶机具的普及推广。三是有机肥、粘虫板、杀虫灯的广泛应用。通过这些举措,金寨县的山更青了,水更绿了,环境更好了,而茶叶的价格也更高了,老百姓尝到了"绿色防控"的甜头。金寨茶叶质量得到市场和消费者广泛认可,"金寨红"在中国茶叶学会组织的"国饮杯"全国名茶评比中拔得头筹,获得全国红茶类评比第一名;金寨出口绿茶更是供不应求,已经成功出口到欧盟,出口价格在原有基础上提高了40%。在2014年中国茶叶经济年会上,金寨县获得"全国十大生态产茶县"荣誉称号。

两年的时间在忙碌中转眼就过去了。张教授很欣慰,在金寨县委、县政府的大力支持下,在安徽农业大学的全力护航下,他在金寨做了他想做、能做的事。1969年出生在安徽含山农村的张教授,小时候就一直盼望着农村的生活什么时候能好起来。现在,能代表政府为农村、农民干点实事,也算是实现了自己的愿望。对个人来说,也许业务上、经济上都有损失,但在金寨的日子,思想和灵魂接受了洗礼,业务能力得到检验和锻炼,服务群众的能力得到提升,人生的内涵更加丰富,张教授觉得值①。

[案例4:院士型新市民]

中国工程院院士汪某某,男,1939年生,安徽省枞阳县横埠镇人,曾任北京矿冶研究总院总工程师、副院长。汪某某院士现年已有75岁高龄,至今仍为国家为

---

① 资料来源:《为"大别山道路"搭起新桥梁》(http://www.ahedu.gov.cn/26/view/261351.shtml)

社会为人民奉献自己的能量。汪院士在百忙之中，仍不忘家乡，常常感念母校浮山中学，一直关心和关注母校的一点一滴的发展进步。

2013年6月10日，著名校友汪院士又一次回到阔别多年的母校——安徽省枞阳县浮山中学。在忙完上午铜像揭幕仪式和"安徽省浮山中学教育发展基金会"成立大会后，老人家不辞辛劳，下午又为在校部分师生举行了励志成长专题报告会。报告会由唐晓发校长主持。

汪院士在专题报告会中深情感叹，时隔11年后又一次回到母校，他感到非常激动；看到母校今天的校园面貌发生了巨大的改进和教育教学成绩有了快速提升，他感到十分欣慰。在报告中，老人家说起话来仍铿锵有力、精神矍铄，话语中还透着浓浓的乡音，让大家倍感和蔼亲切。尤其是回忆当年在浮中求学时的那段难忘艰辛的经历时，在场的全体师生和校友无不为之深深感动。随后，老人家还特别就学习、工作和生活等方面，和大家分享了自己的人生经历和体会，他说到，"从小就要有励志成长的锐气；长大后，不论学习还是工作，都要持之以恒、永不放弃；同时要不懈追求，不断做出新的成绩，千万不可居功自傲；要认真学好汉语和英语；此外还要善于与人沟通，要学会与人为善"。报告结束后，汪院士还亲切地回答了学生和学生家长的提问。汪院士丰富的人生经历实在有着太多的传奇色彩，深厚的生活感悟更是一笔宝贵的人生财富，使莘莘学子由衷地为之景仰，也让母校浮山中学倍感自豪和荣耀。

在后来与县委书记的座谈中，汪院士深情表示，他对枞阳近年来的发展和变化感到非常欣慰和鼓舞，对枞阳县教育事业的不断进步和浮山中学教学质量的不断提升感到高兴。他说，作为远离故土的家乡人，对家乡都怀有深厚的感情，对家乡的点滴变化都非常关注，今后还将不遗余力、竭尽所能地为枞阳经济建设和教育事业发展作出应有贡献。汪院士还向记者透露，平时他还爱听家乡的黄梅戏。

汪院士，系浮山中学56届知名校友，全国劳动模范。曾任北京矿冶研究总院总工程师、副院长。汪院士为中国和世界工业炸药与爆破技术专家，有"炸药大王""中国的诺贝尔"之称，是使我国工业炸药技术迈入世界先进行列的重要开拓者和奠基人。1978年被冶金工业部评为先进工作者；1982年当选为第六届全国人大代表；1984年被国务院授予"有突出贡献的中青年科技专家"称号；1991年享受政府特殊津贴；1993年7月当选为俄罗斯圣彼得堡工程科学院外籍院士；1995年5月当选为中国工程院院士；2005年获"全国劳动模范"称号；2008年入选"改革开放30年中国有色金属30位有影响力人物"。其科研成果曾多次荣获国家优秀图书奖、国家发明奖、国家科技进步奖等众多国内外科技顶级大奖①。

[案例5:企业家型新市民]

企业家胡某某,男,1961年生,浙江东阳人。1982年浙江医科大学(现浙江大学医学院)本科毕业,工商管理博士,高级工程师,执业药师,享受国务院颁发的政府特殊津贴,现任康恩贝集团有限公司董事长。

胡某某事业成功以后,不忘反哺家乡。2006年2月16日上午,浙江康恩贝集团股份有限公司董事长胡某某风尘仆仆从杭州赶回虎鹿镇白峰村,给父老乡亲送来了17万元修路款,受到干部群众的欢迎。胡某某说:"滴水之恩,涌泉相报,这是中华民族的传统美德,这片土地养育了我,回报家乡建设是我的心愿……"。

2006年正月初四,胡某某回家探亲,车子一下甬金高速公路,不到3公里地,就到了自家门口,这让他感到十分高兴,可是从37省道通往村子里的400多米路,虽然已经加了宽,可还是坑坑洼洼的泥坯路,不但给村民出行带来不便,而且也影响了村容村貌。当他得知集体经济较弱,一时无力对路面进行硬化的情况后,主动找村干部商量,愿意出资帮助村庄建设。村干部立即对道路硬化工程、村口停车场工程进行规划预算,硬化面积约4 000平方米,工程所需建设资金约17万元,并打电话告诉了胡某某。于是,胡某某携款从杭州赶回家乡。

是日上午,胡某某还赶到虎鹿镇葛宅村上东坞,给该自然村送去了5万元资金,帮助他们进行村庄建设。上东坞是只有10多户农户的小村庄,胡某某对这儿的村民却有特殊的感情。上世纪70年代后期,当年的虎鹿五七高中就设在上东坞附近的一个山坡上,而胡某某在这所五七高中读了两年书,当时就借住在二位村民的家里,上东坞给了他许多美好的回忆。

胡某某自18岁那年考上大学离开家乡,一直在外创业,后来组建了康恩贝集团,并把它打造成国内一流的知名企业。作为一名优秀的年轻企业家,胡某某致富不忘乡里,经常支持家乡建设。据了解,1995年,曾捐资数万元帮村里进行基础设施建设;2001年,捐资10万元支持新建虎鹿镇中学。

甬金高速公路建成通车后,在蔡宅村附近有一个道路出口,虎鹿镇的区位优势日渐显现,为该镇的经济社会发展提供了很好的条件。看到家乡的变化,胡某

---

① 资料来源:《汪某某院士回母校浮山中学视察讲学》(http://www. ahfszx. com/DocHtml/1/2013/6/14/300085281052. html);《汪恕东会见浮山中学著名校友汪某某院士》(http://www. zongyang. gov. cn/DocHtml/1/2013/6/13/6187986015548. html)

某感到十分高兴。他表示,如果有机会,他将来家乡投资办企业,更好地回报家乡①。

[案例6:军官型新市民]

军官许某某,男,1975 年生,湖北省仙桃市彭场镇挖沟村人,大学文化,原广州军区某陆航旅空军上校。因在纪念抗战胜利 70 周年阅兵式上表现优秀、成绩突出、贡献重大,近日被中国人民解放军阅兵联合指挥部授予二等功。

2015 年 9 月 9 日上午 11 时 40 分,十架由武装直升机和运输直升机组成的机群飞临湖北省仙桃市上空,变换队形绕城区飞行,以此向家乡致意。机群由仙桃籍空军上校许某某领航,在 9 月 3 日举行的纪念抗战胜利 70 周年阅兵式上,许某某任空中护旗方队方队长,带领队员组成直升机编队,悬挂国旗、军旗率先飞过天安门广场上空,拉开了阅兵分列式序幕。

今年 40 岁的许某某,出生在湖北省仙桃市彭场镇挖沟村,高中毕业后考入军校,原广州军区某陆航旅空军上校。在阅兵训练期间,许某某率方队共组织训练 30 多个场次,使用直升机 800 多架次,累计飞行近 1 000 小时。在空中梯队组织的合练中,方队长机取得 9 次满分,僚机平均取得 6 次满分,总成绩在各梯队中 6 次排名第一。"我的成长离不开家乡人民的帮助。在外多年,非常想念家乡的父老乡亲,想念仙桃的一草一木,希望能在空中多看一眼,与家乡人民一起分享祖国强盛的荣光。"许某某在给家人的电话中表达心愿。他向部队提出申请,在回营途中率领机群绕仙桃飞行一圈,用这种方式向家乡致意,获得批准②。

[案例7:航天员型新市民]

航天员翟某某,男,1966 年生,黑龙江省龙江县龙江镇龙西村人,大学文化、双学士学位。1984 年加入中国共产主义青年团,1985 年 6 月入伍,1991 年 9 月入党。现为中国人民解放军航天员大队航天员,航天英雄,少将军衔。

翟某某曾任空军试训中心某团飞行教员,飞过歼七、歼八等机型,安全飞行 950 小时,为空军一级飞行员。1998 年 1 月正式成为我国首批航天员。经过多年的航天员训练,完成了基础理论、航天环境适应性、专业技术等 8 大类几十个科目

① 资料来源:《康恩贝集团老总胡某某又为家乡建设捐资 22 万元》(http://tieba. baidu. com/p/84195195)
② 资料来源:《空军上校阅兵后获批率十架直升机绕飞湖北仙桃:向家乡致意》(http://news. ifeng. com/a/20150910/44627007_0. shtm)

的训练任务,以优异的成绩通过航天员专业技术综合考核。曾入选我国首次载人航天飞行航天员梯队。2005 年 6 月,入选"神舟"六号航天载人飞行乘组梯队成员。2008 年 6 月,入选"神舟"七号载人飞行乘组,成功飞天。北京时间 2008 年 9 月 27 日 16 点 43 分 24 秒,神舟七号航天员翟某某开始出舱,16 点 45 分 17 秒,翟某某在太空迈出中国人的第一步,16 点 59 分,结束太空行走,返回轨道舱。北京时间 2008 年 9 月 28 日,"神舟"七号成功返回地球。

航天员翟某某胜利完成神舟七号飞天任务后,其家乡龙江县已决定将翟某某曾经就读的龙江县五四小学改名为"志刚小学",将县里面积最大的龙江广场也改名为"志刚广场",并在广场为翟某某塑像,县里希望通过此举铭记荣耀,以航天精神激励龙江人奋发图强。据报道,"志刚广场"揭幕当日,航天员翟某某还亲自回到家乡参加了活动,受到了家乡人民的热情欢迎。

[案例 8:法官型新市民]

法官宋某某,女,汉族,1966 年 3 月生,山东省蓬莱人,中共党员,中国人民大学本科学历,法学学士学位,法律硕士学位,任北京市海淀区人民法院党组成员、民五庭庭长。她曾获全国"三八"红旗手、全国劳动模范等荣誉称号。2013 年 10 月,当选为全国妇联副主席。

宋某某始终不能忘记那个民工,那是她办的第一个案子。民工起早贪黑地给小饭馆送了一年的菜,饭馆一直没给钱。大冷天他一次又一次找饭馆,都被轰了出来。他穿着一件破旧的单衣,在宋某某房间的暖气旁止不住发抖。事实上,饭馆已几经易手。宋某某见到现任老板:"按法律规定,你可以向过去的承租人追偿,但你现在必须先把钱还上。"结案后,民工捧着终于追回来的薄薄一沓钞票痛哭——重病的妻子和上学的孩子急等着这一点点钱。相对于其他人,更让宋某某动心的是弱势群体,她称他们为"门外的人"——就像是想听音乐会但没买到票,一边伸长脖子捕捉门缝里传来的美妙音乐,一边焦急地等着退票的人,宋某某觉得他们才是最值得关注的人。但她因此更加慎重,因为同情不能代替法律的公正。

法官宋某某是农村姑娘,她靠着每个月国家提供的 18 元钱助学金读完了大学。最基层的人生经历使宋某某在日后的职业生涯中时刻保有难能可贵的"平民意识"。她来自农民这个群体,也从没忘记过她曾经的归属。帮助民工追菜钱,是任何一个法院每天都要面对的众多小额案件之一。宋某某认为,小额并不等于小事。一个公平正义的社会,每个人都是重要的,每个人的权利和尊严都应受到同等的尊重,不管这个人是卖菜的还是亿万富翁。

她对自己约法三章:不轻视小额案件,因为它事关百姓生活;公平地对待每个当事人;不论是什么样的当事人,都宽容以待。这个自我约定,对宋某某来说长期有效。宋某某说,中国老百姓如果不到万不得已,是不会走进法院大门的。许多当事人可能一辈子就进法院一次,如果就是这唯一一次与法律的接触,却受到不公正的对待,得到一个想不明白的结果,就会在他们心中留下深深的伤痕;而维护了一个当事人的合法利益,就会增加一份人们对法律的信仰、对社会的信心。

法官宋某某出名后多次回到家乡山东,分享自己的先进事迹,向家乡法院传授自己独特的审案方法等。她曾撰文感言:我很感谢家乡人的培养,因为尘封的记忆历练了我的百姓情结、品格和力量。我对家乡始终有着许多牵挂,家乡时时刻刻总是魂牵梦绕着她。尽管我能够向家乡人做的很少,但无时无刻不牵挂家乡。我经常从电视里看到家乡的新闻,感受家乡日新月异的变化,也经常从同学、老乡那里听到家乡的信息,淳朴的乡情给予我雨露的滋润,家乡的发展让我充满骄傲和自豪! 我爱我的家乡,家乡是我永远的力量源泉!①

[案例9:创客型新市民]

创客李某某,男,1982 年生,贵州省石阡县人,本科文化,武汉加权知识产权咨询服务公司总经理、创新教育专家。

在武汉贵州乡友中间,李某某的名字耳熟能详,这位刚刚跨入而立之年的贵州青年,与他公司的合作伙伴赵温才一样,有着众多的光环和头衔。武汉加权知识产权咨询服务公司总经理、创新教育专家、春晖行动武汉办公室兼职常务副主任、共青团石阡县委驻武汉市东湖开发区工作委员会书记、湖北省贵州商会筹备组秘书长、春晖使者,等等。见过李某某的人都知道,尽管通过知识改变了命运,在大都市武汉有着华丽转身的他依然有着贵州山乡人的踏实、勤奋与本分。用春晖行动武汉办公室主任陶林的话来说就是,"他的双脚带着泥土的芬芳",正是这种强烈的家乡情感认同,使得李某某在与贵州共青团发起的"春晖行动"结缘后,将美丽的乡愁化为了反哺家乡的实际行动。

李某某华丽转身:李某某今年30岁,1982年出生于贵州省石阡县青阳乡茶园

---

① 资料来源:《宋某某:说给家乡人的心里话》(http://www.dzwww.com/2006wbh/cyxx/200512/t20051211_1289841.htm);《时代先锋宋某某:家乡山东是我永远的力量源泉》(http://www.dzwww.com/shandong/sdnews/200601/t20060131_1341920.htm)

村,2003年以优异成绩考入中国地质大学(武汉)。由于家庭贫困,上了大学的李某某并没有感到生活的轻松,为了赚取生活费和学费,他卖过电话卡,摆过地摊,做过很多兼职。除此以外,李某某的兴趣爱好集中在搞发明上。这期间,他认识了被武汉媒体称为"发明疯子"的贵州老乡赵温才。共同的兴趣爱好,共同的地域文化和农村生活背景,使李某某和赵温才从此走到了一块。由于学习时间很紧,学校里能够提供给学生实验的时间很短,远远满足不了喜欢通宵达旦搞科技发明的李某某和赵温才,于是,两人只好在校外创办了自己的私人实验室。由于两人发明的事迹通过各种活动和形式在学校表现出色,渐渐的在学校小有名气。大四的时候,很多学生面临着找工作的竞争压力,而李某某和赵温才却另辟蹊径,共同创办了"武汉加权知识产权咨询服务公司",专门指导科技爱好者搞科技发明。公司成立后,虽然经历了创业初期的波折,但很快就步入正轨,成为行业翘楚。李某某也因此实现了从一个"穷小子"到"发明家"和企业老板的华丽转身。

李某某积极捐款:在李某某的心里,有着浓浓的家乡情结。大学期间,他就积极组织老乡会。创业成功后,曾经的那些梦想也在一一实现。可是,感觉总缺少了点什么。李某某一直想为家乡做点事情,但却苦于找不到途径。

2011年8月,春晖行动在武汉成立办公室。"巧合的是,春晖行动武汉办公室主任陶林居然是我高中石阡中学的校友,高中同学,从他那里,我了解到了春晖行动。"李某某说。

得知春晖行动是一个以"弘扬中华文明,反哺故土亲人"为己任,通过宣传饮水思源、感恩桑梓、回报社会,感召游子返乡,共同促进家乡经济社会发展,促进社会和谐进步的公益品牌后,李某某欣然参加了春晖行动。"小家的经济发展了,可是大的家还是很落后的,家乡的路还是泥泞的,村里的乡亲父老过得还很苦,村小学还那么的破旧,山里的孩子还是要起早摸黑踩着几十里路去上学,我是从那里长大的,这些贫穷与落后刺痛着我,我想为家乡做些事情,但个人的力量总是有限的,就这样我毅然加入了春晖行动这个大组织。"在谈到参加春晖行动时李某某说。

2011年12月11日,春晖行动武汉推进会暨贵州在汉乡友联谊会在武汉举行,李某某和他所在的公司捐款1.5万元,并赞助了活动晚宴。李某某感恩、反哺的实际行动受到了共青团贵州省委春晖行动领导的肯定,共青团贵州省委春晖行动礼聘他为春晖使者,春晖行动武汉办公室礼聘他为兼职常务副主任。

李某某参与修路:李某某所在的茶园村位于贵州省石阡县青阳乡,是一个偏僻得地图上找不到标记的村落。这里群山起伏连绵,沟壑纵横,一条沿着山顶三米左右宽的沙石路盘旋在群山上，时隐时现，而路下，就是深不见底的悬崖。

"要致富，先修路"这句话在贵州，特别是在茶园村有着更深的意味。"交通太不方便了，泥巴路，我当了一辈子农民，走了一辈子了，什么时候，我们也能够像城里人一样走上水泥路和柏油路？"80多岁的李大爷说。李某某在春晖行动的感召下返乡修路，让这位老人的愿望变成了现实。

2012年8月17日，茶园村发生了"一件大事"。贵州省石阡县青阳乡茶园村加权国际春晖路竣工典礼在这里举行，说是典礼，其实参加的人也就30余人。几张桌子摆成的简陋的主席台上，共青团石阡县委书记杨雁、春晖使者、共青团石阡县委驻武汉市东湖开发区工作委员会书记、武汉加权知识产权咨询服务公司总经理李某某就座，村支两委相关负责人以及村民30余人参加仪式。

"这虽然是一个简单的竣工典礼，但对我们茶园村，以及对我个人而言有着特别重要的意义，春晖行动的理念真好，他使我实现了回报家乡的梦想，当看到台下那一张张熟悉的父老乡亲的面孔，我的眼泪竟然情不自禁地流了出来……"李某某说。李某某，这个来自贵州农村，吃了很多苦，发家致富后的"硬汉"，在家乡人面前流泪了，让乡亲们看到了这个飞出穷山旮旯、事业有成的山里汉子柔情的一面。

春晖家园计划项目——青阳乡茶园村岩上道路硬化工程，是2012年共青团贵州省委下属贵州省春晖行动发展基金会在贵州全省批准立项的40个项目之一，该项目建设内容为水泥硬化村寨路625米，整合撬动资金11.43万元。项目资金按照春晖家园计划项目"五位一体"运作模式，春晖使者李某某个人捐资1万元、社会爱心人士赵温才及所在加权国际公司捐资1万元、地方政府补贴0.3万元、贵州省春晖行动发展基金会划拨春晖家园计划项目专项资金5万元以及老百姓投工投劳折合资金4.13万元共同建设。

李某某成为春晖使者后，积极参加春晖行动，申报了共青团贵州省委春晖行动开展实施的"春晖家园计划"项目，获得了5万元资金支持。

"感谢春晖行动，这个理念非常好，帮助我实现了回报家乡的梦想，我要一辈子参与春晖行动，关心和支持家乡的建设，对我们那个村庄来说，也许像我这样的大学生就是村里面唯一的盼头和希望了，不能让乡亲们失望。"李某某说。

李某某搭建反哺平台：共青团石阡县委书记杨雁出席仪式并讲话。她介绍了春晖行动、感谢了父老乡亲对该项目的支持和作出的奉献、肯定了李某某的春晖爱心事迹，号召全县青少年向李某某学习，学习他将感恩付诸反哺家乡的春晖实践。其实，在修路之前，李某某还有一个身份，那就是共青团石阡县委驻武汉市东湖开发区工作委员会书记。

2011 年 12 月 12 日,在春晖行动武汉办公室的牵线搭桥下,石阡团县委在武汉成立了共青团贵州省石阡县委驻武汉东湖开发区工作委员会,为在武汉务工的石阡籍青年建立了一个感情交流、关爱帮扶、权益维护的平台,进一步巩固和扩大党执政的青年群众基础。当天,团贵州省委副巡视员胡川渝,团省委春晖行动发展中心主任、贵州省春晖行动发展基金会理事长王筑华,团省委春晖行动发展中心副主任、贵州省春晖行动发展基金会副理事长王可,石阡团县委书记杨雁,武汉市东湖开发区团委相关负责人以及在武汉石阡县籍工商界人士、乡友代表 30 余人,共同见证了石阡驻汉团工委的成立。会上还成立了石阡县春晖行动武汉东湖开发区联络处,胡川渝、王筑华为石阡县春晖行动驻武汉市东湖开发区联络处揭牌。

身为石阡县人、武汉加权知识产权咨询服务有限公司总经理的李某某欣然接受了担任共青团贵州省石阡县委驻武汉东湖开发区工作委员会书记和石阡县春晖行动武汉东湖开发区联络处主任两个社会职务。这两个职务看起来光鲜,实际上,没有办公经费,当这个书记不仅要出力,还要乐于出钱。

"团县委礼聘我当这个书记,体现了家乡团组织对我的信任和肯定,我更多的看中的是这个平台和这份情谊,我们青年人干事创业不能只看到钱,我们要乐于为家乡做点事情,有了这个平台,我们可以服务石阡县在武汉的青少年,我们可以整合更多的资源感恩、反哺、支持家乡。"李某某说。

李某某就是这样一个人,一个懂得感恩,富有责任感的人;一个致富后不忘本不忘根的人;一个为家乡事业乐此不疲的人。"尽管开办公司工作很忙,但为家乡工作,我忙但很充实和快乐!"李某某说①。

二、新市民典型案例分析

前文呈现了官员型新市民、公务员型新市民、教授型新市民、院士型新市民、企业家型新市民、军官型新市民、航天员型新市民、法官型新市民及创客型新市民这九类新市民案例,每个案例都是新市民城乡粘合催化作用的具体例证。案例比较分析后发现,这些案例新市民均表现出了某些共同的或相似的特征。

---

① 资料来源:《化乡愁为反哺家乡的实际行动——记加权国际总经理、春晖使者李某某》(http://blog. sina. com. cn/s/blog_80227ba001017rr2. html)

(一)呈现相似性:案例新市民的城乡粘合催化行为

上述九类新市民,无论职业界别,无论职务高低,无论年龄大小,在城乡一体化进程中均表现出了某些相同或相似的反哺行为特征。换言之,他们在城乡一体化进程中均表现出了某些城乡粘合性及对城乡一体的催化促进作用。

1. 相似的城乡粘合性

城乡粘合性包括城乡情感粘性、生活粘性和工作粘性。上述案例中的官员型新市民、公务员型新市民、教授型新市民、院士型新市民、企业家型新市民、军官型新市民、航天员型新市民、法官型新市民及创客型新市民均表现出了相似的城乡粘合性。

(1)相似的城乡情感粘性。如官员型新市民李某某曾当过南昌市市长,退休后放弃城市生活,直接回到家乡西湖李家养老,看到家乡落后忧心忡忡,一心扑在乡村旅游开发上面等,说明李某某深爱着他的农村老家,新市民其城乡情感粘性表露无遗。公务员型新市民李某某,作为政府普通公务员,心念家乡东固,总想为家乡做点什么,也表现出某些城乡情感粘性。教授型新市民张某某在含山县农村长大,小时候就一直盼望着农村的生活什么时候能好起来,一直想为农民做点事情,金寨挂职终于圆了他的梦想,情感粘性得以体现。院士型新市民汪某某直言,作为远离故土的家乡人,对家乡怀有深厚的感情,表现了汪院士浓烈的城乡情感粘性。企业家型新市民胡某某说,家乡这片土地养育了我,回报家乡建设是我的心愿,还说当年中学所在地上东坞给了他许多美好的回忆,等等,这都体现了企业家型新市民胡某某的城乡情感粘性。军官型新市民许某某,说他在外多年,非常想念家乡的父老乡亲,想念仙桃的一草一木,希望能在空中多看一眼家乡,体现了其浓烈的城乡情感粘性。航天员型新市民翟某某工作性质非常特殊,但他非常热爱他的家乡,也非常孝顺他的母亲,只要有可能,他就会回老家探亲。法官型新市民宋某某深情地说,我对家乡始终有着许多牵挂,家乡时时刻刻总是魂牵梦绕着我,家乡是我永远的力量源泉,这表现了法官宋某某的城乡情感粘性。

创客型新市民李某某有着浓浓的家乡情结,欣然参加春晖行动资助贵州农村建设。他说,感谢春晖行动,这个理念非常好,帮助我实现了回报家乡的梦想,我要一辈子参与春晖行动,关心和支持家乡的建设,对我们那个村庄来说,也许像我这样的大学生就是村里面唯一的盼头和希望了,我不能让乡亲们失望。这些话语传递了李某某真挚的城乡情感粘性。

(2)相似的城乡生活粘性。如官员型新市民李某某回乡养老,亲自拉牛耕田,过着农民式的生活,新市民城乡生活粘性表露无遗。公务员型新市民李某某,喜欢吃家乡的土特产品,表现出较强的城乡生活粘性。教授型新市民张某某挂职副县长过程中作风亲民、用农民语言与茶农交流,也体现了其城乡生活粘性。院士型新市民汪某某说话透着浓浓的乡音,喜欢听黄梅戏,经常关注家乡的发展变化等,是其城乡生活粘性的具体表现。企业家型新市民胡某某经常回乡探亲,关注家乡发展,体现了其城乡生活粘性。军官型新市民许某某,经常给家乡的家人打电话,保持城乡互动,这是其城乡生活粘性的具体体现。据报道,航天员型新市民翟某某喜欢吃北方风味的饭菜,与家乡的哥哥姐姐仍保持着密切的联系,体现了他的城乡生活粘性。法官型新市民宋某某说,她经常从电视里看到家乡的新闻,感受家乡日新月异的变化,也经常从同学、老乡那里听到家乡的信息,淳朴的乡情给予她雨露的滋润,家乡的发展让她充满骄傲和自豪,这体现了新市民宋某某的城乡生活粘性。创客型新市民李某某在2011年12月11日,和他所在的公司捐款1.5万元,赞助了春晖行动武汉推进会暨贵州在汉乡友联谊会及其晚宴,他还亲自回乡参加贵州省石阡县青阳乡茶园村加权国际春晖路竣工典礼,等等,均体现了创客新市民李某某的城乡生活粘性。

(3)相似的城乡工作粘性。如官员型新市民李某某回乡养老,没有独享清福,而是利用自己的从政资源,积极募集资金,积极争取国家项目,将西湖李家打造成了著名的乡村旅游景点,带动家乡农民增收,这体现出退休后的李某某仍然具有某些城乡工作粘性。公务员型新市民李某某,积极策划"宝贝上东固"旅游活动,促进了城乡互动,带动了家乡东固农民增收,其工作粘性表现明显。教授型新市民张某某挂职副县长,出实招,办实事,长期蹲点茶园,与农民打成一片,研制"金寨红",普及推广"柴改气"炒茶机具,广泛应用有机肥、粘虫板、杀虫灯等,都是新市民张某某城乡工作粘性的生动体现。院士型新市民汪某某多次回到家乡枞阳,为家乡的发展出谋划策,多次回到母校,为母校学子送去谆谆教诲,励志家乡学子成长,等,均是汪院士城乡工作粘性的具体表现。企业家型新市民胡某某多次捐资,资助村民,资助家乡修路,资助母校建设等,均体现了其强烈的城乡工作粘性。军官型新市民许某某,以其特有的方式,在纪念抗战胜利70周年阅兵后,经上级批准,领航十架由武装直升机和运输直升机组成的机群飞临湖北省仙桃市上空,变换队形绕城区飞行一周,以此向家乡致意,表达了军官许某某深厚的城乡工作粘性。航天员型新市民翟某某飞天成功以后,曾有外国媒体污称其是农民飞天,不过,这样的报道确实让城里人看到了农村出身的新市民翟某某的伟大贡献。翟某某飞天成功以后,龙江县已决定将翟某某曾经就读的龙江县五四小学改名为"志刚小学",将县里面积最大的龙江广场也改名为"志刚广场",并在广场为翟某某塑像,县里希望通过此举铭记荣耀,以航天精神激励龙江人奋发图强,也体现了航天员新市民翟某某特殊的城乡工作粘性。法官型新市民宋某某来自于农民这个群体,也从没忘记过她曾经的归属,她办的第一个案子,就是在京城帮助民工追薪钱,这体现了宋某某别样的城乡工作粘性。创客型新市民李某某和贵州老乡一起办公司,又欣然接受共青团石阡县委驻武汉市东湖开发区工作委员会书记、石阡县春晖行动武汉东湖开发区联络处主任两个社会兼职,他说,尽管开办公司工作很忙,但为家乡工作,忙得充实、快乐,这些均体现了创客新市民李某某浓郁的城乡工作粘性。

2. 相似的城乡一体反哺催化促进作用

在城乡一体化进程中,上述案例中的官员型新市民、公务员型新市民、教授型新市民、院士型新市民、企业家型新市民、军官型新市民、航天员型新市民、法官型新市民及创客型新市民均表现出了相似的城乡一体反哺催化促进作用。

如官员型新市民李某某退休回乡养老,没有独善其身,而是想方设法带领村民致富。他看好家乡的旅游资源,殚精竭虑,出谋划策,募集资金,争取项目,因地制宜地将西湖李家打造成具有地域特色的乡村旅游景点。经过 5 年建设开发,西湖李家成了南昌郊区有名的乡村旅游景点,乡村面貌也焕然一新。乡村旅游直接带动老百姓增收致富,促进了城乡互动互通,拉近了城乡距离。

公务员型新市民李某某,利用自己在政府工作的良好平台,联合吉安市电视台、有关旅行社联合策划举办了"宝贝上东固"社会实践活动。如今,"宝贝上东固"已经成为吉安一个响亮的旅游品牌。"宝贝上东固"是一次成功的城乡资源联姻。东固具有优越的自然生态环境和独特的红色文化积淀,这是城里人向往的休闲之地,也是孩童们假日放松心情、接受革命传统教育和农耕文化的好去处。恰当的空间距离、良好的休闲处所、难得的教育场地、别样的娱乐环境等,使得"宝贝上东固"迅速被市场所认可。这其中,公务员新市民李某某的谋划和推动作用至关重要。"宝贝上东固"自 2014 年开展以来,很好地带动了当地农民的增收致富,也较好地促进了城乡交流互通。

教授型新市民张某某,利用自己的知识优势和挂职锻炼机会,选择到条件最差的金寨县挂职副县长。张教授在安徽农大已是正处级干部,挂职锻炼对他个人而言并没有多大的政治价值,但是他看中的并非是这些,而是服务农村和农民的大好机会。正如他所言,小时候就一直盼望着农村的生活什么时候能好起来,现在,能代表政府为农村、农民干点实事,也算是实现了自己的愿望。金寨挂职两年,张教授与茶农打成一片,做出了令人侧目的业绩。他研制的"金寨红"投放市场,一炮打响,他普及推广"柴改气"炒茶机具,说服茶农广泛应用有机肥、粘虫板、杀虫灯等,让老百姓尝到了"绿色防控"的甜头。在金寨,即使一个普通的茶农都知道"茶县长"张教授,这是金寨人对张教授最直接、最亲切、最认可的评价。新市民张教授的挂职锻炼,通过扶持茶产业发展,带动了农村发展,促进了农民增收。此外,新市民张教授的成功挂职示范,必将带动更多的农大教授投身"大别山道路"的建设中来,使城乡互动更为频繁高效。

院士型新市民汪某某,多年来一直关注并支持母校和家乡的发展。汪院士尽管事务繁忙,但他仍多次亲临母校枞阳县浮山中学,为母校师生举行励志成长专题报告,指导并见证"安徽省浮山中学教育发展基金会"的成立。汪院士与县委书记座谈时说,他对枞阳近年来的发展和变化感到非常欣慰和鼓舞,对枞阳县教育事业的不断进步和浮山中学教学质量的不断提升感到高兴。今后还将不遗余力、竭尽所能地为枞阳经济建设和教育事业发展作出应有贡献。据报道,汪院士在北京也经常抽空接见家乡领导和代表,为家乡的发展出谋划策,竭尽所能提供力所能及的帮助。新市民汪院士情系家乡,力助家乡发展,反哺家乡建设,催化并促进了家乡的发展进步。

企业家型新市民胡某某,作为浙江康恩贝集团股份有限公司董事长,每年都要回到家乡虎鹿镇白峰村探亲,在探亲的同时,他还主动关心家乡基础设施建设。看到家乡村庄的断头路如此坑坑洼洼,集体无钱建设时,他主动找村干部商量,愿意出资帮助村庄建设,并很快将修路款亲自送给父老乡亲。因胡某某在虎鹿镇葛宅村上东坞读过两年高中,上东坞给他留下了美好回忆,所以他又主动给该自然村送去了5万元资金,帮助他们进行村庄建设。胡某某多次出资资助家乡建设,包括出资资助母校虎鹿镇中学发展。胡某某表示,滴水之恩,涌泉相报,这是中华民族的传统美德,这片土地养育了我,回报家乡建设是我的心愿。如果有机会,他将来家乡投资办企业,更好地回报家乡。从这里可以看出,在城乡一体化进程中,新市民胡某某确实对农村起到了反哺和带动作用,将来如果他回乡投资办厂,其对城乡一体的反哺催化促进作用会更显著。

军官型新市民许某某和航天员型新市民翟某某,由于他们是现役军人,身份比较特殊,所以其对家乡的反哺作用更多地体现在"精神层面",比如军官新市民许某某率领十架由武装直升机和运输直升机组成的机群飞临湖北省仙桃市上空,变换队形绕城区飞行,向家乡人民致意,就是一种精神反哺。航天员新市民翟某某成功飞天后，家乡政府为其塑像，还将县里面积最大的龙江广场改名为"志刚广场"等，均是对其航天精神的最好敬仰。这种航天精神，会激励鼓舞包括龙江人民在内的全国各族人民攻坚克难、奋勇争先。除了精神反哺，他们经济上力所能及地反哺乡下亲人，亦在情理之中。可见，军官新市民许某某和航天员新市民翟某某，确实具有反哺催化促进城乡一体的作用。

法官型新市民宋某某是个农村姑娘，她曾靠着每个月国家提供的 18 元钱助学金读完了大学。她来自于农民这个群体，也从没忘记过她曾经的归属。如宋某某办的第一个案子，就是成功帮助民工追回了菜钱。虽是小额案子，但她认为，小额并不等于小事。法官宋某某成为出名后多次回到家乡山东，分享自己的先进事迹，向家乡法院传授自己独特的审案方法等，均体现了这个女性新市民对家乡的反哺之心。法官新市民宋某某对家乡的反哺催化促进作用也主要体现在精神领域。

创客型新市民李某某，大学就爱上发明创造，大学毕业后与同乡创办武汉加权知识产权咨询服务公司，专门指导科技爱好者搞科技发明，公司很快成为行业翘楚。事业成功后，李某某没有忘记家乡的父老乡亲。他积极参加春晖行动，曾出资赞助春晖行动武汉推进会暨贵州在汉乡友联谊会，捐款帮助家乡茶园村修路并亲自回乡参加竣工典礼。为更好地反哺乡里，作为春晖使者的他又欣然接受共青团石阡县委驻武汉市东湖开发区工作委员会书记、石阡县春晖行动武汉东湖开发区联络处主任两个社会职务。李某某说，有了这个平台，我们可以服务石阡县在武汉的青少年，我们可以整合更多的资源感恩、反哺、支持家乡。这个 80 后创客新市民的桑梓情怀，真切地体现在他反哺催化促进城乡一体的具体行动当中。

显然，上述九类案例新市民通过反哺农业、反哺农村、反哺农民，通过带动人流、物流、资金流、信息流在城乡间的流动，催化促进着城乡一体化进程。在案例中，他们均表现出了相似的城乡一体反哺催化促进作用。

（二）表现相容性：案例新市民粘合催化行为的城乡对接

上述九类案例新市民的行为体现了相似的城乡一体反哺催化作用。仔细分析会发现，他们的反哺催化作用在城乡对接的过程中还表现出了相容性，即新市民的反哺催化行为在地域指向上具有某些相似特征，即要么是曾经生活过的地方，要么是曾经学习过的地方，要么是曾经工作过的地方，或几者兼而有之。从理论上讲，新市民生活过、学习过、工作过的（农村）区域应该是新市民反哺和催化促进行为发生的首选项,而类生活过、类学习过或类工作过的地方是其次选项①。

　　案例新市民粘合催化行为的城乡对接所表现出来的相容性,可以用前文社会触动机制的生成逻辑来解释。新市民反哺催化行为城乡对接次序的选择机制如图8-1所示。从图8-1可见,新市民在反哺催化促进城乡一体进程时,存在一个城乡对接次序的选择机制。这个机制就是新市民会优先对接与自己人生经历趋同多的农村区域,如曾经生活过的地方、曾经学习过的地方或曾经工作过的地方,因为这些地方与新市民存在直接的血缘、学缘或地缘关系,对接相容性较大;其次才会选择与自己人生经历趋同较少的地方,如类生活过的地方、类学习过的地方或类工作过的地方,因为这些地方与新市民没有直接的血缘、学缘或地缘等关系,但可能存在间接的血缘、学缘或地缘关系,对接相容性偏小。如果没有外力干预,前者应是最优选择,后者应是次优选择②。

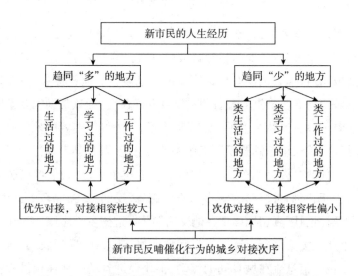

图8-1　新市民反哺催化行为城乡对接次序的选择机制

　　新市民这种反哺催化行为城乡对接次序的选择机制,可从新市民案例中看出来,如大部分新市民都是优先与“家乡”进行对接,像官员型新市民李某某、公务员型新市民李某某、院士型新市民汪某某、企业家型新市民胡某某、军官型新市民许

---

①　类生活过、类学习过或类工作过的地方,是指与自己曾经生活过、学习过或工作过的地方具有类似社会特征的地方。

②　第六章的研究表明,大多数新市民爱家乡农村胜过爱其它地方农村,大多数新市民更愿意支持家乡农村发展,也说明了这一点。

某某、创客型新市民李某某等就是这样。可以说,"家乡"对接最易实现,对接意愿
更自觉,反哺催化促进情感也最真;少数新市民在外力作用下与"类家乡"(类生活
过的地方、类学习过的地方或类工作过的地方)进行对接,如教授型新市民张某某
就是这样。这种"类家乡"对接相对来讲较难实现,一般是在外力推动下发生的,
如教授新市民张某某就是在组织安排下去金寨挂职锻炼的,且这种"类家乡"对
接,新市民的反哺促进情感相对会弱些,其中新市民"被动"反哺催化的成分更多。
当然,需要说明的是,这种"类家乡"对接的社会效果不一定小于"家乡"对接的社
会效果。

(三)呼唤相通性:清除城乡链接障碍,搭建城乡联通桥梁

本章新市民案例是精心挑选出来的,这些新市民对农村的反哺催化促进作用
都真实发生过,且这些新市民大都是社会精英,他们在事业上相当成功,即使他们
不去主动反哺(家乡)农村,也会有人找上门来请求他们去反哺。而对于数量众多
的普通新市民而言,这种情形可能就难以发生。研究表明,普通新市民的反哺催
化行为的城乡对接渠道还比较闭塞,有些新市民甚至反哺"无门",根本没有表达
的渠道。如案例9当中的创客新市民李某某曾经就一直想为家乡做点事情,但却
苦于找不到途径,直到他参加了春晖行动之后。其它案例新市民虽然名气较大,
但他们反哺家乡的渠道也还比较单一,反哺力度还比较小,反哺频率也还比较低,
换句话说,这些新市民对农村的反哺催化促进作用还没有充分发挥出来。因此,
当前亟待清除新市民城乡链接的障碍,搭建起新市民城乡联通的桥梁,现实新市
民城乡对接的相通性。

呼唤新市民城乡对接的相通性,可以从城乡两个方面来理解。从农村角度来
讲,主动建立链接渠道、主动联系本土新市民的工作做得还很不够,这是反哺接受
方工作的不足,也可以说是工作失误(或工作迷茫)。从新市民角度来讲,因受多
种因素影响,新市民的某些反哺催化行为还处在非自觉状态,尚需去"触动",这是
反哺给予方的实际情况。因此,清除城乡链接障碍、搭建城乡联通桥梁,对于发挥
新市民在城乡一体化进程的催化促进作用尤其必要。

新市民城乡对接的渠道构建可以有多种方式。第一种是"上级组织命令型",
案例中的教授张某某就是这种情况。第二种是"自己主动型",案例中的官员李某
某就是这种情况。第三种是"社会呼吁型",如案例中参加了春晖行动的创客李某
某就是这种情况。第四种是"家乡请求型",如案例中的院士汪某某就是这种情
况。笔者非常看好"家乡请求型"这种城乡对接渠道,而这方面目前恰恰做得还很

不够。笔者认为,"家乡请求型"搭建起来的城乡对接渠道应该最温情、最可靠,也最容易被广大新市民所接受(第六章的调查问卷结果曾表明,大多数新市民更愿意支持家乡农村发展),实施以后产生的社会效益应该也是最好的,因为这符合新市民反哺催化行为城乡对接的优先序。

在"家乡请求型"城乡渠道构建方面,目前做得比较成功的是河南省光山县南向店乡,有媒体曾以"致富不忘'桑梓情'——光山县南向店乡积极引导社会成功人士反哺家乡办实事"为题①,详细地报道了这个"南向店模式",本文将其抄录如下。虽然南向店乡主动联系的成功人士不全是本文所指的"新市民",但其引导社会成功人士反哺家乡办实事的做法,可借鉴用来引导新市民反哺家乡建设。可以说,"南向店模式"是"家乡请求型"城乡渠道构建的一个典范,值得学习和推广。

《致富不忘"桑梓情"——光山县南向店乡积极引导社会成功人士反哺家乡办实事》

近年来,光山县南向店乡在搞好经济建设的同时,注重加强与在外社会成功人士的联络和沟通,用家乡人那种特有的那分真情厚爱,让他们体会到"桑梓情",积极引导和鼓励他们回乡创业或进行捐助,参与社会公益事业建设,让他们尽一尽"赤子情,游子意",收到了显著社会效果。

南向店乡位于光山县西南部,总面积98平方公里,耕地面积1 638公顷,水域面积350公顷,集苏区、库区于一体,是个"八山半水一分田,半分道路和庄园"的山区贫困乡。改革开放以来,是个以劳务输出为主的大乡,纯朴善良、诚实守信的南向店籍大山儿女在外艰苦打拼,以良好的信誉得到社会的认可,各类企业家、老总、县处级以上领导干部、白领、小"富人"等社会成功人士100多人。如何将这些社会成功人士凝聚起来,激发他们爱乡、爱家,参与家乡建设的大爱情怀,投身家乡经济建设"大合唱"。该乡党委、政府创新工作思路,以小政府做好大服务的新姿态,积极引导社会成功人士反哺家乡,谱写出新的篇章。主要做法是:

(1)喊破嗓子 不如干出样子

突出一个"干"字,让在外人员看到家乡每天都在变化。"喊破嗓子,不如干出样子"。该乡党委、政府不说空话,不讲大话,一心一意搞建设,千方百计谋发展,把发展经济、改善民生作为当前的第一要务,踏踏实实,言出必干,干出样子。每

---

① 资料来源:《致富不忘"桑梓情"——光山县南向店乡积极引导社会成功人士反哺家乡办实事》(http://www.guangshan.ccoo.cn/news/local/4337060.html)

年数十公里高标准的水泥公路通车,几十口大塘的改造蓄水,街道太阳能路灯的延伸,乡村干部作风的转变,新农村的变化日新月异等等,让他们感受到家乡人那种苦干的精神,奋发向上、奋发有为的干劲,进而使在外成功人士自觉产生造福家乡人民的责任心与自豪感。

(2)真情沟通 多方联络感情

抓住一个"情"字,与在外成功人士多方进行联络。该乡每年都把在外工作人员的情况详细登记造册,每年利用春节、清明节、中秋节等传统节日,适时邀请在外成功人士回乡参加经济发展座谈会、乡村办实事观摩会、"亲情回归"恳谈会,加强与在外成功人士的乡情对接。乡党委、乡政府主要领导每年都带队到异地他乡走访慰问在外成功人士,分享他们的成功喜悦,倾听他们的苦、乐、哀、愁,收集他们对家乡发展的建议,送上家乡人民的问候,并寄上问候信与新年贺卡,送去家乡人民的一丝牵挂和诚意。同时,每年在节假日期间,乡党委、政府带着礼品看望他们的父母,把他们的家看好、照顾好,使他们没有后顾之忧,能够经常感受到来自家乡的温暖,加深彼此之间的感情,增强他们对家乡的认同感、归属感,激发他们回报桑梓的热情和爱乡、爱家的大爱情怀。

(3)礼贤上士 美德殊荣加身

坚持一个"礼"字,让反哺家乡成功人士获得殊荣。该乡党委、政府充分利用广播、电视、手机、信息、微信、会议、成功人士回报家乡传记等形式,大力宣传本乡在外成功人士的先进事迹,宣传他们不断开拓创新、反哺家乡的进取精神。对回乡创业、捐资支持家乡公益事业成绩突出的在外成功人士,建立"永久功德碑";对投资巨大的民生建设项目或建设的基础设施,上报县政府表彰,并以他们的名字命名,给予他们崇高的社会声誉。2015年,该乡历时3个多月,在全乡评选出"十名最美南向店人",影响巨大,弘扬了美德,传递了社会正能量,大大激发了成功人士反哺家乡建设的积极性和大爱情怀。

(4)真情回报 献出大爱情怀

由于该乡重视对社会成功人士的联络和沟通工作,极大地调动了他们参与家乡经济建设"大合唱"的积极性,为家乡办实事办好事已成为他们的自觉行动。今春伊始,为打好精准扶贫大会战,不让贫困农民一户一人在精准扶贫路上掉队,乡党委、政府向社会成功人士发出号召,让他们企业为贫困户提供就业岗位,以尽社会责任,他们纷纷响应,主动为贫困户安排就业岗位。2016年"双节"期间,乡党委、政府利用在外务工成功人士、民营企业家这些"富人"返乡过年之机,组织了一场有100名南向店籍民营企业家与1 000多户贫困户"牵手对接"联谊会活动,让贫困户与民营企业家面对面沟通,现场"牵手"签订用工协议79份,为731户1031名贫困农民提供了薪酬较高的就业岗位,实现了快速脱贫,拓宽了精准扶贫路径,为该乡党委、政府分担了扶贫压力。

(5)感恩社会 献身家乡建设

南向店乡成功人士为家乡建设献计献策,为民办实事办好事层出不穷。陈墩村李店村民组李某某,幼时家庭贫寒,初中毕业后务工,做过小买卖,1994年只身到北京闯荡,凭借山里人的执着和诚信,凭着老区人的勤劳和智慧,办起了自己的公司。但他成功不忘家乡人,不仅带领家乡十多名青年苦学技术发家致富,而且相继投入5万元用于陈墩基础设施建设。无偿投入10多万元为南向店乡街道和陈墩村安装视频监控设备,积极参与公益事业,关爱老人,资助困难群众,投资与村共建的陈墩村敬老院正在建设之中。中心村南一村民组金某某,由于生活所迫,16岁走上了漫长的打工生涯,2010年秋注册成立了北京市开源通力电力设备安装工程公司,并任该公司总经理、董事长。他成功后不忘报效家乡,始终做困难群众的贴心人。他多次帮扶困难户、五保户和留守老人、儿童;资助残疾人3万元;出资6万元为本村修建近4公里的水泥路;出资2万元帮助中心村居民小区安装路灯;出资3万元为本村修建大塘1口。陈畈村陶榜村民组李某某,他从军队退伍后艰苦创业20年,成了远近闻名的企业家。他创办的四川搏恒市政工程有限公司和北京旺森源料技术有限公司,不仅是市级龙头企业,也是全国同行中的佼佼者。他致富不忘家乡建设和资助贫困户,先后为陈畈村捐资2万元,为卫生院捐助5万元,为村水泥硬化路面建设主动捐款3万元,此外,为患病的姚某某资助1万元、为因重大事故无力付款的李某某资助1万元、为陶榜南北两组70岁以上老人每人提供500元,积极资助村组文化活动开展。陈墩村曾洼村民组周某某,他是一名优秀的共产党员,也是南向店乡外出务工人员中的佼佼者。在北京艰苦创业开公司后,周某某为老家外出的农民工排忧解难,致富不忘家乡。为方便家乡老人孩子出行、用水、用电等问题,他争取项目修路基,并主动出资10多万拓宽、加固;出资重修古井;出资10多万元修完3口大塘;发动周边老板捐资20多万元改造村陈旧农电;出资10余万元建立南向店街道交通循环岛"希望之星"雕塑,成为南向店乡的景观标志。陈墩村小胡村民组李某某,多年来,李某某成功不忘家乡,支持家乡建设,为乡街区路灯建设捐款3万元,为陈墩村农电改造捐款5万元;作为李氏宗亲会长不辞劳苦,协助乡党委政府成功调解了五岳供水工程纠纷;组建光旺农业专业合作社,流转荒山200余亩,使殷岗村民组人均收入增加400多元;带领10多位有志青年积极创业,开办公司,走上致富路;由他出资500

万的陈墩村敬老院正在建设之中。黄畈村卢老湾村民组卢某某，现任信阳卢氏茶叶集团董事长，艰苦打拼多年，成为全市知名的民营企业家。几十年的创业风雨，他始终没有忘记家乡的父老乡亲，先后为家乡修路、修大塘、建卫生院、修水泥路、加固塌方路段等捐助资金近40万元。坚持救助贫困户和孤寡老人，每年春节向本组五保户送慰问金1 000元、智障人员600元、特困户3 000元，资助失学儿童卢某某完成学业，积极支持全乡教育事业，为一中捐资购置了教学设备。他们的大爱情怀得到全乡人民的认可，均被全乡人民评为2015年度"十名最美南向店人"之一。

"南向店模式"是"家乡请求型"城乡渠道构建的经典之作，他们采取的很多做法值得借鉴和推广。学习借鉴"南向店模式"，就是通过畅通城乡链接渠道、搭建城乡交流平台，以便更多更好地引导新市民投身反哺家乡新农村建设的伟业当中，为我国城乡一体化的早日实现提供"原生"动力。

三、本章小结

本章在呈现官员型新市民、公务员型新市民、教授型新市民、院士型新市民、企业家型新市民、军官型新市民、航天员型新市民、法官型新市民及创客型新市民九类新市民案例的基础上，对新市民案例中体现出来的粘合催化作用进行了深入分析。研究表明：

（1）新市民在城乡一体化进程中表现出了相似的城乡粘合性及相似的城乡一体反哺催化促进作用。

（2）新市民的反哺催化作用在城乡对接的过程中还表现出了相容性，即新市民的反哺催化行为在地域指向上具有某些相似特征，即要么是曾经生活过的地方，要么是曾经学习过的地方，要么是曾经工作过的地方，或几者兼而有之。

（3）新市民在反哺催化促进城乡一体进程时，存在一个城乡对接次序的选择机制。这个机制就是新市民会优先对接与自己人生经历趋同多的农村区域，如曾经生活过的地方、曾经学习过的地方或曾经工作过的地方，因为这些地方与新市民存在直接的血缘、学缘或地缘关系，对接相容性较大；其次才会选择与自己人生经历趋同较少的地方，如类生活过的地方、类学习过的地方或类工作过的地方，因为这些地方与新市民没有直接的血缘、学缘或地缘等关系，但可能存在间接的血缘、学缘或地缘关系,对接相容性偏小。如果没有外力干预,前者应是最优选择,后者应是次优选择。

(4)新市民价值的发挥亟需呼唤城乡相通性。清除城乡链接障碍、搭建城乡联通桥梁,对于发挥新市民在城乡一体化进程的催化促进作用尤其必要。新市民城乡对接的渠道构建可以有多种方式,如"上级组织命令型""自己主动型""社会呼吁型"及"家乡请求型"。

(5)"家乡请求型"搭建起来的城乡对接渠道应该最温情、最可靠,也最容易被广大新市民所接受,实施以后产生的社会效益应该也是最好的,因为它符合新市民反哺催化行为城乡对接的优先序。目前这方面做得比较好的有光山县南向店乡。"南向店模式"是"家乡请求型"城乡渠道构建的典范,值得借鉴推广。

第九章

触动进路:新市民城乡粘合催化作用的触动策略与触动路径

本章在第五章社会触动机制生成逻辑的基础上,结合第七章研究内容,提出触动新市民城乡粘合催化作用的总策略与分路径。

一、社会触动机制一般生成逻辑回顾

第五章研究表明,社会触动机制有正面触动和反面触动。社会触动机制的正面生成逻辑是"趋同",即外在的活动(刺激)要与触动对象内心的情感(经历或欲求)具有某些相同特征;社会触动机制的反面生成逻辑是"避同",即触动对象内心要尽力避免出现与外在的活动(刺激)相同或相似的结果。因此,社会触动机制有两个维度——正面触动和反面触动。正面触动就是去"求同";某项活动(刺激)与触动对象的情感(经历或欲求)"趋同"程度越大,社会触动效果越好;有趋同特征的活动(刺激)数量越多,社会触动效果越好。即正面的社会触动效果与单项活动(刺激)的"强度"成正比,同时也与活动(刺激)的"数量"成正比。反面触动就是去"避同";触动对象在情感上与某项活动(刺激)的"避同"程度越高,社会触动效果越好;有避同特征的活动(刺激)数量越多,社会触动效果越好。即反面的社会触动效果与单项活动(刺激)的"强度"成正比,也与活动(刺激)的"数量"成正比。总之,正面好事要多"求同",以争取最大有利公约数,反面坏事要力"避同",以避免最大有害公倍数;"同"的地方越多,社会触动效果就越好。

二、新市民城乡粘合与催化促进作用间的本因分析

对第七章的研究结论进行梳理,将三大粘性和三个反哺催化促进作用、四个带动催化促进作用之间的因果关系绘成图9-1。

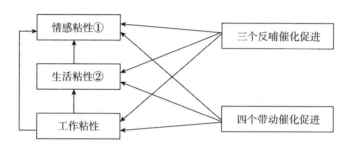

图9-1　新市民粘合与催化作用间的本因网络图

比较分析发现,情感粘性和生活粘性是工作粘性、三个反哺催化促进、四个带动催化促进的"本因",情感粘性和生活粘性从根本上决定了新市民的城乡工作粘性、三个反哺催化促进作用和四个带动催化促进作用的大小。情感粘性是第一本因,生活粘性是第二本因。

三、触动新市民城乡粘合催化作用的总策略

根据社会触动机制的生成逻辑及新市民粘合与催化作用间的本因分析,触动新市民在城乡一体化进程中粘合催化作用的机制也有两个,即正面触动和反面触动,以正面触动为主。正面触动就是去多"求同",以争取最大公约数的"同利"。这个"求同"就是从不同角度去寻找与新市民情感(经历或欲求)尽可能多相同的地方,从而触发新市民更好地反哺"三农",催化促进城乡一体化进程。换言之,正面触动新市民城乡粘合催化作用的路径策略是在新市民的情感粘性和生活粘性上下功夫。反面触动要力"避同",以避免最大公倍数的"同害"。这个"避同"就是新市民内心要尽力避免出现与各种外在活动(刺激)相同或相似的结果,从而触发新市民更加自觉地反哺"三农",催化促进城乡一体化进程。换言之,反面触动

新市民城乡粘合催化作用的路径策略是在新市民的情感粘性上下功夫。"求同""避同"中"同"的地方越多,社会触动效果越好。

一言以蔽之,触动新市民城乡粘合催化作用的总策略是设法提升新市民城乡情感粘性和城乡生活粘性,即在情感方面设法增强新市民对乡土(特别是故乡乡土)的认同感和亲近感,在生活方面设法增强新市民与农村(特别是故乡农村)的互动水平。

四、触动新市民城乡粘合催化作用的分路径

实现触动新市民城乡粘合与催化作用的路径策略,可有如下九条路径方法:

(一)政策导向触动

政策导向触动是指国家通过释放强农惠农政策以及国家领导人通过亲农重农的示范引领来触动新市民城乡粘合催化促进作用的一种路径方法。前文的研究表明,制度弥合带来心理弥合,使得整体市民社会对"三农"的歧视和偏见得以渐渐消解,"制度弥合"是新市民心理上全面接纳农村的制度基础。所以,政策导向触动对新市民城乡粘性催化作用的发挥价值不言而喻。事实上,政策导向触动近年已经在渐渐发力,表现为:(1)国家持续释放强农惠农政策。自2004年以来,中央一号文件连续十多年锁定"三农";城乡统筹发展、建设社会主义新农村、推动城乡发展一体化、乡村振兴等政策目标的陆续提出;中央反复强调"三农"工作为全党工作的重中之重,等。(2)多名国家领导人重农亲农的示范引领。如以胡锦涛同志为总书记的党中央首提"三农"为全党工作的重中之重,首次结束了2000多年的皇粮国税历史等;国务院前总理温家宝被网民亲切地称为"农民总理";现任国家主席习近平多次视察农村贫困地区,强力推动农村精准扶贫工作;又如习近平主席和李克强总理的博士论文均关注"三农",习主席的博士论文为《中国农村市场化研究》,李总理的博士论文为《论我国经济的三元结构》。国家持续释放强农惠农政策以及国家领导人重农亲农的示范引领,在教育世人的同时,极大地从政策制度层面和情感层面触动了新市民的城乡粘合与催化促进作用,因为新市民的城乡情感粘性是其催化促进城乡一体化的本因。

（二）文艺传播触动

文艺传播触动是指通过影视、广播等大众传媒向社会传播消解城乡对立、构建城乡和谐、记住乡愁为主旨的文艺作品（音乐、小品、相声、电影、电视剧等），从而达到触动新市民城乡粘合催化促进作用的一种路径方法。要达到文艺传播触动的目的，需要政府培养相应的专门文艺人才、创作相应的专门文艺作品、构建相应的专门文艺传播平台，使乡土情结、乡愁文化、和谐城乡等情感元素深入人心，特别是深入新市民的心中。（1）在培养专门的文艺人才方面，相关艺术院校应开设相应的乡土文化专业（或专业方向）来培养像刘长江、乔羽、路遥、宋祖英、王二妮这样的亲农、爱农艺术人才。（2）在创作专门的文艺作品方面，国家要鼓励并奖励优秀的乡土文艺作品，以创作出若干像《在希望的田野上》《妈妈的吻》等经典乡土音乐，像《三鞭子》《跟着媳妇当保姆》等经典乡土小品，像《喜盈门》《稻花飘香的季节》等经典乡土影视，像《人生》《浮躁》等经典乡土小说等。本书曾对朱军春晚小品台词的社会影响做过调查，其台词大意是这样讲的："农村人怎么了？如果把户口往回倒三代，大家都是农村人。"研究表明，有54.5%的新市民认为这句台词对唤起城里人的"乡愁"起到比较大或非常大的作用，有55.4%的新市民认为这句台词能够唤醒城里人减轻对农民的歧视。文艺触动效果由此可见一斑。（3）在构建专门的文艺传播平台方面，国家可在央视或地方卫视开辟专门的频道或栏目来传播乡土乡愁文化及城乡和谐理念，亦可开通专门网站来传播相关文艺作品，增强乡土乡愁文化的辨识度、集中度和易获度。如 CCTV－4 播放的《记住乡愁》、CCTV－1 播放的《舌尖上的中国》等节目就做得很成功，其社会触动效果良好。通过文艺传播触动，不断增强新市民的城乡情感粘性，而情感粘性正是新市民工作粘性、三个反哺催化促进、四个带动催化促进的本因。

（三）农村旅游触动

农村旅游触动是指通过乡村旅游的形式让新市民再次或多次进入农村环境，在休闲娱乐中以熟悉的农耕文化来触动新市民城乡粘合催化促进作用的一种路径方法。新市民在农村学习生活甚至工作过很多年，与"三农"存在较大交集，"第一故乡在农村，第二故乡在城市"的身份特征，使"农二代"的新市民情感上具有农村记忆性，交流上具有农村往来性。由于农村往来的主动权掌握住新市民手中，因此，增强乡村旅游对新市民的吸引力尤为重要。通过乡村旅游和农家乐，让新市民在休闲旅游中重新进入农村环境。在农村旅游的过程中,趋同的农村景观和农耕文化会触动新市民莫忘"本来"的同时也会强化新市民的农村情感,而这种农村情感正是新市民城乡粘合催化促进作用的心理源泉。当然,新市民在乡村旅游中也可能会购买当地的农村土特产品,在这个过程中亦增强了其城乡生活粘性。而城乡情感粘性和生活粘性正是新市民催化促进城乡一体化的本因。

(四)节日探亲触动

节日探亲触动是指政府以倡议、引导新市民在国家的法定节假日(尤其是春节和清明节)回老家探亲祭祖的方式(每年应不少于一次),来触动新市民城乡粘合催化促进作用的一种路径方法。当前我国的法定节假日主要有清明节、五一劳动节、端午节、中秋节、国庆节、元旦、春节,一般通过周末调休,使假期相对延长,上述假日的放假时间在一般情况下分别为3天、3天、3天、3天、7天、3天、7天,其中,国庆和春节的时间长度最大,俗称"小长假"。如此多的法定假日,为新市民返乡探亲祭祖提供了诸多良机。引导新市民在节假日回乡探亲祭祖,常回家看看,对于强化新市民的城乡情感粘性和生活粘性非常有好处。生活粘性从各大火车站的安检处就可以略知一二,节假日回城,几乎人人手里都提着土特产过安检,大包小包的,比比皆是。而城乡情感粘性和生活粘性正是新市民催化促进城乡一体化的本因。

(五)宗族修谱触动

宗族修谱触动是指通过重修族谱(甚或重修祖坟、重修祖宗祠堂)等活动,来触动新市民城乡粘合催化促进作用的一种路径方法。盛世中华,重修族谱(甚或重修祖坟、重修祖宗祠堂)已经成为诸多姓氏宗亲的共同愿望。在重修族谱和宗祠的过程中,新市民会强烈地感受到血脉的归属,知道本来不忘本,把根留住向前进,自然也会增加其与乡下族人的感情深度。调查研究表明,有51.5%的新市民表示其宗族已经修谱、正在修谱或准备修谱。有75.3%的新市民愿意出钱支持修谱,只有2.5%的人表示反对,可见,支持的人要占大多数。同样有75.3%的新市民愿意出钱支持重修宗祠,只有5.0%的人表示反对,可见,支持的人亦占大多数。有73.2%的新市民愿意出钱修缮祖坟,只有4.5%的新市民表示反对,支持的人仍为大多数。有69.8%的新市民认为,宗亲网具有凝聚族人情感的作用。可见,宗族修谱触动正当其时,它能增强新市民的城乡情感粘性和生活粘性,而城乡情感粘性和生活粘性正是新市民催化促进城乡一体化的本因。

（六）桑梓味道触动

桑梓味道触动是指让新市民在生活中以尝到家乡菜肴(农特产品)的味道、听到家乡的戏曲、闻到家乡的声音等方式,来触动新市民城乡粘合催化促进作用的一种路径方法。新市民离开家乡进城工作,一般对家乡熟悉的菜肴味道(农特产品)念念不忘,这是舌尖对家乡的依恋。在外工作,能听到家乡的戏曲、听到久违的乡音,亲切感不言而喻,这是耳朵对家乡的依恋。桑梓味道触动就是要让新市民的嘴巴常常吃到家乡的味道,让新市民的耳朵常常听到家乡的声音。在这个过程中,让家乡味道(妈妈味道)时常提醒新市民,家乡在何方,生命的根在哪里,并由此让新市民产生思乡情,进而由思乡情触动新市民产生城乡粘合催化作用。可见,桑梓味道触动能增强新市民的情感粘性和生活粘性,而城乡情感粘性和生活粘性正是新市民催化促进城乡一体化的本因。

（七）食品安全触动

食品安全触动是指在全社会普遍关注食品安全的时代背景下,让新市民懂得好食品在农村的道理,换言之,对农民好就是对自己好,与农民交往不吃亏,从而触动新市民城乡粘合催化促进作用的一种路径方法。调查研究表明,62.9%的新市民认为当前食品安全形势比较差或非常差,只有5.5%的新市民认为当前食品安全形势比较好或非常好,还有31.7%的新市民认为当前食品安全形势一般。可见,绝大多数新市民对当前的食品安全形势表示隐忧。对于食品安全危机,有73.8%的新市民表示在生活中主动采取了某些防护措施。调查研究还表明,有61.9%的新市民认为源自乡下的农特产品质量比较高或非常高;有78.7%的新市民表示对农村土鸡蛋、农土产品的偏好程度比较高或非常高。可见,食品安全触动可提升新市民与农村的互动水平,增加新市民的城乡情感粘性和生活粘性,而城乡情感粘性和生活粘性正是新市民催化促进城乡一体化的本因。

（八）家乡请求触动

家乡请求触动是指家乡政府工作人员主动联谊本籍新市民并适时请求其为家乡新农村建设提供支持的一种触动新市民城乡粘合催化促进作用的路径方法。俗话说,美不美,家乡水,亲不亲,故乡人。若家人政府工作人员主动找上门来,将新市民请回家乡,请求新市民为家乡建设提供力所能及的帮助,新市民一般是不会拒绝的。调查研究表明,有65.5%的新市民坦承,老家村干部从不主动联系自己,有20.1%的新市民坦承,老家村干部偶尔联系自己,仅有14.4%的新市民承认老家村干部联系自己的次数较多。同样,有76.5%的新市民坦承,老家乡(镇)政府干部从不主动联系自己,有18.2%的新市民坦承,老家乡(镇)政府干部偶尔联系自己,仅有5.3%的新市民承认老家乡(镇)政府干部联系自己的次数较多。可见,当前家乡请求工作做得还相当欠缺。调查表明,有86.7%的新市民明确表示,若家乡村镇干部主动请求自己帮忙做事,自己会乐意为之。可见,只要家乡干部主动联谊,打好情感牌,大多数新市民还是愿意为家乡建设提供帮助的。家乡请求触动,主要是从情感粘性方面发力,而城乡情感粘性正是新市民催化促进城乡一体化的本因。

(九)结对挂职触动

结对挂职触动是指通过城市单位对接乡村相应机构、市民对接农民等结对形式,或到农村挂职锻炼等方式,以帮扶农业提质增效,帮助农村繁荣进步,帮衬农民增收致富,让新市民在参与新农村建设的过程中触动其城乡粘合催化促进作用的一种路径方法。新市民农村出身,对农村具有天然情感,如果在帮扶结对或挂职锻炼过程中,让新市民冲在最前面、深入最基层、走到最前沿,他们定能与农民打成一片,为农民办实事,办好事,而不是走过场、做表面文章。特别是在以工促农、以城带乡的大背景下,这种效果更甚。前文的调查研究表明,大多数新市民所在单位已通过"结对子"等形式对农村发展进行帮扶,大多数新市民乐意接受下乡挂职委派任务,大多数新市民在涉农工作中带有反哺"三农"的情怀,大多数新市民愿意为"三农"发展提供支持和帮助,大多数新市民都会尽力做好事关农民的工作。可见,用结对帮扶与挂职锻炼形式来触动新市民反哺"三农"不失为一种好办法,在这个过程中,新市民不仅彰显了自己的社会价值,张扬了自己的个性,而且可以提升自己的城乡情感粘性、生活粘性和工作粘性,而城乡情感粘性和生活粘性正是新市民催化促进城乡一体化的本因。

五、本章小结

本章在回顾社会触动机制一般生成逻辑的基础上,结合第七章实证分析的结果,提出了触动新市民城乡粘合催化作用的总策略与分路径。这个总策略就是设法提升新市民城乡情感粘性和城乡生活粘性,即在情感方面增设法强新市民对乡土(特别是故乡乡土)的认同感和亲近感,在生活方面设法增强新市民与农村(特别是故乡农村)的互动水平。触动新市民城乡粘合催化作用的九条分路径分别是:政策导向触动、文艺传播触动、农村旅游触动、节日探亲触动、宗族修谱触动、桑梓味道触动、食品安全触动、家乡请求触动、结对挂职触动。

第十章

结论建议：主要研究结论与政策建议

本章是本书研究的最后一章。首先总结前文主要研究结论，然后，在研究结论的基础上，提出若干触动新市民城乡粘合催化促进作用的政策措施。

一、主要研究结论

通过前面几章的理论研究与实证分析，得到的主要研究结论有：

1. 首先，本书通过概念重构，从变态和变性的视角寻找真正的新市民概念（对应本书第二章）。比较研究发现，进城农民还不是真正的新市民，因为"农民新市民"还没有完全融入城市，还没有完成城市化必经的身份"变态"和素质"变性"过程。而本书所指的"新市民（即文凭新市民）"是进城落户工作且拥有大中专文凭的农家子弟（县城为最低级别城市，文凭为普通大中专院校颁发的文凭），他们已经深度融入城市，较好地完成了城市化必经的身份"变态"和素质"变性"过程，与其他原著市民并无明显二致，因此是真正的意义上的"新市民"。

2. 其次，通过现实追问，发现拥有"农二代"和"城一代"双重社会身份的新市民在城乡一体化进程中具有八大社会特性（对应本书第三章）。这八大社会特性分别是：（1）作为"农二代"的新市民情感上具有农村记忆性。（2）作为"农二代"的新市民心理上具有农村接纳性。（3）作为"农二代"的新市民生活上具有农村习惯性。（4）作为"农二代"的新市民交流上具有农村往来性。（5）作为"城一代"的新市民城市安家落户上具有高成本性。（6）作为"城一代"的新市民社会资源占有上具有比较优势性。（7）作为"城一代"的新市民工作范围上具有农村辐射性。（8）作为"农二代"和"城一代"的新市民在"哺农"上具有引领带动性。这八大社会特性，是新市民在城乡一体化进程中具有粘合催化作用的重要情感和现实基础，其中，城市安家落户上的高成本性对新市民的城乡粘合催化作用可能会产生某种制约,但其它七大特性均将产生正向影响。

3. 再次,在相关概念界定的基础上,通过理论探寻,深入剖析了新市民在城乡一体化进程中的所具有的粘合与催化作用(对应本书第四章)。研究表明:(1)作为城乡"粘合剂"和"催化剂"的新市民在城乡一体化进程中的粘合催化作用可概括为:"两头粘合、三个反哺、四个带动,一体催化"。"两头粘合"是指新市民在城乡一体化进程中具有情感粘合性、生活粘合性和工作粘合性。新市民通过"三个反哺"和"四个带动"催化促进城乡一体化进程,这"三个反哺"是指反哺农业、反哺农村和反哺农民,"四个带动"是指带动人流、物流、资金流和信息流在城乡间有序流动。(2)辨析和比较了城乡一体化中的"同等"与"等同""同化"与"化同"概念的内涵与区别,阐释了新市民粘合催化作用中"同情"与"情同""同共"与"共同""现在"与"潜在""自动"与"触动"等问题的意涵与不同。

4. 紧接着,在触动和社会触动内涵分析的基础上,通过机制解构,从理论上剖析了社会触动机制的逻辑生成及其社会价值问题(对应本书第五章)。(1)本书界定"社会触动机制"为"具有社会属性的人在不同社会活动过程中,受到某种或某些感官上的适当刺激后,从个体由情感变化、回忆、反思等心理活动引致出的某些相应的'社会性'行为过程中,个体行为所体现出来的一般行为逻辑"。(2)研究发现,社会触动具有九大特征,分别是:①感官要接受到外界的刺激;②刺激的方式要正确;③刺激的当量要足够;④刺激的时机要选择;⑤刺激的内容具有社会性;⑥刺激的结果要引发情感共鸣;⑦社会触动的对象主要是针对个体行为中的非自觉部分;⑧社会触动的结果是引致个体在合适的时机做出相应的社会性行为;⑨社会触动具有杠杆效应或乘数效应。(3)社会触动机制的正面生成逻辑是"趋同",即外在的活动(刺激)与触动对象内心的情感(经历或欲求)具有某些相同特征;社会触动机制的反面生成逻辑是"避同",即触动对象内心要尽力避免出现与外在的活动(刺激)相同或相似的结果。(4)社会触动机制有两个维度——正面触动和反面触动。正面触动就是去"求同";某项活动(刺激)与触动对象的情感(经历或欲求)"趋同"程度越大,社会触动效果越好;有趋同特征的活动(刺激)数量越多,社会触动效果越好。即正面的社会触动效果与单项活动(刺激)的"强度"成正比,同时也与活动(刺激)的"数量"成正比。反面触动就是去"避同";触动对象在情感上与某项活动(刺激)的"避同"程度越高,社会触动效果越好;有避同特征的活动(刺激)数量越多,社会触动效果越好。即反面的社会触动效果与单项活动(刺激)的"强度"成正比,也与活动(刺激)的"数量"成正比。(5)社会触动机制可用西方社会说服理论加以观照和解释。(6)社会触动机制还具有广泛的家国价值,如微观上对于打造和谐的人际关系、中观上对于推进城乡一体化发展、宏观上对于促进和谐中国建设等,均具有非常重要的指导意义。

5. 然后,通过问卷调查统计分析,证明新市民在城乡一体化进程中确实存在粘合与催化作用(对应本书第六章)。研究表明:(1)新市民在城乡一体化进程中的情感粘性主要表现在 28 个方面,如大多数新市民梦境中时常出现农村景象,大多数新市民曾经经常下地干农活,大多数新市民在农村有过较长时间的生活经历,等。(2)新市民在城乡一体化进程中的生活粘性主要表现在 16 个方面,如大多数新市民基本每年都要回农村老家去看看,大多数新市民农村有祖坟,大多数新市民农村仍有继续来往走动的亲戚和朋友,大多数新市民爱看农村题材的影视剧,等。(3)新市民在城乡一体化进程中的工作粘性主要表现在 10 个方面,如大多数新市民的工作与"三农"直接或间接相关,大多数新市民所在单位可直接或间接帮扶"三农"发展,大多数新市民所在单位已通过"结对子"等形式对农村发展进行帮扶,大多数新市民在涉农工作中带有反哺"三农"的情怀,等。(4)新市民"三个反哺"催化促进城乡一体化主要表现在 7 个方面,如大多数新市民都会从精神和经济上反哺农村父母,大多数新市民愿意为"三农"发展提供支持和帮助,大多数新市民更愿意支持家乡农村发展,大多数新市民曾参加过单位组织的节日"送温暖"下乡活动,等。(5)新市民"四个带动"催化促进城乡一体化主要表现在 13 个方面,如大多数新市民每年都有农村亲友来城市做客,大多数新市民有时间会到农村亲友家做客,大多数新市民农村亲友进城做客常常会捎来一些农特产品,大多数新市民经常携带工作地特产回老家,等。调查研究表明,新市民在城乡一体化进程中确实具有粘合与催化作用。

6. 随后,通过实证分析,对新市民城乡粘合催化的作用进行度量并对其影响因素进行解码(对应本书第七章)。研究发现:(1)"情感粘性""生活粘性"和"工作粘性"间存在因果关系。"情感粘性"是"生活粘性"的"因","生活粘性"是"情感粘性"的"果"。"情感粘性"和"生活粘性"又共同构成"工作粘性"这个"果"的"因",且"生活粘性"对"工作粘性"的影响力要大于"情感粘性"对"工作粘性"的影响力。(2)"情感粘性""生活粘性""工作粘性"与"三个反哺催化促进"间存在因果关系。三大粘性是"因","三个反哺催化促进"是"果"。"生活粘性"与"工作粘性"对"三个反哺催化促进"的影响最大,"情感粘性"对"三个反哺催化促进"的影响次之。可见,若要加大新市民的"三个反哺催化促进"力度,首先应该设法增强其"生活粘性"和"工作粘性",而"生活粘性"又是"工作粘性"的"因"变量,"情感粘性"又是"生活粘性"的"因"变量,因此,加大新市民的"三个反哺催化促进"力度,根本上是要增强其城乡"情感粘性",在此基础上设法提高其城乡"生活粘性"。(3)"情感粘性""生活粘性""工作粘性"与"四个带动催化促进"间亦存在因果关系。三大粘性是"因","四个带动催化促进"是"果"。"工作粘性""生活粘性"对"四个带动催化促进"的影响力最大,"情感粘性"对"四个带动催化促进"作用的影响相对较小。可见,若要加大新市民"四个带动催化促进"方面的力度,首先应设法增强其"生活粘性"和"工作粘性",而"生活粘性"又是"工作粘性"的"因"变量,"情感粘性"又是"生活粘性"的"因"变量,因此,加大新市民的"四个带动催化促进"力度,根本上是要增强新市民的城乡"情感粘性",在此基础上设法提高其城乡"生活粘性"。(4)"情感粘性"和"生活粘性"尤其是"情感粘性",对新市民的"三个反哺催化促进"和"四个带动催化促进"力度具有决定性的作用,是其"本因"。(5)logit 分析表明,显著影响"情感粘性"的指标因素有 9 个,按发生比率增幅(或影响力)由大到小进行排列,其顺序是(括号内数字为相应的发生比率增加值,下同):"婚姻状况(672.3%)""同样光荣①(331.1%)""工作城市级别(133.0%)""到老家距离(119.7%)""为农家服务②(100.7%)""国家重视是起因③(82.1%)""工作地点(61.0%)""技术职称(55.4%)""政治面貌(-50.0%)"。除"政治面貌"负面影响"情感粘性"外,其它 8 个指标因素均正向影响新市民的城乡"情感粘性"。(6)logit 分析表明,显著影响"生活粘性"指标因素有 4 个,按发生比率增幅(或影响力)由大到小进行排列,其顺序是:"同样光荣(217.7%)""土特产偏好(98.2%)""为农家服务(59.9%)""年龄(51.7%)"。上述 4 个指标因素均显著正向影响新市民的城乡"生活粘性"。(7)logit 分析表明,显著影响"工作粘性"指标因素有 6 个,按发生比率增幅(或影响力)由大到小进行排列,其顺序是:"乡镇干部联系度④(131.7%)""帮扶已开始行动⑤(116.2%)""国家重视是起因(89.4%)""为农家服务(66.9%)""年龄(61.8%)""政治面貌(-49.9%)"。除"政治面貌"负面影响"工作粘性"外,其它 5 个指标因素均正向影响新市民的城乡"工作粘性"。(8)logit 分析表明,显著影响"三个反哺催化促进"指标因素有 5 个,按发生比率增幅(或影响力)由大到

---

① "同样光荣"指新市民认为"涉农工作,同样光荣"。
② "为农家服务"指"新市民所在单位为农家提供服务"。
③ "国家重视是起因"指新市民认为"国家重视三农,是新市民愿意支持农村建设的重要原因"。
④ "乡镇干部联系度"指"乡镇干部主动联系本土新市民的程度"。
⑤ "帮扶行动已开始"指"新市民所在单位对农村的帮扶行动已经开始"。

小进行排列,其顺序是:"同样光荣(748.0%)""乡镇干部联系度(371.1%)""国家重视是起因(228.2%)""帮扶已开始行动(215.0%)""技术职称(140.7%)"。上述 5 个指标因素均显著正向影响新市民"三个反哺催化促进"的意愿和力度。(9)logit 分析表明,显著影响"四个带动催化促进"指标因素有 6 个,按发生比率增幅(或影响力)由大到小进行排列,其顺序是:"乡镇干部联系度(363.6%)""性别(201.0%)""若非国家号召①(166.8%)""工作城市级别(137.3%)""为农家服务(116.4%)""国家重视是起因(96.5%)"。上述 6 个指标因素均显著正向影响新市民"四个带动催化促进"的意愿和力度。

7. 接着,通过新市民案例呈现与分析,进一步发掘出新市民城乡粘合催化作用的存在性及新市民在反哺农村过程中城乡对接的优先序问题(对应本书第八章)。研究表明:(1)案例新市民在城乡一体化进程中表现出了相似的城乡粘合性及相似的城乡一体反哺催化促进作用。(2)新市民的反哺催化作用在城乡对接的过程中还表现出了相容性,即新市民的反哺催化行为在地域指向上具有某些相似特征,即要么是曾经生活过的地方,要么是曾经学习过的地方,要么是曾经工作过的地方,或几者兼而有之。(3)新市民在反哺催化促进城乡一体化进程时,存在一个城乡对接次序的选择机制。这个机制就是新市民会优先对接与自己人生经历趋同多的农村区域,如曾经生活过的地方、曾经学习过的地方或曾经工作过的地方,因为这些地方与新市民存在直接的血缘、学缘或地缘关系,对接相容性较大;其次才会选择与自己人生经历趋同较少的地方,如类生活过的地方、类学习过的地方或类工作过的地方,因为这些地方与新市民没有直接的血缘、学缘或地缘等关系,但可能存在间接的血缘、学缘或地缘关系,对接相容性偏小。如果没有外力干预,前者应是最优选择,后者才是次优选项。(4)新市民价值的发挥亟需呼唤城乡相通性。清除城乡链接障碍、搭建城乡联通桥梁,对于发挥新市民在城乡一体化进程中的催化促进作用尤其必要。新市民城乡对接的渠道构建可以有多种方式,如"上级组织命令型""自己主动型""社会呼吁型"及"家乡请求型"。(5)本书认为,"家乡请求型"搭建起来的城乡对接渠道最温情、最可靠,也最容易被广大新市民所接受,实施以后产生的社会效益应该也是最好的,因为它符合新市民反哺催化行为城乡对接的优先序。目前,河南省光山县南向店乡在这方面做得比较好。可以说,"南向店模式"是"家乡请求型"城乡渠道构建的成功典范,值得学习、借鉴和推广。

---

① "若非国家号召"指新市民认为"没有国家号召,以城带乡很难推行"。

8. 最后,在回顾社会触动机制一般生成逻辑的基础上,结合第七章实证分析内容,提出了触动新市民城乡粘合催化作用的总策略与分路径。这个总策略就是设法提升新市民城乡情感粘性和城乡生活粘性,即在情感方面设法增强新市民对乡土(特别是故乡乡土)的认同感和亲近感,在生活方面设法增强新市民与农村(特别是故乡农村)的互动水平。触动新市民城乡粘合催化作用的九条分路径分别是:政策导向触动、文艺传播触动、农村旅游触动、节日探亲触动、宗族修谱触动、桑梓味道触动、食品安全触动、家乡请求触动、结对挂职触动。

二、相关政策建议

在深入详尽剖析新市民在城乡一体化进程中的粘合催化作用及其触动机制、路径的基础上,为更好地发挥新市民在城乡一体化进程中的粘合催化作用,特提出如下政策建议:

1. 国家应持续释放强农惠农政策,政府领导人也应亲自示范引领,让理解、尊重、支持"三农"的思想深入人心,并化为新市民心理与行为上的自觉,这是"政策导向触动"给我们的政策启示。国家重视"三农",制度弥合引起心理弥合,进而促使新市民在心理上全面接纳"三农",在行动上大方亲近"三农"、服务"三农"。可以说,政策导向触动对新市民城乡粘合催化作用的发挥意义尤其重大,如中央一号文件连续多年锁定"三农",释放的强农惠农信号不言而喻,又如《李克强的"农心"与"农经"》①这篇新闻报道曾详细描述了李克强总理心系"三农"服务"三农"的大爱情怀,这对新市民反哺"三农"也具有巨大的示范引领作用。

2. 国家应设立特别文艺基金,加大对乡土文艺人才的培养和支持力度,鼓励并奖励乡土文化艺术精品的创作,此外还应整合乡土文艺资源,提高乡土文艺作品的集中度、可获性与影响力,这是"文艺传播触动"给我们的政策启示。培养数量众多、德艺双馨的乡土文化艺术人才,是乡土文艺繁荣的根本。有了乡土文艺人才,还要有好的孵化政策与激励机制,这样,乡土文艺精品才能不断涌现。当然,有了乡土文艺精品,还要有好的平台来宣传和推送,以提升其集中度、可获性与影响力。如要求央视和地方卫视开辟专门频道(或栏目),建议各地建设新市民

---

① 资料来源:凤凰资讯(http://news.ifeng.com/a/20150203/43089734_0.shtml)

网站(或乡贤网站①)，或在特别节目如春晚中安排乡土元素节目，呼吁百度等搜索引擎整合诸如"乡土音乐""思乡音乐""乡土小说""乡土电影""乡土电视""乡土小品"等词条，鼓励各大艺术排行榜如音乐排行榜增加诸如"乡土音乐"等专题内容，强力宣传推介乡土文化艺术作品，不断增加乡土乡愁文艺作品的集中度、可获性与影响力。这样做，可让乡土乡愁文艺作品潜移默化地触动新市民城乡粘合与催化促进作用的发挥。

3. 国家应做大做强城郊农村旅游业，让农村旅游业的规模与城市规模相适应，在保护好原生态农耕文化的同时，因地制宜地开发出新的旅游卖点，这是"农村旅游触动"给我们的政策启示。乡村有着城市所没有的诸多资源禀赋，如清新的空气、开阔的场地、良好的植被、可口的美食、独特的风土人情、舒缓的生活节奏、另类的育儿环境等，这些对城里人都非常有吸引力。做大做强城郊乡村旅游，便利交通，规范管理，适当宣传，使之成为品牌，市民朋友自然就会前来消费。当然，为避免乡村旅游的千篇一律，各地也要因地制宜地开发出新生态的旅游卖点，以吸引市民特别是新市民朋友带着家人前来休闲体验，以致成为消费常客。在乡村旅游的体验过程中，新市民的农村情怀会进一步得到提升，城乡情感粘性和生活粘性可进一步得以增强。做大做强城郊农村旅游业，让农村旅游业悄悄触动新市民心中的城乡粘合与催化促进作用。

4. 国家应适当增加清明节放假天数，适时将"冬至"设为法定节假日，大力引导和倡议市民朋友在法定节假日回老家走一走、看一看、聚一聚、拜一拜，这是"节日探亲触动"给我们的政策启示。前面的调查研究表明，新市民回老家在时机选择上以春节和清明为主，由于清明假期不长，以致很多路远的新市民朋友无力回老家探亲祭祖，所以建议国家适当增加清明节放假天数。除了清明祭祖外，民间也有在"冬至"祭祖的风俗，所以建议国家适时将"冬至"设为法定节假日，以使新市民朋友有更多机会回乡祭祀宗祖。新市民回乡一走、看一看、聚一聚、拜一拜，必然会增强其城乡情感粘性和生活粘性。显然，节日探亲触动对新市民城乡粘合催化作用的发挥意义非凡。

5. 国家应鼓励支持各地民间的宗族修谱、修祠堂、修祖坟等活动，倡议大家建设宗亲网，让认祖归宗的宗族文化在新时期得以发扬光大，成为凝聚五湖四海、城市乡村各地族人的共同精神纽带，这是"宗族修谱触动"给我们的政策启示。中华文化5000年没有断脉，宗族文化的传承是一个重要因素。新中国成立以来，有关

---

① 乡贤是指进城的农村精英，他们一般都事业有成。新市民是乡贤的重要组成部分。

宗族文化方面的东西重视得还不够。好在近年来,不少地方民间涌现出重修族谱、祠堂、祖坟的小热潮,这是宗族文化繁荣兴起的重要节点。面对这种现象,国家应顺势而为,鼓励支持各地民间的重修族谱、祠堂、祖坟等活动,这有利于培养新市民的城乡情感粘性和生活粘性。因为,在这个过程中,新市民需要加强与各地包括农村族人的联系,加强与各地包括农村族人的交流沟通(起码心灵上有沟通),促进城乡互动。宗族修谱触动对新市民城乡粘合催化作用的发挥作用巨大。

6. 国家应大力扶持农村电商和农村物流业发展,使各地乡土农特产品能够乘着"互联网+""手机+""交通+"和物流业的东风迅速抵达大江南北、长城内外,走进千家万户;此外,国家还要保护好各地的小戏种和方言,并以恰当的方式在互联网中加以推广展示,这是"桑梓味道触动"给我们的政策启示。农村"互联网+""手机+"和物流业发展起来,新市民远在千里之外就可以买到各种农特产品(特别是家乡的土特产品),吃到乡土味道(尤其是家乡的味道)。各地的小戏种和方言保护好了,再以适当的方式通过互联网(如手机微信、QQ、各种公众号等)加以传播,让新市民足不出户就可以聆听到家乡的声音,感受到家乡的韵味。新市民如果能够经常吃到或闻到桑梓味道,则其城乡情感粘性和生活粘性必会随之增加。显然,桑梓味道触动对新市民城乡粘合催化作用的发挥意义特别。

7. 国家应注重扶持并保护好农业原生物种及其传统种养殖方式,高调宣传食品安全事件,这是"食品安全触动"给我们的政策启示。随着现代生物技术的发展,农民种植或养殖了多年的原生物种正在渐渐消失,不少传统原生态的种养殖方式正在被抛弃。原生物种的产量虽然相对较低,但其品质和口感俱佳,是现代生物物种所难以比拟的,比如杂交猪肉就没有农家香猪肉口感好,杂交绿豆就没有农家绿豆好吃。同样的物种,进行原生态种植或养殖,其口感亦有很大不同,如养殖场出栏的杂交猪肉就比不上农家喂养的杂交猪肉口感好。原生物种及其种养殖方式之所以在逐渐消失,根本原因还是其经济效益较低,或其经济效益没有得到很好地市场体现。正因为此,农民往往用两种方式生产农产品,自家食用的部分一般采用原生物种或原生态生产(加工)方式,追求产品品质;而销售的部分一般采用现代生产(加工)方式,追求经济效益。所以,新市民在城市市场买到的食品品质上往往不如从乡下亲友处得到的好。如果国家高调宣传食品安全事件,就能在心理上强化新市民的食品安全意识,加大其从乡下直接购买(交换)农产品的频次与数量,当然,新市民这种行为也涉及食品安全信任问题。在这个购买(交换)过程中,新市民的城乡生活粘性与情感粘性均会得到加强。可以说,食品安全触动对新市民城乡粘合催化作用的发挥作用明显。

8. 国家应号召农村基层政府为本籍新市民登记造册,以掌握本籍新市民的基本情况,呼吁基层政府主动联络本籍新市民,加强感情沟通,适时请求其为家乡新农村建设提供力所能及的对口帮助,这是"家乡请求触动"给我们的政策启示。新市民是从农村进城的社会精英,他们分布在不同的行业部门,掌握着经济资源、政治资源、文化资源、技术资源等不同的社会资源,社会能量较大。换言之,与农村相比,新市民具有某些比较优势,这是他们反哺农村的本钱。前文的研究表明,家乡政府如若主动请求联络新市民,新市民一般会积极响应。但大部分新市民对家乡的反哺情怀仍然处在非自觉状态,还需要去触动,所以,家乡政府主动出击非常重要。节日向新市民发去问候,定期邀请新市民回乡考察,不定期向新市民寄赠家乡农特产品,照顾好新市民家乡父母等,都是家乡联络新市民的很好方式。根据第七章的研究结论,家乡在联系本籍新市民时,可联系已婚、职称高、年龄大、工作城市级别高、离家远、土特产偏好强、男性新市民。家乡政府主动请求联络,可以借鉴光山县"南向店模式",在这一定程度上会增强新市民的城乡情感粘性和生活粘性。显然,家乡请求触动对新市民城乡粘合催化作用的发挥价值不可估量。

9. 国家应引导支持城市各部门加大对当地农村的结对帮扶力度和广度,优先推荐新市民到农村结对帮扶,优先选拔新市民到农村挂职锻炼,充分发挥新市民的主力军作用,这是"结对挂职触动"给我们的政策启示。诸多社会实践表明,某人与农村的交集往往与其在结对帮扶或农村挂职锻炼中取得的成效成正比。新市民"第一故乡在农村,第二故乡在城市",这种天然的城乡耦合交集关系,决定了其在结对帮扶或农村挂职锻炼中具有先天优势。对于这种优势,需要在政策制度层面加以保障和落实。如果结对帮扶的力度和广度不断加大,国家支持到位,在城乡结对帮扶或农村挂职锻炼中又有众多的新市民冲在最前面,则城乡一体发展的春天会加速到来。在城乡结对帮扶或农村挂职锻炼中,新市民的城乡情感粘性和生活粘性也会得以巩固和提高,这对触动新市民的城乡粘合催化促进作用意义重大。

参考文献

[1] Xun Sun,Fang Liu. Cities in traditional Chinese fiction and their modern interpretation[J]. Frontiers of Literary Studies in China,2009,3(2).

[2] Dorothy Nelkin. Invisible migrant workers[J]. Society,1972,9(6).

[3] Tito Craige. 'I never knew they existed':The invisible Haitian migrant worker[J]. Agriculture and Human Values,1985,2(3).

[4] Gordon E. Whyte. The economic aspect of European labor migration[J]. European Demographic Information Bulletin,1972,3(3).

[5] Gelsa Knijnik,São Leopoldo. Ethnomathematics and the Brazilian landless people education[J]. ZDM,1999,31(3).

[6] Erin C. Heil. The Brazilian landless movement, resistance, and violence[J]. Critical Criminology. 2010,18(2).

[7] Guo Xiaoli. Research on the society security of the landless peasants of Henan province[J]. Business, Economics, Financial Sciences, and Management,2012,143(1).

[8] Min Chen. Analysis on land‒lost rural aging labors' integration into city in the course of urbanization[J]. Advances in Education and Management,2011,211(6).

[9] 翦伯赞. 论十八世纪上半期中国社会经济的性质——兼论红楼梦中所反映的社会经济情况[J]. 北京大学学报,1955(20).

[10] 张贤蓉. 论＜牡丹亭＞的创作思想——兼谈作品的思想艺术成就[J]. 赣南师范学院学报,1980(2).

[11] 马以鑫."新市民小说"论[J]. 华东师范大学学报(哲学社会科学版),2000(3).

[12] 郭海军. 新市民文学的文化姿态和写作立场——以卢卫平等人的诗歌为例[J]. 齐鲁学刊,2013(6).

［13］王启凡．也谈新市民文学的产生［J］．理论界,2010(12).

［14］林发茂．三明市精神文明建设的实践［J］．城市问题,1985(1).

［15］赵力平．着力提高市民素质［J］．中共杭州市委党校学报,2000(6).

［16］李耀楠．试论都市意识及襄樊都市意识确立［J］．襄阳师专学报(哲学社会科学版),1994(4).

［17］王燕文．塑造南京新市民精神［J］．群众,2002(10).

［18］李志明．提高市民素质 创建优秀旅游城市［J］．思想战线(云南大学人文社会科学学报),1999(5).

［19］蓝红．城市文化与市民伦理素质——兼谈市民伦理素质的提高［J］．东南大学学报(哲学社会科学版),2006(1).

［20］俞德鹏．论我国户籍制度改革可供选择的途径［J］．改革与战略,1995(3).

［21］俞德鹏．户籍制度改革的必要性、困境与出路［J］．江海学刊,1995(4).

［22］郑传贵,卢晓慧．当前我国城市社群隔离产生的原因、危害及对策［J］．城市问题,2003(6).

［23］李延明．要热情支持农民工商业专业户［J］．农业经济问题,1983(1).

［24］马长志,龙光模,吴银华．发展和建设小集镇中的有关政策问题［J］．农村经济,1985(1).

［25］马戎．"摆动人口"与我国农村劳动力的转移［J］．农村经济与社会,1988(4).

［26］穆光宗．民工潮与中国的城市化［J］．社会科学家,1990(6).

［27］劳动部劳动科学研究所课题组．农村劳动力跨地区流动中的劳动管理问题［J］．经济研究参考,1993(Z3).

［28］蒋乃平．乡下人城里人边缘人［J］．教育与职业,1994(12).

［29］国务院发展研究中心农村经济研究课题组．行为失范与公共管理——关于农村人口进入城市问题的实证研究［J］．经济研究参考,1999(78).

［30］包永江．北方开放城市郊县贸工农产业结构调整的研究［J］．农业经济问题,1986(5).

［31］林文怡．农村土地市场建设若干问题研究［J］．农业经济问题,1994(11).

［32］周伟,车江洪．农村土地非农化过程中农民利益保障问题的对策研究［J］．中国农村经济,1996(8).

[33] 张小铁. 市场经济与征地制度[J]. 中国土地科学,1996(1).

[34] 陈锡根. 土地非农化中必须保障农民利益[J]. 中国土地,1996(11).

[35] 韩红根. 农村集体土地所有者主体的确认与利益保障[J]. 法学,1996(1).

[36] 范德官. 坚持"三个集中"全面推进上海农村城市化[J]. 农业经济问题,1996(5).

[37] 金木. 耕地非农化中必须保障农民利益[J]. 上海农村经济,1997(8).

[38] 张洪. 农地征购,我国城镇土地使用制度改革的新焦点[J]. 云南财贸学院学报,1997(6).

[39] 郭玉田. 征地补偿安置怎样处理三个关系[J]. 中国土地,2000(8).

[40] 凌岩. 论城乡经济二元结构向一体化演进[J]. 党政论坛,1987(3).

[41] 梁夏. 新市民城农村剩余劳动力的组织和转移[J]. 中国乡镇企业,1995(5).

[42] 李佐军. 建设"新市民城"设想[J]. 小城镇建设,1999(3).

[43] 张荣齐,白人朴. 我国小城镇建设中若干问题的探讨[J]. 城乡建设,1999(5).

[44] 周敏,李建龙,孔庆平. 走出小城镇建设的五大误区[J]. 小城镇建设,1995(9).

[45] 黎民. 进城农民转变为新市民问题探讨[J]. 华中理工大学学报(社会科学版),1997(2).

[46] 吕世辰. 论我国准市民的城市化进程[J]. 山西师大学报(社会科学版),1989(4).

[47] 吕世辰. 中国社会主义的准市民城市化道路[J]. 山西师大学报(社会科学版),1992(3).

[48] 吕世辰. 准市民与社会稳定[J]. 山西师大学报(社会科学版),1991(2).

[49] 吕世辰. 论准市民与耕地之间的关系[J]. 经济改革与发展,1997(8).

[50] 朱力. 准市民的身份定位[J]. 南京大学学报(哲学·人文科学·社会科学),2000(6).

[51] 李强. 中国城市化进程中的"半融入"与"不融入"[J]. 河北学刊,2011(5).

[52] 金萍. 新生代农民工城市融入现状分析及对策研究——基于对武汉市

两代农民工的调查[J]. 学习与实践,2010(4).

[53] 何晓红. 一个女性农民工的 30 年进城打工生活史——基于生命历程理论研究的视角[J]. 中国青年研究,2011(5).

[54] 黄建新. 新生代农民工市民化:现状、制约因素与政策取向[J]. 华中农业大学学报(社会科学版),2012(2).

[55] 何绍辉. 双重边缘化:新生代农民工社会融入调查与思考[J]. 中国青年政治学院学报,2013(5).

[56] 鲁可荣,周洁,刘红凯. 新型城镇化中外来农民工社会融入服务及社会管理机制创新——基于浙江省武义县桐琴镇的调查[J]. 华中农业大学学报(社会科学版),2013(6).

[57] 梅建明,熊珊. 基于"四个维度"的农民工市民化实证研究——对 3318 份调查问卷的分析[J]. 中南民族大学学报(人文社会科学版),2013(4).

[58] 章友德. 我国失地农民问题十年研究回顾[J]. 上海大学学报(社会科学版),2010(5).

[59] 高勇. 城市化进程中失地农民问题探讨[J]. 经济学家,2004(1).

[60] 张瑛,周国新. 南京失地农民征地补偿标准测算研究[J]. 南京社会科学,2008(7).

[61] 史娟. 城市化进程中失地农民问题研究述评[J]. 山东农业大学学报(社会科学版),2004(2).

[62] 张中强. 浅谈如何改革征地制度切实保障失地农民利益[J]. 华北国土资源,2008(1).

[63] 卢海元. 土地换保障:妥善安置失地农民的基本设想[J]. 中国农村观察,2003(6).

[64] 赵继新,丁娟娟,裴新岗. 失地农民补偿模式评价及机制研究[J]. 商业研究,2009(12).

[65] 金晶,张兵. 城市化进程中失地农民的安置补偿模式探析——基于江苏省 16 县(市、区)320 户失地农民安置补偿模式的调查分析[J]. 城市发展研究,2010(5).

[66] 李增刚. 征地补偿资本化——解决失地农民收入来源的途径探讨[J]. 财经问题研究,2013(12).

[67] 张媛媛,贺利军. 城市化过程中对失地农民就业问题的再思考[J]. 社会科学家,2004(2).

[68] 邢月梅. 城市化进程中失地农民再就业问题探讨[J]. 山西财经大学学报,2006(S1).

[69] 吴军. 失地农民非正规就业研究——以安庆市城郊失地农民为例[D]. 苏州:苏州大学,2009.

[70] 孙频捷. 市民化,还是属地化——上海城郊某地失地农民身份认同研究[D]. 上海:上海大学,2010.

[71] 胡冰阳. 关于失地农民就业问题研究——基于四川省绵竹市实地调研[D]. 成都:西南财经大学,2013.

[72] 陈世伟. 反社会排斥:失地农民和谐就业的社会政策选择[J]. 求实,2007(3).

[73] 陈世伟,张淑丽. 对和谐社会创业中失地农民的社会政策支持研究[J]. 内蒙古农业大学学报(社会科学版),2007(3).

[74] 王静. 对农村失地妇女自主创业问题的调研与思考[J]. 人口与经济,2008(2).

[75] 李祥兴. 失地农民创业的制约因素及其对策[J]. 山东科技大学学报(社会科学版),2007(1).

[76] 周易,付少平. 生计资本对失地农民创业的影响——基于陕西省杨凌区的调研数据[J]. 华中农业大学学报(社会科学版),2012(3).

[77] 张晖,温作民,李丰. 失地农民雇佣就业、自主创业的影响因素分析——基于苏州市高新区东渚镇的调查[J]. 南京农业大学学报(社会科学版),2012(1).

[78] 马林靖,田延晓,曹仕俊. 快速城市化进程中的失地农民就业创业问题研究——基于河北省265个失地农户的调研数据[J]. 当代经济管理,2012(1).

[79] 赵春燕,周芳. 政府为主导的失地农民创业支持体系研究[J]. 商业时代,2012(18).

[80] 鲍海君. 论失地农民的创业培训体系建设[J]. 江淮论坛,2012(4).

[81] 张媛. 金融支持失地农民创业的制约因素与路径选择[J]. 西南金融,2013(4).

[82] 鲍海君,吴次芳. 论失地农民社会保障体系建设[J]. 管理世界,2002(10).

[83] 宋斌文,荆玮. 城市化进程中失地农民社会保障问题研究[J]. 理论探讨,2004(3).

[84] 陈信勇,蓝邓骏.失地农民社会保障的制度建构[J].中国软科学,2004(3).

[85] 劳动保障部课题组.我国被征地农民社会保障制度研究[J].中国劳动,2007(2).

[86] 杨一帆.失地农民的征地补偿与社会保障——兼论构建复合型的失地农民社会保障制度[J].财经科学,2008(4).

[87] 钟俊生,王伶,贾芳.我国失地农民社会保障的政府责任[J].江西社会科学,2014(2).

[88] 纪楠楠.失地农民社会保障问题研究[J].特区经济,2014(1).

[89] 徐莉,严予若,王晓凤.试论建立失地农民权益长效保障机制[J].农村经济,2006(4).

[90] 何爱平.失地农民权益问题的新阐释:基于阿玛蒂亚·森交换权利理论的视角[J].人文杂志,2007(6).

[91] 戚小村.缺陷与重构:失地农民权益保障的法律思考[J].湖南社会科学,2009(1).

[92] 臧俊梅,王万茂,陈茵茵.农地非农化中土地增值分配与失地农民权益保障研究——基于农地发展权视角的分析[J].农业经济问题,2008(2).

[93] 张利国.论城市化进程中失地农民权益的保护[J].河北法学,2012(1).

[94] 武玉敬.城镇化进程中失地农民权益缺失与保障机制研究[J].华北水利水电学院学报(社科版),2013(2).

[95] 郑广永.城镇化过程中失地农民权益的整体性保障[J].北京联合大学学报(人文社会科学版),2013(4).

[96] 张昊,隋想.新型城镇化进程中失地农民权益保障法律问题研究[J].哈尔滨商业大学学报(社会科学版),2014(1).

[97] 张东红.城市化进程中失地农民的幸福感研究——基于开封市的调研[D].西安:西安建筑科技大学,2012.

[98] 贺豪振,陶志琼.城市化进程中被征地老年农民的幸福度和抑郁水平的比较研究[J].宁波大学学报(教育科学版),2004(6).

[99] 张海波,童星.我国城市化进程中失地农民的社会适应[J].社会科学研究,2006(1).

[100] 叶继红.南京城郊失地农民生活满意度调查与思考[J].江苏广播电

视大学学报,2007(2).

[101] 林乐芬,葛扬.基于福利经济学视角的失地农民补偿问题研究[J].经济学家,2010(1).

[102] 尹奇,马璐璐,王庆日.基于森的功能和能力福利理论的失地农民福利水平评价[J].中国土地科学,2010(7).

[103] 吴丽.失地农民幸福感研究——基于社会生态学视角[D].杭州:浙江大学,2009.

[104] 张欣.失地农民幸福感的制度经济学研究——以鞍山市为例[D].大连:东北财经大学,2011.

[105] 卢永彪,吴文峰.失地农民身份认同、自我效能感与其生存质量关系[J].湖南农业大学学报(社会科学版),2012(5).

[106] 张晨燕,胡伟艳.失地农民的主观幸福感变化与影响因素调查——以杭州市郊区为例[J].调研世界,2012(8).

[107] 王慧博.失地农民市民化满意度分析[J].江西社会科学,2013(7).

[108] 胡苗,刘徽翰.欠发达地区失地农民幸福感研究[J].淮海工学院学报(人文社会科学版),2013(8).

[109] 林乐芬,赵辉,安然,李佳,沈颖妮.城市化进程中失地农民市民化现状研究[J].农业经济问题,2009(3).

[110] 王慧博.城市化进程中失地农民市民化调查状况比较分析[J].宁夏社会科学,2010(4).

[111] 江静,胡顺强,苗伟东.北京近郊失地农民市民化现状研究——以来广营村为例[J].北京工业大学学报(社会科学版),2011(1).

[112] 刘越,张王豆.成都统筹城乡发展进程中农民市民化调查研究——以成都市青白江区为例[J].成都行政学院学报,2013(6).

[113] 杨盛海,曹金波.失地农民市民化的瓶颈及对策思路[J].广西社会主义学院学报,2005(2).

[114] 王慧博.失地农民市民化的制约因素及对策[J].农业科技管理,2006(6).

[115] 刘源超,潘素昆.社会资本因素对失地农民市民化的影响分析[J].经济经纬,2007(5).

[116] 路小昆.资源剥夺与能力贫困——失地农民市民化障碍分析[J].理论与改革,2007(6).

[117] 严蓓蓓,杨嵘均. 失地农民市民化的困境及其破解路径——基于江苏省 N 市 J 区的实证调查[J]. 学海,2013(6).

[118] 吕同舟. 失地农民市民化困境的逻辑归因[J]. 未来与发展,2014(5).

[119] 李斌,段兰英. 失地农民市民化过程中的身份认同[J]. 石家庄学院学报,2008(2).

[120] 周军,刘晓霞. 失地农民市民化身份转换的障碍分析及其对策[J]. 理论探讨,2010(2).

[121] 刘先莉,蒋志强,张雪梅,刘志强. 失地农民市民化中角色转换问题的思考[J]. 南方农业,2008(2).

[122] 吴爽. 失地农民市民化进程中的角色认同研究——以重庆市主城区失地农民为例[D]. 重庆:西南大学,2009.

[123] 王虹. 农民市民化进程中的角色转换——以浙江省淳安县失地农民为例[J]. 中共山西省委党校学报,2011(6).

[124] 刘斌,丁家军. 城镇化过程中农民权益的维护和维稳问题研究[J]. 法制博览,2015(26).

[125] 毛柳元. 城镇化视角下失地农民身份转型研究[D]. 温州:温州大学,2013.

[126] 田学辉,秦俊武. 我国农民工就业歧视问题文献综述[J]. 劳动保障世界(理论版),2009(11).

[127] 石玉顶. 农民工城镇就业问题的研究述评[J]. 甘肃理论学刊,2009(3).

[128] 孙书青. 农民工就业现状与对策——以佛山铁塔制造业为例[D]. 武汉:华中农业大学,2010.

[129] 顾梦蛟,程名望,史清华. 农民工城镇就业满意度及其影响因素的实证分析——以上海 1446 份农民工调查样本为例[J]. 上海经济研究,2013(12).

[130] 马继迁. 农民工就业质量的省际差异:江苏与浙江的比较[J]. 华东经济管理,2013(12).

[131] 杨桂宏,熊煜. 户籍制度与农民工就业歧视的实证分析[J]. 中国农业大学学报(社会科学版),2014(3).

[132] 张晖,何文炯. 进城、流动与保障——农民工社会保障问题研究综述[J]. 浙江大学学报(人文社会科学版),2007(2).

[133] 张勇. 农民工社会保障问题研究综述[J]. 社会主义研究,2009(3).

[134] 李伟．农民工社会保障问题研究综述[J]．经济研究参考,2013(6).

[135] 郝保英．新生代农民工社会保障权实现路径辨析[J]．河北师范大学学报(哲学社会科学版),2014(3).

[136] 李高芬．构建面向进城农民工的社会保障制度[J]．农业经济,2014(5).

[137] 孙友然．我国农民工权益保障问题研究综述[J]．南京人口管理干部学院学报,2008(2).

[138] 周亮亮．金融危机背景下农民工权益保护问题研究[D]．北京:首都经济贸易大学,2010.

[139] 李慧．农民工权益保护现状及对策研究[J]．哈尔滨商业大学学报(社会科学版),2012(3).

[140] 王志金．农民工权益保障存在问题及应对措施[J]．管理观察,2014(18).

[141] 刘林平,雍昕．宿舍劳动体制、计件制、权益侵害与农民工的剥削感——基于珠三角问卷数据的分析[J]．华东理工大学学报(社会科学版),2014(2).

[142] 庄渝霞．不同代别农民工生育意愿及其影响因素 基于厦门市912位农村流动人口的实证研究[J]．社会,2008(1).

[143] 李杰．农民工生育地选择困扰及相关政策分析[D]．北京:中国社会科学院研究生院,2012.

[144] 梁如彦,周剑．农民工生育意愿研究综述[J]．淮海工学院学报(人文社会科学版),2013(24).

[145] 张敏,高会建．农民工生育价值观研究综述[J]．东方企业文化,2013(5).

[146] 李强,龙文进．农民工留城与返乡意愿的影响因素分析[J]．中国农村经济,2009(2).

[147] 付方胜,魏倩倩．农民工留城定居研究综述[J]．山西农业大学学报(社会科学版),2012(9).

[148] 景晓芬,马凤鸣．生命历程视角下农民工留城与返乡意愿研究——基于重庆和珠三角地区的调查[J]．人口与经济,2012(3).

[149] 钱文荣,李宝值．初衷达成度、公平感知度对农民工留城意愿的影响及其代际差异——基于长江三角洲16城市的调研数据[J]．管理世界,2013(9).

[150] 周建华,周倩. 高房价背景下农民工留城定居意愿及其政策含义[J]. 经济体制改革,2014(1).

[151] 邓秀华. 农民工政治参与模式变迁及其实现路径选择[J]. 求索,2007(2).

[152] 陈旭峰,田志锋,钱民辉."半城市化"的政治边缘人——农民工的社会融入状况对政治参与意愿的影响分析[J]. 浙江社会科学,2010(8).

[153] 左珂,何绍辉. 论新生代农民工政治参与:现实困境与路径选择[J]. 中国青年研究,2011(10).

[154] 史成虎. 新生代农民工素养与政治参与关系略论[J]. 西南石油大学学报(社会科学版),2012(1).

[155] 高洪贵. 中国农民工政治参与:制度环境、现状分析与实现路径[D]. 长春:吉林大学,2013.

[156] 刘建娥. 企业农民工与社区农民工政治融入的问题及对策研究[J]. 云南大学学报(社会科学版),2014(3).

[157] 谢建社,黎明泽. 农民工教育研究综述[J]. 学习与实践,2007(4).

[158] 杨兆山,张海波. 构建以输入地区在职教育为主的农民工教育模式[J]. 东北师大学报(哲学社会科学版),2007(5).

[159] 黄晓梅. 我国农民工教育培训存在的问题及解决对策探析[J]. 湖北社会科学,2009(10).

[160] 罗忠勇. 农民工教育投资的个人收益率研究——基于珠三角农民工的实证调查[J]. 教育与经济,2010(1).

[161] 刘万霞. 我国农民工教育收益率的实证研究——职业教育对农民收入的影响分析[J]. 农业技术经济,2011(5).

[162] 肖前玲. 我国农民工教育政策体系构建研究——以包容性发展理念为视角[D]. 重庆:西南大学,2013.

[163] 魏佳. 我国农民工思想政治教育状况的研究——以厦门市农民工思想政治教育状况调查为例[D]. 厦门:厦门大学,2014.

[164] 张浩. 观念变量塑造下的农民工教育政策探析——基于历史制度主义的视角[J]. 江苏师范大学学报(哲学社会科学版),2014(2).

[165] 韩俊,崔传义. 我国农民工回乡创业面临的困难及对策[J]. 经济纵横,2008(11).

[166] 李录堂,王建华. 回流农民工创业激励机制研究[J]. 贵州社会科学,

2009(4).

[167] 石智雷,谭宇,吴海涛.返乡农民工创业行为与创业意愿分析[J].中国农村观察,2010(5).

[168] 刘美玉.基于扎根理论的新生代农民工创业机理研究[J].农业经济问题,2013(3).

[169] 朱红根,康兰媛.农民工创业动机及对创业绩效影响的实证分析——基于江西省15个县市的438个返乡创业农民工样本[J].南京农业大学学报(社会科学版),2013(5).

[170] 陈浩义,孙红霞,王文彦.国内农民工创业问题研究综述及理论分析框架[J].山东工商学院学报,2014(2).

[171] 陶明达.农民工生态流动与市民化、城市化研究[D].泰安:山东农业大学,2006.

[172] 徐建玲.农民工市民化进程度量:理论探讨与实证分析[J].农业经济问题,2008(9).

[173] 刘小年.农民工市民化:路径,问题与突破——来自中部某省农民进城的深度访谈[J].经济问题探索,2009(9).

[174] 国务院发展研究中心课题组.农民工市民化进程的总体态势与战略取向[J].改革,2011(5).

[175] 郭庆松.农民工市民化:破局体制的"顶层设计"[J].学术月刊,2011(7).

[176] 杨莉芸.农民工市民化问题研究综述[J].经济纵横,2013(5).

[177] 单菁菁.农民工市民化研究综述:回顾、评析与展望[J].城市发展研究,2014(1).

[178] 丁凯.农民工市民化障碍与难点研究综述[J].经济体制改革,2013(4).

[179] 康来云.农民工心理与情绪问题调查及其调适对策[J].求实,2004(7).

[180] 蒋善,张璐,王卫红.重庆市农民工心理健康状况调查[J].心理科学,2007(1).

[181] 郭星华,王希.农民工的心理灰度与日常生活[J].学海,2009(6).

[182] 刘亚敏.农民工群体的心理困境与疏导策略[J].农业经济,2009(7).

[183] 李怀玉.农民工市民化进程中的心理形态调查分析——基于河南的

调查[J]. 城市发展研究,2010(1).

[184] 胡其图. 农民工心理亚健康状态成因及应对[J]. 沈阳农业大学学报(社会科学版),2010(4).

[185] 刘连龙,李琼,夏芸,胡明利,郭薇. 西安市农民工心理健康状况调查及其影响因素[J]. 中国健康心理学杂志,2012(1).

[186] 李志凯. 农民工的心理问题及其原因分析[J]. 濮阳职业技术学院学报,2009(1).

[187] 胡娟霞. 关于农民工心理弹性的实证研究[J]. 社会心理科学,2012(4).

[188] 陈菊红. 国内关于农民工组织化研究综述[J]. 中共石家庄市委党校学报,2013(11).

[189] 陈旭峰,田志锋,钱民辉. 社会融入状况对农民工组织化的影响研究[J]. 中国人民大学学报,2011(1).

[190] 项继权. 农民工子女教育:政策选择与制度保障——关于农民工子女教育问题的调查分析及政策建议[J]. 华中师范大学学报(人文社会科学版),2005(3).

[191] 吴霓,张宁娟,李楠. 农民工随迁子女教育的五大趋势及对策[J]. 当代教育科学,2010(7).

[192] 蓝威,彭本利. 论我国农村留守儿童教育公平的现状及原因分析[J]. 玉林师范学院学报,2011(1).

[193] 王守恒,邵秀娟. 农民工子女教育:难题与对策[J]. 教育科学研究,2011(1).

[194] 于佳宾. 教育公平视阈下的农民工子女教育问题[J]. 继续教育研究,2012(2).

[195] 屈卫国,钟毅平,燕良轼,杨思. 初中生农民工子女心理压力及应对方式研究[J]. 中国临床心理学杂志,2008(6).

[196] 王飞. 五省部分地区农民工子女心理健康调查[J]. 社会心理科学,2009(1).

[197] 丛菁. 农民工随迁子女常见心理问题及对策分析[J]. 现代交际,2012(6).

[198] 叶一舵,熊猛. 团体归属感对城市农民工子女心理健康的影响及其内部机制[J]. 福建师范大学学报(哲学社会科学版),2013(4).

[199] 申振东,乔姗姗,方苏,朱汶龙. 进城农民工子女融入城市生活研究综述[J]. 贵州大学学报(社会科学版),2008(4).

[200] 吴新慧. 农民工子女社会融入状态分析——基于杭州的实证调查[J]. 经济论坛,2009(15).

[201] 徐丽敏. 农民工子女在城市教育过程中的社会融入研究[J]. 学术论坛,2010(1).

[202] 赵川芳. 农民工子女城市归属感制度性影响因素分析[J]. 新西部,2010(11).

[203] 熊易寒. 整体性治理与农民工子女的社会融入[J]. 中国行政管理,2012(5).

[204] 罗竖元,李萍. 社区文化:农民工随迁子女城市融入的现实载体[J]. 广西社会科学,2013(12).

[205] 李强. 中国城市化进程中的"半融入"与"不融入"[J]. 河北学刊,2011(5).

[206] 金萍. 新生代农民工城市融入现状分析及对策研究——基于对武汉市两代农民工的调查[J]. 学习与实践,2010(4).

[207] 何晓红. 一个女性农民工的30年进城打工生活史——基于生命历程理论研究的视角[J]. 中国青年研究,2011(5).

[208] 黄建新. 新生代农民工市民化:现状、制约因素与政策取向[J]. 华中农业大学学报(社会科学版),2012(2).

[209] 何绍辉. 双重边缘化:新生代农民工社会融入调查与思考[J]. 中国青年政治学院学报,2013(5).

[210] 鲁可荣,周洁,刘红凯. 新型城镇化中外来农民工社会融入服务及社会管理机制创新——基于浙江省武义县桐琴镇的调查[J]. 华中农业大学学报(社会科学版),2013(6).

[211] 梅建明,熊珊. 基于"四个维度"的农民工市民化实证研究——对3318份调查问卷的分析[J]. 中南民族大学学报(人文社会科学版),2013(4).

[212] 关信平,刘建娥. 我国农民工社区融入的问题与政策研究[J]. 人口与经济,2009(3).

[213] 孙璐. 失地农民的社区融入和社区支持研究[J]. 广西社会科学,2009(2).

[214] 沈蓓绯,纪玲妹,孙苏贵. 新生代农民工城市文化融入现状及路径研

究[J]. 学术论坛,2012(6).

[215] 刘建娥. 从农村参与走向城市参与:农民工政治融入实证研究——基于昆明市 2084 份样本的问卷调查[J]. 人口与发展,2014(1).

[216] 林晓珊. 城市农民工如何从心理上融入城市[J]. 中国国情国力,2004(11).

[217] 周莹. 青年与老一代农民工融入城市的代际比较研究——基于 W 市调查案例的实证分析[J]. 中国青年研究,2009(3).

[218] 何军. 江苏省农民工城市融入程度的代际差异研究[J]. 农业经济问题,2012(1).

[219] 何军. 代际差异视角下农民工城市融入的影响因素分析——基于分位数回归方法[J]. 中国农村经济,2011(6).

[220] 李开宇,张波,李士娟. 西部农民(工)城市融入空间分异特征研究——基于城市社会生活空间的视角[J]. 西北大学学报(自然科学版),2013(1).

[221] 李培林,田丰. 中国农民工社会融入的代际比较[J]. 社会,2012(5).

[222] 吴伟东. 农民工社会融入的性别差异——来自五大城市的证据[J]. 兰州学刊,2012(6).

[223] 向华丽. 女性农民工的社会融入现状及其影响因素分析——基于湖北 3 市的调查[J]. 中国人口. 资源与环境,2013(1).

[224] 郭星华,储卉娟. 从乡村到都市:融入与隔离——关于民工与城市居民社会距离的实证研究[J]. 江海学刊,2004(3).

[225] 江西省社会科学院课题组. 外来农民工融入城市的非制度性障碍分析[J]. 农业考古,2006(6).

[226] 钟德友. 农民工融入城市的困境与出路[J]. 农村经济,2010(7).

[227] 胡杰成. 社会排斥与农民工的城市融入问题[J]. 兰州学刊,2007(7).

[228] 谢建社. 农民工融入城市过程中的冲突与分析——以珠三角 S 监狱为个案[J]. 广州大学学报(社会科学版),2007(4).

[229] 侯力,解柠羽. 城市农民工二代移民社会融入的障碍研究[J]. 人口学刊,2010(6).

[230] 杨凤. 农民工城市性融入的障碍与路径——基于对济南市的调查与思考[J]. 农村经济,2011(8).

[231] 黄薇铮. 失地农民城市融入"四难"现状分析——以江苏徐州新城区

H小区为例[J]．江西农业学报,2013(10).

　　[232]汪勇．青年农民工融入城市之困境探析[J]．内蒙古社会科学(汉文版),2008(3).

　　[233]张岳红．新生代农民工融入城市的非制度性障碍探析[J]．中国海洋大学学报(社会科学版),2012(3).

　　[234]陈凤兰．新生代农民工的自我定位与融入城市意愿——来自F市的个案研究[J]．云南农业大学学报(社会科学版),2012(4).

　　[235]张传慧．新生代农民工社会融入问题的调查研究[J]．武汉理工大学学报(社会科学版),2013(6).

　　[236]刘志强．论新生代农民工融入城市的内外紧张关系[J]．华南农业大学学报(社会科学版),2010(4).

　　[237]张华．农民工家庭城市融入的制约因素与对策分析[J]．经济体制改革,2013(2).

　　[238]潘泽泉．被压抑的现代性:农民工融入城市的困境[J]．广西民族大学学报(哲学社会科学版),2011(1).

　　[239]胡献忠．从个体化发展到组织化助推——共青团在新生代农民工社会融入中的作用[J]．青年探索,2011(5).

　　[240]袁靖华．大众传媒的符号救济与新生代农民工的城市融入——基于符号资本的视角[J]．新闻与传播研究,2011(1).

　　[241]宋万林．大众传媒助推新生代农民工融入城市模式研究[J]．新闻知识,2011(12).

　　[242]方英,谢建社．非营利组织在新生代农民工融入城市中的作用[J]．广州大学学报(社会科学版),2012(2).

　　[243]程孝良．图书馆助推新生代农民工城市融入的实践模式[J]．图书馆理论与实践,2014(2).

　　[244]刘建娥．乡－城移民(农民工)社会融入的实证研究——基于五大城市的调查[J]．人口研究,2010(4).

　　[245]姚进忠．社区为本:农民工城市融入的赋权路径建构[J]．西北农林科技大学学报(社会科学版),2014(1).

　　[246]谢永飞,王红艺,江华锋．新生代农民工城市融入的社会工作介入探讨[J]．兰州学刊,2013(5).

　　[247]何得桂,吴理财．促进农民工和谐融入城市的战略思考——基于武汉

市农民工的实证分析[J].贵州大学学报(社会科学版),2007(3).

[248] 王佃利,徐晴晴.包容性发展中的农民工城市融入:问题界定与路径审视[J].东岳论丛,2012(3).

[249] 曲海峰,高路.生活方式城市化:新生代农民工城市融入的内在理路[J].长春工业大学学报(社会科学版),2010(5).

[250] 刘应君.促进新生代农民工市民化的对策探讨[J].经济纵横,2012(3).

[251] 陈晨.新生代农民工主体性建构:语言认同的视角[J].中国农业大学学报(社会科学版),2012(3).

[252] 张丽艳,李娟.关于农民工融入城市的双边制度激励研究[J].社会科学辑刊,2012(3).

[253] 朱杰堂.农民工的边缘化状况及其融入城市对策[J].中州学刊,2010(2).

[254] 冯奎.农民工城市融入:实践分析与政策选择[J].首都经济贸易大学学报,2011(2).

[255] 杨凤.户籍制度对农民工市民化的制约[J].兰州学刊,2011(6).

[256] 王春蕊.农民工融入城市的路径与对策[J].经济论坛,2012(8).

[257] 席群,陈亚芹.农民工融入城市与城乡社区互动网络平台建设——以江苏省为例[J].兰州大学学报(社会科学版),2012(1).

[258] 郝保英.新生代农民工城镇融入问题与对策分析[J].河北大学学报(哲学社会科学版),2013(2).

[259] 李开宇,张波,李士娟.西部农民(工)城市融入空间分异特征研究——基于城市社会生活空间的视角[J].西北大学学报(自然科学版),2013(1).

[260] 郝宇青,朱琳琳.中国产生"官二代"现象的原因[J].探索与争鸣,2011(9).

[261] 张潮,张洁.社会现实、集体记忆和标签化报道的互动:"官二代"媒介形象的建构及其成因(2009~2012)[J].湖南师范大学社会科学学报,2013(6).

[262] 高莹."官二代"现象的表现及其危害[J].领导科学,2011(4).

[263] 贾亚青,韩春红.浅析"官二代"的行为失范及其防控[J].广西青年干部学院学报,2011(3).

[264] 薛深."官二代"标签化现象的缘起及其回应[J].中国青年研究,2011

(7).

[265] 薛深."官二代"的身份利益歧途及其解构[J].理论导刊,2012(7).

[266] 薛深."官二代":网络媒体的负性形象建构及其启示[J].中国青年研究,2013(9).

[267] 张洁."富二代""官二代"媒介话语建构的共振与差异(2004－2012)[J].现代传播(中国传媒大学学报),2013(3).

[268] 叶慧娟.权力符号:"官二代"现象的社会解读[J].青少年犯罪问题,2011(1).

[269] 胡赣江."官二代"为官"原罪"现象分析与消除对策[J].领导科学,2012(30).

[270] 孙壮珍.我国官本位政治文化与"官二代"现象内在逻辑解析[J].克拉玛依学刊,2011(3).

[271] 郝宇青,朱琳琳.中国产生"官二代"现象的原因[J].探索与争鸣,2011(9).

[272] 李洁.教育学视角中的"官二代"[J].青少年犯罪问题,2011(1).

[273] 闫焕文.浅析问题"富二代""官二代"出现的原因——以教育环境的影响为视角[J].学理论,2013(36).

[274] 张国献."门"透视出的"官二代"道德解析[J].中国青年研究,2011(7).

[275] 陈培浩.对"官二代"现象的理性审视[J].领导科学,2011(4).

[276] 高莹."官二代"现象的危害及破解思路[J].求实,2011(5).

[277] 李本松."官二代"现象的严重危害及应对之策[J].云南行政学院学报,2013(2).

[278] 吴丽丽."富二代""官二代"现象对大学生思想行为的影响[D].武汉:华中师范大学,2014.

[279] 刘永生."官二代"现象产生的机制弊端及治理对策[J].广西青年干部学院学报,2011(1).

[280] 李本松."官二代"现象带来的反思和启示[J].领导科学,2011(5).

[281] 高莹."官二代"现象的主要危害及治理对策[J].党政干部学刊,2011(1).

[282] 范世举.当前我国"官二代"现象的治理对策研究[D].蚌埠:安徽财经大学,2014.

[283] 张婷婷. 探析"官二代"思想道德素质问题[J]. 经营管理者,2011 (15).

[284] 祝建华."富二代"的形成与群体特征分析[J]. 中国青年研究,2009 (9).

[285] 高庆."富二代"群体成长评价的多维透析[J]. 中国青年研究,2010 (2).

[286] 黄宇."富二代"犯罪的主体特性及其治理路径[J]. 求索,2013(10).

[287] 杜雄柏."富二代"不端行为思考[J]. 江苏警官学院学报,2012(5).

[288] 任小琴. 当代中国"富二代"现象的解读与思考[J]. 理论导刊,2010 (1).

[289] 樊荣庆."富二代"犯罪与司法[J]. 青少年犯罪问题,2009(6).

[290] 王良. 富二代犯罪主要是一个社会问题[J]. 青少年犯罪问题,2009 (6).

[291] 朱美燕. 解读富二代群体的喜与忧[J]. 中国青年研究,2010(10).

[292] 孙丹薇. 如何发掘"富二代"群体中的社会价值潜能[J]. 上海青年管理干部学院学报,2010(1).

[293] 张雯谦,杨惠林."富二代"的媒介形象分析——以 2010 年《人民日报》和《南方都市报》为例[J]. 新闻世界,2011(5).

[294] 钟一彪."富二代"的媒体形象[J]. 当代青年研究,2012(1).

[295] 冯莉."富二代"媒介形象建构研究[J]. 新闻记者,2012(2).

[296] 谢季康. 2011 年度报道中的"富二代"标签效应[J]. 传媒观察,2012 (2).

[297] 方建移,金慧."富二代"媒体形象的呈现与思考[J]. 当代青年研究,2013(2).

[298] 晏荣."X 二代"现象:制度性壁垒与社会排斥[J]. 中国青年研究,2011(7).

[299] 张莉."贫二代""富二代"的出现与社会稳定[J]. 河北理工大学学报(社会科学版),2011(1).

[300] 王小章."富二代"的特权与"穷二代"的权利[J]. 人民论坛,2009 (16).

[301] 苏锦霞."富二代"精神重塑的几点思考[J]. 湖南省社会主义学院学报,2010(4).

[302] 郑志强. 社会转型时期"富二代"大学生思想道德教育研究[D]. 上海：复旦大学,2011.

[303] 郑志强. 社会转型时期"富二代"大学生思想道德现状调查与分析[J]. 现代教育科学,2012(5).

[304] 陈兆华. "富二代"大学生对思政教育工作的影响及对策研究[J]. 长春理工大学学报,2012(10).

[305] 邵秀荣,曾瑛. 从艾米莉·狄金森身份看加强"富二代"家庭教育的必要性[J]. 中国校外教育,2011(22).

[306] 王金玲. 网络文化对"富二代"大学生的影响及其引导[J]. 山西高等学校社会科学学报,2011(4).

[307] 李占立. 我国"富二代"素质教育对策研究[J]. 继续教育研究,2010(9).

[308] 朱小琴,牛乃喜. 对"富二代"成人之道的思考[J]. 唐都学刊,2011(2).

[309] 古必训. "富二代"青年价值实现的路径探析[J]. 中外企业家,2013(14).

[310] 刘林平,沈宫阁. "贫二代"现象及其发生机制实证分析[J]. 人民论坛,2014(2).

[311] 杨绪盟. "低飞"的梦想："贫二代"的社会诉求[J]. 同舟共进,2014(2).

[312] 张莉. "贫二代""富二代"的出现与社会稳定[J]. 河北理工大学学报(社会科学版),2011(1).

[313] 豆小红,黄飞飞. "穷二代"大学生职业地位的代际流动与道德风险——基于湖南省的实证研究[J]. 中国青年研究,2010(12).

[314] 王晓东. 贫富差距的代际传承——对"穷二代"现象的透视与反思[J]. 甘肃社会科学,2011(3).

[315] 吴雅萍. "中国二代"现象的多米诺效应透析[J]. 中国青年研究,2011(7).

[316] 王小章. "富二代"的特权与"穷二代"的权利[J]. 人民论坛,2009(16).

[317] 常家树,李博涵. 中国"贫二代"现状解析[J]. 当代青年研究,2012(1).

[318] 刘淼静. 论"富二代""穷二代"社会问题的破解路径[J]. 中国市场, 2013(24).

[319] 杨怀德. "穷二代"与"富二代":贫富差距的代际传承[J]. 社会工作, 2012(5).

[320] 王振亚,叶兰. 由"二代们"看社会阶层的代际传承性问题[J]. 北华大学学报(社会科学版),2011(5).

[321] 刘林平,沈宫阁. "贫二代"现象及其发生机制实证分析[J]. 人民论坛,2014(2).

[322] 杨绪盟. 中国"穷二代"现象初步调查与研究[J]. 当代世界与社会主义,2012(4).

[323] 应雄. 城乡一体化趋势前瞻[J]. 浙江经济,2002(13).

[324] 陈雯. "城乡一体化"内涵的讨论[J]. 现代经济探讨,2003(5).

[325] 鲁长亮,唐兰. 城乡一体化建设模式与策略研究[J]. 安徽农业科学, 2010(3).

[326] 甄峰. 城乡一体化理论及其规划探讨[J]. 城市规划汇刊,1998(6).

[327] 朱志萍. 城乡二元结构的制度变迁与城乡一体化[J]. 软科学,2008 (6).

[328] 李刚. 城乡一体化内涵及动力机制[J]. 渤海大学学报(哲学社会科学版),2013(2).

[329] 吴伟年. 城乡一体化的动力机制与对策思路——以浙江省金华市为例[J]. 世界地理研究,2002(4).

[330] 李冰. 二元经济结构理论与中国城乡一体化发展研究——基于陕西省的实证分析[D]. 西安:西北大学,2010.

[331] 倪楠. 后改革时代城乡经济社会一体化:提出、内涵及其现实依据[J]. 西北大学学报(哲学社会科学版),2013(2).

[332] 顾益康,邵峰. 全面推进城乡一体化改革——新时期解决"三农"问题的根本出路[J]. 中国农村经济,2003(1).

[333] 尹成杰. 加快推进中国特色城乡一体化发展[J]. 理论参考,2010(12).

[334] 陆学艺. 城乡一体化的社会结构分析与实现路径[J]. 南京农业大学学报(社会科学版),2011(2).

[335] 陈伯庚,陈承明. 新型城镇化与城乡一体化疑难问题探析[J]. 社会科

学,2013(9).

[336] 李同升,厍向阳. 城乡一体化发展的动力机制及其演变分析——以宝鸡市为例[J]. 西北大学学报(自然科学版),2000(3).

[337] 完世伟. 区域城乡一体化测度与评价研究——以河南省为例[D]. 天津:天津大学,2006.

[338] 江敦涛. 山东半岛城乡一体化发展模式研究[D]. 青岛:中国海洋大学,2011.

[339] 王渊,白永秀,王宇. 城乡经济社会一体化内涵与外延的再认识[J]. 福建论坛(人文社会科学版),2013(1).

[340] 杨群红. 构建城乡一体农民工流动党员动态管理机制[J]. 中州学刊,2011(4).

[341] 陈静漪,宗晓华. 从城乡分立到城乡一体化——中国农村义务教育供给机制演进路径分析[J]. 西南大学学报(社会科学版),2012(5).

[342] 余应鸿,董德龙,胡霞. 城乡教师流动及其一体化发展机制研究[J]. 教育理论与实践,2013(31).

[343] 赵晓军. 上海城乡基本医疗保险制度衔接机制研究[D]. 上海:上海工程技术大学,2011.

[344] 刘玉平. 我国城乡一体化建设法律保障机制研究[J]. 行政与法,2012(8).

[345] 孙涛,陈晓慧. 城乡一体化建设的环境保护机制及其优化研究[J]. 江西农业学报,2013(6).

[346] 李程骅. 城乡一体化战略下的产业空间互融机制研究[J]. 学海,2011(6).

[347] 佟光霁,李存贵. 产业合作的机制构建:基于城乡一体化的视角[J]. 学习与探索,2012(2).

[348] 李培祥. 城乡一体化土地利用机制分析[J]. 南方农村,2009(1).

[349] 张果,任平,周介铭,何景熙. 城乡一体化发展的动力机制研究——以成都市为例[J]. 地域研究与开发,2006(6).

[350] 王平,杜娜,曾永明,宋洁华. 海口市城乡一体化发展的动力机制研究[J]. 商业时代,2014(13).

[351] 张竟竟. 城乡关联发展动力机制评价指标体系构建及实证研究[J]. 广东农业科学,2011(14).

[352] 宋葛龙. 以体制创新为根本动力和关键措施推进城乡经济社会发展一体化——山东、江苏、浙江三省部分地区的经验和启示[J]. 经济研究参考,2008(64).

[353] 郑自强. 成都市统筹城乡综合配套改革的背景与动力[J]. 中共云南省委党校学报,2010(6).

[354] 王振亮. 城乡一体化的误区——兼与《城乡一体化探论》作者商榷[J]. 城市规划,1998(2).

[355] 孙中和. 中国城市化基本内涵与动力机制研究[J]. 财经问题研究,2001(11).

[356] 张道政,周小彤. 城乡一体化的模式、动力和路径——兼及江苏统筹城乡发展的思考[J]. 唯实,2010(5).

[357] 裴泽庆,胡勇,付启章. 增量式基层民主:成都推进城乡一体化的恒久动力[J]. 四川行政学院学报,2008(5).

[358] 郑芸. 城乡统筹发展的动力及其内部角色定位——从国务院确立的最新一批特区谈起[J]. 经济与社会发展,2007(10).

[359] 于善波. 黑龙江省统筹城乡发展的动力机制与路径选择研究[J]. 农业经济,2010(1).

[360] 段进军. 健康城镇化是推动统筹城乡发展的动力[J]. 改革,2009(5).

[361] 张登国. 我国城乡一体化的动力体系研究[J]. 乡镇经济,2009(11).

[362] 蒋贵凰. 城乡统筹视域下乡村内部动力机制的形成[J]. 农业经济,2009(1).

[363] 石忆邵,何书金. 城乡一体化探论[J]. 城市规划,1997(5).

[364] 袁方成,宋江帆. 中部县域城乡统筹发展的动力机制与实践模式——以 X 县为表述对象[J]. 湖北行政学院学报,2012(5).

[365] 曹晖. 信息化促进中国城乡一体化研究[D]. 哈尔滨:东北林业大学,2010.

[366] 刘丽,齐磊. 传媒产业对城乡一体化进程的推动作用及发展建议[J]. 中国报业,2011(20).

[367] 李功越,刘伟. ICT 推动城乡一体化发展的作用机理及实证研究[J]. 生态经济,2014(1).

[368] 唐金秀. 图书馆推动城乡统筹发展的思考[J]. 安徽农业科学,2011(9).

[369] 颜克亮. 发挥社会科学作用 促进城乡统筹发展[J]. 重庆社会科学, 2007(12).

[370] 徐欣,佟光霁. 城市技术创新与城乡统筹发展的互动关系研究[J]. 学术交流,2007(6).

[371] 张鸿,何希德,郑林用,龚万卓,蔡红,郭红. 依靠科技创新促进城乡统筹发展——以四川省为例[J]. 农业现代化研究,2010(4).

[372] 陈燕. "三支"工作促进重庆统筹城乡发展的作用探析[J]. 世纪桥, 2011(15).

[373] 李雪松,翟三江. 我院坚持城乡医院长期对口支援的做法与体会[J]. 中国医院管理,2011(6).

[374] 秦莹,李昶罕. 农民教育促进云南城乡一体化进程的路径研究[J]. 中国农业教育,2013(5).

[375] 王慧敏,陈晓斌. 发展都市农业促进城乡结合[J]. 农村财政与财务, 2002(5).

[376] 李平. 发展品质农业对城乡一体化进程的促进作用[J]. 山东省农业管理干部学院学报,2010(1).

[377] 张丽,罗正明,张权林. 三圣乡人的城市生活——特色农家乐对推进城乡一体化的作用分析[J]. 农业环境与发展,2006(2).

[378] 张金山. 旅游业:推动城乡统筹发展的基本力量[J]. 旅游学刊,2011(12).

[379] 李景初. 以乡村旅游促进城乡互动发展的思考[J]. 河南财政税务高等专科学校学报,2012(2).

[380] 刘建凤. 流通现代化对城乡一体化的作用分析[J]. 现代商业,2008(15).

[381] 杜万阳. 论商业经济发展对城乡一体化的推动作用[J]. 商业时代, 2011(33).

[382] 刘佳勇. 企业文化在推进城乡一体化进程中的作用[J]. 现代营销(学苑版),2011(7).

[383] 朱谷生. 论骨干企业在珠江上游城乡一体化中的作用[J]. 曲靖师范学院学报,2012(5).

[384] 桂家友. 农民工流动对城乡关系发展的影响[J]. 湖湘论坛,2009(5).

[385] 陶志峰,陈光普,刘远立. 社会组织在中国城乡一体化进程中的作用

与机制创新[J]. 中国行政管理,2012(8).

[386] 张叶. 小城镇发展对城乡一体化的作用[J]. 城市问题,1999(1).

[387] 陈德芳. 健康绿道建设对促进城乡综合发展的研究——以成都市郊为例[D]. 成都:成都体育学院,2013.

[388] 兰奎,郑华. 城乡一体化进程中的城乡互动机制论析——基于合作治理的研究视角[J]. 吉林工程技术师范学院学报,2013(6).

[389] 于善波. 黑龙江省统筹城乡发展的动力机制与路径选择研究[J]. 农业经济,2010(1).

[390] 胡金林. 我国城乡一体化发展的动力机制研究[J]. 农村经济,2009(12).

[391] 孙中和. 中国城市化基本内涵与动力机制研究[J]. 财经问题研究,2001(11).

[392] 张登国. 我国城乡一体化的动力体系研究[J]. 乡镇经济,2009(11).

[393] 罗雅丽. 区域城乡互动机制与城乡一体化发展研究——以大西安为例[D]. 西安:西北大学,2006.

[394] 汤卫东. 西部地区城乡一体化路径、模式及对策研究——基于以城带乡的分析视角[D]. 重庆:西南大学,2011.

[395] 王颖. 演化中的三维社区结构[J]. 社会学研究,1992(5).

[396] 张卫静. 城乡一体化视域下农村社区建设研究——以山东省莱芜市农村社区建设为个案[D]. 济南:山东大学,2013.

[397] 聂仲秋. 城乡结合部和谐发展研究——以西安为例[D]. 杨凌:西北农林科技大学,2008.

[398] 龚迎春. 经济转轨中的城乡互动、工农互促的协调发展路径研究[J]. 河南理工大学学报(社会科学版),2009(1).

[399] 李鸿儒,李超林,雷代卿. 双向服务工业——以城带乡的纽带[J]. 农村经济,1989(12).

[400] 吴明明,刘金宝. 编织城乡统筹发展的金色纽带——农发行江苏省分行支持农村基础设施建设纪实[J]. 江苏农村经济,2010(5).

[401] 刘静鹤. 田园·生态·城乡绿化融合发展——以许昌城乡统筹发展推进区生态绿地系统规划为例[J]. 城市发展研究,2009(2).

[402] 侯琳. 城乡游憩型绿道体系构建——以金华市为例[D]. 金华:浙江师范大学,2013.

[403] 陈德芳. 健康绿道建设对促进城乡综合发展的研究——以成都市郊为例[D]. 成都:成都体育学院,2013.

[404] 刘伟. 城乡一体化交通网络配置研究[D]. 成都:西南交通大学,2012.

[405] 王源. 互动传播视域下城乡传播体系及其模态建构——以西安市长安区为例[D]. 西安:陕西师范大学,2013.

[406] 刘本荣. 农民工:城乡统筹的突破口——科学发展观视域下的农民工问题探讨[J]. 重庆行政,2008(6).

[407] 吴祥锦. 浅谈县级图书馆在城乡结合中的纽带作用[J]. 科技情报开发与经济,2010(1).

[408] 韩洁. 多功能农业是城乡连接桥[N]. 农民日报,2009-02-13.

[409] 仇静静,陈盈盈. 教育——搭建城乡一体化的桥梁[J]. 魅力中国,2010(5).

[410] 孙钥. "双百工程"搭建一条城乡统筹人才交流纽带[N]. 杭州日报,2012-04-17.

[411] 张君. "团组支教"架城乡优师均衡桥梁[N]. 邯郸日报,2011-05-09.

[412] 唐增波. 教研联合体——连接城乡学校的桥梁[J]. 山东教育,2010(34).

[413] 蔡伟. "万村千乡市场工程"架起城乡之间商品流通的桥梁[N]. 南方日报,2010-03-12.

[414] 毕凤鸣. 当好连接城乡的纽带和桥梁——谈供销社在"统筹城乡发展"中的作用[N]. 石家庄日报,2009-06-21.

[415] 赵军. 电子商务:架起城乡流通桥梁[J]. 中国合作经济,2011(8).

[416] 王志林. 连锁经营是实现城乡一体化的桥梁[J]. 河北供销与科技,1998(1).

[417] 吴华清. 乡村超市:城乡互动的桥梁[N]. 湖北日报,2006-11-14.

[418] 刘刚,宋博. 8070个村邮站:重庆和谐城乡建设的新纽带[N]. 中国交通报,2010-01-11.

[419] 杜满鑫. 公交连接城乡百姓出行顺畅——平泉县加快推进公共交通事业发展纪实[N]. 承德日报,2012-12-13.

[420] 王若懿. 城际铁路:城乡一体化的桥梁[N]. 现代物流报,2008-10

-31.

[421] 吴进宇. 架起城乡建设的金融桥梁[N]. 金融时报,2010-06-02.

[422] 蔺钦明. 河南省农信社畅通支付渠道架设连接城乡"结算金桥"[N]. 中国农村信用合作报,2014-02-11.

[423] 高新军. 构架城乡卫生桥梁建立基层医疗网络[N]. 中国中医药报, 2004-11-19.

[424] 杨蕾. 搭建桥梁加快社会保障城乡统筹[N]. 四川政协报,2014-07-05.

[425] 陈坤. 来宾:农民"文体进城"架设"城乡桥梁"[N]. 广西日报,2010-08-23.

[426] 黎宏河. 民工文化——城乡协调发展的桥梁[N]. 中国文化报,2005-01-27.

[427] 刘圆圆. 文化是进城务工人员融入城市的桥梁[N]. 人民政协报, 2014-03-08.

[428] 王笛,秦华江,傅双琪. 城里人当"新农夫",有机农庄连接城乡[N]. 新华每日电讯,2012-01-04.

[429] 王秀忠. 休闲农业,城乡一体化的美丽桥梁[J]. 中国乡镇企业,2014(1).

[430] 刘国挺. 漯河:以食品工业为纽带加快城乡一体化步伐[N]. 河南日报,2006-01-11.

[431] 黄伙发. 连接城乡的绿化长廊——福建省三明市绿色通道建设成效显著[J]. 国土绿化,2010(1).

[432] 陈凤鸣. 发挥行业协会桥梁纽带作用推动农村劳务输出产业健康有序发展[N]. 新华日报,2005-12-20.

[433] 阮胜发. "天地人和"行动推出,促进城乡和谐[N]. 新华每日电讯, 2011-01-19.

[434] 李田生. 新闻媒体城乡搭"桥梁"大学捐助农村贫困生[N]. 西部时报,2006-08-11.

[435] 王康. 由"拼爹"引发的对贫困大学生思想政治教育的思考[J]. 三峡大学学报(人文社会科学版),2012(1).

[436] 朱小龙. "贫二代"热门词汇的冷思考[N]. 光明日报,2009-09-07.

[437] 王波. 改善民生是中国城乡统筹改革实践的原动力[J]. 财经科学,

2011(7).

[438] 杨涛,施国庆.我国失地农民问题研究综述[J].南京社会科学,2006 (7):102-109.

[439] 李强.中国城市化进程中的"半融入"与"不融入"[J].河北学刊, 2011(5):106-114.

[440] 何军.江苏省农民工城市融入程度的代际差异研究[J].农业经济问题,2012(1):52-59.

[441] 何绍辉.双重边缘化:新生代农民工社会融入调查与思考[J].中国青年政治学院学报,2013(5):64-69.

[442] 梅建明,熊珊.基于"四个维度"的农民工市民化实证研究——对3318份调查问卷的分析[J].中南民族大学学报(人文社会科学版),2013(4):124-129.

[443] 关信平,刘建娥.我国农民工社区融入的问题与政策研究[J].人口与经济,2009(3):1-7.

[444] 沈蓓绯,纪玲妹,孙苏贵.新生代农民工城市文化融入现状及路径研究[J].学术论坛,2012(6):73-79.

[445] 刘建娥.企业农民工与社区农民工政治融入的问题及对策研究[J].云南大学学报(社会科学版),2014(3):56-63.

[446] 林晓珊.城市农民工如何从心理上融入城市[J].中国国情国力,2004(11):52-54.

[447] 张岳红.新生代农民工融入城市的非制度性障碍探析[J].中国海洋大学学报(社会科学版),2012(3):90-93.

[448] 胡杰成.社会排斥与农民工的城市融入问题[J].兰州学刊,2007(7):87-90.

[449] 张传慧.新生代农民工社会融入问题的调查研究[J].武汉理工大学学报(社会科学版),2013(6):988-993.

[450] 张华.农民工家庭城市融入的制约因素与对策分析[J].经济体制改革,2013(2):80-84.

[451] 李明宗,孔祥云."新城乡二元结构"视野下的农村剩余劳动力转移分析[J].经济体制改革,2007(2).

[452] 李学.城乡二元结构问题的制度分析与对策反思[J].公共管理学报,2006(4).

［453］张英魁，袁和静．破除城乡二元结构壁垒，推动城乡一体化进程［J］．现代城市研究，2009（2）．

［454］陆学艺，杨桂宏．破除城乡二元结构体制是解决"三农"问题的根本途径［J］．中国农业大学学报（社会科学版），2013（3）．

［455］宋晓平．政府责任视阈下高等教育入学机会的城乡均衡发展研究［J］．长春大学学报，2012（3）．

［456］王树进，朱振亚．反哺归宗：新市民反哺农村父母力度的实证研究［J］．农业经济问题，2009（9）．

［457］华彤文．《普通化学原理》（第三版）［M］，北京：北京大学出版社，2005．

［458］迟玉杰．食品化学［M］．北京：化学工业出版社，2012．

［459］高萍．社会记忆理论研究综述［J］．西北民族大学学报（哲学社会科学版），2011（3）．

［460］郭景萍．社会记忆：一种社会再生产的情感力量［J］．学习与实践，2006（10）．

［461］王乐君．成都市统筹城乡改革实践与思考［J］．华中农业大学学报（社会科学版），2013（4）．

［462］王思斌．当前我国社会保障制度的断裂与弥合［J］．江苏社会科学，2004（3）．

［463］姜永志，张海钟．文化心理学视域下的城乡文化心理差异分析［J］．社会心理科学，2009（5）．

［464］张传泉．城乡一体化背景下农民市民化路径探析［J］．华中农业大学学报（社会科学版），2014（5）．

［465］刘坤亮．社会"基因"形成论［J］．江汉论坛，1993（10）．

［466］刘长林．宇宙基因·社会基因·文化基因［J］．哲学动态，1988（11）．

［467］佟丽君．论霍曼斯的人际交往理论［J］．求是学刊，1997（1）．

［468］袁静．人情往来：一种社会关系再生产的运作方式——基于L市的人情往来调查［D］．武汉：华中师范大学，2014．

［469］涂瑞珍，林荣日．上海城乡居民家庭教育支出及教育负担状况的调查分析［J］．教育发展研究，2009（21）．

［470］曹绍平．新形势下大学生就业心理障碍分析及对策［J］．教育教学论坛，2013（5）．

[471] 杨会芹,刘晖,崔淳熙. 中国社会转型期农村籍大学毕业生就业状况的分析与思考——基于 2012 年对河北省十一地市的实证调查[J]. 河北学刊,2013(4).

[472] 沈然. 中国梦视域下"蚁族"问题研究——以武汉市为样本[D]. 武汉:湖北工业大学,2014.

[473] 吴银涛,胡珍,陈敏. 城市青年房奴现象的产生及生存发展状况研究[J]. 中国青年研究,2012(2).

[474] 张连城,赵家章,张自然. 高生活成本拖累城市生活质量满意度提高——中国 35 个城市生活质量调查报告(2012)[J]. 经济学动态,2012(7).

[475] 夏芳晨. 城市公共资源运营机制研究[D]. 大连:东北财经大学,2011.

[476] 李勇. 论国家汲取能力的现代化——互联网催生的变革[D]. 北京:中共中央党校,2014.

[477] 刘祖云,胡蓉. 权力资源与社会分层:一项对中国中部城市的社会分层研究[J]. 江苏社会科学,2006(6).

[478] 陈祥明. 社会可持续发展的制度资源配置[J]. 社会科学,1998(7).

[479] 李国和. 就业岗位:一种社会资源稀缺及其原因[J]. 求索,2010(6).

[480] 刘鹏发. 浙中城市群城市能级提升研究[D]. 金华:浙江师范大学,2013.

[481] 朱力. 我国社会阶层结构演化的趋势[J]. 社会科学研究,2005(5).

[482] 陆学艺. 破除城乡二元结构 实现城乡经济社会一体化[J]. 社会科学研究,2009(4).

[483] 韩俊. 以制度创新促进城乡一体化发展[J]. 理论视野,2010(3).

[484] 卢良峰,路文静. 遗传学[M]. 北京:中国农业出版社,2006.

[485] 刘福森,张静. 历史进化的谜底:社会遗传[J]. 理论探讨,1995(6).

[486] 吴克昌. 论社会遗传与社会发展[J]. 湘潭大学学报(社会科学版),1994(2).

[487] 侯维瑞. 英语的社会变异[J]. 外国语(上海外国语学院学报),1987(3).

[488] 梁兵. 从新词新义看社会变异[J]. 新疆大学学报(哲学社会科学版),1990(4).

[489] 李习凡,胡小武. 城乡一体化的"圈层结构"与"梯度发展"模式研

究——以江苏省为例[J]. 南京社会科学,2010(9).

[490] 周志旺. 城乡发展一体化进程中乡镇政府职能发展研究[J]. 人民论坛,2014(8).

[491] 杨玲. 国内外城乡一体化理论探讨与思考[J]. 生产力研究,2005(9).

[492] 焦建国. 农村教育与二元经济社会结构——城乡教育比较与我国教育当前急需解决的问题[J]. 学习与探索,2005(3).

[493] 江敦涛. 山东半岛城乡一体化发展模式研究[D]. 青岛:中国海洋大学,2011.

[494] 应雄. 城乡一体化趋势前瞻[J]. 浙江经济,2002(13).

[495] 甄峰. 城乡一体化理论及其规划探讨[J]. 城市规划汇刊,1998(6).

[496] 洪银兴,陈雯. 城市化和城乡一体化[J]. 经济理论与经济管理,2003(4).

[497] 姜作培. 城乡一体化:统筹城乡发展的目标探索[J]. 南方经济,2004(1).

[498] 于波. 全球化赋予城乡一体化的时代内涵研究[J]. 农业经济,2005(4).

[499] 谭日辉. 城乡一体化:一个社会选择理论的分析视角[J]. 湖南社会科学,2010(3).

[500] 倪楠. 后改革时代城乡经济社会一体化:提出、内涵及其现实依据[J]. 西北大学学报(哲学社会科学版),2013(2).

[501] 杨荣南. 关于城乡一体化的几个问题[J]. 城市规划,1997(5).

[502] 白永秀. 后改革时代的关键:城乡经济社会一体化[J]. 经济学家,2010(8).

[503] 郎晓娟,郑风田. "大学生村官"计划与城乡智力资源循环机制构建[J]. 中州学刊,2010(5).

[504] 李文荣,陈建伟. 城乡等值化的理论剖析及实践启示[J]. 城市问题,2012(1).

[505] 杨开忠. 我国区域经济协调发展的总体部署[J]. 管理世界,1993(1).

[506] 陈雯. "城乡一体化"内涵的讨论[J]. 现代经济探讨,2003(5).

[507] 徐丹丹. 论社会正义的情感基础——同情[J]. 伦理学研究,2012(5).

[508] 石中英. 社会同情与公民形成[J]. 北京师范大学学报(社会科学版),2012(2).

[509] 刘洪波. 基于说服模型的高校思想政治理论课教学研究[J]. 成都理工大学学报(社会科学版),2015(2).

[510] 侯玉波. 社会心理学(第二版)[M]. 北京:北京大学出版社,2012.

[511] 李钧鹏. 何谓社会机制? [J]. 科学技术哲学研究,2012(1).

[512] 赵康,廖祖君. 以生计资本为核心构建农村社区建设长效机制——以广东省云浮市"乡贤返乡哺农"为例[J]. 农村经济,2014(8).

[513] 季中扬,胡燕. 当代乡村建设中乡贤文化自觉与践行路径[J]. 江苏社会科学,2016(2).

[514] 卢旭峰,王春艳. 印江"村两委＋乡贤会"模式助力农村发展[J]. 当代贵州,2016(15).

[515] 朱振亚. 城乡一体化进程中文凭新市民的社会特性分析[J]. 井冈山大学学报(社会科学版),2015(6).

[516] 余源培. 重视新时期统一战线思维方法创新[J]. 上海行政学院学报,2010(1).

后　记

　　本书是我主持的国家社科基金项目的全部成果,该课题在 2018 年 4 月顺利结题了。研究历时 6 年,回首来路,感慨良多。2012 年课题喜获立项,倍感荣幸,但更多的是随之而来的压力,因为完成 1 项国家社科基金并非易事。

　　自从立项后,我就开始天天构思课题研究内容,反复推敲,不断打磨,用笔记捕捉研究灵感、记录研究素材。时间的积淀,理论的思辨,让我渐渐有了研究的底气和魄力。我编制了研究提纲(几易其稿,反复修正),先理论研究,后实证分析。我首先完成了前面几章的理论研究内容(做完实证后我又补充了一章理论内容"机制解构:社会触动机制的逻辑生成",使理论部分更加完备)。实证分析需要数据,在数据来源方面,井冈山大学井冈山研究中心陈钢老教授给予我很多帮助,他给了我不少调查信息方面的支持;除此之外,广西区委党校的廖胜平教授,贵州省农业科学院的董景奎先生等人在问卷调查方面也给予我不少帮助。感谢国家社科基金 5 位通讯鉴定专家提出的修改意见!他们的真知灼见,使得本书研究更加完善。在此一并表示感谢!

　　这本书能够顺利出版,与中联华文(北京)社科图书咨询中心张金良主任的关怀密不可分!他做出版事业很用心,亦有情。这已经是我与他的第三次合作了,每次合作都很愉快!感谢张金良先生的热心帮助!感谢中联华文范晓虹老师提供的精心服务。

　　当然,能够完成这个国家项目,还要好好感谢我家的二宝"皮皮"(爷爷叫他"皮乖乖")!当确定有他的时候,我就开始快马加鞭了,我知道,他出生后,我得围着他们母子转。庆幸的是,课题如期在他出生前完成了。所以说,这本著作,我家二宝亦有功劳啊!

　　课题结题时,我还是井冈山大学的员工;出版这本书时,我已经是三明学院的一名教师了,这是我和夫人汪阳春女士的共同选择!做了八年江西人,非常感恩!感恩这片既神奇又多情的红土地!从今以后,我们就是福建人了,我为我们能够成为福建人而倍感骄傲和自豪，因为福建是全国第一个国家生态文明试验区，福建是中国"最绿"的省，福建是习大大工作了18年的好地方，这里山清水秀，人杰地灵，生态环境"高颜值"，经济发展"高素质"，我们为能在福建三明学院工作而倍感欣慰！

感恩家人陪伴！感谢领导关心！感激友人帮助！

谨以此书献给所有关心和帮助过我的人！

生活不易，且行且珍惜！